# 한 권으로 끝내는 세계사 인물사전

금성출판사

# 한권으로 끝내는
# 세계사 인물사전

# 가 가 린
(1934~1968)

## ―인류 최초의 우주 비행사―

가가린은 러시아의 드네프르 강 상류에 있는 도시인 스몰렌스크에서 집단 농장을 하는 집안에서 태어났다.

그는 사라토프의 공업 중등 기술 학교 재학 중에 항공 클럽에서 비행 기술을 익혔고, 오렌부르크의 항공 학교를 우수한 성적으로 졸업

보스토크 1호 안의 가가린

한 뒤 공군에 입대하였다.

1957년 10월 4일 밤, 모스크바 방송은 소련이 처음으로 인공 위성 스푸트니크 1호를 지구 궤도로 쏘아 올렸다고 보도했다. 이어서 한 달 후에는 스푸트니크 2호가 발사되었다고 보도했다.

이에 위기를 느낀 미국의 아이젠하워 대통령은 1958년에 육·해·공군의 미사일 개발 계획을 하나로 묶어서 미국 항공 우주국을 만들었다. 미국은 1958년 1월에 서둘러 익스플로러 1호를 쏘아 올렸지만 소련은 1959년 새해 아침부터 또다시 미국의 기를 꺾어 놓았다.

소련은 1월 2일 루나 1호를 쏘아 올렸는데, 이 위성은 달로 날아간 첫 인공 물체였다.

계속 앞서 가던 소련은 1961년 4월 12일에 최초의 유인 우주선인

4

우주로 날아가는 보스토크 1호 소련의 우주 비행사 가가린은 이 우주선을 타고 108분 동안 지구 주위를 돌고 지구로 돌아왔다.

보스토크 1호를 쏘아 올렸다. 거기에는 소련의 공군 중위 가가린이 타고 있었다.

가가린은 지구 궤도를 한 바퀴 돌고 1시간 48분 만에 무사히 지구로 돌아왔다.

"하늘은 무척 어두웠지만 지구는 파란 빛이었습니다."

가가린의 이 말이 세계로 퍼져 나가자 인류는 우주 여행의 꿈에 부풀기 시작했다. 이제 달나라 여행은 이루지 못할 꿈이 아니었다.

소련 최고 회의 간부회 발행의 일간지인 《이즈베스티야》는 '세계를 뒤흔든 108분간'이란 제목을 대문짝만하게 달았고, 공산당 기관지 《프라우다》는 호외를 찍었다. 모든 방송들도 이 기사만 끊임없이 내보냈다.

미국의 케네디 대통령은 웃으면서 소련에 축하 메시지를 보냈지만, 소련에 뒤지기만 하는 미국 국민들이 받은 충격은 너무나 컸다.

두 아이의 아버지이자 낙하산 부대 교관인 스물일곱 살의 가가린은 소련 정부로부터 영웅 칭호와 최고의 영예인 레닌 훈장을 받았다.

그는 우주 비행에 성공한 뒤 중위에서 소령으로 특진하여 우주 비행사대 대장 등을 지내고, 곧이어 대령으로 진급했다.

그러나 1968년 3월 27일, 가가린은 비행 훈련 중 타고 있던 제트 훈련기가 추락하여 사망하고 말았다. 그의 유해는 모스크바의 크렘린 성벽에 묻혀 있다.

# 가 마
## (1469~1524)

### —인도 항로의 개척자—

포르투갈의 항해가이자 인도로 가는 새로운 항로를 개척한 바스코 다 가마는 시네스에서 태어났다.

가마의 집안은 귀족으로, 일찍이 그는 왕의 보좌역으로 들어가, 1492년에는 프랑스 함대에 맞서 해군을 지휘하기도 했다.

1495년 포르투갈의 왕이 된 마누엘 1세는 포르투갈의 항해가인 디아스가 찾은 물길을 따라 인도로 가는 뱃길을 개척하려고 했다.

왕은 그 일을 가마에게 맡겼다.

2년을 준비한 끝에 가마는 1497년 7월 8일, 리스본을 떠났다. 선단은 기함 400톤짜리 산 가브리엘 호를 비롯해 산 라파엘 호, 그리고 200톤짜리 보급선 2척으로 짜여졌다. 이 4척의 배에는 3년 동안 먹을 식량과 168명의 선원이 탔다.

가마는 다른 사람이 했던 것처럼

육지를 끼고 남으로 내려가지 않고 경험자인 디아스의 말대로 대서양 가운데로 멀찍이 돌아서 내려갔다. 그렇게 함으로써, 그는 기니아만의 무풍 지대와 해안을 따라 올라오는 무역풍의 맞바람을 피할 수 있었다.

11월 28일, 희망봉을 지난 가마는 이듬해 3월에 동아프리카의 모

바스코 다 가마의 항로

잠비크 항구에 도착했다. 그 뒤, 뱃길을 잘 아는 아라비아 사람과 인도 사람을 안내인으로 삼아, 마침내 인도의 캘리컷에 닿았다. 리스본을 떠난 지 열 달 만인 1498년 5월 22일이었다.

돌아오는 길은 갈 때보다 더욱 힘들었다. 인도양의 몬순 바람과 이슬람 교도들이 그들의 앞길을 자주 가로막았고, 괴혈병이 배 안에 퍼져서 선원들이 날마다 몇 사람씩 쓰러졌다.

1499년 9월, 가마가 리스본에 돌아왔을 때는 168명이었던 선원이 55명밖에 남지 않았다.

1502년 2월, 가마는 함대 14척을 이끌고 다시 인도로 향했다.

10월 30일, 캘리컷에 닿은 가마는 아랍·인도 연합 함대를 쳐부수었다. 그는 군함 5척을 그 곳에 남겨 두고 포르투갈로 돌아왔다.

가마의 인도 항로 개척은 세계의 역사를 바꾸어 놓았다. 포르투갈은 인도양을 지배하게 되었고. 멀리 중국과도 거래를 하게 되었다.

그러자 그 때까지 지중해 지역에서 향신료 무역을 독차지하여 큰 돈을 벌던 도시 국가 베네치아와 제노바는 쇠퇴할 수밖에 없었다.

가마는 좁은 지중해밖에 모르던 유럽 역사에 세계의 모든 곳이 배로 이어지는 바다 시대를 열어, 세계가 하나로 되는 첫걸음을 내딛게 했던 것이다.

# 간 디
## (1869~1948)

## ─ 인도 독립의 아버지 ─

　인도의 독립 운동가이며 사상가인 모한다스 카람찬드 간디는 1869년 10월 2일에 구자라트 주 카티아와르 반도의 포르반다르라는 항구에서 태어났다.

　간디는 18세 때 런던에 유학하여 법률을 공부했다. 그는 인종 차별 철폐와 식민지 해방 운동을 인도의 전통인 불살생, 비폭력의 방법으로 추구하여, 그것을 정치 무대에서 민중을 위한 실천 이론으로 확립했다.

　6년 후인 1893년, 간디는 변호사로서 처음으로 압둘라 회사의 소송 사건을 맡아 남아프리카로 건너갔다. 그 후 약 20년간 그 곳에서 50만 인도 이민의 권리 옹호를 위해 활약했다.

　그가 남아프리카에서 인종 차별, 즉 인도인에 대한 멸시에 저항하면서 쌓은 산물인 시민 불복종 운동은 나중에 인도 독립 운동의 기초가 되었다.

　제1차 세계 대전 때, 인도는 장차 인도의 자치를 허용하겠다는 영국의 약속을 받고 전쟁에 참가했다. 그러나 전쟁이 끝나자 영국은 그 약속을 저버렸을 뿐만 아니라 보다 더 강력한 치안 유지법을 만들어 인도 국민을 탄압했다. 이에 격분한 간디는 불복종 운동을 전개하여 영국에 저항했다.

　1920년, 간디가 이끄는 국민 회의파는 폭력에 의존하지 않는 반영 비폭력 불복종 선언을 발표하고 외국 상품 배척 동맹을 결성, 자기 옷은 자기 손으로 만들어 입는다는 등의 국민적 의무를 규정했다. 그리고 1930년에 영국 정부의 소금 전매 정책에 대한 반대 시위로서,

소금의 행진을 벌여 불복종 의지를 보여 주었다.

　제2차 세계 대전 때, 간디는 파시즘에 반대한다는 태도를 분명히 밝히고 참전 반대와 개인적 불복종 운동을 전개하는 한편, 영국의 인도로부터의 철수를 강력하게 요구했다.

　전쟁이 끝난 뒤 인도는 독립을 얻었으나 힌두 교도와 이슬람 교도가 싸워, 국민 회의파는 인도와 파키스탄의 분할 독립을 결정했다.

　간디는 힌두 교도와 이슬람 교도의 화해에 의한 '하나의 인도'를 끝까지 노력해 오다가, 1948년 1월에 광신적인 힌두 교도에 의해 뉴델리에서 암살당했다.

　'마하트마'란 위대한 영혼이란 뜻인데, 이는 인도의 대문호 타고르가 '마하트마'라고 칭송한 시를 지어 준 것에서 연유된 것이다.

　이 위대한 영혼은 인도인에게 민족 의식을 심어 주는데 큰 공헌을 했다. 또한 인도의 독립과 평화를 위해 헌신한 그는 그들의 가슴에 영원히 새겨질 것이며, 그의 비폭력·무저항주의 운동의 정신은 세계인의 가슴에 길이 남을 것이다.

# 갈릴레이

(1564~1642)

―근대 과학의 개척자―

갈릴레오 갈릴레이는 이탈리아의 피사에서 조그마한 포목점집 아들로 태어났다.

17세 때 피사 대학의 의학부에 들어갔으나 인체 해부가 엄하게 금지되어, 몇몇 의학자의 학설이나 외우게 할 뿐이어서, 그는 의학 공부에 흥미를 느끼지 못했다.

20세 때 대학을 중퇴하고 피렌체에 있는 집으로 돌아와 수학과 물리학을 독학하였다.

그래서 24세 때는 물체의 중심을 계산하는 방법 등을 알아냈다.

25세 때 모교인 피사 대학의 교수가 되었고, 28세 때 북이탈리아의 베네치아에 있는 파도바 대학의 수학과 천문학 교수로 초빙되었다.

그 후 18년 동안 파도바 대학에 있으면서《간단한 군사 기술 입문》《천구론 또는 우주지》《축성론》《기계학》 등을 저술했다.

1609년, 그는 네덜란드에서 망원경이 발명되었다는 소식을 듣고, 직접 망원경을 만들어 천체를 관측했다. 그 결과, 모든 천체가 지구를 중심으로 돈다고 믿고 있던 당시의 생각이 잘못되었다는 것을 밝혀 냈다.

1610년, 그는 피렌체의 왕 코시모 2세의 초빙을 받아 파도바 대학을 사직하고 피사 대학 수석 수학 교수와 코시모 2세 직속 수석 철학 및 수학 교수가 되어 피렌체로 돌아왔다.

피렌체에는 보수적인 학자가 많았는데, 갈릴레이의 명성을 시기하던 성직자와 학자들은 그가 이단설을 주장하는 위험 인물이라고 로마의 교황청에 일러바쳤다.

그는 종교 재판에 붙여졌다. 그 결과 지동설을 얘기한《천문 대화》는 발행 정지를 당했으며, 앞으로는 이단설을 주장하지 않겠다는 서약을 하고서야 겨우 풀려났다.

그 후, 그는 피렌체에서 가까운 아르체트리의 집에서 감시를 받으면서도 계속 연구를 하여,《새 과학의 대화》라는 책을 써서 1638년에 네덜란드에서 출판하였다.

1642년, 갈릴레이는 제자와 아들이 지켜 보는 가운데 78세의 생애를 마쳤다.

갈릴레이는 우주의 중심이 지구가 아니라 태양이라는 주장 때문에 이단으로 몰렸으나, 오늘날에는 이것이 옳은 것으로 인정되고 있다. 너무나 시대에 앞선 주장을 했기 때문에 핍박을 받았지만, 그가 없었다면 현재의 수학·천문학이 이만큼 발전하지 못했을 것이다.

# 게이 뤼삭
## (1778~1850)

### －근대 화학의 기초를 세운 화학자－

프랑스의 화학자 조제프 루이 게이 뤼삭은 기체의 팽창과 온도와의 관계 법칙, 그리고 기체 반응의 법칙을 발견했다. 이 외에도 물질의 기본적 조성에 관한 연구, 용량 분석의 확립과 여러 가지 장치의 개발 및 개량으로 근대 화학의 기초를 세운 화학자이다.

건실한 중산층 가정에서 태어난 그는 프랑스 혁명 때문에 학교를 중단하고 독학으로 여러 시험을 거친 후에 프랑스에서 가장 우수한 이공 대학에 입학했다.

그는 1802년에 기체의 팽창과 온도와의 관계를 나타내는 법칙을 발표했다.

이 법칙은 대부분의 기체는 온도가 9°C에서 100°C까지 올라감에 따라 본래 부피의 0.375배(1/266.66)씩 팽창한다는 것이다.

이 값은 후에 마그누스란 사람에 의해 1/273로 수정되었지만 그 당시에는 가장 진보적인 방법을 사용한 것이다.

또한 훔볼트가 유디오미터를 써서 측정한 대기의 성분비에 대한 착오를 지적하였고, 1804년에는 기구를 타고 7016미터의 상공에 올라가서 공기의 표본을 수집해 지상의 공기와 비교하기도 했다.

게이 뤼삭은 1808년에 결혼한 후, 부인과 함께 연구를 해서 《기체 반응의 법칙》이라는 논문을 발표하여 학계를 놀라게 했다.

1809년에는 프랑스 학사원의 회원으로 선출되었고, 모교인 에콜 폴리테크니크 대학과 소르본 대학의 교수를 역임했다.

그 후, 그는 휴대용 기압계, 증기 분사 펌프, 공기 한란계 등을 계속 발명했다. 알코올 램프와 화학 실험용 불도 개량하여 화학 실험에 불편이 없도록 하였으며, 산업용 화학 기계를 제작하여 황산 제조탑을 만들어 내어 화학자로서의 위치를 굳히게 되었다.

기체 반응의 법칙을 발견하게 된 게이 뤼삭은 열학에도 손을 대어 대량의 알칼리 금속을 생산하기도 하고 전기 분해, 요오드의 화학적 성질 연구, 염산, 황산 등의 용량 분석법과 용해도를 표시하는 그래프를 그려 발표했다.

그 후 1818년, 게이 뤼삭은 정부의 화약 공장의 감독관에 추대되었고, 1829년에는 국가의 조폐국 시험 관장이 되었다.

1839년에는 여러 가지 공로로 국왕으로부터 작위를 받았는데, 당시 귀족 사회에서는 게이 뤼삭처럼 공장이나 실험실에서 노동하는 생활을 천시했기 때문에 작위 수여가 이처럼 늦어진 것이다.

게이 뤼삭은 1850년 5월 9일, 파리에서 세상을 뜰 때까지 화학·물리학 분야에 많은 업적을 남겼으며, 오늘날의 화학, 물리학 발전에 큰 공을 세웠다.

# 고      갱
(1848~1903)

## ─원시 자연을 사랑한 화가─

폴 고갱은 1848년 6월 7일, 파리에서 태어났다. 고갱의 아버지는 공화파의 열렬한 지지자로 1851년, 루이 나폴레옹의 탄압을 피하여 배를 타고 페루의 수도 리마로 가던 도중에 죽고, 나머지 가족들만 리마에 도착하게 되었다.

〈나페아 파 이포이포〉(부분)

4년 후에 고갱은 다시 프랑스로 돌아와, 9살 때 오를레앙 신학 중학교에 들어갔다. 1865년에 학업을 마치고는 견습 선원이 되었다. 다음해 가을, 2등 항해사가 되어 배를 탔으나 어머니가 돌아가시는 바람에 1년 만에 귀국하였다.

1871년에 주식 중개상으로 일하던 고갱은 동료의 권유로 그림을 그리기 시작하였다.

1875년 겨울에 〈센 강과 이예나 다리〉를 제작했고 이듬해 〈빌로레이의 숲〉을 출품하여 입선되었다. 1880년에는 제 5 회 인상파전에도 여러 작품을 출품했는데, 〈나부 습작〉은 많은 사람들에게 칭찬을 받았다. 그리고 피사로와 세잔 등을 사귀어 서로 친하게 지냈다.

1883년부터 고갱은 본격적으로 그림을 그리기 시작했다.

1886년에 제8회 인상파전에 유화를 출품하였고, 1888년에는 고흐의 주선으로 개인전을 열었다. 이 해에 고갱은 〈설교 뒤의 환상〉 〈브르타뉴의 여인들과 송아지〉 〈자화상〉 등의 작품을 제작했다.

이 무렵 인상파 및 종합주의에 동조하는 친구들과 그룹전을 열었고, 나비파의 젊은 화가들에게도 많은 영향을 주었으며, 1890년대에는 상징파 예술가들로부터 새로운 회화의 거장이란 평을 받았다.

그러나 원시 자연에 대한 무한한 동경을 갖고 있던 고갱은 1891년 6월, 태평양의 타히티 섬으로 훌쩍 떠났다.

얼마 후에 그는 이 곳에서 〈이아 오라나 마리아〉 〈목장의 말〉을 제작하고, 이어 〈아레아레아〉 〈나페아 파 이포이포〉 〈타 마테테〉 등의 많은 작품을 제작하였다.

1893년, 고갱은 가난과 질병으로 쓰러져 프랑스로 돌아왔으나, 2년 만에 다시 타히티로 돌아갔다. 그는 이 때 〈골고다 곁에서〉란 자화상과, 〈우리는 어디서 왔는가? 우리는 무엇인가? 우리는 어디로 가는가?〉를 그렸다.

질병과 고독이 더욱 심해진 고갱은 몇 차례 자살을 기도하다가 1903년에 마커저스 제도의 히바오아 섬에서 숨을 거두었다.

# 고　흐
### (1853~1890)

## ―태양의 화가―

　빈센트 반 고흐는 네덜란드의 북부 브라반트 주의 준데르트라는 마을에서 목사의 아들로 태어났다.

　고흐는 집안이 어려웠기 때문에 1869년 중학교를 졸업한 후, 헤이그에 있는 미술품 상점인 구빌 상회에 취직했다. 그러나 장사에 수완이 없는 고흐는 얼마 되지 않아 거기서 쫓겨났다.

　그 후, 하는 일마다 실패하자 그는 전부터 마음에 두고 있던 회화에 대한 뜻을 굳히고 화가가 될 결심을 했다.

　그는 1880년, 브뤼셀에 있는 왕립 미술관에서 혼자 그림 공부를 시작했고, 1881년에는 화가 모브에게서 유화를 배웠다. 그리하여 1885년에 최초의 작품인 〈감자를 먹는 사람들〉을 그렸으나, 사람들로부터 인정을 받지 못했다.

　1886년, 안트베르펜의 미술 학교가 마음에 들지 않아 그만두고 원하던 파리로 갔다. 그는 파리에서 코르몽으로부터 지도를 받으며, 로트레크를 만나고 고갱 등 인상파 화가들과도 알게 되었다.

　고흐는 1888년에 남프랑스의 아를로 옮겨 가서 황금빛 태양 아래서 빛나는 아름다운 빛에 강한 열정을 느끼며 작품 활동에 열중했다. 이 때의 작품으로는 〈아를의 도개교〉〈해바라기〉〈우편 집배원 룰랭〉 등이 있다.

　고흐는 프랑스의 화가 고갱과 공동 생활을 시작했으나 성격이 맞지 않아 헤어졌으며, 그 뒤 고흐는 자신을 억제하지 못하고 자기의 귀를 잘랐다. 이 시기에 고흐는 〈귀를 자른 자화상〉〈사이프러스가 있는 보리밭〉〈측백나무〉 등을 그렸다.

〈아를의 도개교〉
(부분) 인상파
화가들이 즐겨 쓴
빛과 색의 점묘
풍은 완전히 사라
진, 새로운 화풍
의 작품이다.

고흐가 자신의 귀를 자르고, 머리에 촛불을 켜고 그림을 그리는 등 미치광이 같은 짓을 하자, 동네 사람들이 진정하여 정신 병원에 수용되기도 했다.

1890년, 오베르 마을로 옮겨 간 그는 작품 활동을 활발히 하다가, 그 해 7월에 권총으로 자기 가슴을 쏘아 이틀 후에 숨을 거두었다.

고흐는 37의 나이로 비참함과 고뇌에 찬 짧은 생애를 마친 것이다.

고흐를 가리켜 '불꽃의 화가', '태양의 화가'라고 말하는데, 이는 그의 그림에 나오는 자연이나 인물들이 한결같이 불꽃이 이글거리며 타는 태양같기 때문이다.

그의 그림에는 빨강, 파랑, 노랑 색이 강렬하게 나타나 있다. 그에게 있어 파랑은 성스러운 색이었으며, 빨강은 핏빛과 포도주의 빛인 동시에 사람 살갗의 빛이기도 했다. 노랑은 차가움과 따뜻함을 배합한 색이었다. 고흐는 이처럼 색깔, 그 자체로 정신 세계를 표현하였다. 색채의 움직이는 듯한 신비함이 바로 그의 그림의 전부였다.

〈빨간 포도밭〉이 고흐가 살아 있는 동안 팔린 유일한 작품일 정도로 그의 그림들은 인정 받지 못하였다. 그림에 대한 끝없는 집념과 정열만이 그가 받은 유일한 힘이었다. 그러나 그의 그림들은 그가 죽은 후에 그에게 찬란한 영광을 안겨다 주었다.

# 공　자

(기원전 551~기원전 479)

## －고대 중국의 사상가－

공자(孔子)는 유교를 창시한 사람으로 오랜 역사를 통해 성인으로 존경 받았으며, 우리 나라의 정치와 사상에도 커다란 영향을 미쳤다.

공자는 춘추 시대에 노나라의 창평향(지금의 산둥 성 취푸)에서 태어났다. 일찍이 부모를 여의고 고아가 되었기 때문에 집안이 몹시 가난했다.

그는 열심히 공부를 해서 27세 때에 하급 관리가 되었다. 그는 성실하게 관리 일을 보면서도 열심히 학문을 닦아, 서른 살이 되자 학식이 깊은 인물로 알려져, 자기 자식을 맡기려는 사람들이 많았다.

공자는 왕에게 백성들을 법률보다는 덕으로 다스려야 한다고 했다. 주공이 다스리던 시대처럼 평화로운 세상이 그의 이상이었다.

기원전 517년, 노나라에 내란이 일어나서 노나라의 왕인 소공은 계씨에게 쫓겨 제나라로 도망갔다. 공자도 그 뒤를 따라 갔으나 제나라 관리들의 배척으로 기원전 515년에 다시 노나라로 돌아왔다.

공자는 따르는 제자들이 많았는데, 그는 《시경》《서경》 등 중국에서 옛날부터 전해 내려오는 책으로 제자들을 가르쳤다. 수많은 제자들 중에서 유명한 사람으로는 안연, 자로, 자공, 자하 등이 있다.

52세 때에는 사공이라는 벼슬에서 지금의 사법부의 책임자격인 사구로 지위가 올랐다.

공자는 제멋대로 권세를 휘두르는 계씨를 몰아 내고 주공의 정신을 살린 국가를 세우려 했으나 실패하였다.

그 때문에 공자는 기원전 497년에 노나라를 떠나 몇 명의 제자와

함께 자기를 등용해 줄 왕을 찾아 길을 떠났다. 우선 서북쪽에 있는 이웃 나라인 위나라에 가서 얼마 동안 쉰 다음 남쪽으로 내려갔다.

송, 정, 진, 채 등 여러 나라를 돌아다닌 다음 다시 위나라에 들렀다가 노나라로 돌아온 것은 기원전 484년이었다.

10년이나 넘게 걸린 이 방랑 기간이 공자에겐 가장 괴로웠던 시기로 많은 시간과 정력을 소비했던 때이다.

각 나라의 왕들은 이상 정치의 길보다는 부국 강병을 원하고 있었기 때문에 누구도 공자를 받아들이지 않았다. 공자는 자신의 이상이 당장 실현될 수 없음을 알고는 미래에 희망을 걸기로 했다.

이 때부터 공자의 정치가로서의 생활은 끝나고 교육가로서의 생활이 새롭게 시작되었다.

만년의 공자에게는 여러 가지 불행이 겹쳤다. 아들인 공리가 죽고, 게다가 가장 사랑하는 제자인 안연과 자로도 잇달아 죽었다.

공자는

"나를 이해해 주는 사람이 없어졌다."

라고 하며 슬퍼했다.

공자가 세상을 떠난 후, 제자들은 스승이 남긴 책을 모아서 《논어》를 펴냈다.

《논어》에 담긴 공자의 사상은 천수백 년에 걸쳐 중국, 한국, 일본 등 유교 국가의 정치, 윤리, 법률, 도덕의 바탕이 되어 왔다.

# 공쿠르 형제

에드몽 (1822~1896)
쥘 (1830~1870)

## ―공쿠르 상을 창설한 작가―

공쿠르 형제는 프랑스의 자연주의 작가로, 형 에드몽은 1822년 5월 26일에 낭시에서 태어나 1896년 7월 16일에 파리 근처에 있는 알퐁스 도데의 집에서 죽을 때까지 많은 작품을 남겼다.

동생 쥘은 1830년 12월 17일에 파리에서 태어나 작품 활동을 하다가 1870년 6월 20일, 파리에서 비교적 짧은 생애를 마쳤다.

공쿠르 형제는 중요한 작품은 대부분 함께 펴내는 형식으로 작품 발표를 했는데, 에드몽은 창작면을, 쥘은 문체면을 담당했으며, 동생 쥘이 요절한 후에도 공저 형식으로 발표했다.

1851년, 루이 보나파르트의 혁명의 날(2월 2일)에 처음으로 소설 《1851년》을 발표한 이후, 《혁명기의 프랑스 사회사》(1854),

《18세기의 미술》(1859~75), 《18세기의 여성》(1862) 등을 출판함으로써, 주로 18세기 프랑스의 사회, 여성, 미술, 풍속 등에 깊은 관심을 보였으며, 이런 상세한 관찰과 자료를 바탕으로 하여 작품을 쓰기 시작했다.

공쿠르 형제의 대표작으로는 《르네 모프랭》(1864), 《제르미니 라세르퇴》(1865), 《마네트 살로몽》(1867) 등을 꼽을 수 있다.

《르네 모프랭》은 심리 묘사나 회화적 수법, 풍부한 표현력을 보여 주는 뛰어난 작품이며, 《제르미니 라세르퇴》는 공쿠르 형제의 문학 이론과 그들의 자연주의 이론을 실현시킨 걸작이다.

1870년에 동생이 죽자, 미망인이라는 별명으로까지 불린 에드몽은 《장가노 형제》(1879) 등을 발표했고, 일본 미술에 대한 연구인 《우타마로》(1891), 《일본 미술》(1893) 등을 썼다.

특히, 그들 형제의 최초의 소설이 발표된 1851년에서 1896년에 이르는 45년에 걸친 기록인 《공쿠르의 일기》는, 1870년에 동생이 죽었기 때문에 그 이후는 에드몽 혼자서 썼다.

그들의 소설은 흔히 기록 소설이라고 불려진다. 즉, 보고 듣고 느낀 사실들을 기록한 것과, 참고 자료를 이용해서 사실을 재현한 작품들인 것이다.

또한 인상주의적인 입장에서 문학의 진실성을 추구하여, 문학의 참된 목적은 사실을 그대로 묘사하는 데 있는 것이 아니고 자아를 표현하는 데 있다고 주장했다.

1885년 이후, 형 에드몽은 매주 일요일마다 오드이유에 있는 집의 다락방으로 친구들을 초대하여 모임을 가지곤 했었는데, 에드몽이 죽은 뒤 그의 유언에 따라 이 모임이 모체가 되어 공쿠르 아카데미가 창설되었다.

이 공쿠르 아카데미가 매년 시상하고 있는 공쿠르 상은 프랑스의 유명하고 권위 있는 문학상 가운데 하나이다.

# 괴　테

(1749~1832)

## －18세기 독일의 대시인－

　요한 볼프강 폰 괴테는 1749년 8월 28일, 마인 강변의 프랑크푸르트 시에서 태어났다.

　괴테는 법률가이며 부호인 아버지한테서 여러 분야의 학문을 배웠고, 인자한 어머니의 감화를 받아, 이야기나 시를 짓기도 하고 직접 쓴 인형극을 연출하기도 했다.

　괴테는 16세 때인 1765년에 법률 공부를 하기 위해서 라이프치히 대학에 들어갔으나 시, 소설, 희곡 등을 창작하는 일에 더 열중했다.

　그러나 그는 결핵에 걸려 고향에 돌아와 요양하면서 2년을 보냈다. 그 무렵, 어머니의 친구인 크레텐베르크로부터 종교에 대한 여러 가지 이야기를 듣고 신과 악마에 관해 깊이 생각하게 되었다. 또 의사 메츠의 이상한 약 때문에 과학에 대해 관심을 갖게 됐다.

　이 두 가지가 《파우스트》와 《빌헬름 마이스터의 수업 시대》를 쓰는 동기가 되었다고 한다.

　21세 때 건강이 회복되자, 다시 법률 공부를 하는 한편, 《5월의 노래》《들장미》《이별의 노래》 등 많은 걸작을 썼다.

《파우스트》 중에서

1771년, 대학을 졸업하자 프랑크푸르트로 돌아가 변호사로 일하였다. 그 때 한 여성을 사랑하다가 실연당했는데, 그 마음의 상처를 바탕으로 해서 쓴 소설이《젊은 베르테르의 슬픔》이다.

이 작품으로 인해 갑자기 유명해진 괴테는 1773년경 헤르더와 함께 새로운 문학 운동을 일으켰다. 그 운동은 '슈투름 운트 드랑(질풍노도)'이라고 일컬어졌으며, 그 시대의 형식만을 위주로 하는 합리주의와 계몽주의에 반대하고, 문학 속에 천재적인 힘과 감정의 마성을 표현하려고 한 것이다.

1786년 37세 때, 이탈리아를 여행했다. 이 여행에서 이탈리아의 고대 및 르네상스 시기의 미술과 자연의 아름다움에 감동받음으로써 그의 예술관에 커다란 변화를 가져왔다.

1788년, 그는 풀피우스를 알게 되어 곧 결혼하여 아들 아우구스트를 낳았다. 이 무렵, 식물 연구에 몰두하여《식물의 변태》라는 논문을 발표하고, 다시 이탈리아 여행길에 올랐다.

그 동안에 프랑스 혁명이 일어났

프랑크푸르트에 있는 괴테의 생가

다(1789). 독일은 나폴레옹 전쟁의 폭풍우 속에 휘말려들었다.

괴테는 이 전쟁에 말려들지 않고 문학과 미술, 과학의 세계에 몰두했다.

그는 47세 무렵부터《빌헬름 마이스터의 수업 시대》와《파우스트》, 서사시《헤르만과 도로테아》등의 집필을 시작하였다.

작품을 통해 신과 악마(사람 마음 속의 나쁜 면), 인간과 사회 등의 문제를 깊이 파고들었던 괴테는 1832년 3월 22일, 바이마르의 자택에서 생애를 마쳤다.

# 구텐베르크
## (1394 ? ~ 1468)

## ―활판 인쇄술을 발명한 사람―

우리가 살아가는데 있어서 인쇄물은 글자 그대로 우리의 '정신의 양식'이어서, 지식이라든가 감정이라든가 예술, 학문 따위를 사람들에게 전하고 보존하는 중요한 중개 역할을 하고 있다. 이와 같이 문화 발전에 없어서는 안 될 활판 인쇄술을 처음으로 생각해 낸 사람이 요하네스 구텐베르크이다.

구텐베르크는 독일의 마인츠라는 도시에서 태어났다. 태어난 해는 분명하지 않으나, 대개 1394년부터 1399년 사이일 것으로 추정된다. 아버지는 귀족이며 주교구의 조폐소에서 근무하고 있었다. 그 덕분에 구텐베르크는 일찍이 금속 세공을 배웠는데, 그 기술이 나중에 금속 활자를 발명하는 데에 많은 도움이 되었다.

당시에는 글자를 한 자씩 짜 맞추어서 인쇄하고, 인쇄가 끝나면 그것을 분해해서 다시 짜 맞추어 다른 것을 인쇄하는 방법을 사용하고 있었다.

구텐베르크의 인쇄기

24

구텐베르크는 나무로 만든 활자 대신에 거푸집에 금속을 녹여 부어 처음으로 금속 활자를 만들었다.

활자를 발명하자 이어 포도를 짜는 압착기에서 힌트를 얻어 새로운 인쇄기를 만들어, 종이의 양면에 인쇄하는 방법을 고안했다.

1450년, 그는 마인츠에서 변호사인 요한 푸스트로부터 돈을 빌려, 유명한 《42행 성서》를 인쇄하는 일에 착수했다.

그러나 1455년 말에 빚 대신 공장과 시설을 모두 푸스트에게 빼앗겨 마인츠를 떠나지 않으면 안 되었다.

구텐베르크를 쫓아 낸 푸스트는 그의 제자였던 페터 셰퍼를 사위로 삼아 구텐베르크 대신 《42행 성서》를 인쇄했다.

구텐베르크는 새로운 출자자의 도움으로 다시 시작하여 《카톨리콘》이라는 책을 냈다.

구텐베르크가 발명한 인쇄술은 인류 문화에 큰 업적임은 물론, 특히 15, 16세기의 르네상스 문화가 발전하는 데 큰 바탕이 되었다.

그는 파산을 하기도 하고 방랑을 하기도 하는 등 고생을 많이 했으나, 나중에 마인츠의 대주교인 아돌프 2세가, 구텐베르크의 업적을 인정하고 그를 후하게 대접하여 만년에는 편안히 지낼 수 있었다.

# 그림 형제

야 콥 (1785～1863)
빌헬름 (1786～1859)

## ―동화의 아버지―

세계 어린이들이 좋아하는 《백설 공주》《헨젤과 그레텔》《블레멘의 음악대》《승냥이와 일곱 마리의 새끼산양》 등 재미있는 이야기를 많이 모아 놓은 그림 동화집은, 1812년부터 1814년까지 독일의 그림 형제에 의해 씌어진 것이다.

그림 형제는 독일의 중서부에 있는 작은 도시 하나우에서 태어났다. 형인 야콥은 1785년 1월 4일에 태어났고, 동생 빌헬름은 이듬해 2월 24일에 태어났다.

그림 형제의 아버지는 법무관이어서, 집안은 그다지 넉넉하지 못한 편이었다.

그림 형제는 어려서부터 청년 시절까지 카셀에서 살았다. 그 곳에서 공립 학교를 마친 후에 마르부

르크 대학에 들어가 훌륭한 법률 학자인 사비니한테서 법률을 공부하는 한편, 역사와 민화, 신화 등에도 흥미를 갖게 되었다.

대학을 졸업한 1816년부터 1829년까지 카셀 도서관에서 근무하게 되었는데 형은 도서관원으로, 동생은 서기로 일하였다.

그 무렵의 독일은 크고 작은 왕국으로 나뉘어 서로 끊임없이 다투고 있었다. 그리고 상류 사회의 지식 있는 사람들은 독일 문화대신 그리스나 로마의 문화를 동경하고 있었다.

이러한 상황 속에서 게레스라는 대학 교수는 독일 국민에게 조국의 통일을 호소하였다.

그림 형제도 학문을 통해서 독일 민족을 깨우치려고, 독일어와 독일 문학의 연구에 힘쓰고 있었다.

이리하여, 그림 형제는 옛부터 전해 내려오는 이야기들을 모아 《어린이와 가정의 동화》와 《독일 전설집》을 펴냈다.

그림 형제는 모든 일을 둘이 함께 했지만 다른 점이 많았다. 형인 야콥은 신체가 건강한데다 자연을 좋아해서 여러 곳을 돌아다니

그림 형제의 집

며 많은 연구 재료를 모아 왔다.

그러나 그다지 건강하지 못한 동생 빌헬름은 형보다 문학적인 재능이 뛰어났기 때문에, 형이 여러 곳에서 수집해 온 민화들을 아름다운 말로 고쳐 써서 훌륭한 문장으로 꾸몄다.

형이 여러 지방에서 수집해 온 민화를 조용한 서재 안에서 얘기하면, 아우는 그것을 들으면서 받아 써 갔다. 이렇게 해서 《어린이와 가정의 동화》가 완성되었는데, 그 후에도 여러 번 고쳐 써서 지금의 아름다운 이야기가 완성되었다.

1830년, 그림 형제는 하노버 왕국의 괴팅겐 대학으로부터 초대를 받아 교수가 되었는데, 7년 뒤인 1837년에 7명의 교수가 쫓겨난 사건에 관계되어 왕국으로부터 추방을 당했다. 그 사건이란, 하노버 국왕 에르네스트 아우구스투스가 수년 전에 제정된 하노버 헌법을 폐지하려 하자 7명의 대학 교수들이 서로 뜻을 모아 반대했기 때문에 일어난 일이었다.

형제는 다시 카셀 시로 돌아왔다. 독일 사람들은 그들 형제를 동정하여 어떻게 해서든지 두 사람을 도우려고 했다.

그 중 한 라이프니츠의 출판인이 형제를 위해 훌륭한 계획을 세웠다. 그것은 대규모의 《독일어 대사전》을 만드는 계획이었다. 이 사전은 16세기부터의 여러 가지 말을 하나하나 조사하고 분류하여 정리해야 하는, 대단한 인내와 노력이 드는 작업이었다.

이 사전의 편찬에 착수한 그림 형제는, 사망할 때까지 20년 동안이라는 긴 세월에 걸쳐 심혈을 기울여 일했으나, 겨우 10분의 1 정도밖에 완성시키지 못했다. 1854년에 제1권이 나오고 나서, 많은 학자들이 그림 형제의 뒤를 이어 16권 전권을 완성시킨 것은 106년 뒤인 1960년의 일이었다.

형 야콥은 하루도 쉬지 않고 연구를 진행한 끝에, 《독일 문전》《고대 독일 법률》《독일 신화학》《독일어사》등의 훌륭한 저서를 세상에 내놓았다.

그 중에서도《독일 문전》은, 8년이라는 세월동안 끊임없는 노력을 기울여서 만든 것으로, 언어학에서는 세계적으로 뛰어난 저술로서 인정받고 있다.

그림 형제의 모든 업적은, 독일의 통일을 바라면서 독일 사람들의 조국애를 깨우치기 위해서 이루어진 것이라고 말할 수 있다.

이 사전의 머리말에는

"한 권의 책 속에 독일의 모든 토지와 말이 수집되어 있듯이 독일도 하나가 되기를 바란다."

라고 적고 있다.

또하나 그림 형제로 하여금 게르만 언어학을 연구하게 하고, 또한 독일의 옛 이야기와 전설을 수집하게 한 것은 향토적인 것과 민중적인 것에 대한 그들의 깊은 애정이 있었기 때문이다.

동생 빌헬름이 1825년에 결혼했으나 그림 형제는 계속해서 의좋게 함께 살았다.

《브레멘의 음악대》상

1859년 12월 16일, 동생 빌헬름이 73세로 먼저 죽고, 4년 후인 1863년 9월 20일, 형 야콥이 독신으로 78세의 생을 마쳤다.

그리고 형 야콥이 죽은 지 8년 후에는 프로이센·프랑스 전쟁에서 프로이센이 승리하여 통일된 독일 제국이 탄생했다.

그들이 죽은 후이지만 그림 형제의 소원이 이루어진 것이다.

# 나 세 르
## (1918~1970)

### ―아랍 민족주의의 기수―

통일 아랍 공화국의 기초를 다지기 시작한 아랍 민족의 지도자 가말 압델 나세르는 1918년 1월 15일, 이집트의 베니모르에서 태어났다.

우체국 사무원의 아들로 태어난 그는 카이로에 있는 중학교를 다녔으며, 20세 때 영국 육군 사관 학교를 졸업하였다. 보병 소위가 된 그는 제2차 세계 대전 때에 알렉산드리아로 파견되어 영국군 전선 부대의 후방에서 근무하였다.

당시 이집트는 영국의 지배하에 있었는데, 나세르는 항상 자기 나라의 완전한 독립이 이루어지기를 바라고 있었다.

1948년, 나세르는 소령이 되어 팔레스타인 전쟁에서 부상을 당했고, 그 전쟁은 이스라엘의 승리로 끝났다.

나세르는 전쟁에서 패한 원인이 국가가 부패했기 때문이라 판단하고, 당시의 국왕 파루크 1세의 정부를 쓰러뜨리기 위해 청년 장교를 모아 자유 장교단이라는 비밀 단체를 조직하였다.

1952년 7월, 드디어 나기브 장군과 함께 쿠데타에 성공한 그는 혁명 위원회의 지도자가 되었다.

1955년에 그는 비동맹주의의 외교 정책을 추진하기 위하여 티토 및 네루와 친교를 맺었고, 반둥에서 열린 아시아 · 아프리카 회의에도 참석하였다.

1956년 6월, 드디어 영국군을 철수시키는 데 성공한 나세르는 새 헌법을 제정하여 대통령이 되었다. 대통령이 된 후로 그는 정치, 경제면에서도 자주적인 독립을 실현시키기 위해 온 힘을 다했다.

그 해 7월에는 수에즈 운하를 국유화한다고 선언했으며, 이에 맞서 반대했던 영국, 프랑스의 공격은 실패로 끝났다. 이것은 수에즈 운하 전쟁을 계기로 해서 여러 아랍 민족이 자신들의 강한 유대를 보인 것이며, 나세르의 업적 중 가장 뛰어난 것으로 인정되고 있다.

1958년 9월, 시리아와의 합병에 의해 이집트의 국명은 통일 아랍 공화국이 되었으며, 나세르는 초대 대통령에 취임하였다.

아랍 여러 나라의 지도자가 된 나세르는 아랍 민족을 단결시켜서 이스라엘과의 국경에 군대를 주둔시키고 이스라엘과 맞서 싸울 태세를 갖추고 있었다.

나세르는 다시 아랍주의, 중립주의, 반서구주의를 내용으로 한 나세르주의를 주장하여 아프리카 지도자들의 환영을 받았고, 아프리카 인들의 정치적 구심점이 됐다.

그러나 1967년 6월 5일에 일어난 중동 전쟁에서 미국과 영국의 적극적인 지원을 받은 이스라엘에게 크게 패배했다.

나세르는 책임을 느끼고 대통령 자리에서 물러나기로 결심했으나 온 국민의 반대로 뜻을 바꾸고 아랍의 중심적 지도자로 활약했다.

나세르는 대외 정치적인 면에서뿐만 아니라 내정에도 힘써, 1960년에는 아스완 댐을 건설하여 상습적인 홍수 지역을 옥토로 바꾸고, 국내에 연간 100억 킬로와트라는 막대한 전력을 공급하여 공업 발전의 기초를 다지기도 했다.

1970년 9월 28일, 뛰어난 정치가 나세르는 심장병의 발작으로 카이로에서 사망했다.

수에즈 운하  이집트의 북동부에 위치하며, 아시아와 유럽을 잇는 가장 짧은 항로이다.

# 나이팅게일

(1820~1910)

## -크림의 천사-

1854년, 영국은 크림 반도에서 러시아를 상대로 전쟁을 했다. 전세는 영국측에 유리했으나, 부상을 입은 많은 병사들이 제대로 간호도 받지 못하고 죽어 갔다.

그 때, 간호사 한 사람이 육군 장관 시드니 허버트에게 종군을 지원한다는 편지를 냈다. 그리고 이 간호사는 38명의 대원을 이끌고 싸움터로 향하여, 1만 명이 넘는 부상자를 간호하였는데, 이 간호사가 나이팅게일이다.

플로렌스 나이팅게일의 부모는 영국인인데, 마침 여행 중이던 이탈리아의 피렌체에서 1820년 5월 12일에 그녀를 낳았다.

그 후, 한 살 때 언니를 포함한 네 식구는 영국으로 돌아왔다.

그녀의 가정은 상류층에 속했기 때문에 그녀는 비교적 부유한 환경에서 아무런 어려움 없이 자랐다.

부모님은 상류 가정에 시집 보낼 생각이었으나, 어린 시절부터 환자를 간호하는 놀이를 좋아한 그녀는 부모들과는 생각이 달랐다.

그 무렵의 간호사란 신분이 낮아서 멸시를 당하는 일이 많았다. 그러나 그녀는 간호사가 될 것을 결심하고 의학과 위생학을 공부하였으며, 독일의 수도원 병원에서 간호학을 익혔다. 그 후 영국으로 돌아와 런던의 한 병원에서 수석 간호사가 되었는데, 그 때 나이는 33세였다.

이듬해 크림 전쟁이 한창일 때, 부상병들의 비참한 보도를 듣고 그녀는 즉시 지원했다.

그녀는 스쿠타리에 상륙하여, 초라하고 불결하고 비참하기 이를 데 없는 바라크의 병실에서 6개월

동안을 하루도 쉬지 않고 매일 스무 시간씩 일했다.

그녀는 동료 간호사를 격려하고 헌신적인 노력을 하면서 병원의 개선에 힘썼다. 환자들의 옷이며 병원의 청소 및 식사에 이르기까지 신경을 써서 어머니와 같은 인자한 마음으로 부상자들을 돌보았다.

병사들은 그녀를 '크림의 천사'라고 불렀고, 어느 종군 기자는 그녀가 어두운 밤에 작은 램프를 들고 전상자들을 돌보는 모습을 보고 '등불을 든 천사'라고 보도하여 많은 사람들을 감동하게 했다.

1856년, 전쟁이 끝나자 그녀에게 국민들은 5만 파운드의 감사금을 전했다. 그녀는 그 돈으로 간호사 양성을 위한 간호 학교를 세워 국민들의 위생 관념을 높였다.

이러한 그녀의 박애 정신은 적십자 운동을 일으키게 되었다.

'크림의 천사', 나이팅게일은 1910년 8월 13일, 세상을 떠났으며, 그의 공적을 기념하기 위해 1912년 나이팅게일 기장이 채택되었다. 그러나 제 1차 세계 대전으로 실시되지 못하다가 1920년에 나이팅게일 상이 제정되어 이후 훌륭한 간호사에게 이 상이 주어지고 있다.

# 나폴레옹
## (1769~1821)

### —전 유럽을 정복한 황제—

나폴레옹 보나파르트는 1769년 8월 15일, 코르시카 섬의 아작시오에서 태어났다. 집안은 가난했으나, 아버지는 귀족이었고, 어머니는 현숙하고 아이들의 교육에 열성적이었다.

나폴레옹은 13형제 중 둘째로, 어릴 때부터 조그만 몸집에 머리만 크고, 싸움을 잘 했다.

10세 때, 프랑스로 건너가 브리엔 유년 학교를 거친 다음, 1785년 사관 학교를 졸업했다.

1789년, 프랑스의 루이 16세가 파산 직전의 재정난 타개를 위해 귀족에게도 과세를 하려고 했으나 귀족들의 반대로 뜻을 이루지 못했다. 그러자 평민 계급이 따로 국민 의회를 결성하였는데, 국왕이 이를 무력으로 탄압하려고 하자 파리의 민중들이 봉기하여 바스티유 감옥을 습격하였다. 이를 계기로 혁명의 열기는 삽시간에 지방으로 확산되었다.

이 때 나폴레옹은 코르시카에 돌아가 1793년, 정부에 반대하는 군인들과 귀족들이 영국의 도움을 받아 일으킨 전쟁에 참가하여 툴롱 항 탈환의 포병 지휘관으로 활약했으며, 이듬해 이탈리아 전선의 여단장으로서 두각을 나타냈다.

나폴레옹은 1796년 3월에 조제핀과 결혼하였다. 그리고 며칠 후에 이탈리아 국경 지방에 주둔하고 있는 군대의 사령관이 되어, 오스트리아 군 및 이탈리아 군을 격파한 후 1797년 10월에 개선했다.

그는 1798년에 이집트를 원정하여 카이로에 입성했다가 그 뒤 본국의 정치 정세가 어지러워지자 단신으로 귀국하여, 다음 해 11월에 제1통령이 되어 군사 독재의 터전을 잡았다.

1802년, 종신 통령에 취임한 나폴레옹은 국내의 평화를 위해 교육, 행정, 조세 제도 등을 개혁했고 재정의 재건, 자본가의 보호, 공업의 발전 등을 장려했다. 그 무렵에 그가 펴낸《나폴레옹 법전》은 개인의 자유를 비롯해서 법 앞에서의 만인의 평등, 재산의 불가침 등의 조항이 표현되어 있는 근대적 법전의 모범이 되었다.

그는 1805년 트라팔가르 해전에서 패했으나, 오스트리아·러시아의 연합군을 격파하고 1806년 대영 대륙 봉쇄를 강화하여 에스파냐, 포르투갈, 네덜란드를 정복함으로써 전 유럽을 지배했다.

그러나 1812년에 러시아 원정에 실패하고, 1813년에는 라이프치히에서 프로이센·러시아·오스트리아의 연합군에 패하여, 이듬해 그는 엘바 섬에 유배되었다.

루이 18세가 복위한 후 1815년 3월, 다시 소수의 병력으로 파리에 돌아와 제위에 올라 '백일 천하'를 누렸다. 그러나 6월 18일의 워털루 싸움에서 패하여 세인트헬레나 섬으로 유배돼 1821년 5월 5일에 그 곳에서 사망했다.

# 난　센
## (1861~1930)

## －노르웨이의 북극 탐험가－

난센은 1861년 10월 10일, 노르웨이의 수도 크리스티아니아(지금의 오슬로)에서 법률가인 아버지 베르줄 난센과 어머니 아데라이트 웨델의 둘째 아들로 태어났다.

그는 크리스티아니아 대학에서 동물학을 전공하였으며, 1882년 대학을 졸업한 후 바다표범 수렵선인 바이킹 호를 타고 그린란드를 탐험하고 돌아왔다. 그 후, 베르겐의 자연사 박물관에서 미생물 연구에 종사했다.

24세 때인 1885년에, 베르겐 자연사 박물관에서 연구 업적 공로로 금메달을 받았고, 다음 해에는 이탈리아의 나폴리 수족관에서 해양 동물을 연구했다.

난센은 1884년에 스키로 그린란드를 횡단할 계획을 세웠었는데, 그 실현을 본 것은 1888년이었다.

노르웨이 정부에서 끝내 자금을 대어 주지 않아, 덴마크의 한 부유한 민간인에 의해 그의 꿈을 이룰 수 있었다.

그 해 5월에 일행 5명과 함께 노르웨이를 출발하여 천신 만고 끝에 그린란드 횡단에 성공하고 다시 본국으로 돌아왔는데, 꼬박 1년이 걸렸다. 그는 이 일로 국민적 영웅으로서 환영을 받고, 탐험가로서의 명성을 떨쳤다.

탐험에서 돌아온 그 해에 해양 동물 연구가의 딸 카엘 에바와 결혼하고, 탐험 보고서《그린란드 최초의 횡단》과 《에스키모의 생활》등의 저서를 펴냈다.

1893년에 그는 다시 북극을 탐험하기 위해 프람 호를 타고 크리스티아니아 항을 떠났다. 북극해의 얼음산에서 겨울을 나고, 1895년

3월에 북위 83도 59분 지점까지 가서 프람 호에서 내려, 요한센과 함께 개가 끄는 썰매를 타고 북위 86도 14분 지점에 도달했다. 이 때, 그는 북극에 육지가 없음을 확인했다.

그는 탐험을 마치고 돌아오는 도중 조난을 당했다. 그러나 이듬해 6월, 영국 탐험가인 프레더릭 잭슨에게 구조되어 8월에 무사히 함메르페스트로 돌아왔다. 이 때의 탐험 기록을 담은 저서가 《최북》《노르웨이 북극 탐험》(1900~1906) 등이다.

그는 1897년에 오슬로 대학 동물학 교수로 임명되었고, 다음 해에 국제 북극해 연구소장으로 선임되었다. 또한 1905년에 노르웨이가 스웨덴의 지배를 벗어나 독립하자, 초대 영국 대사가 되어 3년간 근무했다. 1908년에 오슬로 대학 해양학 교수로 취임했고, 북대서양과 시베리아를 탐험했다.

제1차 세계 대전 후 국제 연맹 결성에 노력했으며, 1922년에 노벨 평화상을 받았다. 그 해에 《시베리아를 지나서》를 썼다.

난센은 이처럼 다방면으로 위대한 업적을 남기고, 1930년 5월 13일, 69세의 생애를 마쳤다.

# 네    루
## (1889~1964)

## ―인도의 지도자―

인도의 독립 운동가이며 위대한 정치가인 판디트 자와할랄 네루는 전세계 비동맹 운동의 기수로서 세계의 하늘에서 샛별처럼 빛나는, 아시아가 낳은 위인이다.

네루는 1889년 11월 14일에 태어났는데, 그의 탄생은 오늘날 인도의 어린이날로 정해져서 해마다 이 날을 기념하고 있다.

네루의 집안은 부유하여 어렸을 때 영국인과 인도인 가정 교사 밑에서 배우며 자랐다.

1905년 5월, 16세의 나이로 영국 유학을 떠난 네루는 런던에서 명문의 자제들밖에 들어갈 수 없는 해로 학교에 입학했다.

그 후 네루는 케임브리지 대학에 진학하여 자연 과학 중에서 식물학과 지질학을 전공했다.

그는 졸업한 후 런던에 2년 동안 더 머무르면서 공부하여 변호사 면허증을 따고, 1912년 가을에 인도로 돌아왔다.

인도에 돌아온 네루는 얼마 동안 알라하바드 고등 법원에서 근무하고 있었는데, 그 생활에서 그는 일할 의욕과 보람을 도무지 느낄 수 없었다.

그 무렵, 인도에는 훨씬 이전부터 영국의 통치에서 벗어나 인도의 자치를 도모할 목적으로 인도 국민 회의파가 조직되어 있었는데, 그 운동은 조금도 진척이 없었다.

네루는 인도의 국민들이 영국 통치자들로부터 착취와 시달림을 당하고 있다는 사실을 잘 알고 있었지만, 직접 피부로 느낀 적은 없었다.

당시는 마하마트 간디가 아직 남아프리카에서 인도로 돌아오지 않았을 때였다.

1914년 7월에 제1차 세계 대전이 일어나자, 영국은 전쟁이 끝나면 인도에 자치를 부여하겠다는 약속을 하고 인도 국민을 전쟁으로 내몰았다.

이 무렵부터 네루는 인도 자치 획득 동맹과 국민 회의파에 가입하여 활약하다가, 1916년에 열린 러크나우 대회에서 처음으로 간디와 만나게 되었다.

마침내, 5년 동안에 걸친 긴 전쟁이 끝났으나, 영국은 약속을 저버리고 오히려 인도인의 민족 운동을 단속하려고 '롤럿 법안'이라는 식민지 통치 강화법을 제정했다.

그리하여 1919년부터, 간디를 지도자로 한 국민 회의파는 전국 방방곡곡을 돌아다니며 영국에 대해 협력하지 말 것을 국민들에게 호소했다. 이처럼 영국에 대한 비협력 운동이 활발하게 전개되고 있던 1920년, 네루는 농촌을 순회하며 비참한 생활 속에서 허덕이고 있는 농민들을 보고서 비로소 인도의 참모습을 알게 되었다.

그 후, 인도가 독립할 때까지 네루는 조국 독립을 위하여 전력을 다했다. 그러는 사이에 그는 차츰 차츰 책임 있는 지위에 오르게 되었다.

영국은 인도의 독립 운동을 막기
위해서 우국 지사들을 혹심하게 탄
압했다.

1921년, 마침내 네루도 체포되
어 구속되었다. 그 뒤 그는 아홉
차례에 걸쳐 체포되어 9년의 세월
을 교도소 안에서 보냈다.

그 동안, 그는 외동딸 인디라에
게 보내는 편지 형식으로 《딸에게
들려 주는 세계 역사》와 조국의 진
로를 제시하는 《인도의 발견》등을
집필하였다.

1934년, 일곱 번째 복역 중에 아
내인 카말라 부인의 병세가 안 좋
아, 네루는 아내의 병문안을 가기

위해 잠시 동안의 교도소 출감을
허락받았다.

그의 가족들은 부모를 비롯하여
아내까지도 여러 차례 연행되어 고
문을 받은 경험이 있었다.

1935년에는 부인의 병세가 악화
되어 유럽으로 요양을 떠났다. 교
도소에서 갓 나온 네루도 같이 유
럽으로 떠났는데, 얼마 되지 않아
아내는 사망하고 말았다.

이 무렵에 네루는 국민 회의파의
의장으로 선임되어 인도에서 간디
다음 가는 지도자가 되었다.

네루는 간디를 진심으로 존경하
고 있었지만, 모든 견해가 같았던

것은 아니다. 네루는 사회 민주주의를 신봉하고 있었지만, 간디는 그렇지 않았다.

그러나 네루와 간디는 뜻을 함께 하여 온갖 박해에도 굽히지 않고, 독립을 추구하는 인도 민중의 선두에 서서 용감하게 싸워 나갔다.

제2차 세계 대전 중에 네루는 거의 대부분의 날들을 형무소 안에서 보냈다. 그러나 그들이 벌인 민족 운동으로 말미암아, 전쟁이 끝나자 인도는 영국으로부터 독립 할 수 있었다.

그러나 안타깝게도 인도는 이슬람 교도가 많은 파키스탄과 힌두교도가 많은 인도 연방으로 갈라져 독립하게 되었다.

1947년 8월 15일, 인도가 마침내 독립하여 공화국이 되자, 네루는 신생 공화국의 수상 겸 외상으로 취임하였다.

네루는 철저한 평화주의자였다. 전쟁이 끝난 후 자유주의 진영과 공산주의 진영이 서로 날카롭게 대립하게 되자, 그는 중립적인 입장을 취해 두 진영을 화해시키려고 많은 노력을 했다.

또한 독립은 했지만 무지와 빈곤에서 헤어나지 못하는 인도 국민들과 저개발 농업국인 인도를 가난에서 구제하려고 심혈을 기울였다. 그러나 끝내 그 해결책을 찾지 못하였다.

인도를 위해 끝까지 노력한 네루는 1964년 5월 27일, 뉴델리에서 75세의 생애를 마쳤다.

1947년 무렵의 네루 1947년 8월 15일, 네루는 영국으로부터 독립한 인도의 수상 겸 외상으로 취임했다.

# 넬 슨
(1758~1805)

## ─영국의 위대한 해군 제독─

'해군력의 화신'으로 일컬어지며 해군사상 가장 위대한 지휘자로 알려져 있는 호레이쇼 넬슨은 1758년 9월 29일에 영국 노퍽의 버넘 소프에서 태어났다.

그는 외삼촌 모리스 서클링 선장의 권유와 도움으로 12세 때인 1770년에 해군에 입대하였다. 19세 때, 해군 대위로 진급하였으며, 미국 독립 전쟁이 일어났을 때에는 서인도 제도에서 영국 함대의 작전에 큰 공을 세웠다.

1787년, 29세 때 프랜시스 니스벳 부인과 결혼하였다.

전사하는 넬슨 넬슨은 1805
년 10월 리일, 트라팔가르 해
전 중 빅토리아 호에서 전사하
였다.

1789년, 프랑스 혁명이 일어나
자 지중해 방면으로 나아가 싸웠
고, 이듬해 코르시카 점령에 공을
세웠다. 그러나 넬슨은 안타깝게
도 이 싸움에서 오른쪽 눈을 잃고
말았다.

1797년 2월 14일, 넬슨은 세인
트빈센트 해전에서 에스파냐 함대
를 격파하여 훈장을 받았으나, 7
월 24일, 카나리아 제도를 공격하
면서 오른쪽 팔을 잃었다.

1798년 초, 넬슨은 프랑스 군과
나일 강 입구 아부키르 만에서의
치열한 전투 끝에 나폴레옹이 지휘
하는 프랑스 군을 완전히 격파시켰
다. 이로써 넬슨은 '나일 강의 남
작'이라고 불렀다.

1801년 초, 넬슨은 아내와 이혼
하고 영국 대사의 아내였던 에마
해밀턴 부인과 결혼하여 딸을 낳았
으며, 같은 해에 자작이 되었다.

1803년, 프랑스와 전쟁이 다시
시작되자 그는 지중해 함대 사령관
이 되었고, 2년 동안 프랑스 함대
를 툴롱에 봉쇄하여 나폴레옹의 영
국 본토 상륙 작전을 막았다.

그의 마지막 교전은 1805년 10
월 21일, 지브롤터 근처의 트라팔
가르에서 있었다. 봉쇄한 툴롱 항
에서 탈출한 프랑스와 에스파냐 연
합 함대를 맞아 영국 해군은 대담
한 작전으로 이를 격멸시켜 영국
해군의 힘을 과시하였다.

그러나 넬슨 자신은 완승을 눈앞
에 두고 저격을 받아 전함 빅토리
아 호에서 전사하였다.

# 노      벨
(1833~1896)

## ―노벨상을 제정한 발명가―

알프레드 베른하드 노벨은 스웨덴의 수도 스톡홀름에서 태어났다. 아버지는 훌륭한 기계 기사였으나, 집안은 가난하였다.

노벨이 4세 때, 아버지는 가족을 남겨 두고 러시아로 일하러 떠났다. 그리하여 노벨 형제는 5년 동안 어머니의 손에서 자라났다.

러시아로 건너간 아버지는 그 후 상트 페테르부르크에서 작은 기계 공장을 시작하여, 1842년에 고국에 있는 가족을 불러들였다.

아버지의 공장은 꽤 큰 편이었다. 아버지는 노벨 형제를 적극적으로 뒷바라지 해 주었다.

노벨은 아버지의 권유로 16세

때에 과학 공부를 위해 미국으로 갔으나 문학에 뜻을 두고 여기저기 방랑하다가 2년 만에 돌아왔다. 그후, 노벨은 아버지를 도와 열심히 연구에 몰두했다.

노벨의 아버지는 러시아 정부의 의뢰로 수뢰 제조를 시작하여, 그 속에 채워 넣는 강력한 화약을 연구하고 있었다. 이 때 노벨 부자는 이탈리아의 소브레로에 의해 발견된 위험한 폭발물 니트로글리세린에 착안하여 여러 가지 실험을 하고 있었다.

1862년, 드디어 노벨은 도화선을 사용하여 폭발시킬 것을 생각해 내고, 운하에서 수중 폭발시켜 성공을 거두었다. 그리고 특허를 얻어 스웨덴으로 돌아갔다.

이듬해 노벨 부자는 니트로글리세린 공장을 만들고, 새로운 화약을 제조해서 판매했다. 그러나 이것이 아직 완전하지 않아 자주 폭발 사고를 일으켰다.

1867년, 노벨은 규조토가 흡수제에 가장 알맞은 것임을 알아 내고 스프렝겔을 규조토에 흡수시킨 고형 화약을 만들어 다이너마이트라는 이름을 붙여 특허를 받았다.

이 다이너마이트로 인해 광산이나 터널 공사는 눈부시게 발달했다.

1868년, 스웨덴의 과학원에서는 노벨 부자에게 그들의 노고를 기리기 위해 각각 표창을 수여했다.

그 후, 노벨은 외국의 특허를 받아 독일, 영국, 프랑스, 미국 등지에 다이너마이트 제조 공장을 세워서 일약 세계적인 사업가가 되었다. 그러나 그가 '화약의 왕'으로 불리게 된 것은 1888년에 무연 화약을 개발한 후부터였다.

1896년에 그가 사망하자, 그의 유언에 따라 그의 막대한 유산을 재원으로 하여, 인류의 복지에 모든 힘을 기울인 사람에게 수여하는 노벨상이 제정되었다.

노벨상 시상식을 하는 콘서트 홀

# 노 자
(기원전 5세기 ? ~기원전 4세기)

## ─무위 자연을 주장한 사상가─

노자(老子)는 중국 춘추 시대의 사상가이며, 인간 사회가 많은 규칙과 관습으로 얽매여 있는 것을 비판한 학자이다.

노자는 춘추 시대 초나라의 뤄양에서 태어났는데, 성은 이(李)요, 이름은 이(耳)이다.

그의 사상은 고대 중국 남방의 대표적인 인문 사상으로서, 북방의 공자가 펼쳤던 유교 사상과는

매우 대조적이다.

공자는 춘추 시대 말기의 사회적 혼란기에 인을 모든 도덕의 최고 이념으로 삼아 덕치 정치를 강조한 데 반해, 노자는 무위 자연의 도를 주장했다.

다시 말해 노자의 주장은, 사람들이 억지로 가르치는 인위적인 지혜나 학문은 모두 자연의 도에 어긋나는 것으로, 자연 그대로, 소박함 그대로, 억지가 아닌 순리로 도에 따르라는 것이다.

그는 중국 역사상 최초로 우주의 일체를 도라고 하였으며, 만물은 도에서 나와서 도로 돌아간다고 하여, 자연의 신비하고 오묘한 진리를 펴냈다.

그가 지은 《노자》라고도 불리는 《도덕경》은 고작 5000자에 불과한 분량이지만, 그 속에 담긴 진리는

바로 자연에 담긴 진리요, 또한 우주의 질서에 따르는 진리이다.

그는 정부를 필요로 하지 않는 자급 자족의 자연 생활 속에 인간의 이상과 진리가 있다고 하였다. 《도덕경》을 짓게 된 데는 다음과 같은 일화가 전해지고 있다.

주나라가 망하는 것을 보고 그가 서쪽으로 길을 떠나려는데, 어떤 선비가 와서

"선생님, 가시기 전에 저희를 위해 책을 한 권 써 주십시오."

하고 청하였다.

그러자 노자는 그 뜻을 받아들여 상·하 2편 81장의 《도덕경》을 남기고 갔다고 한다.

노자는 강한 것보다는 약한 것을, 동(動)보다는 정(靜)을 강조하여, 강한자의 폭행이나 강요를 배격했다. 즉, 인간의 본래 모양 그대로를 따르고, 억지로 하지 않으면 그것이 바로 자연이라는 무위 자연의 도를 역설했던 것이다.

노자는 주나라에서 도서관원으로 일했다고 하는데, 그 당시는 맹인들이나 그런 일을 했다는 설이 있어, 그도 맹인이 아닌가 하는 추측도 있으며, 200세를 살았다는 말도 전해진다.

노자의 도에는 보려 해도 보이지 않고, 들으려 해도 들리지 않는 깊은 진리가 담겨 있다고 하겠다.

# 누르하치
### (1559~1626)

## ―청나라를 세운 황제―

누르하치는 후금의 건국자이며, 청나라의 태조로 흔히 청태조라고도 한다.

여진족은 만주의 산악 지대에 살던 민족이다. 당시는 아직 국가를 이루지 못하고 만주의 북쪽에는 해서 여진족, 남쪽에는 건주 여진족이 퍼져서 제각기 추장을 두고 살아가고 있었다. 추장이 다스리는 조그만 부락들이 388개나 되었고, 이들은 명나라와 무역을 하며 생활하고 있었다.

누르하치는 일찍이 어머니를 여의고 19세 때, 어느 상인의 데릴사위로 들어갔다. 그는 장인 밑에서 장사하는 법을 배웠고, 놀라운 수완으로 장사를 하여 신임을 얻게 되었다.

그 무렵, 건주 여진족은 왕가오라는 사람이 지배하고 있었는데,

누르하치의 할아버지는 그 밑에서 세력을 잡아 보려고 손녀를 왕가오의 며느리로 주었다.

그러다가 왕가오가 주민들의 모략으로 살해되자, 누르하치의 할아버지와 아버지는 명나라 군사들을 시켜 왕가오의 아들을 죽이려고 했으나, 명나라 군사들이 잘못하여 누르하치의 할아버지와 아버지를 죽이고 말았다.

이 때, 명나라의 랴오둥 총병관인 이성량은 그에 대한 배상으로 누르하치에게 많은 진귀한 물건과 군마 30필을 주었다.

이성량 일가는 만주의 세력 있는 토착 군벌이었다. 이 일로 이성량과 손을 잡게 된 누르하치는 25세 때에 군대를 조직하여 만주 남쪽에 자리잡고 있는 건주 여진족을 통일하여 지배자가 되었다.

누르하치는 1587년에 3층의 성을 쌓았는데, 그것이 만주에서는 처음이었다고 한다.

그는 곧 만주 북쪽의 여진족까지 침범하여 차례로 쳐서 더욱 세력을 넓혀 나갔다.

여진의 대부분을 통일한 누르하치는 1616년에 국호를 후금, 연호를 천명이라 정하였다. 후에 그의 아들 태종은 국호를 다시 청이라 고쳤다.

후금의 성립은 명에게 커다란 위협이 되어, 결국은 두 나라간에 충돌이 일어났다. 누르하치는 만주로 들어오는 중요한 관문을 모두 빼앗아 명이 북으로 오지 못하게 했다. 누르하치는 사르프 전투에서 명의 10만 대군을 격멸하여 랴오허 강 지역을 차지하였다. 그러나 1626년, 명의 링위안 성을 공격하다가 명장 원숭환에게 부상당하고 후퇴하여 돌아왔다. 그 해 4월에 다시 파림부를 공격하였으나 도중에 병으로 죽었다.

그가 만든 후금의 정치 제도, 사회 제도, 군사 제도는 후에 청나라로 이어졌다. 만주 고유의 풍습인 변발도 그대로 청나라에 계승되었고, 누르하치의 모든 체제와 제도는 청나라의 기반이 되었다.

# 뉴 턴
## (1642~1727)

## ―만유 인력을 발견한 과학자―

과학의 역사에서 가장 큰 거성이라고 일컬어지는 아이작 뉴턴은, 영국 런던에서 북쪽으로 150킬로미터 가량 떨어진 울스소프라는 마을에서 태어났다.

근대 과학을 개척한 갈릴레이가 죽은 지 1년 가까이 지나고, 지동설을 주장한 코페르니쿠스가 죽은 지 1백 년 후의 일이다.

아버지는 뉴턴이 태어나기 전에 죽고, 어머니는 그가 3세 때 이웃 마을에 사는 스미스라는 목사와 재혼했기 때문에, 어린 뉴턴은 외할머니의 손에서 초등 학교에 다니게 되었다.

13세가 되자, 그는 그랜섬에 있는 중학교에 들어갔다. 그 무렵의 학교는 수학이나 물리 등의 교과는 없고, 그리스나 라틴의 고전을 읽는 것이 주요한 교과였다. 그러나

뉴턴은 수학과 공작을 좋아했기 때문에, 틈틈이 풍차나 연 따위를 만들어 보기도 했다.

뉴턴이 14세 때, 스미스 목사가 죽자 어머니는 의붓아버지와의 사이에서 태어난 동생들을 데리고 친정으로 돌아왔다. 어머니는 뉴턴이 농사꾼이 되기를 바랐으나, 그가 농사짓는 일에는 맞지 않는다는

반사 망원경

것을 알자 상급 학교에 진학시키기
로 했다.

그는 얼마 동안 준비 교육을 받
은 후, 1661년에 케임브리지 대학
의 트리니티 칼리지에 입학했다.

그는 대학에 들어가자 곧 교수의
권유로 본격적으로 수학과 물리학
을 공부하여, 차차 과학적 재능을
나타내기 시작했다. 졸업 후에도
대학에 남아, 열심히 수학을 연구
하여 이항 정리를 발견했다.

뉴턴은 그 후 여러 가지 업적을
세웠다. 그것은 미분 적분학이란
수학의 새로운 분야를 수립한 것과
빛에 대한 연구를 하여 반사 망원
경을 완성함으로써 천문학을 발전

시킨 것, 그리고 가장 중요한 것으
로 역학 부문에서는 운동의 법칙과
만유 인력의 법칙을 발견한 것 등
이다.

만유 인력의 법칙은 뉴턴이 정원
의 사과나무 밑에 앉아 책을 읽다
가 갑자기 떨어진 사과를 보고 떠
오른 생각에서 비롯되었다.

1689년, 뉴턴은 국회 의원이 되
었고, 그 후 1696년에는 조폐국의
관리가 되었으며, 1699년에는 조
폐국장이 되었다.

평생을 독신으로 지내면서 소년
시절의 꿈을 이루어 세계 과학계의
큰 별이 된 뉴턴은 1727년 3월 20
일 새벽, 85세로 생애를 마쳤다.

# 다 윈
## (1809~1882)

### ─진화론의 제창자─

생물은 오랜 세월을 거치는 동안
에 변화하여 모양이나 성질이 점점
달라진다. 이처럼 생물이 변화해
서 진화해 간다는 것은 훨씬 오래
전부터 생각되어 왔으나, 그것에
대한 많은 증거를 제시하여 과학적
으로 정리한 사람이 바로 찰스 로
버트 다윈이다.

그는 1809년 2월 12일, 영국의
슈루스베리에서 태어났다.

아버지는 의사였고, 집안에선
많은 학자가 나왔다. 16세 때 아버
지의 뜻에 따라 에든버러 대학 의
과에 들어갔으나, 의사가 되는 것
을 원치 않아 18세 때에 대학을 그
만두고 집으로 돌아왔다.

그러나 그는 아버지의 분부를 어
길 수 없어, 이듬해에 다시 케임브
리지 대학 신학부에 들어갔다. 그
곳에서 식물학 교수인 헨슬로와 지

다윈이 타고 탐험한 비글 호

학 교수인 세지크 선생을 알게 되었고, 그들의 소개로 여러 학자들과 접촉하게 되어 박물학에 흥미를 갖게 되었다.

1831년, 그는 대학을 졸업하자 스승인 헨슬로의 주선으로 해군 측량선 비글 호를 타고 박물 연구원으로서 연구에 종사했다.

다윈은 남아메리카·남태평양의 섬(특히 갈라파고스 제도) 및 오스트레일리아 등을 탐험하였다.

영국으로 돌아온 다윈은 《비글 호 항해기》《비글 호 항해의 동물학》《산호초》《화산도》 등의 저서를 계속 발표했다.

다윈은 끊임없는 연구를 통하여, 모든 생물의 종자는 신의 창조가 아닌 자연 도태에 기원한다고 확신한 후, 1856년에 모든 생물은 극히 작은 것으로부터 진화하여 고등한 것이 된다는 진화론을 펴고, 1859년에 생물학사상 가장 획기적인 《종의 기원》을 써냈다.

그 후, 다윈은 병약한 몸을 무릅쓰고 《가축과 재배 식물의 변이》《인간의 유래》 등의 저작을 남기고, 1882년 4월 19일, 켄트 주 다운에서 73세의 생애를 마쳤다.

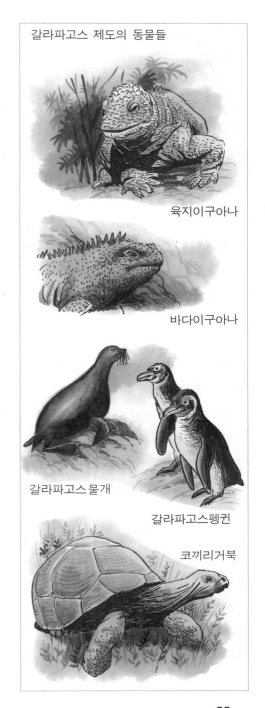

갈라파고스 제도의 동물들

육지이구아나

바다이구아나

갈라파고스물개

갈라파고스펭귄

코끼리거북

# 다　윗

(? ~기원전 962 ?)

## ―고대 이스라엘의 왕―

　다윗은 후에 이스라엘에 번영을 가져온 솔로몬 왕의 아버지로서, 사울의 뒤를 이은 고대 이스라엘의 제2대 왕이다. 그는 이웃 여러 나라를 정복하여 예루살렘을 수도로 삼고 이스라엘을 통일했다.

　다윗은 이세의 여덟 아들 중 막내로 베들레헴에서 태어났다. 아버지의 양을 돌보고 있던 다윗은 하프 솜씨와 시에 뛰어난 재능으로 사울 왕의 눈을 끌어 궁전으로 들어가 사울 왕의 곁에서 지내게 되었다.

　그러던 어느 날, 블레셋 사람들이 이스라엘로 쳐들어왔다. 블레셋 군사 중에는 키가 2미터 70센티미터나 되는 골리앗이라는 거인이 있었다.

　이스라엘 군사들은 그 거인 때문에 싸울 엄두도 내지 못하고 있었다. 이 때, 아직 어린 소년인 다윗이 용감하게 나서서, 돌팔매 끈을 휘둘러 차돌을 골리앗의 이마에 명중시켰다. 거인 골리앗은 외마디 비명과 함께 쓰러졌고, 다윗은 재빨리 골리앗의 칼을 뽑아 단칼에 그의 목을 베어 버렸다.

　다윗이 블레셋 군사를 무찌르고 돌아왔을 때, 이스라엘의 수많은 여자들은 곳곳마다 나와서 북을 치며 그의 개선을 환영하는 노래를 불렀다.

　　사울이 나가면 당장 천 명이나
　　죽였고,
　　다윗이 나가면 당장 만 명이나
　　죽였네.

　이런 노래를 들은 사울 왕은 다윗을 시기하게 되었다.

다윗은 사울의 탄압을 피하기 위해 미치광이 흉내를 내면서 떠돌아다녔다.

그 후, 사울의 세 아들은 블레셋 군사와의 싸움에서 패하여 달아나다가 화살에 맞아 전사했고, 사울도 자살했다. 다윗은 그 소식을 듣고 그들의 죽음을 애도하는 시를 지었는데, 그 시는 지금까지 전해지고 있다.

다윗은 유다 부족의 왕으로 추대되었고, 이스라엘은 사울의 아들 이스보셋이 다스리게 되었다. 이 두 나라 간의 충돌이 그칠 새가 없었는데, 차차 다윗의 유다 부족 세력이 강성해졌다.

이스보셋이 자기의 부하들에게 암살되자, 이스라엘의 모든 장로들은 다윗을 왕으로 추대하였다. 그리하여 다윗은 BC 944년에 왕위에 올라 40여 년 간 이스라엘과 유다를 같이 다스렸다.

다윗은 주위의 여러 부족들을 차례차례 정복하여 이스라엘의 국력을 강하게 하는 한편, 내정에도 힘을 기울여 모든 백성이 그를 존경하며 따랐다.

시에도 능하여 《시편》을 남겼으며, 왕위를 아들 솔로몬에게 넘겨주고 긴 생애를 끝마쳤다.

# 단 테
## (1265~1321)

## ―《신곡》을 쓴 대시인―

알리기에리 단테는 이탈리아의 피렌체에서 태어났다.

단테는 귀족 가문에서 자라나, 수도원이 경영하는 라틴 어 학교를 마친 다음, 볼로냐 대학에 진학하여 철학, 천문학, 법률학 등을 배웠다. 단테는 라틴 문학, 특히 로마의 가장 위대한 시인인 베르길리우스의 시를 좋아했다.

단테는 어렸을 때 아름다운 소녀 베아트리체를 만나, 그녀를 사랑하게 되었다. 그러나 그녀는 후에 딴 사람과 결혼하였으며, 24세란 젊은 나이에 죽었다.

단테는 그녀를 위해서 많은 시를 썼다. 그의 첫번째 시집인 《신생》도 그런 경위로 해서 만들어졌으며, 이것은 세계적인 걸작 《신곡》을 낳는 바탕이 되었다.

1293년, 그는 의업 조합에 가입

망상의 숲의 단테 《신곡》의 첫머리(지옥편)

했으며, 35세에 6명의 통령(행정 장관) 가운데 한 사람으로 선출되었다.

얼마 후, 단테는 정치적 상황에 연루되어 1302년에 국외로 추방되었다가 화형을 선고받았다. 단테는 이 때부터 이탈리아 각지를 떠돌아다녔다.

유랑 생활을 하는 동안 그는 《향연》을 썼고, 또한 베아트리체를 노래한 수많은 시를 지었다. 그리고 라틴 어로 《속어론》를 썼고, 언어 문제와 시에 대해 논했다.

1310년, 독일 황제 하인리히 7세가 남쪽으로 쳐내려와서 국가를 통일한다는 소식을 듣고, 단테는 피렌체로 돌아갈 수 있으리라는 희망을 가지게 되었다.

그러나 피렌체에서는 많은 추방자들을 용서하면서도 단테만은 용서하지 않았다. 게다가 하인리히 7세는 1312년에 이탈리아의 반격으로 로마에 들어가지 못한 채 열병에 걸려 세상을 떠났다.

단테는 무척 실망했으나, 이 동안에 자기의 정치 사상을 많은 사람들에게 알리기 위해서 《제정론》 3권을 완성했다.

단테의 묘가 있는 산타 크로체 교회

이 무렵부터 단테는 대작 《신곡》을 구상하여 쓰기 시작했다. 방랑 생활을 하느라고 고생하는 동안에도 가지각색의 인간의 마음과 모습을 탐구해 나갔던 것이다.

1315년에 피렌체는 단테의 귀국을 허용하였으나 명예롭지 못하게 귀국하는 것을 꺼려 거절하였다. 그래서 이듬해의 대사면 때에는 또다시 반역자로 규정되어 사형을 선고받게 되었다.

이런 고생 속에서 단테는 그의 최대 걸작인 《신곡》을 완성하여, 세계 최고의 시인이란 말을 듣게 되었다.

단테는 1321년에 외교 사절로서 베네치아에 갔다가 돌아오는 길에 병이 들어 세상을 떠났다.

# 도스토예프스키

(1821~1881)

## ―인간성을 중요시한 작가―

　표도르 미하일로비치 도스토예프스키는 1821년 10월 30일에 모스크바의 마리아 빈민 구제 병원 관사에서 태어났다.

　아버지 미하일 안드레이예비치 도스토예프스키는 육군 병원의 군의를 지냈다. 도스토예프스키는 일곱 남매 중에서 둘째 아들인데, 특히 형인 미하일과는 유난히 다정하고 우애가 깊었다.

　1834년, 도스토예프스키의 나이가 13세가 되자, 그의 부모는 그를 모스크바의 체르마크 기숙 학교에 보냈다. 그 곳에서 그는 문학사 선생님의 영향으로 푸슈킨의 작품을 닥치는 대로 읽었다.

　1838년, 그는 형과 함께 육군 공병 학교의 입학 시험을 치렀는데, 형은 떨어지고 그만 합격하였다.

　1843년에 학업을 마친 그는 육군성 공무국에 근무하게 되었다. 그러나 문학에 대한 그의 집념은 나날이 더해 갔다.

　1844년 말경, 직장을 그만두면서 쓰기 시작한 《가난한 사람들》을 이듬해 5월 초에 완성하여 원고를 벨린스키에게 보냈다.

《악령》의 초고(1871~1872)

58

그는 도스토예프스키에게 칭찬을 아끼지 않았다. 이에 힘을 얻은 도스토예프스키는 《이중 인격》《백야》 등을 계속 발표했다.

1849년 4월, 페트라셰프스키 사건에 관련되어 사형 선고를 받았다. 그러나 그가 총살되기 직전에 황제의 특별 사면으로 목숨을 건질 수 있었다. 대신 그는 4년 동안 시베리아에 있는 옴스크 감옥에서 유배 생활을 하게 되었는데, 여기서 《죽음의 집의 기록》을 썼다.

1857년, 그는 마리아 드미트리예브나 이사예바와 결혼하고 《학대받는 사람들》《작은 영웅》 등을 잇달아 써냈다. 1864년에는 아내 마리아와 형 미하일이 죽는 불행이 겹쳤으나 《죄와 벌》을 써냈다.

그 후 그는 《죄와 벌》을 받아 써 준 속기사 안나와 결혼하여 그녀의 도움으로 그 동안에 진 빚을 다 갚고 《백치》《영원한 남편》《악령》 등을 써냈다. 비록 미완성으로 끝나고 말았지만, 1879년에 쓰기 시작하여 1881년에 간행을 본 《카라마조프의 형제》는 작가 도스토예프스키의 문학 활동을 모두 결산한 것이라고 볼 수 있다.

1881년 1월 28일, 도스토예프스키는 폐 혈관이 파열되어 그렇게도 파란 많던, 그러나 뛰어났던, 한 작가로서의 일생을 마쳤다.

# 도 연 명
(365~427)

## －중국의 전원 시인－

도연명은 중국의 장시 성 주장 현 선양 차이쌍에서 태어났다. 차이쌍은 양쯔 강 중류에 있으며, 남쪽에 포양 호수가 있고, 북쪽에는 루산 산이 바라보이는 조용하고 평화로운 마을이었다.

도연명의 증조부는 서진의 명장인 도간이고, 외할아버지는 당시의 명사인 맹가이다. 도연명의 집안은 본래 귀족이었으나, 도연명이 태어날 무렵에는 집안이 기울어져 있었다. 게다가 어릴 때에 부모를 여의어 소년 시절부터 무척 고생을 해야 했다.

그는 27세 때, 주나라의 제주(우리 나라의 도 교육감 같은 직위)라는 직책을 맡았다.

그러나 관리 생활에 싫증을 느껴이내 그만두고, 고향에 돌아가서 농사를 지었다. 고향에는 몇 명 안되는 하인과, 조상이 물려준 논밭이 있었다.

그 후, 네 번쯤 집을 떠나 관리 생활을 했으나, 모두 오래 가지 못했다. 그러나 살림을 꾸려 나가기 위해 할 수 없이 진군참군, 건위참군 등 장군의 속관이 되어 전쟁에 참가하기도 했다.

41세 때, 고향에서 가까운 펑쩌 현의 현령이 되었으나 누이동생이 죽은 것을 핑계로 삼아 석 달도 되기 전에 또 현령직을 그만두고, 고향으로 내려가 전원 생활로 되돌아갔다. 그리고는 그 후 다시는 관리 생활을 하지 않았다.

이 때에 그가 지은 《귀거래사》라는 유명한 시에서 '자, 돌아가자. 논밭이 바야흐로 황폐하려 한다….'라고 읊조리고 있어, 당시 그의 심정이 잘 표현되어 있다.

그가 55세 때, 동진이 망하고 송나라가 일어났다. 서로 아는 사이인 송의 무제가 도연명에게 벼슬자리를 권했으나, 그는 굳이 거절하고 받아들이지 않았다.

도연명은 세상을 피해 술과 자연을 상대로 하면서, 맑은 날에는 논밭을 갈고 비가 오는 날에는 책을 읽는, 마음 편하고 한가로운 생활을 보냈다. 그는 《자식에게 이른다》《자식을 책망한다》《정운》 등 인생의 진실을 아름다운 가락으로 읊었다.

당시에는 말을 꾸미는 등 기교에만 치우치고, 내용이 없이 놀이삼아 짓는 귀족적인 시가 유행하고 있었는데, 자연이나 생활에 뿌리를 박은 도연명의 시는 그 중에서도 단연 아름다운 빛을 간직하고 있었다. 그의 시는 생활에서 우러난 마음의 절규였다.

도연명의 작품에는 모순투성이인 세상을 날카로운 눈으로 관찰하고 비판한다든가 세상에 분노를 느끼는 따위의 내용은 적다. 그러나 그의 시에는 따뜻한 인간미가 있고, 우아한 풍취가 있었다. 그를 중국 제일의 유수한 자연 시인, 전원 시인으로 꼽는 것도 이 때문이다.

만년에는 생활의 괴로움을 읊은 시를 많이 남기고, 62세로 세상을 떠났다.

# 두 보
## (712~770)

## ―당나라의 대시인―

중국 당나라의 대시인 두보(杜甫)의 자는 자미(子美)이고, 호는 소릉인데, 소릉은 그의 조상이 장안의 남쪽 교외에 있는 소릉이란 곳에서 살았던 데서 연유한다.

두보는 중국 최고의 시인으로서 시성이라고 일컬어지며, 이태백과 더불어 중국의 2대 시인이라고 일컬어진다.

두보 시를 제재로 한 그림

두보는 뤄양 근처의 야오완에서 태어났다. 두보의 집안은 벼슬살이를 하며 내려왔고, 할아버지인 두심언은 당나라 초기의 시인이었고 아버지는 현령을 지냈다.

두보는 735년에 진사 시험을 보았으나 낙방하였다.

그는 744년 초여름에 이태백을 만나 잠깐 사귀다가 헤어졌는데, 후에도 이태백을 그리워하는 시를 많이 썼다.

두보는 34세 때부터 10년간 장안에 살았다. 그러다가 안녹산의 난이 일어나자 장안을 떠나 숙종이 있는 곳으로 갔다.

몇 해 후, 위구르 족의 원군과 합세한 당나라 군대는 안녹산의 반란군을 무찔렀고, 숙종은 장안으로 돌아왔다. 두보는 좌습유가 되어 숙종을 섬겼다.

그러나 1년 만에 지방으로 좌천
되었는데, 지방으로 부임한 지 1
년 만에 흉년을 만나 벼슬을 내놓
고, 쓰촨의 청두에 자리를 잡았다.

그는 청두 교외에 초당을 짓고,
약 30평 정도밖에 안 되는 밭에서
일을 하기도 하고 시를 짓기도 하
면서 지냈다.

그는 청두의 절도사이던 엄무의
막료로서 공부원외랑을 지내기도
했다. 그를 두공부라고도 하는 것
은 그 때문이다.

두보는 54세 때, 고향으로 돌아
가기 위해 가족을 배에 태웠다. 그
리고 청두를 떠나 양쯔 강을 따라
내려갔다.

그러나 오랜 여행 끝에 병을 얻
게 되어 58세 때, 배 안에서 세상
을 떠났다.

두보의 시는 비판 정신이 강하
다. 그의 시는 대부분 사회상을 잘
반영하고 있고, 사회악에 대한 증
오가 강조되어 있다.

이태백이 예로부터 전해 내려온
시풍을 계승한 데 비해, 두보는 형
식이나 내용 모두 새로운 방식을
개척하여 다음 시대로 인도한 시인
이다.

그의 장편시에는 사회성이 발휘
되어 있기 때문에, 시로 엮은 역사
란 뜻으로 '시사(詩史)'라고도 불
린다.

# 뒤 낭
## (1828~1910)

## ─국제 적십자 운동의 아버지─

국제 적십자의 창시자요, Y. M. C. A. 의 창설자 중의 한 사람인 앙리 뒤낭은 1828년 5월 8일, 스위스의 제네바에서 태어났다. 스위스 공화국 의원으로서 고아 수용소 자혜국장을 겸임한 장 자크 뒤낭과 독실한 기독교 신자인 안 앙투아네트 사이에 태어난 뒤낭은 어려서부터 부유한 가정에서 어려움없이 자라났다.

뒤낭은 자선 사업에 심혈을 기울이는 부모와 '세상의 불행한 사람들을 구제하여 이 세상을 아름답고 즐거운 낙원으로 만들자.'고 한 장 칼뱅의 영향으로 불우한 사람들의 구호 대책에 적극적인 관심을 보여 왔다.

뒤낭은 25세 때, 근무하고 있던 회사의 업무로 북아프리카의 알제리에 출장갔다가, 그 곳 원주민들의 비참한 생활을 보고 무엇보다도 경제 개발이 필요하다는 생각을 하였다.

그는 회사를 그만두고 지역 개발의 일환으로 알제리에 제분 회사를 설립하였는데, 계속되는 가뭄으로 인하여 밀 생산에 차질이 생겼다. 그래서 그는 밀밭으로 물을 언제나 끌어올 수 있도록 수리권을 얻기

제네바의 앙리 뒤낭 연구소

위해서, 북이탈리아에 머물러 있던 프랑스 황제 나폴레옹 3세를 방문하였다.

이 길에 뒤낭은 솔페리노 언덕에서 벌어지고 있던 대결전을 보게 되었다. 그것은 솔페리노 전투라고 일컬어지는 이탈리아 통일 전쟁 때의 한 전투로서, 나폴레옹 3세의 군대와 사르디니아 군이 연합하여 북이탈리아를 오스트리아의 지배로부터 해방시키기 위하여 일으킨 전쟁이었다.

전투로 인한 사상자의 수효는 양군을 합쳐서 4만 명이 넘었지만, 의료 시설과 위생병이 모자라서 전

사자의 시체와 부상병들이 언덕과 들판에 즐비하게 뒹굴고 있어 그야말로 눈 뜨고 볼 수 없었다.

전투가 끝나자마자 뒤낭은 여자들과 어린이들을 불러 모아 부상자들을 교회와 학교 등에 수용하여 정성껏 치료해 주었다. 그러나 많은 부상병들을 구호하기란 여간 어려운 문제가 아니었다.

그는 어느 나라나 평소에 구호대를 만들어 일정한 훈련을 시켜 두었다가 유사시에 적군, 아군을 가릴 것 없이 인류애의 입장에서 평등하게 치료해 주어야 한다고 생각을 하였다.

그 후 3년 만에 다시 제네바로 돌아온 뒤낭은 그 때의 체험을 되살려 《솔페리노의 추억》이라는 책을 써서, 인류 세계에 전쟁이 일어나서는 안 된다는 점을 강조하였고, 만약 전쟁이 일어났을 경우에 대비해서 평소에 부상병의 구호를 담당할 수 있는 중립적 민간 국제 기구 창설의 필요성을 강조했다.

이런 뒤낭의 부르짖음이 결실을 보게 된 것은, 그 전쟁이 끝난 지 5년 만인 1863년이었다. 그 해에 제네바에서 5인 위원회가 결성되고, 곧 이어서 스위스 공익 협회를 중심으로 하여 유럽 16개국 대표자 회의가 열리게 되었는데, 그 때 뒤낭은 사무국장을 맡았다.

그 회의에서 채택된 결의 사항은 이듬해 8월에 열린 국제 회의에 다시 상정되어 제네바 규약(적십자 조약)이 정식으로 성립되었으며, 세계 각국에서도 구호 협회가 설립되기에 이르렀다.

이 초기의 구호 협회를 바탕으로 범세계적인 국제 기구로 성장한 적십자사는 평등과 박애 정신에 입각한 다음과 같은 네 가지 원칙하에 설립되어, 상호 유대와 협조를 강화하고 있다.

1) 민족이나 국적, 또는 계급에 아무런 구애됨이 없이 공평하게 사업을 진전시킬 것.
2) 정치, 경제, 종교로부터 독립

하여 평등하고 자주적인 입장을 지킬 것.

3) 세계의 어느 지역, 어느 나라, 어느 사회를 막론하고 인류애의 정신을 바탕으로 사업을 진전시킬 것.

4) 각국의 적십자사는 대등한 권리와 평등한 관계로 결속되어 상호 협력할 것.

제네바의 국제 적십자 위원회

적십자라고 하면 언뜻 병원이나 백의의 천사인 간호사들을 생각하게 마련이지만, 실제로 적십자가 하는 사업은 간호 및 구호뿐만 아니라, 인도주의적인 이상과 평화의 사상, 그리고 박애의 정신을 실행하고, 기근이나 재해 등으로 허덕이는 인류의 고통을 조금이라도 덜어 주기 위해 봉사하는 등 그 활동 범위가 매우 넓다. 더 나아가, 인류의 보금자리인 이 지구의 파멸을 초래하게 될 전쟁을 미연에 방지하기 위해 인류의 상호 이해와 친선을 도모하고 있다.

그리고 적십자의 근본적인 원칙은 인도, 공정, 중립, 독립, 봉사, 단일, 보편 등으로 되어 있다.

뒤낭은 청년 시절에 벌써 Y. M. C. A. 창설자의 한 사람으로 활약했고, 기독교에서 부르짖는 인도주의 입장에서 노예 해방을 주장한 것으로도 유명하다.

그는 그의 일생을 통해 수많은 자선 사업으로 많은 재산을 다 쓰고 만년에는 양로원에 의탁한 몸이 되었지만, 인류를 위해 공헌한 업적으로 1901년 제1회 노벨 평화상을 받았다. 그는 상금을 국제 적십자사에 기부하고, 양로원에서 조용히 여생을 보냈다.

1910년, 뒤낭은 나이 82세로 생애에 마지막 종지부를 찍었지만, 그의 생일인 5월 8일을 적십자의 날로 정하여 해마다 이 날을 기념하고 있다.

# 뒤 마
(1802~1870)

## ─ 낭만파 연극의 선구자 ─

알렉상드르 뒤마는 1802년 7월 24일에 북프랑스의 엔 주에 있는 빌레르 코트레에서 출생했다.

뒤마가 네 살 때, 장군이었던 아버지가 세상을 떠나고 살림이 몹시 어려워지자 어머니는 어린 뒤마를 데리고 친정으로 돌아가 담배 가게를 하면서 간신히 살아갔다.

그는 아홉 살 때《아라비안 나이트》《로빈슨 크루소》 등을 읽고 크게 마음이 끌렸다. 청년 시절에는 단테, 실러 등의 작품을 읽고 문학 작품에 눈을 뜨기 시작했으며, 연극《햄릿》을 보고는 감격하여 극작가가 될 것을 결심하기도 했다.

뒤마는 21세 때 파리로 향했다. 그는 아버지의 친구였던 푸아 장군의 소개로 오를레앙 공(뒤에 국왕이 된 루이 필립)이 주관하는 사무소의 견습 서기로 들어갔다.

그는 연극을 자주 보러 다녔으며 셰익스피어, 괴테, 몰리에르 등의 문학 서적을 탐독했다.

이 무렵, 뒤마는 같은 아파트에 살던 카트린 라베와의 사이에서 아들을 낳았다. 이 아들이 바로《춘희》란 작품을 쓴 유명한 작가 피스 뒤마이다.

뒤마는 다른 두 사람과 합작으로 희곡《사냥과 사랑》을 써서 1825년에 앙비귀 극장에서 상연했으며, 뒤이어 셋이서 합작한《혼례와 매장》의 발표를 통하여 동경하던 극단에 데뷔했다.

그러나 합작품으로는 별로 두각을 나타내지 못하고, 혼자서 사극《앙리 3세와 그 궁정》을 써서 1829년 2월에 프랑스 극장에서 상연했는데 크게 성공했다. 이에 힘을 얻어《크리스틴》《앙토니》《넬의 탑》

등을 잇달아 발표하여 모두 크게 성공했다.

마침 프랑스는 7월 혁명이 어느 정도 마무리되어 사회가 안정을 찾기 시작했다. 그 때문에 독서 인구가 갑자기 늘고, 시민 사이에 역사에 대한 관심이 높아져서 역사 소설을 읽고 싶어하는 사람이 많아지게 되었다.

뒤마는 이 무렵 《삼총사》《몽테크리스토 백작》을 썼는데, 사람들의 요구에 합치된 이 작품들은 한결같이 열광적인 환영을 받았다. 이리하여 역사 소설가 뒤마가 탄생하게 된 것이다.

뒤마는 《몽테크리스토 백작》에 이어서 《브라즐론 자작》《20년 후》《여자의 전투》등 장편 소설을 잇달아 발표했다.

화려한 것을 좋아하는 뒤마는 몽테크리스토 장을 짓고 많은 사람들을 초대하여 연회를 베풀기도 하고, 자신의 희곡을 상연하는 역사 극장을 짓기도 하였으며, 문학 신문을 발행하기도 했다.

뒤마가 남긴 소설은 장편과 단편을 합해 257권이고, 희곡이 25권이나 된다. 그 밖에 동화, 회상록,

수필 등을 합하면 그 수는 놀랄 만큼 많아진다.

뒤마는 지칠 줄 모르는 정력의 소유자였다. 1830년의 7월 혁명과 1848년 2월 혁명 때에는 자진하여 혁명군에 가담해서 크게 활약하기도 하였으며, 가리발디가 이탈리아 통일 운동을 일으키자 달려가서 원조하는 등 정치에도 많은 관심을 보였다.

뒤마는 1870년 12월 5일 밤에 아들이 지켜 보는 가운데 68세의 나이로 숨을 거두었다.

# 듀 이
(1859~1952)

## ―민주주의 교육의 실천가―

존 듀이는 20세기 미국 최대의 철학자이며 교육자이다. 그는 민주주의 참교육은 산 경험을 바탕으로 하지 않으면 안 된다고 주장하였다.

듀이는 1859년 10월, 버몬트 주의 벌링턴에서 태어났다. 그는 1879년 버몬트 대학을 졸업하고, 펜실베이니아와 고향 버몬트에서 3년 동안 학생들을 가르쳤다.

1884년, 《칸트의 심리학》이라는 논문으로 박사 학위를 받은 듀이는 곧 미시간 대학의 철학 조교수가 되었고, 이어 1888년에는 교수, 이듬해부터 5년간은 철학과장으로 일했다. 이 기간 동안 철학을 비롯해서 심리학, 교육학 등에 관한 많은 저서들을 집필하였다.

1886년, 27세의 듀이는 후일 교육가로서 자신을 많이 내조해 준 앨리스 칩먼과 결혼하였다.

그는 1896년, 시카고 대학 시절에 부속 실험 학교를 설립하여 아내와 함께 1903년까지 운영하였다. 이 학교에서 듀이는 교육의 이론과 실제를 효과적으로 결합시켜서 교과 과정, 지도 방법, 교육 기구 등을 실험적으로 개발했다.

이 때 학부모들에게 행한 일련의 강의 내용을 묶어 《학교와 사회》라는 저서를 내어 크게 주목을 끌었다. 시카고 대학 재직시에는 미국 철학회 회장을 지냈다.

듀이는 많은 공직 활동을 했다. 1905년부터 이듬해까지는 미국 철학 협의회 회장직을 역임했으며, 의회의 헌장 심의원을 지내기도 했다. 그러나 그는 1930년에 이 단체가 좌경화의 조짐을 보이자 탈퇴하고 말았다.

1920년에는 미국 민간 자유 협의회 창설에 발벗고 나서서 크게 공헌하기도 했다.

1930년, 학계를 은퇴한 후부터는 저술 활동에 전념했다. 그는 성인 교육의 개선, 특히 정치와 국제 우의의 증진을 위해 두드러진 활동을 했다. 그 후, 러시아의 트로츠키 사문 위원회의 위원장으로 활약했으며, 제2차 세계 대전 후에는 아메리카 평화 위원회의 일원으로 세계의 전쟁 종식을 호소했다.

듀이는 1952년에 뉴욕에서 93세로 사망하여 교육학자로서의 긴 생애를 마쳤다.

듀이는 처음에는 헤겔 학파의 영향을 받았지만, 점차 윌리엄 제임스의 실용주의로 옮아 갔다. 이것은 듀이로 하여금 진리는 사상의 결과에 기초를 두어 영원 불변이라는 관점에 반대 입장을 취하도록 했다. 도구주의나 실험주의로 불리는 그의 철학은, 종래의 독선적이고 권위적인 교수 방법과 암기 위주의 교육에서 벗어나 실천에 의한 교육의 중요성을 강조한 그의 교육 이념에 잘 반영되어 있다.

듀이의 이런 진보적이고 혁신적인 사상은 20세기 최대의 교육자란 명성을 얻게 했다.

# 드 골
## (1890~1970)

## ー프랑스의 영광을 실현한 정치가ー

샤를 앙드레 조제프 마리 드골은 1890년 11월 22일에 프랑스와 벨기에의 국경 지역에 위치한 릴에서 태어났다.

아버지 앙리는 문학, 이학, 의학 등 세 분야에서 박사 학위를 가진 학자로서 제수이트 회 대학에서 문학과 철학을 가르치는 독실한 카톨릭 신자였다.

할아버지도 유명한 역사가로서 '프랑스의 명예를 더럽혀서는 안 된다. 조국의 영광을 위해 헌신하라.'고 어린 샤를에게 입버릇처럼 말하였다고 한다.

샤를이 초등 학교 4학년 때, 아버지는 파리 대학 교수가 되었다. 샤를도 아버지를 따라 파리로 나와, 아버지가 근무하는 파리 대학 부속 중학교를 졸업하고 생시르 육군 사관 학교에 들어갔다.

1912년, 사관 학교를 졸업하고 육군 소위로 임관된 드골은 어느 지방 연대에 배속되었는데, 그 연대의 부대장은 페탱 대령이었다.

2년 후에 제1차 세계 대전이 발발하자, 드골은 전선에 나가 독일군과 싸우다가 두 번이나 부상당했다. 베르됭 격전에서 중상을 입고 독일군의 포로가 된 드골은 다섯 번이나 수용소를 탈출하려 했지만, 다섯 번 모두 붙들려 지하 감옥에 갇혔다.

1918년 11월, 독일군의 항복으로 전쟁은 끝났다. 포로 생활에서 풀려나 고국에 돌아온 드골은 모교에서 교관 생활을 하였다.

드골은 1937년에 대령으로서 전차 부대의 부대장이 되었다.

1939년, 제2차 세계 대전이 일어나자 최신 무기로 정비, 강력한

독일의 공군력과 기계화 부대의 위력으로 프랑스 군은 얼마 지탱하지 못한 채 어이없이 무너져 버리고 말았다.

프랑스는 독일에 무릎을 꿇었고, 이어 87세의 페탱이 비시 정부의 수반으로 추대되었다. 이 비시 정부는 프랑스가 독일에 항복한 후에 비시라는 도시에다가 세워 놓은 반동적인 파시스트 독재 정부로서, 독일에 예속되어 나치스 군 점령 지역을 제외한 프랑스 영토를 맡아서 다스렸다.

드골은 런던으로 망명하여, 라디오를 통해 '조국의 승리를 위해 끝까지 싸우자.'고 프랑스 국민에게 호소했다.

그 무렵, 그는 프랑스 식민지였던 알제리에 건너가 자유 프랑스 국민 해방 위원회(후에 프랑스 공화국 임시 정부)를 결성하고, 그 위원장이 되어 끝까지 항전했다. 이리하여 드골은 프랑스 국민을 격려하는 희망의 별이며 구국의 영웅이 되었다.

마침내 히틀러가 싸움에서 패할 기색이 짙어지고 1944년 8월 25일, 파리는 연합군의 힘을 빌리지 않고 파리 시민의 손으로 해방을 맞았다.

1944년 8월, 임시 정부 각료와 해방된 파리 시내를 행진하는 드골

그 다음 날, 드골은 파리로 개선하여, 승리한 프랑스 국민으로부터 열렬한 환영을 받았다.

1945년 5월, 마침내 독일군은 연합군에게 무조건 항복하였다. 그 해 10월, 프랑스 제4공화국의 수상이 된 드골은 우방국들과의 친선 강화와 자국의 발전에 심혈을 기울였다.

1953년에는 자신을 지지하는 정당인 국민 연합을 해체하고, 자신도 정계에서 물러나, 자택에서《대전 회고록》을 집필하였다.

그 후, 프랑스는 의회 정치의 불안정으로 돌이킬 수 없는 위기에 빠져들어, 12년 동안에 수상만도 무려 21명이나 교체되었다. 더욱이 알제리의 독립 문제로 프랑스는

좌우 두 파로 갈라져 내란의 기미마저 감돌고 있었다. 드골은 이러한 정치 불안을 타개하기 위해, 1958년에 다시 정계로 복귀하여 수상이 되었다. 그리고 제5공화국 헌법을 국민 투표로 통과시키고 대통령에 당선되었다.

1961년에 알제리 민족 자결 정책을, 다음 해에는 알제리의 독립을 국민 투표로 가결하는 등 알제리의 독립을 승인하는 정책을 추진하자 군부에서 반란을 일으켰다. 드골은 군부를 진압하고 7년이 넘은 알제리 문제를 해결하여 프랑스 경제의 큰 장애를 해결하였다.

그 후, 1963년에는 영국의 E. E. C.(유럽 경제 공동체) 가맹 교섭에서 거부권을 발동하고, 이듬해에

중국을 정식으로 승인하여 국교를 회복했다.

또한, 독자적으로 핵무기를 개발하여, 미국의 지휘하에 있는 NATO(북대서양 조약 기구)의 군사 부문으로부터 탈퇴하는 등 '위대한 프랑스'를 중심으로 한 유럽의 민족주의를 부흥시키기 위해 자주적인 활동을 벌였다.

1965년, 그는 다시 대통령에 재선되었지만, 국내에서는 가부장적인 권위주의를 내세우고, 국외에서는 고자세를 보임으로써 국민으로부터 인기가 점차 떨어져 갔다.

마침내 1968년 5월의 학생 운동이 결정적인 계기가 되어 전국적인 파업이 일어났는데, 이 때문에 드골은 정치적 타격을 입게 되었고, 10년에 걸친 드골 체제의 기반도 크게 흔들렸다.

그 해 6월의 총선거에서는 드골파가 승리하였으나, 이듬해 4월에 실시된 '상원 개혁과 지방 분권 확대'를 위한 국민 투표에서 패배하고 말았다. 그럼으로써 드골은 스스로 대통령직을 사임하고 정계에서 물러났다.

만년의 드골에게는 국민의 비판도 많았지만, 어쨌든 그는 '프랑스의 영광'이라는 일념으로 80평생을 노력한 프랑스의 애국자요, 재건가이다.

# 드보르자크
## (1841~1904)

### －국민 음악의 대표자－

체코의 민족주의 낭만파 음악의 대표자인 작곡가 안톤 드보르자크는 고전적인 형식 속에 민족성이 풍부한 아름다운 선율로 많은 기악곡을 작곡한 사람이다.

1841년 9월 8일, 프라하 가까이에 있는 조그마한 마을에서 가난한 노동자의 아들로 태어났다. 그는 어렸을 때부터 음악에 비상한 관심과 흥미를 가지고 있었다.

16세 때, 음악 공부를 하기 위해 프라하로 가서 오르간 학교에서 3년 동안 음악을 배웠다. 거기에서 비로소 그는 슈만이라든가 바그너 같은 진보적 작곡가들의 존재를 알게 되었다.

1861년, 드보르자크는 프라하 국립 극장 관현악단의 비올라 연주자로 들어가 스메타나의 지휘 아래 10년 동안 연주 생활을 하였다.

이 때 드보르자크는 스메타나의 영향을 받고, 당시 고조된 민족 운동의 분위기 속에서 음악가로서 체코의 민족 문화를 일으킬 사명감을 느꼈다. 1872년, 애국적인 시 〈백산의 후계자들〉의 합창 찬가가 좋은 평을 받게 되면서 사람들에게 인정받기 시작했다.

1873년에는 성 아다르베르트 교회의 오르간 연주자가 되었다.

만년의 드보르자크

이 해부터 오스트리아 정부의 장학금을 타기 위해 작품을 제출했는데, 3년 뒤 심사원인 브람스의 주목을 끌게 되어 그의 주선으로 몇 개의 작품을 출판하였다.

그 후로 여러 연주자가 그의 작품을 베를린·런던 등에서 연주하였고, 그의 명성은 국외로 퍼져 나가기 시작했다.

1878년부터는 지휘 활동도 하여, 1884년부터 9회나 영국을 방문하여 자신이 쓴 곡을 직접 지휘하였다. 드보르자크는 여기서 많은 찬사를 받았으며, 이 때 합창곡 〈유령의 신부〉를 작곡하였다.

1891년, 그는 케임브리지 대학에서 명예 음악 박사 학위를 받았다. 그 해에 저 유명한 〈사육제〉를 작곡했으며, 러시아와 독일의 연주 여행도 성공하고, 1892년에는 뉴욕 국민 음악원 원장이 되었다.

미국에 있는 동안 드보르자크는 〈신세계 교향곡〉을 작곡하여 절찬을 받았는데, 그것이 그의 가장 유명한 작품이다.

그 후, 고국으로 돌아온 그는 교향시와 오페라에 전념하여, 수많은 걸작품을 썼다.

1901년에 드보르자크는 프라하 음악원 원장이 되고, 또 오스트리아 상원 의원에 임명되는 등 음악가로서 최고의 영예를 누렸다.

그러나 얼마 안 되어 1904년, 신장병으로 사망하였다.

드보르자크의 작품 번호는 100번을 넘으며, 오페라도 9곡이나 된다. 그 중 기악곡에 명곡이 많으며, 〈바이올린 협주곡 가 단조〉〈첼로 협주곡 나 단조〉 외에 실내악도 대단히 우수하다. 특히 피아노 소곡인 〈유머레스크〉는 우리 나라에도 널리 알려진 작품이다.

# 드 뷔 시
### (1862~1918)

### ─인상주의 음악의 시조─

클로드 드뷔시는 근대 프랑스의 대작곡가이며, 인상주의 음악의 시조이다. 상징주의 예술 운동의 영향을 받아, 독일 낭만주의 후기 음악의 감정에서 벗어나 근대 음악의 새로운 국면을 개척했으며, 주로 감각적 인생과 환상적 기분을 나타낸 곡을 작곡했다.

〈어린이의 세계〉 표지 그림

드뷔시는 파리 근교의 생제르맹 앙레에서 가난한 도자기상의 아들로 태어났다.

1871년에 큰어머니의 주선으로 피아노 초보를 배우고 1872년에 파리 음악원에 입학했다.

그는 에르네스트기로의 작곡법 교실에서 1882년에 〈대위법과 푸가〉로 2등상을 받아, 로마의 콩쿠르에 참가할 것이 허락되었고, 칸타타 〈탕아〉로 로마의 콩쿠르에서 1884년에 대상을 받았다.

1887년부터 말라르메의 살롱에 출입하여, 상징파 시인과 인상파 화가와 접촉하면서 인상주의 음악에의 의식이 깊어졌다. 말라르메의 시에 의한 관현악곡 〈목신의 오후에의 전주곡〉과 오페라 〈펠레아스와 멜리장드〉 등이 그것이다.

로마의 콩쿠르에서 대상을 받고

로마에 머무르는 동안 〈봄〉과 〈선택된 소녀〉를 작곡했는데, 〈선택된 소녀〉는 로제티의 시를 프랑스 어로 번역한 것으로, 1893년에 초연되어 호평받았다. 그 해 말에 〈현악 4중주곡〉, 출세작인 〈목신의 오후에의 전주곡〉 등의 걸작을 잇달아 발표했다.

이로부터 루이스의 시에 의한 〈빌리티스의 노래〉와 조곡 〈피아노를 위하여〉, 관현악을 위한 〈야상곡〉을 거쳐 오페라 〈펠레아스와 멜리장드〉를 완성하여 초연하게 되는 10년(1893~1902)은, 드뷔시의 개성적인 양식이 성립되고 확인된 시기이다.

1903년부터 1905년까지에 제작된 〈바다〉와 그 전후에 발표한 피아노곡집 〈판화〉 〈영상 1·2〉에 의해서 그의 원숙기가 전개되고, 피아노 조곡 〈어린이의 세계〉와 관현악을 위한 〈영상 3〉(〈이베리아〉를 포함한다.) 가곡집 〈비용의 발라드〉 〈피아노 전주곡집 1〉 등이 뒤를 이어 발표되었다.

그 뒤, 〈전주곡집 2〉와 신비극 〈성 세바스티앙의 순교〉와 더불어 만년의 자기 완성의 시기로 접어들

〈바다〉의 악보 표지

게 된다.

그것은 다시금 새로운 음향 형식을 발견하려는 흔적이 엿보이는 발레 곡 〈유희〉, 피아노 곡 〈12개의 연습곡〉, 또는 프랑스적인 고전주의를 지향하는 3곡의 〈소나타〉로 이어진다.

학교나 교회 등에 고용되지 않고 자유로운 파리의 소시민으로서, 순수한 작곡가로서 자신의 음악만을 위해 평생을 보냈던 드뷔시는 제1차 세계 대전 말기, 독일군의 폭격이 한창이던 1918년 3월 25일, 56세의 나이에 암으로 세상을 떠났다.

# 들라크루아
## (1798~1863)

## ─19세기 낭만파 회화의 거장─

1798년 4월 28일, 페르디낭 외젠 들라크루아는 파리에서 멀지 않은 생 모리스의 샤랑통 가에서 태어났다. 아버지는 외교관으로 그가 7세 때 사망했고, 어머니는 궁정 가구를 만드는 집안의 딸이었다.

1815년, 들라크루아는 피에르 나르시스 게랭의 아틀리에에 들어가 그림 공부를 시작하고 이듬해 다시 미술 학교에 들어가 정규 교육을 받았다.

그러나 그를 진정한 미술 학도로 길러 준 것은 루브르 미술관에 있는 많은 작품들로서, 그 작품들을 모방해서 그리기까지 했다.

1822년, 그가 24세 때 처음으로 살롱에 출품한 〈단테의 작은 배〉가 입선하였다. 이어 1824년, 26세의 들라크루아는 〈키오스 섬의 학살〉을 발표했는데, 이 작품은 낭만주의 화풍을 결정지었다고까지 평가되고 있다.

〈사르다나파르의 죽음〉(부분)

1825년에 그는 영국으로 건너가 존 컨스터블의 색채를 보고 색채에 대한 감각을 높이기도 했다.

1827년, 살롱에 〈미솔롱기의 폐허 위에 선 빈사의 그리스〉〈새우가 있는 정물〉〈사르다나파르의 죽음〉 등 12점의 작품을 출품했다. 이 중 〈사르다나파르의 죽음〉은 낭만파 회화의 최고 정점이라고 해도 지나친 말이 아닐 것이다.

이어 1830년에 7월 혁명의 현장을 주제로 한 〈7월 28일(민중을 이끄는 자유의 여신)〉과 〈아틀리에의 한 구석〉을 제작했다. 그는 이 해 3월에 레지옹 도뇌르 5등 훈장을 받았다.

들라크루아는 전쟁을 주제로 〈푸아티에에서 싸우는 장 2세〉〈낭시의 전투〉〈타이유부르의 전투〉 등을 그렸는데, 들라크루아의 3대 전쟁화라고 불린다.

35세 이후의 것에는 벽화와 천장화도 적지 않다. 부르봉 왕궁 내의 국왕 방의 장식, 성당의 천장화, 뤽상부르 궁 도서실의 천장화, 파리 시의회의 벽화 등이 있고, 또 패잔의 처참한 광경을 그린 〈십자군의 콘스탄티노플 입성〉, 셰익스

〈납치당하는 레베카〉(부분)

피어의 〈햄릿〉에서 제재를 딴 〈오필리아의 죽음〉, 스콧의 〈아이반호〉에서 취재한 〈납치당하는 레베카〉 등의 명작을 남기고 있다.

평소부터 병약했던 들라크루아는 1863년 8월 13일, 파리 퓌르스탕베르에 있는 자택에서 쓸쓸히 생애를 마쳤다.

# 디 젤
## (1858~1913)

### ―디젤 엔진을 발명한 사람―

18세기로부터 19세기에 걸쳐 약 100년 동안 유럽의 산업계를 움직인 원동력이 되었던 것은 증기 기관이었다. 그러다가 성능이 더 우수하고 강력한 엔진이 등장하였는데, 그것은 루돌프 디젤이 발명한 디젤 엔진이다.

아버지는 독일인으로 피혁 공장의 직공이었으며, 디젤은 1858년 3월 18일에 프랑스 파리에서 태어났다.

1870년, 그가 12세 되던 해에 보불 전쟁이 일어나, 그 때까지 비교적 안정된 가정에서 별 어려움 없이 생활해 오던 가족들은 파리를 떠나 피난길에 올랐다.

그러다가 보불 전쟁이 끝나자, 아버지는 루돌프를 고국의 아우크스부르크에 살고 있는 친척집으로 보내어 그 곳의 공업 학교에 입학 시켰다.

1875년, 공업 학교를 졸업하고 뮌헨의 공과 대학에 진학한 그는 린데 교수의 열역학 강의에 심취하였다. 그는 이 때 증기 기관보다 더욱 우수한 엔진을 발명해 보겠다고 결심했다.

1880년, 대학을 졸업하고 파리로 나온 디젤은 은사였던 린데가 경영하는 냉동기 공장에 입사하여 냉동 기사로 열심히 일했다.

이 때, 그의 친구들은 전공과는 전혀 다른 냉동기 제작에 종사하는 그를 보고 무슨 영문인지 몰라서 의아하게 생각했다. 그러나 그는 여기에서 개인적으로 공장에서 사용되고 있는 높은 압력과 암모니아에 대해서 연구하였다.

그 후 5년 만에, 그는 암모니아의 증기를 이용하는 증기 기관을 만들었으나 실패하였다.

1890년, 디젤은 10년 동안에 걸친 냉동 기사 생활을 그만두고 고국으로 돌아가 열기관의 연구에 몰두했다. 그 후 4년이 넘도록 수많은 실험을 해 본 결과, 기체의 폭발력을 이용한 열기관을 만들 수 있다는 확신을 갖게 되었다.

그래서 그는 1893년에 《증기 기관 및 오늘의 내연 기관에 대신할 만한 우수하고 합리적인 열기관의 이론과 설계》라는 논문을 발표하였다.

이 이론은 독일의 양대 기계 회사로부터 인정을 받게 되어 디젤은 그 곳에서 지원해 주는 자금을 가지고 본격적으로 기계 제작에 착수했다.

그 후 제작 과정에서 몇 번의 실패를 맛보았지만 그는 굽히지 않고 계속 연구와 실험과 관찰을 거듭한 끝에, 1897년에 드디어 성능이 우수하고 실용적인 새로운 엔진을 만들어 냈다.

그의 이름을 따서 디젤이라고 명명된 이 엔진이 그 이듬해 뮌헨에서 공개되자, 세계 각 국의 유명한 기계 회사들은 디젤 기관의 고성능에 주목하면서 서로 그 특허권을 양도받으려고 다투게 되었다.

1913년 9월 29일, 디젤은 영국에 설립된 엔진 공장을 시찰하기 위하여 벨기에의 안트베르펜 항구를 출발했다.

그러나 대서양을 건너는 도중에 그는 어디론가 사라졌는데, 그 이후로는 전혀 알려진 것이 없어 지금까지도 그의 행방이 수수께끼로 남아 있다.

디젤 엔진은 오늘날 가솔린 엔진이나 모터와 함께 공장의 기계는 물론 기선, 기차, 자동차, 발전기 등을 움직이는 원동력이 되었다.

디젤 기관

# 디즈니
(1901~1966)

## —만화 영화의 왕—

월트 디즈니는 1901년 12월 5일, 미국의 시카고에서 다섯 형제 중의 넷째로 태어났다.

아버지인 일리어스 디즈니는 원래 건축업자였지만, 디즈니가 10세 때 캔자스시티로 이사하여 신문 보급소를 경영했다.

이 때, 어린 디즈니는 형들과 함께 신문 배달하는 일을 맡고 있었는데, 신문의 만화를 매우 좋아하여 언젠가는 자기도 꼭 만화가가 되겠다고 굳게 결심했다.

디즈니가 열여섯 살이 되던 무렵, 미국은 4년간이나 끌어온 제1차 세계 대전으로 온통 어수선한 분위기였다.

18세가 되어야 입대할 수 있었지만, 디즈니는 적십자의 구급 부대에 지원하였다. 그는 약 1년간 프랑스에 머무르게 됐는데, 그 곳에서 동료들에게 군복이나 철모에 그림을 그려 주곤 하였다.

1919년 다시 미국으로 돌아온 디즈니는 여기저기 잡지사를 찾아 다니다가 신문 광고에 난 광고 영화사에 겨우 취직을 하게 되었다.

디즈니가 맡은 일은 광고 만화의 초벌 그림을 그리는 것이었다.

고교 시절에 그린 만화

〈이상한 나라의 앨리스〉 중 한 장면 디즈니는 이 작품으로 행운을 얻게 되었다.

그는 '움직이는 만화'에 몹시 매력을 느껴 퇴근 후에도 집에서 부지런히 만화를 그리며 연구를 계속했다. 얼마 후 그는 한 편의 광고 만화를 그려 냈는데, 평판이 매우 좋았으며, 그 광고 만화를 사겠다고 나서는 극장도 있었다.

자신감이 생긴 디즈니는 주위의 아는 사람들로부터 자본금을 빌려서 직접 광고 만화 회사를 설립하여 어린 나이에 사장이 되었다.

그러나 경영 미숙과 자금난으로 얼마 가지 않아 회사는 문을 닫게 되었다.

그 후 끼니를 거르는 어려운 생활 속에서도 굽히지 않고 〈이상한 나라의 앨리스〉를 만들어 냈다. 그러나 역시 팔리지 않았다.

디즈니는 새로운 희망을 품고 미국 영화의 본산지인 할리우드를 찾아갔다. 그러나 거기에서도 그의 재능을 인정하고 고용해 주는 촬영소는 하나도 없었다. 취직을 하지 못한 디즈니는 얼마 동안 어려운 생활을 하였다. 그러던 어느 날, 생각지도 않았던 행운이 그에게 날아들었다. 〈이상한 나라의 앨리스〉가 1천5백 달러에 팔린 것이다.

디즈니와 형 로이는 '디즈니 형제 회사'를 설립하고 계속해서 앨리스의 속편을 제작해 나갔다. 그 이후부터는 실패와 성공의 연속이었다.

그 사이에 디즈니는 릴리언이라는 여자와 결혼하여 가정을 꾸리게 되었다.

어느 날, 디즈니는 한 가지 기발한 착상을 머리에 떠올렸다. 그것은 쥐를 주인공으로 한 만화 영화를 만들어 보자는 생각이었다. 전에 캔자스시티에 있을 때 그는 쥐한 마리를 그린 적이 있었는데, 갑자기 그 생각이 났던 것이다.

이것이 바로 그 유명한 〈미키 마우스〉이다. 이 영화는 차츰 인기를 얻게 되고, 그에 따라 월트 디즈니의 이름도 유명해지게 되었다.

이 영화가 성공을 거두게 되자, 그는 자신감에 넘쳐서 〈미키 마우스〉의 속편을 잇달아 제작해 발표하였다. 그 중에서 제4편부터는

토키 영화(발성 영화)로 만들기 시작하였다. 이 외에 〈증기선 윌리호〉도 토키 영화로 만들었는데, 그 인기도 대단하였다.

그 동안 너무 일에 몰두해 온 디즈니는 신경 쇠약증에 걸리게 되었다. 그는 부인과 함께 플로리다 반도 남쪽의 키웨스트 섬으로 여행을 떠났다. 맑은 공기와 아름다운 자연 속에서 디즈니는 점차 건강을 회복해 갔다.

그 무렵 영화계는 흑백 시대에서 컬러 시대로 접어들고 있었다.

그는 다시 할리우드로 돌아와 제작 중이었던 〈숲 속의 아침〉이라는

흑백 영화를 컬러로 바꾸었다. 영화가 상영되자 사람들은 아름답고 우아한 색채에 또다시 놀랐다.

디즈니 영화사는 날로 번창하였고, 공책·시계·장난감 회사에서는 사용료를 내고 만화 주인공들을 자신의 제품에 그려 팔았다. 그러면서 디즈니의 이름도 곳곳으로 퍼져 나갔다.

1937년, 디즈니는 장편 만화 영화를 제작할 결심을 하였는데, 바로 〈백설 공주〉이다.

이것은 1시간 20분짜리의 세계 최초의 장편 만화 영화로, 2년이란 긴 세월에 걸쳐 완성되었다. 그림만도 11만 5000장을 그려야 하는 대작업이었다.

1919년에 처음으로 만화 영화를 제작하기 시작해서 1922년까지 7개의 작품을 완성했다.

제2차 세계 대전이 한창일 때에는 군사 영화를 만들어 성공을 거두기도 했다.

1935년, 디즈니는 〈미키 마우스〉가 국제 친선과 어린이의 정서 교육에 크게 이바지했다는 공로로 국제 연맹으로부터 표창장을 받았고, 만화 영화 외에 극영화와 기록 영화를 제작해 무려 40여 개의 아카데미상을 수상하였다.

디즈니는 어린이들을 위하여 세계 제일의 규모와 설비를 자랑하는 대유원지 디즈니랜드를 만들었다. 이 유원지는 어린이들 뿐만 아니라 어른들도 즐길 수 있는 곳으로, 1955년에 로스앤젤레스 서남쪽의 귤밭을 개발하여 만들었다.

지칠 줄 모르고 꿈과 환상의 세계를 만드는데 일생을 바친 디즈니는 1966년 12월 15일에 고요히 잠들었다.

# 디킨스
## (1812~1870)

### －영국의 인도주의 작가－

　찰스 디킨스는 《올리버 트위스트》와 《두 도시 이야기》, 그리고 《위대한 유산》 등의 작품으로 세계에 널리 알려진 영국 작가이다.

　디킨스는 1812년 2월 7일, 영국 동해안에 있는 군항 도시 포츠머스의 교외에서 출생했다. 아버지는 해군 경리국의 하급 관리였다.

　아버지는 직업상 전근이 잦았기 때문에 디킨스도 이 도시에서 저도시로 옮겨 다녀야 했다.

　디킨스가 10살 무렵에 아버지는 빚 때문에 교도소에 들어갔고, 디킨스는 돈을 벌기 위해 구두약 공장에 다녀야 했다. 이 때의 경험은 그를 소설가로 만든 하나의 계기가 되었다.

　그 후, 그는 학교를 졸업하고 민법 법정의 속기사를 거쳐 신문사의 통신원으로 활약했다.

그는 명기자로 인정받았고 이 때의 체험도 소설에 도움이 되었다.

그는 《월간 잡지》에 《포플러 가로수길의 만찬회》란 단편을 투고했는데, 1833년 12월 호에 실렸다. 1836년에는 그 동안 발표한 콩트를 모아 《보즈의 소묘집》이란 제목으로 출판하였다.

《보즈의 소묘집》이 성공해서 인기를 얻은 그는 스포츠 클럽의 익살스런 이야기를 매월 연재하게 되었다. 이것이 첫 장편 소설인 《픽위크 페이퍼스》인데, 처음에는 평이 별로 좋지 않았으나 얼마 후 폭발적으로 인기가 높아져 《픽위크 페이퍼스》는 금세 베스트 셀러가 되었고, 디킨스도 작가로서의 확고한 자리를 굳혔다.

자신을 얻은 디킨스는 그 해 11월에 신문 기자를 그만두고, 문필 생활을 하기로 결심했다.

1837년에 벤틀리라는 출판사가 새로 잡지를 창간하게 되었는데, 디킨스는 초대 편집장이 되는 한편, 장편 소설을 연재하게 되었다. 이것이 《올리버 트위스트》이다.

그는 1858년부터는 자기 작품을 공개 낭독하는 일을 시작했다.

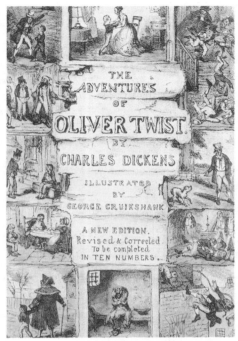

《올리버 트위스트》 표지 그림

그는 전국 각지를 바쁘게 돌아다녔고, 미국에도 두 번이나 낭독을 하러 갔다. 너무 무리한 탓인지 건강이 나빠진 디킨스는 낭독을 그만두고 본업인 저작에 전념하기로 결심하고, 《에드윈 드루드의 수수께끼》를 집필하기 시작했다.

그러나 건강이 현저하게 나빠져서 완성을 하지 못하였다. 1870년 6월 9일, 분책의 6권째를 다 마치지 못한 채, 저녁 식사 자리에서 쓰러진 디킨스는 끝내 일어나지 못하고 말았다.

# 라부아지에
## (1743~1794)

### ─근대 화학의 아버지─

라부아지에는 프랑스 파리에서 변호사의 아들로 태어났다. 그는 아버지 뒤를 이어 변호사가 되려고 법학 공부를 하였으나 수학과 화학에 더 관심이 많았다.

1768년 25세란 어린 나이로 학자로서는 최고의 명예인 아카데미 회원이 된 그는 화학사에 길이 남을 수많은 업적을 남겼다.

당시 사람들은 2000년 전부터 내려온 아리스토텔레스의 '세상의 모든 물질의 근본은 물·흙·공기·불로 이루어졌으며, 이것들이 서로 변화하면서 새로운 물질을 만들어 낸다.'는 학설을 굳게 믿었다.

이런 비과학적인 생각에 맞서 그 당시 과학자들은 물질의 근본에 대해 많은 연구를 하여 물질의 근본적인 구성 요소는 원소라는 결론에 도달하였다.

특히, 라부아지에는 정확한 실험을 통해 '물질은 새롭게 창조되거나 소멸되지 않으며, 화학 반응의 전과 후의 그 물질의 총질량은 변하지 않는다.'는 질량 보존의 법칙을 발견하여 아리스토텔레스의 학설이 잘못되었음을 증명하였다.

라부아지에는 또, 물질이 타는 현상에 대해서도 많은 연구를 하였다. 그 당시 과학자들은 물질이 타는 것은 플로지스톤이라는 것이 물질 속에 있다가 공기 중으로 날아가는 현상이라고 생각하였다. 하지만, 라부아지에는 이것에 의문을 품고 여러 가지 실험을 하였다.

라부아지에는 금속이 연소된 다음에 연소된 금속의 무게가 증가하는 것은 공기의 일부가 흡수되었기 때문이라고 생각하였다. 그래서 반대로 연소되어 산화된 금속을 가

열하여 본래의 금속으로 만들면서 흡수되었던 공기의 일부가 분리되도록 실험하였다. 그리고 이 분리된 공기를 산소라고 이름짓고, 물질이 연소하는 것은 공기 중의 산소와 결합하는 현상이라고 주장하였다.

라부아지에는 1787년에 새로운 《화학 명명법》을 출판하고, 1789년에는 《화학 교과서》를 출판하여, 오늘날 화학 용어와 원소 개념의 기초를 확립하였다.

《화학 교과서》에는 질량 불변의 법칙과 원소 개념이 정의되어 있고, 광소를 포함한 33개의 원소표가 실려 있다.

그 무렵 정부는 도량형 제도를 새롭게 제정하기 위해 과학 위원회를 만들었다. 라부아지에는 이 중의 한 명으로 참가해서 길이와 무게의 단위인 1m(미터)와 1kg(킬로그램)을 만들었다.

1789년 7월, 드디어 프랑스에 혁명이 일어났다. 이 때에 라부아지에는 벼락 출세한 귀족, 징세 청부인, 화약 감독관 등의 생활을 한 것 때문에 사람들로부터 인심을 잃어 사형을 당하였다.

비록 그는 단두대의 이슬로 사라졌지만 화학사에 길이 빛날 커다란 업적을 남긴 위대한 과학자임에는 틀림없다.

# 라이트 형제

윌 버(1867~1912)
오 빌(1871~1948)

## ─항공 시대를 개척한 형제─

라이트 형제는 어려서부터 기계 다루기를 좋아하여 기계 장치를 한 장난감을 만들기도 하였다.

1889년에 그들은 인쇄기를 손수 제작하여 《서부 뉴스》라는 조그만 주간 신문을 발행하였다. 그리고 1893년에는 데이턴 시내에 자전거 가게를 내고 자전거를 만들어 팔기도 하였다.

1896년에 독일의 유명한 항공 기사인 릴리엔탈이 글라이더로 비행 시험을 하다가 추락하여 사망했다. 이 때부터 이들 형제는 공중 비행에 관심을 가지게 되었다.

이들은 항공 관계 서적을 모조리 구입하여, 기계 제작에 관한 기초적인 지식을 쌓아 갔다.

그리하여 1900년부터 노스캐롤라이나 주의 키티호크에서 글라이더 시험 비행을 하는 한편, 비행기

라이트 형제의 기념비 라이트 형제의 업적을 기리기 위해 키티호크에 세워졌다.

의 과학적 연구에 착수하여, 200종류 이상의 모형을 만들어 실험했다.

1902년까지 계속해서 글라이더 비행 시험을 한 후, 그들은 다시 가솔린 엔진과 프로펠러가 달린 비행기 제작에 몰두했다. 마침내 그들은 1903년 12월 17일, 키티호크에서 최초로 동력 비행기의 지속적인 비행에 성공했다.

그것은 12마력의 가솔린 엔진을 장치한 '플라이어 호'라는 이름의 복엽 비행기로서, 오빌이 조종하여 12초 동안에 약 30미터를 날았다. 그 뒤에는 5분 가까이 비행하는 기록도 세웠고, 상하 좌우로 조종하는 문제도 해결되었다.

1905년에는 수차례에 걸쳐 선회 비행을 실시하여 38.5킬로미터를 39분에 날 수 있게 되었다.

1908년에 라이트 형제는 새로 제작한 비행기를 가지고 공개 비행을 실시하여 1시간 5분이라는 신기록을 세우고 사람들의 큰 관심을 모았다.

그러자 육군에서는 그들의 비행기를 구입하기 시작했고, 프랑스는 이들이 설계한 비행기를 조립할 회사를 설립하였다.

라이트 형제의 비행기는 20세기 항공 시대의 토대가 된 것이다.

# 라파엘로
## (1483~1520)

### ―르네상스 시대의 거장―

이탈리아의 화가이며 건축가인 산치오 라파엘로는 1483년에 중부 이탈리아 우르비노의 한 궁정 화가의 집안에서 태어났다. 그는 일찍이 어머니를 여의고, 11세 때 아버지마저 여의어 사제인 숙부의 집에서 자라났다.

라파엘로는 화가이기도 했던 아버지로부터 그림의 재능을 이어받았으며, 고향 사람인 티모테오 비테한테서 그림을 배웠다.

그의 1500년 무렵의 작품은 어느 것이나 맑고 깨끗한 색채와 감미로운 리듬을 보여 주며 부드러운 매력을 강조하고 있다.

〈성모 대관〉〈마리아의 결혼〉 등은 그의 스승인 페루지노의 작품과 혼동할 정도인데, 공간을 다룬 것이나 환상적인 표현 같은 것은 오히려 스승에게서 찾아볼 수 없는

신선함을 보여 주고 있다.

그는 1504년부터 4년 동안 피렌체에 머무르면서, 프라 바르톨롬메오의 넓은 화면의 구성과 레오나르도 다 빈치의 명암법을 배우고, 페루지노 풍에서 벗어나 피렌체 파의 화풍으로 발전해 갔다.

이 시기의 작품으로는 〈도니 부부상〉〈시스티나의 성모자〉〈카스틸리오네의 성모〉〈오를레앙 가의 성모〉 등으로 레오나르도 다 빈치를 모방한 면을 보여 주고 있다.

또한 〈그리스도의 매장〉에는 미켈란젤로의 기법이 받아들여지고 있음을 볼 수 있다.

그가 로마로 나온 시기는 분명하지 않으나, 1509년 10월에 교황 율리우스 2세를 위한 바티칸 궁전의 '서명의 방'을 장식하는 일에 참가하여 천장화를 그린 다음, 벽면

에 〈성체의 논의〉〈아테네의 학당〉
〈파르나소스〉〈삼덕상〉 등의 작품
을 그렸다. 이 가운데서 〈아테네의
학당〉은 대표적인 대작이다.

로마에서 지내면서 그는 고대의
유적이며 고전서 연구에 몰두하였
고, 미켈란젤로가 거의 완성시켜
가고 있던 시스티나 성당의 천장화
에서 조형적인 면을 파악하여 율동
적인 구도와 함께 고전적이고 격조
높은 걸작을 실현시켰다.

라파엘로는 건축에도 뜻을 기울
였는데, 1515년부터는 고대 유적
발굴의 감독관의 일을 맡아 하기도
하였다.

그의 만년의 역작 〈그리스도의
변용〉은 그가 갑자기 죽음으로써
미완성으로 끝나고, 그 후 펜니와
줄리오에 의해 완성되었음이 밝혀
졌다.

1518년에 베네치아에서 그린 티
치아노의 〈성모의 승천〉과 더불어,
이 그림은 역사화의 빼어난 양식의
하나이다.

1520년 4월 6일, 그는 로마에서
37세의 젊은 나이로 사망했다.

라파엘로의 신선한 화풍
을 볼 수 있는 〈마리아의
결혼〉 중 일부분

# 러더퍼드
## (1871~1937)

## －원자 물리학의 기초 확립자－

뢴트겐의 엑스 선, 베크렐과 퀴리 부부의 방사성 원소의 발견에 이어 원자 물리학의 발전의 길을 터놓은 사람이 바로 어니스트 러더퍼드이다.

러더퍼드는 1871년 8월 30일, 뉴질랜드 넬슨 시 부근의 브라이트워터에서 태어났다. 뉴질랜드 대학의 캔터베리 칼리지에서 물리학을 전공한 러더퍼드는, 무선 전파를 탐지하는 연구로 장학금을 받아서 1894년에 영국 케임브리지 대학에 유학했다. 이 때, 그가 발표한 논문《고주파 전류에 의한 철의 자기화》는 마르코니보다도 앞선, 전파의 검파 방식(자기 검파기)의 연구였다.

그 이듬해에 유명한 캐번디시 연구소에 들어가 자기 검파기의 공개 실험을 하여 학자들 사이에 이름이 알려지게 되었다.

또한 톰슨 교수와 함께 엑스 선에 의한 기체의 전리를 연구하기 시작하여 양 이온과 음 이온의 발생, 엑스 선 강도와의 관계, 포화 전류 등 기체의 전기 전도 현상을 해명하는 데 공헌했다.

1896년, 그는 캐나다에 있는 맥길 대학의 교수로 지내면서 후에 동위 원소의 발견으로 노벨 화학상을 받은 소디와 함께 본격적인 방사능 연구에 착수하는 한편, 라듐에서 나오는 방사능을 분석하여 방사선의 종류 세 가지와 그 각각의 특성 등을 밝혀 냈다.

그리고 방사성 물질인 우라늄과 라듐은 차츰 원자량이 적은 물체로 변하여, 마침내는 납이 된다는 사실도 알아 내었다.

이로써 개개의 원소를 구성하고

있는 모든 원자는 영원히 변하지 않는다고 하던 당시까지의 견해는 이미 통용될 수 없게 되었다. 러더퍼드는 소디와 함께 방사성 원소의 원자 붕괴설이라는 굉장히 혁신적인 학설을 내놓은 것이다.

1907년, 그는 맨체스터 대학의 교수가 되어 다시 영국으로 돌아왔다. 그리고 이듬해인 1908년에 노벨 화학상을 수상하였다.

러더퍼드는 또다시 원자의 구조를 밝히는 연구에 착수하여 원자의 중심에는 플러스 전기를 띤 핵이 들어 있고, 그 주위를 마이너스 전기를 띤 전자가 돌고 있다는 러더퍼드 원자 모형을 생각해 냈다.

그 후 제1차 세계 대전이 일어나자, 그는 한때 해군 발명 연구국에 들어가 일하다가, 1917년에 다시 연구실로 돌아와 원자핵의 연구에 전념했다. 1919년, 그는 알파 입자를 질소 원자에 충돌시켜 수소를 관측하고, 처음으로 원자핵을 인공적으로 파괴하는 실험에도 성공했다.

같은 해에 러더퍼드는 캐번디시 연구소의 소장으로 임명되어 그의 지도와 조직 밑에 수많은 뛰어난

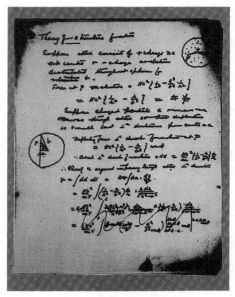

원자 구조를 기록한 노트

학자들을 거느리게 되었다. 이리하여 이 연구소는 원자 물리학의 개척기에 세계적으로 유명한 연구소로 각광을 받았다. 1920년, 러더퍼드는 원자 핵 속에는 양자 이외에도 중성자가 들어 있다고 추측했는데, 이것은 1932년 그의 제자인 채드윅에 의해 확인되었다.

이처럼, 러더퍼드는 원소의 인공 전환에 관한 일련의 연구 외에도 중성자 및 중수소의 존재를 예언하는 등 핵물리학 전개에 있어 지도적인 역할을 했다.

그는 1937년 10월 19일, 케임브리지에서 사망했다.

# 러      셀
## (1872~1970)

### ―수학자이며 평화의 철학자―

　　러셀은 1872년 5월 18일, 영국
의 서남부에 위치한 웨일스 트렐렉
에서 귀족의 아들로 태어났다. 조
부는 빅토리아 여왕 밑에서 두 번
이나 수상을 지낸 존 러셀 경이다.
그는 일찍 양친을 여의고 조부의
집에서 자라났다.

　　러셀은 어릴 때부터 학교 교육은
받지 않고, 몇 사람의 가정 교사를
통하여 공부를 했다. 고등 교육도
마찬가지로 개인 교습을 받았으나
1890년, 케임브리지 대학에 들어
가서 수학과 철학 분야에서 뛰어난
재능을 발휘했다.

　　그는 여러 분야에 걸쳐 학문적
관심을 갖고 있었으나, 특히 수학
자로 출발하여, 수학을 논리적으
로 환원할 수 있다는 논리주의의
입장을 확립했다.

　　또한, 20세기를 대표하는 철학
자의 한 사람인 화이트헤드와 공동
으로, 현대 수학의 금자탑이라고
하는 《수학 원리》를 완성했다.

　　이 무렵부터 러셀은 수학의 연구
를 통해서 얻은 논리학의 성과를
자신의 철학에 받아들임으로써 현
대 최고의 영국 철학자로 일컬어지
게 되었다.

　　한편 그는 정치와 사회 문제에도
일찍부터 관심을 두어, 사회 사상
가로서도 널리 알려졌으며, 사회
의 불합리한 제도나 실제에 대해
많은 비판을 했다.

　　뿐만 아니라, 평화주의자였던
그는 제1차 세계 대전이 일어나자
전쟁 반대 운동을 벌여 교직에서
쫓겨나기도 했다.

　　러셀은 한때 여성 참정권 운동을
지지하며 하원 의원에 입후보했다
가 낙선했고, 다시 노동당 후보로

입후보했으나 두 차례 낙선하고는 정치가가 되려는 꿈을 버렸다.

러셀은 1927년에 실험 기술 학교를 열기도 했다. 이 기술 학교는 아이들을 억압하지 않는다는 교육 방침 밑에 세워졌는데, 아이들이 학교에 불을 지르는 등 수습하기 어려운 일이 잇달아 일어나 학교 교육은 실패하고 말았다.

그는 사회 사상가로서 《사회 개조의 원리》《교육론》《행복론》등 많은 저작을 남기고 있다. 그러나 그는 단순한 이론가가 아니라 정열적인 실천가이며 가끔 국제 여론의 지도자가 되어 헌신적인 활동을 하기도 했다.

러셀은 1950년에 노벨 문학상을 받았으며, 노벨상 수상으로 인하여 영국 국왕이 수여하는 훈공장을 받기도 했다.

러셀이 서재에서 가두로 나와 맹렬히 활약하기 시작한 것은 1954년 무렵이다. 그에 앞서 일본에 원자 폭탄이 투하된 일은 러셀에게 매우 큰 충격을 주었다. 원자 폭탄이나 수소 폭탄이 사용되는 전쟁이 일어난다면 틀림없이 인류는 멸망할 것이기 때문이다.

1955년, 러셀은 80이 넘은 나이에도 불구하고 아인슈타인, 폴링, 졸리오 퀴리, 임펠트와 같은 과학자들의 지지를 얻어, 공동으로 핵전쟁의 가공할 위험을 호소하였다. 그는 전쟁을 없애기 위해선 세계 정부를 만들어야 한다는 생각으로 백인 위원회를 조직하여 원자 폭탄이나 수소 폭탄을 없애자는 운동에 앞장 서기도 했다.

이렇게 다방면에 걸쳐 많은 활동을 하던 러셀은 1970년 2월 2일, 웨일스 메리오니드셔의 자택에서 사망했다.

# 레벤후크
## (1632~1723)

### ─ 현미경의 혁명을 일으킨 생물학자 ─

네덜란드의 박물학자이자 생물학자인 안톤 반 레벤후크는 네덜란드의 델프트에서 태어났다. 어린 시절에 평범하게 보내다가 16세가 되어 서점 점원으로 취직했다.

그는 이 무렵부터 곧잘 렌즈를 다듬어 그것으로 미세한 사물들을 들여다보곤 했다.

레벤후크의 현미경

그러다가 차츰 여기에 빠져 들어 나중에는 이것이 그의 생활의 대부분을 차지하게 되었다.

그는 여러 가지 렌즈를 만들어 서로 조립하여 초점 거리가 매우 짧은 렌즈를 만들기도 하고, 손으로 조정할 수 있는 판에 렌즈를 올려 놓고는 눈 가까이 대어 보기도 하였다. 조절 나사를 만들어 상의 초점을 정확히 맞추고 빛의 양을 조절하는 장치도 만들어 상을 좀더 명확히 볼 수 있게 하고, 또 렌즈를 바꿔 가면서 높은 배율로 조정할 수 있도록 만들었다.

1668년, 이탈리아의 해부학자 말피기가 모세 혈관에 대한 설명을 하는 것을 들은 레벤후크는 자신의 현미경으로 모세 혈관을 관찰해 봐야겠다는 생각을 했다.

레벤후크는 몇 개의 모세 혈관을

관찰하는 동안 그 안에서 적혈구가 움직이는 것을 발견했다.

1674년, 그는 자신이 관찰한 동물들의 적혈구의 모양을 발표했고, 3년 뒤에는 개, 물고기, 사람 등의 정자 모양에 대해 발표했다.

그는 발생학의 두 가지 이론, 전성설과 후성설 중에서 전성설을 지지하는 입장이었다. 즉, 어른이 될 형태가 이미 정자 속에 다 들어 있으며, 이것이 배 시기에 나타나 자란다는 것이다.

그는 머리카락, 표피 세포, 동물의 신경 섬유, 원생 동물의 하나인 윤충, 식물 조직, 동물의 근육, 곤충의 겹눈 등을 자신이 만든 현미경으로 관찰하면서 그들의 모양에 대해 연구했다.

그는 또 세균의 형태도 관찰하여 막대 모양, 공 모양, 나선 모양의 세 가지가 있음을 밝혀 내었고, 그 밖에 땀이 어떤 성분으로 되어 있는 지도 밝혀 내었다.

그의 업적이 차츰 세상에 알려지게 되면서 1680년 레벤후크는 로열 소사이어티의 회원이 되었으며, 1699년에는 파리의 과학 아카데미 회원이 되었다. 비록 정식으로 학교 공부를 받지 못했으나 그의 끊임없는 노력과 탐구열은 현미경의 성능을 개선시켜 생물학의 발전에 큰 몫을 담당하였다.

# 레오나르도 다 빈치

## (1452~1519)

## —르네상스 시대의 예술가—

어느 날, 레오나르도 다 빈치와 제자인 조반니가 많은 사람들 속에 섞여서 성직자인 사보나롤라의 설교를 듣고 있었다.

사보나롤라는 번쩍번쩍 빛나는 눈으로 사람들을 쏘아보면서 죄많은 인간들을 책망했다.

"하늘은 어둡고 태양은 슬퍼하고 있습니다. 바야흐로 하느님의 심판이 이제 곧 내리려 하고 있습니다."

그의 입에서 뿜어 나오는 격렬한 말에, 사람들은 무서워서 벌벌 떨며 땅에 엎드렸다.

이 광경을 본 조반니는 자기도 모르게 하늘을 우러르며

"오, 주여!"

하고 소리쳤다.

이 때, 조반니는 문득 정신을 차리고 옆에 있는 스승 레오나르도 다 빈치를 보았다. 그랬더니 스승은 평소와 조금도 다름없는 태연한 태도로 스케치북에 무엇을 열심히 그리고 있었다. 거기에는 열정적으로 설교하는 사보나롤라의 노여움에 불타는 모습이 똑똑히 그려져 있었다.

이것은 러시아의 유명한 작가가 《선구자》라는 책에서 레오나르도 다 빈치를 묘사한 구절이다. 주위의 사물에 조금도 영향을 받지 않는 그의 침착한 태도를 보여 주는 한 일화이다.

당시의 유럽은 이른바 화려한 르네상스 시대였다.

사람들은 크리스트 교의 엄격한 율법에 얽매였던 암흑의 중세기에서 벗어나서, 보다 자유롭고 사람답게 사는 길을 되찾으려고 노력하는 중이었다.

레오나르도가 고안한 무대 장치 천국이 회전하면서 빛나고, 아름다운 아몬드형 물체를 타고 천사가 내려오도록 만들었다.

그 무렵의 사람들은 고대 그리스나 로마의 사회와 문화에서 자기들과 공통되는 이상을 발견하였다. 그들은 고대의 문학과 철학과 미술을 다시 평가함으로써 인간의 해방을 실현하려고 했다.

그래서 일반적으로 르네상스 시대를 그리스와 로마의 문화가 되살아난 시대라고 한다.

또한 르네상스 시대에는 상인이라든가 농민이라든가 성직자라든가 하는 지위의 높고 낮음이 적어지고, 민주 정치가 실시되어, 사람들은 윤택한 생활을 누리는데 노력했다.

구텐베르크가 인쇄술을 발명한 덕분에 책이 많이 출판되어 지식과 학문이 일반에게 널리 보급되었으며, 과학과 기술도 매우 발전하게 되었다.

회화나 조각에 있어서도 그리스와 로마 시대의 미술을 본보기로 삼으면서, 눈에 보이는 것을 사실 그대로 그려 내는 방법을 시도하기도 하였다. 회화의 원근법을 생각해 낸 것도 바로 이 시대이며, 한 걸음 더 나아가 마사초 등에 의해서 빛깔의 농담과 명암으로 사물의 양감과 길이를 나타내는 묘사법이 고안된 것도 이 시기이다.

레오나르도 다 빈치는 이러한 새로운 사실주의의 기술을 완성한 천재 예술가이다. 그는 사람을 그리는 경우 각 사람마다 제각기 다른 독특한 성격이 나타나게 그리려고 노력했다.

레오나르도 다 빈치는 이탈리아의 토스카나 주 빈치 마을에서 태어났다.

그는 친어머니가 누구인지 모르고 자랐으나 성격은 매우 밝았다. 학교 성적도 좋은 편으로 수학과 음악을 잘했으나 무엇보다도 미술을 제일 잘했다.

〈모나리자〉

그래서 그의 아버지는 1466년경에, 당시 유명한 조각가이며 화가이던 베로키오에게 그를 보내 미술 공부를 하도록 했다.

1480년, 독립해서 화실을 차린 레오나르도 다 빈치는 〈삼왕 예배〉 〈성 히에로니무스〉 등을 제작하였다. 이 시대(1469～1482년)를 제1 피렌체 시대라고 한다.

1482년, 밀라노로 활동 무대를 옮긴 레오나르도 다 빈치는 궁정의 기술자로서 활약했다(제1 밀라노 시대). 그는 화가였을 뿐만 아니라, 학문과 기술 등 다방면에 걸쳐 뛰어난 사람이었다. 그는 음악가, 즉흥 시인으로서도 뛰어났으며 큰 연회 등을 준비하는 일이라든가 성쌓기, 무기 설계나 운하, 토지 개량 등에도 뛰어났다.

이 시대에 레오나르도 다 빈치는 산 프란체스코 성당의 벽화 〈암굴의 성모〉와 산타 마리아 델레 그라체에 수도원의 벽화 〈최후의 만찬〉의 2대 걸작을 완성하였다.

〈최후의 만찬〉은 그리스도와 12사도를 제재로 한 그림인데, 교묘하게 원근법을 사용하여 각 사도의 성격을 멋지게 그려 냈다.

1499년, 프랑스 군대가 밀라노에 쳐들어오자 레오나르도 다 빈치는 밀라노를 떠나 피렌체로 돌아갔다. 이 때부터 1506년까지를 제2피렌체 시대라 한다.

그는 그 곳에서 군사 토목 기사로 종군하는 한편 자연 과학과 입체 기하학을 연구했다. 또한, 4년이 걸리고도 미완성인 채로 끝난 유명한 〈모나리자〉를 그렸다.

1506년에 레오나르도 다 빈치는 프랑스 총독의 초청을 받고 다시 밀라노에 갔다. 이 시기가 바로 제2 밀라노 시대이다.

이 시대에는 지질학, 식물학, 수리학, 기계학 분야의 연구에 몰두하였고, 해부학에도 많은 관심을 기울였다. 아울러 미술가로서도 활약하였다. 걸작 〈성 안나〉는 이 시기에 그린 작품으로 르네상스 고전 양식의 정수를 보여 준다.

1516년, 레오나르도 다 빈치는 프랑스 국왕 루이 12세의 초청으로 제자인 메르치와 함께 프랑스의 클루 성으로 가서 지냈다.

그 곳에서 지내는 동안 레오나르도 다 빈치는 궁정 화가로서 활동하였다. 뿐만 아니라, 그의 생애에 걸친 여러 과학적 연구 및 예술과 인생에 관한 기록을 남기고 정리하는 일을 하다가 1519년에 67세로 일생을 마쳤다.

# 렘브란트

(1606~1669)

## ㅡ근대 회화의 완성자ㅡ

하르멘스 판 라인 렘브란트는 네덜란드의 레이덴에서 부유한 제분업자의 아들로 태어났다.

14세 때 레이덴 대학에 입학했으나, 학문보다도 그림을 그리는 데 열중하여 몇 달 만에 대학을 그만두고 말았다.

그는 레이덴에서 스와넨부르흐 밑에서 3년 동안 그림 공부를 한 후, 암스테르담에서 당시 유명한 화가인 라스트만에게 사사했다.

1624년, 레이덴으로 돌아온 그는 이듬해부터 아틀리에를 열고 화가 생활을 시작했다.

레이덴 시대(1625~1631)의 그는 그 무렵의 화가들처럼 이탈리아 회화를 동경하지도 않았고, 또 신화에 나오는 인물을 틀에 박힌 대로 그리지도 않았다. 그는 자신이나 가족, 주변의 노인들을 모델로 해서 그림 연습을 했다.

1632년, 암스테르담 의사 조합의 청탁으로 〈툴프 박사의 해부〉를 그렸다. 이 그림으로 렘브란트는 유명해지게 되었다.

렘브란트는 자신을 얻어 암스테르담으로 갔다. 암스테르담에서 일류 초상화가로 인정을 받은 그는 풍족한 생활을 하였고, 1634년에는 명문의 딸인 사스키아 윌렌부르흐와 결혼하였다.

1642년에, 렘브란트는 암스테르담의 한 조합으로부터 단체 초상화를 그려 달라는 청탁을 받고 그림을 그렸다. 이것은 〈야경〉이라고 하는 작품인데, 그의 특유의 빛과 그늘의 묘사법으로 그려 낸 렘브란트의 대표적인 걸작 가운데 하나로 꼽히고 있다.

그러나 청탁한 사람은 이 그림을

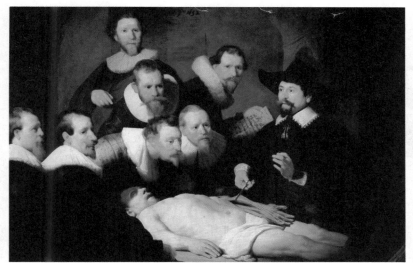

<툴프 박사의 해부>(부분) 의사 조합의 청탁으로 그린 이 그림으로 렘브란트는 유명해지기 시작하였다.

이해하지 못했고 이 일로 그의 명성도 땅에 떨어졌으며 생활도 차차 어려워지게 되었다.

사실, 이 <야경>은 17세기 네덜란드에서 성행했던 단체 초상화에 금자탑을 이룩한 작품이다. 여기에서 볼 수 있는 사실성과 환상성의 조화, 이것은 렘브란트 예술의 중요한 본질이기도 하다. 이 그림은 그의 예술과 생활에 중대한 전기가 되었다.

그는 이 때 사랑하는 아내 사스키아를 잃었다. 그러나 용기를 잃지 않고 꾸준히 자기가 추구하는 그림을 그려 나갔다. 그의 대부분의 걸작이 그려진 것은 이 시기 이후의 일이다.

1645년경에 두 번째 아내 헨드리케와 결혼했는데, 그녀의 헌신적인 내조로 그의 예술은 더욱 무르익었다. 그러나 생활은 더욱 쪼들리게 되었고, 1656년에는 마침내 파산 선고를 받았다.

이런 상황에서 제작된 1658년의 <자화상>은 파란 많은 자기 생애를 꿋꿋이 응시하는 자기 신뢰의 모습을 느끼게 한다.

1663년에 두 번째 아내인 헨드리케가 죽고, 돌봐 주는 사람도 없이 쓸쓸하게 지내다가 63세의 일생을 마쳤다.

주요 작품으로는 <자화상> <야경> <유대 인 신부> <세 그루의 나무> <야곱의 축복> 등이 있다.

# 로  댕

(1840~1917)

―근대 조각의 선구자―

프랑수아 오귀스트 르네 로댕은 파리의 뒷골목인 알바레트 가에서 하급 관리의 아들로 태어났다.

어렸을 때는 별로 두드러진 점도 없었으며, 공부에 열중하는 모습도 볼 수 없었고, 단지 그림그리기를 좋아하는 것 같았다. 부모님은

〈신의 손〉

아들의 장래를 생각하여 로댕이 13세가 되자 중등 공예 실기 학교에 입학시켰다.

학교에 들어가자, 갑자기 로댕의 생활 태도에 변화가 나타났다. 틈만 있으면 진흙을 반죽하여 마음 내키는 대로 이것 저것 작품을 만드는 데 열중했다.

로댕은 17세 때부터 관립 미술 학교에 들어가려고 세 번씩이나 입학 시험에 응시했지만, 그 때마다 번번이 실패하였다.

그 무렵, 아버지가 정년 퇴직했기 때문에 로댕은 자신이 직접 학비를 벌어 공부를 해야 했다. 그래서 그는 도안이나 실내 장식을 전문으로 맡아 하는 가게에서 일하기도 하고, 카리에라는 조각가의 조수 노릇도 하면서 미술 공부를 계속했다.

낮에는 직장에 나가 일하고 밤에
는 제작에 몰두하는 이러한 이중
생활이 무려 20년 동안이나 계속
되었다.

1870년, 프랑스·프로이센 전쟁
으로 일자리를 잃은 로댕은 벨기에
의 브뤼셀로 갔다.

브뤼셀에서는 그런대로 평온한
생활이 계속되어 제작에 몰두할 수
있었다. 또한 이탈리아에도 여행
하여 미켈란젤로나 도나텔로 등의
조각을 직접 감상하며, 많은 영향
을 받았다.

그 당시의 조각들은 고대 이탈리
아의 조각품들을 표본으로 삼고 있
었다. 그런데 그 형태만을 모방하
여 제작했기 때문에 생기에 넘치는

약동감이 결여되어 있었다.

로댕은 그러한 작품들로는 만족
할 수가 없었다.

1877년, 〈청동 시대〉라는 로댕
의 작품이 살롱(전람회)에 출품되
었다. 그 무렵, 로댕의 이름은 아
직 사람들에게 알려지지 않았지
만, 이 작품은 매우 훌륭한 것이었
다. 앞을 향해 온몸을 쭉 편 채, 오
른손은 머리에 대고, 어깨 높이로
올린 왼손은 허공을 움켜잡듯 주먹
을 쥐고 서 있는 남자의 조각상으
로, 이것은 마치 살아 있는 청동
인간처럼 보이는 매우 사실적인 작
품이었다.

자연스럽고 생동감이 넘치는 이
조각은 살아 있는 모델에서 직접

석고형을 뜬 것이 아니냐는 근거 없는 비난을 받으며 사람들의 관심을 끌었다.

이 〈청동 시대〉는 그의 예술의 출발점이며 그의 사실적 표현에 완성이라고도 일컬을 수 있는 걸작이었다.

그러나 로댕은 〈청동 시대〉에 만족하지 않고 좀더 자연 그대로의, 생명이 약동하는 작품을 만들고 싶었다. 그래서 그는 1877년에 〈걸어가는 사람〉을, 이듬해에는 〈성 요한〉을 제작했다. 〈성 요한〉은 매우 우수한 작품으로, 전람회에서

3등상을 받았다.

그 후로 로댕은 정부가 마련해 준 작업장에서 제작 활동에만 몰두할 수 있게 되고, 이름도 차츰 널리 알려지게 되었다.

1880년, 로댕은 정부로부터 의뢰를 받고 장식 미술관의 정문을 제작하기 시작했다. 그는 단테의 〈신곡〉 지옥편에서 받은 영감과 그 내용을 이 문에 새겨 보려고 마음 먹었다. 이것은 〈지옥문〉이라 하여, 높이 7미터나 되는 거대한 작품으로, 186명의 인체로 메워질 예정이었다.

그러나 이 작품은 결국 미완성인 채로 끝나고 말았다. 하지만 이 무렵부터 로댕은 이중 생활을 청산하고 조각가로서의 생활로 접어들게 되었다. 그 때 이미 그의 나이 사십 고개를 넘고 있었다.

그런데 비록 미완성으로 끝나긴 했으나 이 〈지옥문〉 때문에 제작된 작품 중에는 그의 이름을 영원히 조각사에 남길 빼어난 걸작들이 많다. 문의 정면 위에 놓인 〈생각하는 사람〉을 비롯하여 〈아담과 이브〉 그리고 〈우고리노〉 등은 참으로 일품이다.

<칼레의 시민> 이 무렵 로댕의 작품은 대부분 사람들의 관심을 끌지 못했다.

1886년에는 <칼레의 시민>을 제작했으나 그 작품에 대한 평판은 몹시 나빴다.

그것은 비단 <칼레의 시민>뿐만이 아니었다. 그 무렵 대부분의 사람들은 로댕의 작품을 좀처럼 이해하지 못하고 있었다.

로댕은 궁핍한 생활과 아무도 알아 주지 않는 몰이해 속에서 오는 온갖 고통에도 굴하지 않았다. 그는 인내와 강한 용기를 가지고 자신의 세계를 창조하는 데 정진하여, 마침내는 근대 조각에 새로운 생명을 불어넣었던 것이다.

로댕은 미켈란젤로 이후의 최대 거장이다. 예리한 사실적 기법을 구사하여 인간의 모든 희로애락의 감정 속에서 솟아나는 생명의 약동을 표현하려 하였다. 형식에 얽매이기를 싫어하고 자연 그 자체에서 예술의 미를 찾으려고 노력했던 로댕은 19세기와 20세기를 연결하는 다리 역할을 했으며, 근대 조각의 방향을 제시했다.

로댕은 1917년 11월, 파리 근교의 뫼동에서 77세로 사망했다. 그는 죽기 전에 자신의 작품들을 프랑스 정부에 기증했으며, 프랑스 정부는 그를 길이 기념하기 위하여 로댕 미술관을 세웠다.

# 로 렌 스
## (1885~1930)

## ─인간 본능을 부르짖은 작가─

데이비드 허버트 로렌스는 영국의 소설가이며 시인이다.

그는 자연과 생명의 신비를 강조하였으며, 물질 문명 속에서 차츰 사라져 가는 인간 본능의 회복을 주장한 작가이다.

로렌스는 1885년 9월 11일, 영국의 이스트우드에서 태어났다. 그의 아버지는 광부였으나, 어머니는 교사이면서도 한편으로는 시를 쓰기도 하는 매우 지적이고 교양 있는 여자였다.

이런 신분의 차이에서 오는 아버지와 어머니 사이의 갈등이 어린 시절 그의 성격 형성과 후일 그의 작품 세계에 적지 않은 영향을 미쳤다.

어머니는 매일 술만 마시는 남편을 경멸하는 반면에, 모든 애정을 자식들에게 쏟았다.

아버지는 로렌스를 자기와 같은 광부로 만들려고 하였으나, 어머니는 로렌스에게 교육을 시킬 것을 고집했다.

어머니의 고집으로 진학할 수 있었던 로렌스는 장학금을 받아서 1898년에 노팅엄 고등 학교에 입학하였으며, 졸업 후에는 노팅엄 대학에 들어갔다.

1908년, 로렌스는 크로이든에서 교사가 되었다.

이 때 이미 로렌스는 글을 쓰고 있었는데, 노팅엄 대학 재학 중에는 지방 신문의 현상 모집에 당선된 적도 있었다.

1911년, 그의 첫째 번 소설《흰 공작》을 출판함으로써 작가로서의 생활이 시작되었다.

그 후 계속 작품을 발표하면서, 본능의 만족에 의해 참다운 생명을 추구하려는 노력을 계속했다.

1913년에 출판한 《아들과 연인》은 별로 팔리지는 않았으나, 그를 유명하게 만들어 주었다.

그 무렵 로렌스는 스승인 위클리 교수의 부인과 사랑에 빠져 유럽으로 달아났다. 두 사람은 이탈리아의 피렌체, 카프리 섬, 시칠리아 섬 등을 전전하였는데, 그 동안에도 그는 인간의 생명에 관한 문제를 연구했다.

그 후, 그는 《무지개》《사랑하는 여인들》 등을 발표하였으며, 1928년에는 피렌체에서 완성한 《채털리 부인의 사랑》을 발표했다.

《채털리 부인의 사랑》은 인간의 본능이 너무 솔직하게 묘사되었다는 이유 때문에 판매가 금지되기도 했지만, 그래서 더욱 유명한 소설이 되었다.

그는 시인으로서도 뛰어나 고전적인 시작법과 운율에 맞춘 작품을 비롯하여 다양한 변화를 시도한 작품들을 남겼다.

그는 인간의 정신이나 본능을 어떻게 하면 자연 그대로의 생명력과 조화시킬 수 있을까 하는 문제를 깊이 탐구한 작가였다.

만년에는 멕시코 등지를 정처 없이 떠돌아다니다가 1930년 3월 2일, 지중해의 방스에서 결핵으로 45세의 생을 마쳤다.

# 로　멜

(1891~1944)

－사막의 여우로 불린 전술가－

　　에르빈 요하네스 오이겐 로멜은
제 2 차 세계 대전 때, 북아프리카
의 사막에서 교묘한 전술을 펼쳐
'사막의 여우'라는 별명을 얻은 독
일의 군인이다.

　　로멜은 1891년 11월 15일, 하이
덴하임에서 태어났다.

　　1910년, 그는 제 124 보병 연대
에 사관 후보생으로 들어가, 2년

리비아 전쟁에 사용된 장갑차

　　후에 소위로 임관되었다.

　　제 1 차 세계 대전 중에는 프랑
스, 루마니아, 이탈리아 전선에 참
전하여 두각을 나타냈고, 제1차
세계 대전이 끝난 후에는 연대장을
지냈다. 드레스덴 보병 학교와 포
츠담 육군 대학의 교관으로 있으면
서 1937년에는 전술에 관한 저서
를 출판하기도 했다.

　　그 후, 로멜은 히틀러의 호위대
장을 지냈고, 제2차 세계 대전이
일어나자 기갑 사단의 사단장 등을
역임하면서 많은 공훈을 세워 1941
년에는 중장으로 진급했고, 리비
아 주둔 독일군 사령관이 되었다.

　　여기에서 그는 종횡 무진으로 활
약하여 사막의 여우라는 별명으로
불리게 되었을 뿐만 아니라, 연합
군측에서도 부러워하는 명장으로
서 이름을 떨쳤다.

로멜은 영국군을 이집트까지 쫓아 버렸는데, 이 때의 공훈으로 그는 1942년 6월 21일, 독일군의 최연소 원수로 승진되었다.

그러나 로멜은 영국군의 몽고메리 장군의 반격을 받아 튀니지까지 쫓기게 되었으며, 거기에서 아이젠하워의 연합군과 대치하다가 1943년 3월 5일, 메드닌 전투에서 패배하고 말았다.

그 후에는 건강이 몹시 나빠져서 독일로 돌아왔다.

그러다가 다시 7월에 북부 이탈리아 주둔 독일군의 사령관이 되었고, 1944년 1월에는 전 독일군 사령관이 되었다.

그러나 로멜은 나치스 당원이 아니었고, 점점 히틀러의 정책을 비난하기 시작했다.

그 해, 독일 방위군 총사령관으로 작전을 지휘하다가 부상을 당하고 병원에서 요양 중인 로멜을 두 명의 장군이 찾아왔다. 그들은 7월 20일에 있었던 히틀러 암살 미수 사건을 조사하고 있는 사람들이었다. 로멜이 히틀러 암살 미수 사건에 가담했다는 것이었다.

결국 로멜은 이 사건의 혐의를 받아 자살을 강요받고 죽었다. 이렇게 해서 연합군을 궁지에 몰아넣었던 사막의 영웅 로멜은 비참한 최후를 맞이했다.

# 록 펠 러
(1839~1937)

## ─록펠러 재단의 창설자─

미국의 실업가이며 박애주의자인 존 데이비슨 록펠러는 뉴욕 티오거 지방에서 태어났다.

1853년, 그의 가족은 오하이오 주의 클리블랜드로 이주했으며, 그 곳에서 록펠러는 센트럴 고등 학교에 다녔다. 그러나 2년 뒤에는 서기와 장부 담당원으로 중개 회사에서 일했다.

1858년에는 클라크 가드너 상사에 말단 사원으로 들어갔는데, 그 회사는 나중에 클라크 록펠러 회사로 유명해졌다.

1862년에는 앤드루 클라크 상사의 정유 회사와 거래를 했으며, 그것이 1865년에 록펠러 앤드루 상사로 다시 조직되었다.

그 회사는 점점 번성하여 드디어 1870년에는 주식 회사의 형태를 갖춘 오하이오 스탠더드 석유 회사가 되었으며, 록펠러는 사장에 취임하였다. 그리고 동생 윌리엄을 비롯해서 헨리 플래글러, 새뮤얼 앤드루스, 스티븐 하크네스, 제닝 등의 동료가 그를 도와 주었다.

그 후, 이 회사는 경쟁 상대를 매수하거나 그 밖에 여러 가지 경영 전술을 써서 놀랄 만큼 급속히 사업을 확대시켜 나갔다.

1882년에는 미국 국내에 있는 정유소의 95퍼센트를 지배하는 스탠더드 오일 트러스트를 조직하는 데 성공했다.

그 밖에도 철광석 채취, 산림, 수송업 등에도 손을 뻗쳐 미국 제1의 부호가 되었다.

그러나 1899년, 오하이오 주 재판소로부터 반 트러스트 법 위반의 판결을 받게 되었다. 그러자 주식회사를 법적으로 인정하고 있던 뉴저지 주에 뉴저지 스탠더드 석유회사를 설립하여 실질적으로 석유업계를 계속 지배하면서 거대한 회사로 성장했다.

뉴욕 시 브로드웨이 26번지에 본사를 둔 이 회사는 국내뿐 아니라 해외에도 유전이나 정유소를 가진 대회사였다.

그러나 1911년, 미국 연방 최고 재판소로부터 반 트러스트 법 위반 판결에 의한 해산 명령을 받고 해체되었다.

그 뒤 실업계에서 물러난 록펠러는 사회 사업과 자선 사업에 힘을 기울여 록펠러 재단, 록펠러 의학 연구소, 시카고 대학 등을 설립했다. 그는 1937년 5월 23일, 플로리다 주의 오먼드 비치에서 생애를 마쳤다.

# 롤 랑
## (1866~1944)

### ─양심과 이상을 그린 문학가─

로맹 롤랑은 프랑스 중부 부르고뉴 지방에 있는 클람시에서 태어났다. 아버지는 공증인이었고, 어머니는 독실한 카톨릭 신자였다.

양친은 롤랑의 교육을 위해서 파리로 이사하여 아버지는 은행원으로 일했다. 루이 르 그랑 중학교를 졸업한 롤랑은 유명한 에콜 노르말(고등 사범 학교)에 입학하여 역사와 철학을 전공했다.

그 무렵, 인생과 예술에 대해 고민하던 롤랑은 예술가로서 참된 조건은 인류에 대한 사랑이라고 한 톨스토이의 영향을 많이 받았다.

1889년, 에콜 노르말을 우수한 성적으로 졸업한 그는 로마에 유학하여 프랑스 학원에 들어갔다.

그는 로마에서 지낸 2년 동안 이탈리아의 고대 미술과 음악에 대해 연구했다.

귀국 후, 29세의 젊은 나이로 모교인 에콜 노르말과 파리 대학에서 강의했으며, 그는 이 때 《성왕 루이》《이성의 승리》 등을 썼다.

그 당시, 프랑스에서는 드레퓌스 사건이라는 간첩 사건이 발생하였다(1894~1899). 이것은 아무런 혐의도 없는 유대 인 장교 알프레드 드레퓌스가 군부의 압력에 의해 투옥된 사건으로, 프랑스의 대문호 졸라를 비롯해 수많은 문화인이 드레퓌스 구명 운동에 나섰는데, 롤랑도 여기에 참가하여 맹렬하게 군부를 공격했다.

이 사건에 자극을 받아 그는 《이리 떼》를 발표하고, 그 밖에 《당통》《7월 14일》 등 혁명을 제재로 한 일련의 작품을 썼다.

뿐만 아니라, 롤랑은 잡지 《반월 수첩》의 편집에도 관계해 오다가,

1904년에 교직 생활을 그만두고 저작에만 전념했다. 이 때부터 그는 《반월 수첩》에 그의 대표적 걸작인 《장 크리스토프》를 연재하기 시작하여, 9년 만인 1912년에 전 10권을 완성했다.

《장 크리스토프》는 대하 소설의 선구적 역할을 했으며, 롤랑은 이 작품으로 인해 세계적으로 널리 알려지게 되었다.

1913년에 그는 《장 크리스토프》로 프랑스 아카데미 상을, 이어 1915년에는 노벨 문학상을 수상했다. 그는 이 막대한 상금을 전부 적십자사와 프랑스 여러 사회 사업 단체에 기부했다.

1914년, 스위스 여행 중에 제1차 세계 대전이 일어나자, 그는 필봉을 휘둘러 전쟁 반대를 외치는 한편, 《전쟁을 초월하여》《학살된 사람들》《선구자들》 등 수많은 정치 평론도 썼다.

스위스로 이주한 롤랑은 《장 크리스토프》에 버금가는 대작인 《매혹된 영혼》을 집필하기 시작했다. 10년 만인 1933년까지 이 대작을 완성하는 동안 희곡 《사랑과 죽음의 장난》 등 혁명극도 집필했다.

제1차 세계 대전 후 전세계에 밀어닥친 자유를 탄압하는 파시즘에 반대하여, 그는 반 파시즘 대회의 의장으로 일하며 정치 운동에도 크게 활약을 보였다.

평론집 《자유 수호 15년》《개혁에 의한 평화를》 등은 이 무렵에 씌어진 투쟁의 활동들이다.

항상 엄격한 이상주의적 입장에서서 인간에 대한 사랑과 존엄성을 주장해 온 평화주의자 롤랑은 1944년 12월 30일, 78세의 고령으로 베즐레에서 고이 잠들었다.

# 뢴트겐
## (1845~1923)

### ─X선을 발견한 사람─

빌헬름 콘라트 뢴트겐은 독일의 라인란트 지방에 있는 레네프라는 마을에서 태어났다. 그의 아버지는 방직 공장을 경영하는 한편 직물 도매상도 겸하고 있어서, 집안 형편은 넉넉했다.

프랑스에서 2월 혁명이 일어났을 때 네덜란드의 아펠도른으로 이사한 후 독학으로 스위스의 취리히 공과 대학에 입학했다.

이 대학에는 열역학이라는 새로운 학문 분야를 창시한 독일의 물리학자 클라우지우스, 쿤트 등 유명한 학자들이 있었다. 뢴트겐은 이들 밑에서 공부하면서 물리학에 흥미를 느끼기 시작했다.

1869년에 대학을 졸업하고, 쿤트 교수의 연구실에서 조수로 일하며 물리학의 연구에 몰두한 뢴트겐은 31세 때, 교수의 도움으로 슈트라스부르크 대학의 이론 물리학 강사가 되었다.

이 무렵에 그가 이룩한 커다란 업적의 하나는 1880년, 뢴트겐 전류의 발견이다. 이것은 맥스웰이 완성한 전자기 이론을 실험적으로 증명하는 하나의 사실로서, 매우 귀중한 발견이었다.

1895년 11월 어느 날, 그는 유리관을 검은 종이로 싸고 음극선을 관찰하던 중 실험대에서 조금 떨어진 곳에 있던 결정체가 파르스름한 빛을 내고 있는 것을 발견했다.

깜짝 놀란 뢴트겐은 눈에 보이지 않는 이 이상한 광선의 연구에 몰두했다. 그 결과, 이 빛은 근육이나 책, 판자 등을 쉽게 투과할 수 있다는 것, 그러나 뼈에 부딪치면 진로가 약간 차단되어 그림자가 생긴다는 것, 납처럼 무거운 금속은

뚫고 나갈 수 없다는 것, 사진 건판에 감광한다는 사실 등을 발견하게 되었다.

그는 그 광선의 정체를 확실히 밝혀 내지 못한 채, 미지수를 나타내는 수학 기호인 X(엑스)를 붙여 광선의 이름을 엑스선이라고 했다. 그리고 그 해 12월 28일에《새로운 방사선에 관해서》라는 엑스선에 관한 연구 보고서를 발표해, 학계에 커다란 반향을 불러일으켰다. 엑스선의 정체가 과학적으로 규명된 것은 20년 후의 일이었지만, 이 연구로 인해 그는 1901년에 제1회 노벨 물리학상을 받았다.

그러나 뢴트겐은 조금도 자랑스런 빛을 보이지 않고 겸손한 태도로 수상 기념 강연을 사양하였으며, 5만 크로네나 되는 막대한 상금도 뷔르츠부르크 대학에 기부한 후, 조용히 자신의 연구와 제자들의 지도에 힘썼다.

오늘날 모든 분야에 응용되고 있는 엑스선의 발견은 라듐의 발견과 함께 19세기 말의 위대한 2대 발견 중의 하나이다.

일생을 물리학 연구에 바친 위대한 과학자 뢴트겐은 1923년 2월 10일, 뮌헨에서 78세의 보람찬 생애를 마쳤다.

# 루빈스타인
(1829~1894)

## ─러시아의 탁월한 음악가─

안톤 그리고리에비치 루빈스타인은 러시아의 피아니스트이자 작곡가이다.

루빈스타인은 또한 음악 교육자, 명지휘자로서 눈부신 활약을 하여, 러시아의 음악 수준을 세계적으로 끌어올린 사람이다.

루빈스타인은 1829년 11월 28일, 유대 인의 아들로 태어났다.

루빈스타인의 부모는 그가 아주 어렸을 때 모스크바로 이주해서 러시아 국민이 되었다.

어려서부터 피아노를 배워 9세 때에는 모스크바에서 음악회를 열 정도였다. 그는 그 때 벌써 완숙한 기교와 곡의 내용을 해석하고 표현하는 능력을 보여, 피아노의 신동이라는 말을 들었다.

1840년, 루빈스타인은 그의 스승인 비요잉과 함께 파리로 가서, 당시 유명한 음악가들 앞에서 피아노를 연주했다.

그 후, 영국, 네덜란드 등 여러 곳을 순회하며 연주했는데, 그의 생기에 넘치는 연주는 가는 곳마다 열광적인 찬사를 받았다.

1855년, 그는 그 동안 작곡했던 작품들을 출판하고, 런던과 파리로 연주 여행을 다녀왔다.

상트 페테르부르크로 돌아온 루빈스타인은 1858년에 궁정 피아니스트로 임명되었다. 1859년, 그는 러시아 음악가 협회 회장이 되었고, 음악 교육의 필요성을 절실하게 느끼고 1862년에 페테르부르크 음악원을 창설하였다. 이 곳에서 차이코프스키가 첫 제자로 배출되었다.

1868년부터는 다시 연주 여행을 떠나, 1872년에는 미국으로 건너갔다. 피아니스트로서의 그의 명성은 유명했던 헝가리의 리스트와 쌍벽을 이룰 정도였다.

1887년부터는 다시 음악원에서 음악 교육을 맡았고, 그 후로는 주로 독일에서 활약하였다.

음악 교육자로서의 루빈스타인은 정통적인 작곡 기법을 심어 주어, 19세기 후반에서 20세기에 이르는 러시아 음악에 지대한 영향을 끼쳤다.

뿐만 아니라 작곡에도 뛰어났던 루빈스타인은 독일 낭만파의 성격이 짙으면서도 풍부한 러시아적인 선율을 창조하여, 10곡이 넘는 오페라와 6곡의 교향곡, 5곡의 피아노 협주곡과 실내악곡, 피아노 독주곡, 가곡 등 다양한 작품들을 많이 남겼다.

그의 음악은 이후의 차이코프스키, 림스키코르사코프, 글라주노프 등에게 이어져 크게 열매를 맺었다.

# 루 소
(1712~1778)

## －18세기 프랑스의 대사상가－

‘자연으로 돌아가라 !’는 주장으로 많은 사람들에게 커다란 영향을 끼친 장 자크 루소는, 18세기의 프랑스가 낳은 세계적인 사상가이며 교육자이다.

루소는 스위스의 제네바에서 태어났다. 루소의 집안은 종교 전쟁 무렵 제네바에 정착하게 되었으나, 본래 순수한 프랑스 인이었다. 아버지는 가난한 시계 기사이고, 어머니는 목사의 딸인데 루소를 낳고 곧 죽었다.

그래서 루소는 부모의 관심을 거의 받지 못하고 컸다. 10살 때에는 친척의 집에서 지내면서 대서소, 인쇄소 등에서 일했다.

이런 생활에 견디다 못한 루소는 16세 때에 제네바를 떠나 여기 저기 떠돌아 다니며 방랑 생활을 하였다.

그는 개종하여 신교도 사람들과 어울려 지내기도 하고, 가짜 음악가 노릇도 하였다. 그러다가 한 귀족 부인을 알게 되어, 그녀의 도움을 얻어 음악·라틴 어·철학·역사 등을 공부할 수 있었다.

1741년 봄에, 루소는 리옹에서 가정 교사로 지내다가 다음 해에 파리로 갔다. 그는 자신이 고안한 기보법(기호를 써서 악곡을 기록하는 방법)을 세상에 발표했으나 성공하지 못했다. 대신 그는 화려한 파리의 사교계에 드나들게 되어 디드로, 달랑베르, 콩디야크 같은 사상가와 사귀게 되었고 여러 문학가들과도 사귀게 되었다.

이 무렵, 그는 테레즈라는 여인과 결혼하여 5명의 아이를 낳았는데, 루소는 그 아이들을 모두 고아원에 넣어 버렸다고 한다.

루소는 1750년에 디종 아카데미에서 주최하는 논문 현상 모집에 《학문 및 예술론》이라는 논문을 내어 당선되었다.

그는 1755년에 《인간 불평등 기원론》을 썼다. 이것은 그의 중요한 이론서 중의 하나로, 앞에서 언급한 '자연으로 돌아가라.'는 구절도 이 책에 나오는 것이다.

1756년에는 연애 소설 《신 엘로이즈》를 써서 인기를 끌기도 했다. 1758년에는 뤽상부르 공의 별장에서 지내면서 저작에 몰두하여 4년 후에 《민약론》《에밀》 등의 유명한 저서를 써냈다.

《민약론》은 정치에 대한 루소의 사고 방식, 특히 민주주의 사상을 논한 것으로서 유명하다.

이 책은 후에 프랑스 혁명의 사상적인 근거가 되었다.

《에밀》은 소설 형식을 빌려서 쓴 새로운 교육론으로, 루소의 인간론이며 종교론이기도 하다. 《에밀》은 국내외로 널리 읽혀, 교육과 철학에 많은 영향을 주었다.

한편, 루소는 '하느님은 성서도 교회도 신부도 필요 없는 자연 속에 계시며, 믿는 이의 가슴 속에 계신다.'라는 구절 때문에 프랑스 정부와 제네바 당국의 비위를 거슬려, 체포 명령을 받기도 하였다.

1770년에 다시 프랑스로 돌아와 자기의 참모습을 남기고자 자서전인 《참회록》을 썼다. 그는 만년을 맑은 심경 속에서 조용히 살다가 1778년에 일생을 마쳤다.

# 루스벨트

(1882~1945)

## ─ 민주주의를 개화시킨 대통령 ─

프랭클린 델러노 루스벨트는 뉴욕 하이드파크의 명문 집안에서 태어났다. 루스벨트의 아버지는 철도 회사의 사장으로 집안은 매우 부자였다. 루스벨트는 14세 때, 사립 학교인 그로튼에 들어갔는데 학교 성적이 좋은 편은 아니었다.

1900년, 하버드 대학에서 정치학을 공부하고, 1904년에는 컬럼비아 대학에서 법률 공부를 했다.

그는 이 때 변호사 시험에 합격하여 변호사 생활을 시작하였고, 훌륭한 내조자인 엘리노어와 결혼했다.

1910년, 28세의 나이로 뉴욕 주의 상원 의원 선거에서 민주당 후보로 나와 당선되었다.

이 때부터 루스벨트는 윌슨과 정치 이념을 같이 하고 1912년의 대통령 선거에서 윌슨을 적극적으로 지지했다. 윌슨이 대통령에 당선되자, 루스벨트는 해군 차관에 임명되어 제1차 세계 대전 때 눈부신 활약을 했다. 1920년의 대통령 선거에서 민주당 부통령 후보로 출마했으나 떨어졌다.

그 이듬해 여름, 그는 뜻하지 않은 소아 마비에 걸려 오랫동안 투병 생활을 해야 했다.

1928년, 루스벨트는 뉴욕 주지사에 당선되고, 이어 1930년에 재선되었다.

그 무렵, 미국은 역사상 그 예를 찾아볼 수 없는 대공황을 겪었다. 미국 국민은 이 공황을 타개할 새로운 인물을 찾았다.

루스벨트는 1932년 대통령 선거에 민주당 후보로 출마하여 당선되었다. 그는 뉴딜 정책을 실시하여 대공황을 타개해 나갔다. 도로 공사, 다리 공사 등을 일으켜 실업자에게 일자리를 제공하였다.

미국은 차츰 안정을 찾아갔으며, 루스벨트는 1936년의 대통령 선거에서 압도적인 지지를 받고 대통령에 재선되었다.

루스벨트는 소련을 처음으로 독립 국가로서 승인하고, 국제 사법 재판소에도 함께 참가했다.

1939년 제2차 세계 대전이 일어나고 미국은 1941년 12월, 일본의 진주만 공격을 시발점으로 전쟁에 참가했다.

1945년 2월, 얄타 회담을 열어 전쟁이 끝난 후에 어떻게 전쟁의 재발을 막고 세계 평화를 지킬 것인가에 대해 토론하였으며, 또한 국제 연합의 기틀을 마련했다.

미국 건국 이후 최초의 4선 대통령이 되어 질식해 가는 미국을 소생시킨 루스벨트는, 아직 전쟁이 끝나지 않은 1945년 4월 12일, 63세의 나이로 그의 생애를 마쳤다.

127

# 루 터

(1483~1546)

## —독일의 종교 개혁가—

14세기부터 16세기에 걸친 이른 바 르네상스 시대에는, 교황과 교 직자도 성직자다운 깨끗한 크리스 트 교 정신을 잊어 버린 채 화려한 생활을 하였고 사리 사욕을 채우려 고만 하였다.

이러한 성직자의 부패와 타락을 보다 못한 몇몇 사람이 개혁을 부 르짖기 시작했다.

그러나 14세기와 15세기에 시도 됐던 개혁은 모두 실패하고 16세 기에 독일의 마르틴 루터에 의해 비로소 종교 개혁이 이루어졌다.

"우리 아버지와 나의 조상은 가 난한 농민이었다."

라고 스스로 말했듯이, 루터는 중 부 독일의 아이슬레벤의 농민 집안 에서 태어났다. 그의 집안은 대대 로 작센 후작의 영지에서 살아 온 농민이었다.

루터의 아버지는 자수 성가하여 큰 제련 공장을 세웠다.

루터는 아이슬레벤에서 유년 시 절과 소년 시절의 교육을 마치고, 그 무렵 독일에서 가장 수준이 높 다고 하는 튀링겐의 에르푸르트 대 학에 입학하였다.

이 대학에서 그는 철학을 공부했 으며, 다시 아버지의 희망에 따라 법과 대학에 입학했다.

그런데 루터는 갑자기 대학에서 의 학업을 중단하고 에르푸르트에 있는 아우구스티누스 수도원으로 들어갔다.

그 무렵, 그는 대학의 학문에 대 하여 회의를 품고 있었던 것이다. 대학생들이 진리를 탐구하려고는 하지 않고, 명예나 재산을 얻기 위 해 공부하는 것이 참을 수 없었던 것이다.

당시 교황청과 카톨릭 교회에서는 기부금을 모으는가 하면 영지의 백성들에게 세금을 거두는 등, 차츰 봉건 사회의 기생충 같은 존재가 되어 갔다. 게다가 독일의 부호인 푸거 가에게 돈을 빌려 막대한 빚을 지고 있었다.

1517년, 로마 교황 레오 10세는 성 베드로 대성당을 지을 계획을 세우고 이에 필요한 돈을 마련하기 위해 면죄부(금전이나 재물을 바치면 죄를 면한다는 증서)를 팔기로 했다. 루터는 교황의 처사에 몹시 분노를 느꼈다. 마침내 그는 그해 10월 31일에 비텐베르크 교회의 정문에 라틴 어로 95개 조의 주장을 써 붙였다.

이 주장에서 루터는, 죄인을 용서하는 일은 인간이 할 수 있는 일이 아니며, 하느님만이 할 수 있다고 말하고, 헌금으로 죄를 사하는 행위는 하느님을 모독하는 것이라고 비난했다.

루터의 이 주장은 한 달도 지나기 전에 독일 전역에 퍼졌고, 이듬해에는 전 유럽에 전파되어 많은 사람들에게 큰 영향을 주었다.

1519년, 루터는 라이프치히에서 여러 왕후와 학자와 성직자들 앞에서 공개 토론을 했는데, 로마 교회에 반대하는 이단자로 낙인이 찍히고 말았다.

이듬해에 교황청은 루터를 파문했다. 루터는 이 파문장을 비텐베르크 광장에서 불사르고, 로마 교회와 깨끗이 손을 끊었다.

비텐베르크 광장  루터가 이 광장에서 교황청의 파문장을 불태운 사건은 개신교가 탄생하는 계기가 되었다.

그 용기 있는 행동은 독일 전역으로 널리 퍼져 나갔다.

1521년 4월 18일에 신성 로마 황제 카를 5세는 보름스 시에서 국회를 열고, 루터를 불러 독일의 여러 왕후와 시민 앞에서 취조했다.

황제가 그에게 새로운 교리와 그가 쓴 책을 취소하라고 명령하자 루터는 다음과 같이 대답했다.

"교회와 종교 회의는 종종 잘못을 저지르고 있습니다. 그러므로 믿을 수 있는 건 성서뿐이고, 내 양심은 하느님의 말씀을 따를 뿐입니다."

루터는 저서를 발행하지 못하게 금지 당하였고, 그의 가르침을 따르는 사람은 체포하라는 명령이 내려졌다.

루터는 신변의 위험을 느끼자 작센 공의 도움으로 숨어 지내면서 그 때까지 그리스 어와 라틴 어로 씌어 있던 성서를 독일어로 번역하기 시작해서 1522년에 완성하였다. 이 독일어로 번역된 성서가 나오게 됨으로써 비로소 전 국민이 성서를 읽게 되었고, 그 때부터 근대 독일어의 길이 열렸다.

이러한 루터의 굽힐 줄 모르는 주장에 가장 영향을 받은 것은 독일의 농민들이었다.

130

1523년, 농민들은 교회에 세금을 내는 것을 거절하기 시작했다. 그 이듬해에 남독일의 제바스티안 로처가 앞장 서서 교회에 12개 조의 요구서를 내놓았다. 농노 제도를 폐지하고, 소작료를 적게 내게 하고, 공정한 재판을 하라는 것 따위가 주요한 요구안이었다.

루터는 12개 조의 요구를 대체로 정당한 것으로 인정하고, 여러 제후와 성직자에게 반성할 것을 촉구했다. 그러나 1524년, 농민들에 의한 대규모 반란이 일어나자 루터는 과격하게 변한 농민들의 입장에 서지 않고, 이들을 탄압하는 제후들을 지지하게 되었다.

그리하여 1525년에 농민들은 완전하게 진압되었고, 그 후 루터는 수녀였던 카타리나 폰 보라와 결혼하였다.

루터의 주장을 지지하게 된 제후들은 교황파와 싸우게 되었는데, 마침내 아우크스부르크 종교 화의의 결의로 1555년에 루터 파는 정식으로 인정받게 되었다.

이리하여 루터가 일으킨 종교 개혁은 차츰 서유럽 일대에 뿌리를 내렸고, 츠빙글리와 칼뱅 등에게 큰 영향을 주었다.

루터는 1546년 2월, 고향인 아이슬레벤에서 갑자기 세상을 떠났다. 파란 많은 63년의 생애였다.

루터 기념비  루터를 중심으로 종교 개혁가들이 둘러싸고 있다.

# 르누아르
## (1841~1919)

### ─ 풍부한 감각의 인상파 화가 ─

피에르 오귀스트 르누아르는 중부 프랑스의 리모주에서 출생하였다. 4세 때 온 가족이 파리로 이사하여 계속 그 곳에서 지냈다.

르누아르는 13세 때 도자기 공장에 들어가 도자기에 그림 그리는 일을 했는데, 이것은 색채 감각을 익히는 데 많은 도움이 되었다.

1862년, 그는 화가가 되겠다는

뜻을 굳혀 글레이르의 아틀리에에 들어가 모네, 시슬레, 피사로, 세잔, 기요맹 등 인상파 화가들과 알게 되었다.

그는 1874년의 제1회 인상파 전람회에 〈판자 관람석〉을 출품하였고, 계속해서 제2, 3회에도 참가하여 인상파 그룹의 한 사람으로서 확실하게 자리를 굳혔다.

1870년대는 프랑스 회화에 하나의 혁명이 일어난 시기였다. 당시의 화가들은 르네상스 이래 계승되어 오던 유럽 회화의 전통적인 양식에 싫증을 느꼈다. 그들은 직접 자연에서 소재를 찾거나 그들이 속해 있는 현실과 사회 속에서 소재를 찾았다. 색채도 어두운 것에서 점차 밝은 색으로 바뀌었다. 이런 움직임이 바로 근대 회화의 문을 여는 역할을 했다.

그의 작품 중 〈무랑 드 라 가레트〉 〈샤토에서 뱃놀이 하는 사람들〉은 인상파 시대의 대표작이며, 그 외에 〈그네〉 〈샤르팡티에 부인과 아이들〉 등이 있다. 〈샤르팡티에 부인과 아이들〉에선 사람들의 모습이 서로 부드럽게 융합하고, 다시 주위 공간으로 들어가는 듯한 르누아르만의 독창적인 기교를 볼 수 있다.

르누아르는 1881년부터 1년간 이탈리아를 여행하면서 라파엘로와 폼페이의 벽화에서 감동을 받고 얼마 동안은 색감과 묘법이 크게 바뀌었다. 이 때의 작품으로는 〈목욕하는 여인들〉 등이 있다.

그 이후에는 완전히 인상파에서 벗어나서 독자적이고 풍부한 색채 표현 방법을 되찾았다.

더욱이 1890년대부터는 꽃, 어린이, 여성상을 그림의 소재로 즐겨 삼았는데, 그 중에서도 특히 나부상을 많이 그렸다.

르누아르는 프랑스 미술의 우아한 전통을 근대에 계승한 뛰어난 색채가로 명성을 떨쳐, 1900년에는 레지옹 도뇌르 훈장을 받았다.

만년에는 관절병으로 손발이 자

〈그네〉(부분)

유롭지 못해, 손가락에 연필을 매고 그림을 그리면서도 죽는 순간까지 작품에 몰입하였다.

그 때의 작품으로는 〈과일 바구니를 든 처녀〉 〈독서하는 소녀〉 〈탬버린을 가진 무용수〉 등이 있고, 최후의 10년 동안에는 조각에 열중하여 〈모자〉를 제작했다.

색채의 천재 르누아르는 1919년 12월 17일, 니스 근처의 칸쉬르메르에서 숨을 거두었다.

# 리빙스턴

(1813~1873)

### ―아프리카 대륙의 탐험가―

미지의 대륙 아프리카를 혼자서 탐험하며 크리스트 교를 전파하여, '아프리카의 아버지'로 불린 사람이 데이비드 리빙스턴이다.

리빙스턴은 스코틀랜드의 신앙심 깊은 가정에서 태어났다.

그러나 집안이 가난하여, 10세 때부터 낮에는 방직 공장에서 일하고 밤에는 학교를 다녀야 했다.

리빙스턴의 탐험 경로

글래스고 대학에 입학한 그는 신학과 의학을 공부하였고, 1838년에는 런던 전도 협회로부터 전도사 자격을 얻었다.

아프리카의 미개척지 전도를 결심한 리빙스턴은, 1840년 12월에 런던을 출발하여 5개월에 걸친 항해 끝에 아프리카 남단에 있는 포트엘리자베스에 도착했다.

그는 전도를 해 나가면서 아프리카 중앙 지역의 탐험을 시도했다.

1844년, 선교사인 로버트 모파트의 딸 메리와 결혼을 한 후, 1849년에 죽음의 사막으로 알려진 칼라하리 사막을 넘어 느가미 호수를 발견하였다. 1851년에는 잠베지 강을 발견하였다. 그리고 1854년, 대륙을 남쪽에서 서쪽으로 활 모양으로 횡단하여 대서양의 루안다에 도착하였다.

계속해서 1855년에 빅토리아 폭포를 발견하고, 1856년 5월 22일에는 아프리카 대륙을 서에서 동으로 횡단하였다.

그 해, 그는 16년 만에 귀국하여 국민들의 성대한 환영을 받았으며, 1857년에 두 권의 《남아프리카 전도 탐험 여행기》를 발표했다.

1858년, 다시 영국 정부의 부탁을 받고 동아프리카 지역을 조사하기 위해 떠났다. 이것이 그의 두 번째 아프리카 탐험이다.

이 때 그는 니아사 호수를 발견하였고, 잠베지 강과 그 지류를 탐험하는 등의 성과를 거두고 1864년에 귀국하여 《잠베지 강과 그 지류》를 발표하였다.

1865년, 리빙스턴은 나일 강 상류의 조사를 위해 다시 세 번째 탐험을 떠났다. 1868년, 온갖 어려움을 무릅쓰고 탕가니카 호수를 지나 우지지에 이르렀을 때 열병으로 쓰러지게 되었다.

휴양하던 중에 스탠리의 수색대와 극적인 상봉을 했다.

그는 이듬해 스탠리와 헤어진 후 탐험을 계속하다가 1873년, 방궤울루 호수 근처에 있는 치탐보 마을에서 병으로 죽었다.

알려지지 않은 아프리카의 여러 지역을 밝혀 내고, 미개한 토인들을 사랑과 신앙으로 이끌어 준 리빙스턴은 전 인류의 마음 속에 영원한 등불이 되었다.

# 리스터
## (1827~1912)

### ─근대 외과 의학의 아버지─

조지프 리스터는 1827년 4월 5일, 에식스 주의 업턴에서 태어났다. 런던에서 대학을 나온 리스터는 에든버러 대학 외과학 교수의 조수로 일하면서 염증, 괴저, 혈액 응고에 대한 연구를 하였고, 1857년에는 〈염증의 시초〉라는 논문을 발표했다.

이로 말미암아 수술 받은 상처에 곧잘 발생하는 괴저와 그 결과로 생기는 패혈증을 치료하는 계기를 마련했다. 그 때에는 수술받은 상처에 괴저가 발생하면, 상처가 썩기 시작하며 패혈증으로 죽게 되는 일이 많았다.

그러나 글래스고 대학에 있던 1860년, 프랑스의 파스퇴르가 물체의 부패성을 연구한 끝에 이것은 공기 중에 들어 있는 수많은 미생물(세균)의 작용으로 일어난다는

사실을 밝혀 냈다. 리스터는 여기에서 암시를 얻어, 괴저가 발생하는 것은 상처에서 저절로 부패물이 생성되어 나오는 것이 아니라(그 무렵에는 모두 다 이 자연 발생설을 믿고 있었다.) 외부로부터 세균이 들어가서 상처가 썩게 되는 것이라고 믿게 되었다. 그래서 만약 상처에 달라붙는 세균만 죽이면 상처도 썩지 않고, 따라서 죽을 염려도 없으리라고 생각하였다.

그는 수술을 끝낸 다음, 상처에는 물론 수술실의 구석구석까지 석탄산을 비롯한 여러 가지 소독약으로 소독해 보았다. 괴저의 발생은 현저하게 줄어들었다. 그 중에서도 석탄산을 소독약으로 사용했을 때가 가장 효과가 있었다.

이처럼 상처를 깨끗이 소독만 하면 괴저가 발생하는 것을 막을 수

있다는 사실이 밝혀지자, 외과 수술 분야는 커다란 진보를 가져오게 되었다. 처음에는 이것을 인정해 주려는 사람이 별로 없었지만, 차츰 이 방법을 사용하여 효과를 보게 되자, 그의 이름은 전세계의 의학계에 알려지게 되었다.

그런데 헝가리의 부다페스트 대학 교수인 제멜바이스는 리스터보다 한 발 앞서 소독법을 생각해 내어 이미 사용하고 있었다.

그는 아기를 낳은 후에 흔히 일어나는 산욕열이라는 치명적인 병을 예방하는 데 커다란 효과를 올린 것이다. 그러나 제멜바이스가 이 사실을 발표했을 때, 학계에서

는 그에게 귀를 기울이지 않았고, 그는 결국 정신 이상으로 죽었다.

이런 이야기를 전해 들은 리스터는, 자기에게 주어진 모든 찬사는 이 이름 없는 헝가리의 의사에게 바쳐야 한다고 말했다.

1869년, 리스터는 에든버러 대학의 임상 외과학 교수가 되었고, 1877년에는 다시 런던에 있는 킹스 대학의 외과학 교수가 되어, 의학도들을 지도하는 한편 연구에 몰두했다. 그 후, 1895년에 영국 학사원 원장이 되었으며, 1897년에는 남작 칭호를 받았다.

1912년 2월 10일, 켄트 주에서 85세를 일기로 생애를 마쳤다.

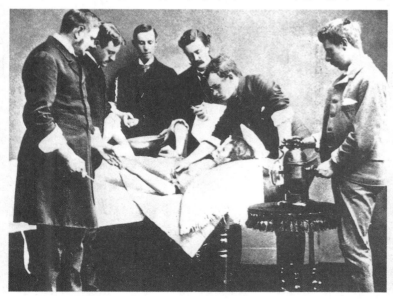

소독약을 사용하여 수술을 하고 있는 리스터

# 리 스 트
(1811~1886)

## ─헝가리의 천재 피아니스트─

리스트는 1811년, 헝가리의 에스테르하지 후작의 토지관리인의 아들로 태어났다. 6세 때부터 아버지에게 피아노를 배웠으며, 9세 때에는 독주회를 가져 신동으로 널리 알려지게 되었다.

그 후, 오스트리아의 빈과 프랑스의 파리로 가서 음악 수업을 받았고, 프랑스 여러 지방과 영국의

리스트가 생전에 쓰던 피아노

런던에 연주 여행을 하여 크게 성공을 거두었다.

1827년에 아버지가 세상을 떠나고, 1830년에는 7월 혁명을 겪으면서 침체에 빠지기는 했으나 페티스, 쇼팽, 베를리오즈, 파가니니 등 뛰어난 음악가들과 사귀면서 음악 세계를 확립해 나갈 수 있었다. 특히, 파가니니와의 음악적인 접촉을 통해, 그의 세계는 스승인 체르니의 형식미와 교육적인 영향으로부터 벗어나, 스타카토·스피카토 등의 기교를 최대한 살려 즉흥적이고 낭만적인 화려함을 추구하는 명기주의로 전환하였다.

1839년, 그는 빈에서 출발하여 유럽 전 지역을 무대로 연주 여행을 시작했다. 그의 유럽 연주 여행은 10여 년 간 계속되어 피아노 연주자와 작곡자로서의 명성이 유럽

전 지역에 알려지게 되었다.

1848년, 전 유럽에 걸쳐 연주 여행을 끝낸 뒤 은퇴를 선언한 리스트는 바이마르에 정착하여 지휘자·작곡가·교육가·사회 활동가 등으로서 폭넓게 활동하였다.

그는 특히 작품 활동에 열중하여 〈3개의 연주회용 대연습곡〉〈파가니니에 의한 대연습곡〉〈파우스트 교향곡〉〈단테 교향곡〉〈오르페우스〉〈이상〉 등의 대표작들을 잇달아 내놓았다.

한편 1859년, 연주 여행 중에 알게 된 비트겐슈타인 후작 부인과의 결혼식 때문에 로마로 갔으나, 후작 부인 친척들의 반대로 결혼은 실패로 돌아갔다.

이로 말미암아 리스트는 수도원에 들어가 살게 되었는데, 이 때부터 그의 작품에는 종교적 색채가 강하게 나타나기 시작하였다.

1886년 7월 31일, 폐렴에 걸려 75세로 죽을 때까지 그는 피아노 연주의 명기주의를 완성하고 표제 음악을 확립함으로써 음악사상 중요한 공적을 남겼다.

그의 작품은 편곡까지 포함하여 매우 방대한 수에 이르며 그 종류도 다양한데, 그 중에서 대표적인 것으로는 〈헝가리 광시곡〉〈순례의 해〉를 포함하는 피아노곡과 교향시이다.

# 린  네
(1707~1778)

## ─생물 분류학의 확립자─

카를 폰 린네는 스웨덴의 식물학
자로, 처음으로 동물학과 식물학
을 분리하여 강의하였다.

또한 생물을 속명과 종명으로 학
명을 나누어 나타내는 '이명법'을
창안하여, 현대 생물 분류학의 방
법을 체계화하였다.

린네 기념관

린네는 1707년 5월 23일, 목사
인 아버지 밑에서 5형제 중 장남으
로 태어났다.

1716년, 중학교에 입학한 린네
는 라틴 어, 종교학, 수학, 자연
과학 등을 본격적으로 배우기 시작
하였다. 여러 학문 중에서도 그는
동물과 식물에 남달리 흥미와 애정
이 많았다.

아버지는 그런 아들에게 아리스
토텔레스의 《동물지》를 사다 주었
는데, 그는 이 책을 늘 곁에 두고
읽고 또 읽었다고 한다.

고등 학교 때에 교장인 요한 루
트만은 린네가 동물과 식물에 관심
이 많다는 것을 알고, 이런 흥미를
살려 의학을 공부하도록 적극적으
로 권하였다.

따라서 린네가 목사가 되기를 희
망했던 그의 부모도 교장의 권유에

동의할 수밖에 없었다.

린네는 1727년에 룬트 대학에 입학하여 과학과 의학을 공부했으나, 그 대학에는 배우고자 했던 분야를 제대로 강의하는 교수들이 없어서 다음 해에 웁살라 대학으로 옮겼다.

그러나 이 대학 역시 나이 많은 교수들이 강의에 별로 성의를 보이지 않아 실망하고 있었는데, 마침 식물학에 흥미를 가지고 있는 교수가 있어서, 린네는 그에게서 식물학을 배울 수 있었다.

1732년, 린네는 웁살라 과학 협회의 도움을 받아서 5개월 동안 라플란드 지방을 돌아다니며 조사할 기회를 가졌다. 그는 거기에서 그 지역 사람들로부터 자연에 관하여 중요한 지식을 얻을 수 있었다.

또한 스웨덴 정부로부터 국내 각지의 자연을 조사해 줄 것을 부탁받고 여행하게 되었다.

그는 여행하는 동안 자연을 열심히 연구했고, 또 약혼자도 만나게 되었다.

1735년에 린네는 네덜란드로 가서 의학 박사 학위를 받았다.

그는 네덜란드에 머무는 수 년

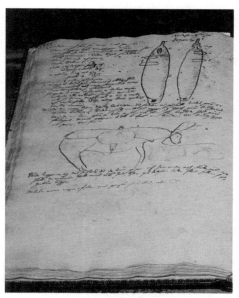

《라플란드 식물지》의 원고

동안에 《자연의 체계》《식물지》《식물학 원리》《라플란드 식물지》《식물학 비판》《성별법》등 남들이 평생 걸려야 쓸 만한 것을 출판했다. 그리고 해군성 의사로 있다가 1741년에 웁살라 대학의 식물학 교수로 취임했다.

1778년에 세상을 떠나기까지 그는 여러 방면에서 많은 일을 하였다. 1747년에는 왕실 주치의가 되었는가 하면, 1761년에는 귀족의 작위를 받기도 하였다. 그는 또한 자연 과학 박물관을 세워 후세 사람들에게 자연 과학에 대한 중요성을 일깨워 주기도 하였다.

# 린드버그
## (1902~1974)

### ─대서양 무착륙 횡단 비행자─

지금은 초음속 제트 여객기인 콩코드가 대서양을 횡단하지만, 1927년 초까지만 해도, 대서양 무착륙 횡단 비행은 아무도 상상할 수 없는 일이었다.

1927년 5월 21일, 미국의 비행가 린드버그는 '세인트루이스의 혼'이

린드버그와 단발 비행기

라는 그의 단발기(발동기가 하나인 비행기)로 이 일을 해냈다.

찰스 오거스터스 린드버그는 1902년 2월 4일, 미국 미시간 주의 디트로이트 시에서 태어났다. 그의 아버지는 미네소타 주에서 여섯 번이나 의원에 당선된 적이 있는 사람이었다. 그러나 린드버그는 부모가 별거해서 살고 있었기 때문에, 교사였던 어머니 에번젤린에 의해서 양육되었다.

1918년, 그는 미네소타의 리틀폴스에서 고등 학교를 마친 후 2년간 아버지의 농장에서 지내다가, 1920년에 위스콘신 주 메디슨 시에 있는 위스콘신 대학 기계공학과에 입학하였다.

그는 2년간 다니던 위스콘신 대학을 중퇴하고 네브래스카 항공 회사의 비행 훈련생이 되었다.

이 사이에 그는 여러 도시를 돌며 사람들로부터 요금을 받고 유람 비행을 시켜 주거나 또 날개 위에서 묘기를 부리기도 하였다.

1923년, 21세 때 비로소 그는 자신의 비행기를 구입했다. 그것은 제1차 세계 대전 중에 훈련 비행기로 사용된 '제니'라 불리는 비행기였다. 린드버그는 이 비행기를 500달러에 사서 처음으로 단독 비행을 하였다.

1924년에 텍사스 주의 브룩스 비행장에 있는 육군 비행 학교에 사관 후보생으로 입학한 린드버그는 그 학교를 우수한 성적으로 졸업한 뒤에 케리 고등 비행 학교에 입학하였다.

린드버그는 1925년에 학교를 졸업하고, 이듬해에는 우편물을 비행기로 실어나르는 우편 비행사가 되었다.

제1차 세계 대전이 끝난 후에는 비행기가 곡예나 유람 비행, 또는 우편물의 수송이나 모험 비행에 이용되기 시작하였다. 당시 가장 인기 있는 직업이었던 우편 비행사로서 린드버그는 시카고와 세인트루이스 사이를 연결하는 노선에 근무하였다.

그 때, 뉴욕의 실업가인 레이먼드 오레그라는 사람이 뉴욕과 파리 사이를 무착륙 비행하는 사람에게 2만 5천 달러의 상금을 주겠다고 선언했다.

이에 단독 비행을 결심한 린드버그는 고향인 세인트루이스의 실업가들이 마련해 준 기금으로 단발기를 구입하여 '세인트루이스의 혼'이라고 이름지었다. 이 단발기의 엔진은 223마력에 불과했다.

린드버그는 단독 비행을 결심했다. 왜냐 하면, 비행기의 무게를 줄여 가솔린을 될 수 있는 한 많이 채워야 했기 때문이었다. 그는 30시간 이상 자지 않고 비행하는 것에 자신이 있었다.

그는 또 '세인트루이스의 혼'을 주문할 때 조종석을 커다란 연료 탱크 뒤로 만들어 줄 것을 요구했다. 그러면 앞이 보이지 않게 된다고 설계자가 말하자

"옆 창으로 활주로 끝을 보면서 조종하면 됩니다."

린드버그는 자신있게 대답했다.

조종석을 연료 탱크 앞에 두면 추락했을 때 탱크에 눌려 죽게 된다는 것이 린드버그의 생각이었던 것이다.

그는 이 비행기로 뉴욕과 캘리포니아 사이에서 시험 비행을 마쳤는데, 그 결과는 아주 좋았다.

그러나 대부분의 사람들은 대서양 횡단은 실패할 것이 뻔하다고 생각했다.

이윽고 1927년 5월 20일 뉴욕 시간 오전 7시 52분에 한 대의 비행기가 대서양을 향하여 뉴욕의 루스벨트 비행장을 이륙하였다.

그 비행기는 바로 린드버그의 '세인트루이스의 혼'이었다. 아주 큰 가솔린 탱크를 달고 있었기 때문에 비행기의 총무게는 2381킬로그램이나 되었다.

'세인트루이스의 혼'은 북쪽을 향해 날아올랐다. 비행기는 평균 시속 약 160킬로미터의 속도로 날았다. 다시 날이 어두워졌다.

마침내 린드버그의 시야에는 보석처럼 반짝이는 파리의 등불이 보였다. 린드버그는 소리쳤다.

"세인트루이스의 혼이여! 보라, 저것이 파리의 등불이다!"

'세인트루이스의 혼'은 수많은 군중이 모여 있는 파리의 르부르제 비행장 위를 낮게 두 번 선회한 다음 착륙했다. 뉴욕을 떠난 지 33시간 30분 만에 이 곳에 도착하여 마침내 세계 최초로 대서양 횡단 비행에 성공했던 것이다.

그의 명성은 곧 전세계로 퍼져 나갔다. 단발기로 대서양 횡단에 도전한 한 젊은이에게 모든 사람들은 찬사를 보냈다.

린드버그는 이에 자만하지 않고, 1931년에는 북태평양 횡단 비행에도 성공하였다.

부인과 함께 있는 린드버그(1931년)

그는 이처럼 지칠 줄 모르는 모험심과 용기의 소유자이면서도 대단히 겸손한 사람이었다.

그는 제2차 세계 대전이 일어나자 반전 운동을 펴기도 하였으며, 전쟁이 끝난 뒤에는 인디언 보호와 멸종 위기에 처한 동물의 보호 운동에 헌신하기도 했다.

1953년에는 《세인트루이스의 혼》이라는 책을 출판하여 베스트셀러가 되었고, 이듬해에는 명예로운 퓰리처 상을 받았다.

린드버그는 72세를 일기로 하와이에서 눈을 감았다.

# 릴 케
## (1875~1926)

### ―순수한 영혼을 노래한 시인―

1875년, 체코의 프라하 태생인 독일 시인 라이너 마리아 릴케는, 인간성을 상실한 시대에 가장 순수한 영혼을 노래한 시인으로 높이 평가되고 있다.

릴케는 아버지의 뜻에 따라 군인이 되기 위해서 유년 학교를 거쳐 군사 학교에 진학했다.

그러나 몸이 몹시 허약했기 때문에, 견디지 못하고 결국 중퇴하고 말았다.

그 후 프라하, 뮌헨, 베를린 등 여러 대학에서 공부하고 작가 생활로 들어가, 일찍부터 꿈과 동경에 넘친 섬세한 서정시를 썼다.

릴케는 1896년부터 본격적인 작품 활동을 시작하여, 《가신봉폐》(1896)《꿈의 관》(1897)《강림절》(1898) 등을 잇달아 발표했다.

이 시기가 릴케의 시인으로서의 생애 가운데 제1기에 속한다.

그 후 릴케는 뮌헨에서 러시아 태생의 여류 작가 루 살로메를 만나는데, 그녀로부터 깊은 감화를 받아, 1899년과 1900년에는 그녀의 조국인 러시아를 여행했다.

이 러시아 여행은 릴케가 개성 있는 시인이 되는 데 커다란 역할을 했다. 즉, 자연과 인간이 하나가 됨을 깨닫게 하고, 시인의 기본 감정을 배양시켜 주었다.

이후, 초기의 서정적 감상과 우수가 깃든 시에 비해 깊은 종교성을 가미한 《신들의 이야기》를 냈고, 이어 《형상 시집》과 러시아의 자연 및 소박한 슬라브 농민들 속에서 오직 내적인 집중에 의해 이루어진 《나의 축제》 등을 냈다.

그 밖에도 1906년에 발표한 《수도사의 생활에 대하여》《순례에 대

146

하여》《빈곤과 죽음에 대하여》의 3편이 집성된 대작 《시도시집》이 있다. 이것은 그의 제2기에 속하는 작품이라고 볼 수 있다.

그 다음으로, 프랑스 파리로 나가 조각가 로댕의 비서가 된 중요한 시기를 들 수가 있다.

로댕과의 만남은 릴케에게 있어서 대단한 예술적 영향을 주었는데, 그는 위대한 스승 로댕의 이념인 모든 사물을 깊이 관찰하고 본질을 밝히려는 사고를 길렀다. 이 시기에 《신시집》《로댕론》《말테의 수기》 등을 썼는데, 그의 중년기의 작품들은 모두 로댕의 예술과 연관성을 지니고 있다.

그러나 1914년에 제1차 세계 대전이 일어나자, 격변하는 세계 속에서 릴케는 침묵을 지켰다.

이후 10년간의 침묵을 끝내고 1922년 그는 스위스 뮈조트의 별장에서, 최후를 장식하는 《두이노의 비가》 10편과 《오르페우스에게 바치는 소네트》 두 편의 걸작을 발표하였다. 이것이 그의 만년의 작품이다.

인간의 존재를 추구하고, 종교성이 강한 독특한 경지를 개척한 그는 1926년, 51세의 나이로 세상을 떠났다.

# 링  컨
(1809~1865)

## －노예를 해방시킨 대통령－

노예 제도를 반대하고 민주주의 정치를 개척한, 미국의 제 16 대 대통령 에이브러햄 링컨은 1809년 2월 12일, 켄터키 주에서 개척민의 아들로 태어났다.

링컨은 가난한 집안 형편으로 학교를 정상적으로 다니지 못하고, 농장에서 일을 하며 집안 살림을

스프링필드에 있는 링컨의 집

도왔다.

링컨은 비록 이러한 환경에서 자라났으나, 청교도 집안의 신앙심이 깊은 어머니로부터 사람을 사랑하는 착한 마음씨를 배워, 행복한 소년 시절을 보냈다.

1833년에는 24세의 젊은 나이에 뉴세일렘 우체국의 국장이 되었으며, 그 후 독학으로 법률을 공부하여 1836년에 변호사 시험에 합격하는 영광도 안았다.

28세 때에는 스프링필드로 이사하여 존 스튜어트와 함께 변호사 사무실을 개업했고, 1834년부터 1841년까지는 일리노이 주 의회 의원을 지냈다.

1860년에 공화당의 추천을 받아 대통령 후보가 되어 열띤 선거전을 치른 끝에 제 16 대 대통령에 당선되었다.

그러자 남부 15주 중에서 7주가 연방에서 탈퇴하고, 이어서 4주가 또 빠져 나가 또 다른 미연합국을 만들어 연방에 반기를 들었다.

1861년 4월, 드디어 합중국의 운명을 건 남북 전쟁이 일어났다.

이 전쟁은 5년간이나 계속되었는데, 온갖 시련을 극복하고 전쟁을 승리로 이끈 링컨은, 전쟁 중인 1863년에 노예 해방을 선언했다.

1863년 11월 19일, 대격전지였던 펜실베이니아 주 게티즈버그에 북군 전사자의 기념비가 세워졌는데, 그 식장에서 링컨은 다음과 같은 연설을 했다.

"하느님이 다스리는 이 나라를 새로운 자유의 나라로 다시 태어나게 하고, 국민의, 국민에 의한, 국민을 위한 정부가 지상에서 멸망하지 않도록 맡겨진 이 대사업을 수행해야 할 사람은 우리들이다."

이 말은 역사에 남을 연설로서 널리 알려져 있다.

그는 1864년의 대통령 선거에서 예상을 뒤엎고 재선되었다.

그러나 1865년 4월 14일 밤, 아내인 메리와 함께 워싱턴의 포드 극장에서 연극을 구경하던 중, 존 부스라고 하는 남부 사람의 총격을 받고 다음 날 쉰여섯 살의 나이로 일생을 마쳤다.

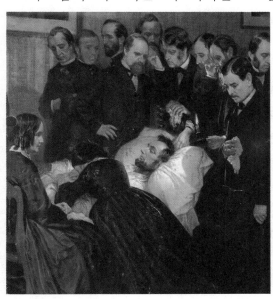

총격으로 죽음을 당한 링컨(왼쪽)
링컨의 암살 당시에 사용된 총(아래)

# 마　네
## (1832~1883)

## ―강렬한 색채의 화가―

프랑스의 대표적인 인상주의 화가 에두아르 마네는 1832년 1월 23일에 보나파르트 가의 장남으로 태어났다.

법률가인 아버지는 장남인 마네를 법률가로 키우려고 했다. 그러나 초등 학교 시절부터 공부에 싫증을 느낀 마네는, 그림 그리기를 좋아하는 외삼촌의 영향으로 그림에 관심을 갖게 되었다.

마네는 아버지의 친구가 경영하는 미술 학교에 들어가, 그 곳에서 평생의 친구이며 후에 미술 장관이 된 앙토냉 프루스트와 사귀게 되었다. 두 소년은 외삼촌과 함께 루브르 미술관을 자주 방문했는데, 그 무렵 특히 시선을 끈 것은 1838년에 루이 필립 왕이 창설한 에스파냐 미술관이었다.

그 곳에 전시된 강렬한 에스파냐 회화는 마네의 마음을 사로잡았으며, 그의 예술 형성에 지울 수 없는 영향을 주었다.

1856년, 마네는 친구의 화실을 공동으로 사용하면서 화가가 되기 위한 열망을 불태웠다.

1858년에 시인 샤를 보들레르를 알게 되었는데, 후에 그로부터 많은 격려와 위로를 받았다. 마네가 1856년에 처음으로 살롱 출품을 위해서 그린 〈압생트를 마시는 사나이〉도 보들레르의 〈악의 꽃〉에서 발상을 얻었다고 전하나, 어쨌든 이 그림은 에스파냐적인 인상이 강하다는 이유 때문에 낙선되었다.

이처럼 에스파냐적인 면에 근거하면서 그의 개성과 제작 방향을 명확하게 보여 준 것이, 〈오귀스트 마네 부부의 초상〉과 함께 1861년에 출품하여 입선과 동시에 호평을 받은, 기타를 연주하는 사람을 그린 〈기타리스트〉이다. .

마네의 성격에는 아버지로부터 물려받은 귀족적인 측면과 어머니로부터 물려받은 모범적인 측면이 함께 있어 명예욕이 강했고, 세상의 비평과 타협하지 않음으로써 자기 주장을 꺾지 않았다. 1865년에, 당시 파리의 밤을 단편적으로 폭로한 듯한 〈올림피아〉를 출품하여 심한 물의를 일으킨 것은 그 좋은 예이다.

개인전의 실패, 보들레르의 죽음 등으로 1867년 이후 제작이 부진했으며 이 무렵에 모네, 르누아르 등과 친교를 나누었다.

1868년, 살롱에 〈에밀 졸라의 초상〉〈여인과 앵무새〉 등의 작품을 낸 것 외에 〈아틀리에에서의 점심〉〈발콩〉〈피리 부는 소년〉〈바티뇰의 화실〉 등 많은 작품을 제작했다. 하나같이 긴밀한 묘사와 선명한 색조를 띠었다.

이어 1870년 이후 인상파 전람회가 열렸으나, 마네는 직접적인 참가는 거부하면서 보다 왕성하게 인상파가 즐기는 밝은 색으로 감각적인 화면을 만들었다.

〈피리 부는 소년〉

1883년 4월 19일, 이전부터 앓던 다리의 병이 악화되어 왼쪽 다리를 절단했으나 자리에서 일어나지 못하고, 4월 30일에 숨을 거두었다. 5월 1일의 살롱전을 앞두고 있던 많은 사람들은 마네의 죽음에 침묵을 지켰으며, 다음 날 드가는 이렇게 말했다.

"그가 이렇게도 위대한 사람이라는 것을 우리는 바로 지금에야 알았다."

# 마르코니

(1874~1937)

## ―무선 전신의 발명자―

19세기 초에 접어들어 모스와 벨 덕분에 전신 전화가 발명되어 인간은 서로 멀리 떨어진 곳에서도 통신이 가능하게 되었다. 그러나 그것은 모두 전류가 통하는 전선을 사용해야 했기 때문에 전선을 연결

단파 통신 실험에 사용한 반사기

할 수 없는 선박이나 항공기에서는 사용할 수가 없었다.

그런데 이러한 전선이 필요 없는 통신 방법, 즉 무선 전신을 발명한 사람이 바로 이탈리아의 마르케세 굴리엘모 마르코니이다.

그는 이탈리아의 볼로냐에서 이탈리아 인 아버지와 영국인 어머니 사이에서 태어났다.

마르코니는 정식으로 대학에 들어가지 않고 유명한 학자들을 가정 교사로 맞이하여 그들에게 배웠기 때문에, 대학에 다니며 공부하는 학생들보다도 훨씬 좋은 여건에서 공부할 수가 있었다.

특히, 저명한 물리학자인 아우구스토 리기 교수 밑에서 전자파에 대한 연구를 하게 되었다.

그 무렵, 독일의 물리학자인 하인리히 헤르츠가 맥스웰의 '빛의

전자파' 이론을 실험해 전파를 발견했다.

1894년, 마르코니는 어느 전기 잡지에 전자파에 관한 헤르츠의 연구가 실려 있다는 것을 리기 교수로부터 알게 되었다.

이 기사를 읽고 전파에 깊은 흥미를 느낀 그는, 직접 헤르츠의 전파기와 비슷한 장치를 만들어 매일 실험을 거듭한 끝에, 1개월 정도 지나서 드디어 전파의 수신에 성공했다.

마르코니는 급히 부모를 오시게 해서 그들이 보는 앞에서 다시 실험해 보였다.

3층 연구실에서 그가 발진기에 전기 불꽃을 일으키자, 지하실에 설치한 벨이 울리기 시작했다.

마르코니의 성공을 굳게 믿고 있던 어머니는 아버지를 설득하여 연구비로 5천 리라라는 거금을 아들에게 마련해 주었다.

그 후, 연구에 연구를 거듭하던 마르코니는 발진기에 붙은 전기 불꽃 발생기의 한쪽 끝을 기둥에 매단 금속판에 연결하여 공중선으로 하고, 다른 한쪽은 땅 속에 묻은 금속판에 연결했다. 이것이 안테나와 접지의 원리로서, 그는 안테나를 되도록 높이 올렸다.

이리하여 1895년에는 마침내 별장의 창문으로부터 2400미터나 떨어져 있는 언덕에까지 전신을 보내는 데 성공했다.

마르코니는 정부에 특허를 신청했다. 그러나 거절당하고 말았다. 관리들은 무선 전신의 효용 가치를 몰랐던 것이다.

할 수 없이 그는 이듬해, 영국에 건너가서 거기서 특허를 얻었다. 그러나 학계에서는 별로 주목을 받지 못했다.

영국에서 이 청년 발명가를 반갑게 맞이해 준 사람은 과학자인 올리버 로지와 당시 영국 체신부의 기술부장으로 근무하고 있던 윌리엄 프리스였다. 프리스는 런던의 중앙 우체국에 무선 전신 장치를 설치하여, 마르코니가 자유롭게 실험할 수 있도록 배려해 주었다.

이 실험이 훌륭한 성공을 거두자, 장래 무선 전신이 전망이 좋은 사업이라는 것을 깨닫게 된 자본가들은 앞을 다투어 그에게 회사를 설립하도록 권유했다.

그리하여 1897년 7월, 그의 사촌인 제임스 데이비스를 중심으로 하여 무선 전신 회사가 설립되어 등대나 선박 등에 무선 장치를 설치해 주기 시작하였다.

마르코니의 성공이 전세계에 널리 알려지자마자 이탈리아 정부는 서둘러 무선국을 세우고 그를 초빙해 갔다.

그 무렵, 그의 무선 전신기는 거의 완전하게 개량되어 있었으며 경험도 풍부했기 때문에 별 어려움 없이 실험에 성공했다.

이 때, 전파는 바다를 넘어 약 50킬로미터의 거리까지 날아갔던 것이다.

더욱이 1901년 12월, 영국으로부터 뉴펀들랜드 섬까지 대서양을 건너는 세계 최초의 송수신에 성공하자, 그의 이름은 통신 과학계에서 확고 부동한 위치를 차지하게 되었다. 이 때 그는 겨우 27세의 청년에 지나지 않았다. 그리고 통신 거리는 무려 3500킬로미터에 달했다.

마르코니의 무선 전신이 성공하자, 갑자기 전세계에 무선 전신열이 고조되었다. 그 중에서도 1903년에 덴마크의 폴젠이, 또 1907년에 캐나다의 피슨든이 발명한 장치는 마르코니가 고안한 것보다 훨씬 정확하게 장거리 전파를 보낼 수 있는 것이었다.

마르코니의 업적은 대서양 횡단으로 최고조에 달했고, 그 후에도 무선의 개량에 전념, 1922년에는 단파의 빔식 송신에 성공하여 무선의 새로운 영역을 개척했다.

하지만 그의 발진기는 두 금속 사이에 스파크를 일으키는 간격을 만들어 전파를 보내는 데는 적합하지 않았다.

그러자 존 앰브로즈 플레밍과 리드 폴레스트가 2극 진공관, 3극 진공관을 발명함으로써, 전보다도 더욱 고도로 안정된 전파를 낼 수 있게 되었다. 이미 마르코니의 시대는 지나고 진공관 시대로 접어들었던 것이다.

하지만 전파를 통신에 사용하여 20세기 무선 시대의 토대를 마련한 그의 공적은 매우 높이 평가되고 있다.

1909년, 그는 브라운관의 발명자인 독일의 브라운과 공동으로 노벨 물리학상을 수상했으며, 각국으로부터 각종 훈장과 명예 학위를 받았다.

이러한 성공과 명예 속에 여생을 보내다가 1937년, 63세로 빛나는 일생을 마쳤다.

마르코니의 실험선  돛대 사이에 안테나를 달아 무선 통신 실험을 하였다.

155

# 마 셜
(1880~1959)

## ―마셜 플랜을 주장한 사람―

미국의 군인이며 정치가인 조지 캐틀렛 마셜은 제2차 세계 대전 당시 미국군 전체의 작전 계획을 수립하고 지휘하였을 뿐만 아니라, 전쟁 후에는 국무 장관직에 있으면서 유럽의 경제 부흥 계획인 마셜 플랜을 주장하였다.

그는 그 공적을 인정받아 1953년 노벨 평화상을 받았다.

마셜은 1880년에 펜실베이니아 주의 유니언타운에서 태어났다. 일찍부터 군인이 되기를 희망했던 그는 1902년에 버지니아 육군 사관 학교를 졸업하고 필리핀에서 군인 생활을 시작했다.

제1차 세계 대전 때에는 제1군 작전 부장 및 제1군단 참모장을 지냈고, 1918년 9월에는 프랑스의 샹미엘 작전을 지도하기도 했으며, 전쟁이 끝난 후에는 중국에서 근무했다.

그리고 1928년부터 1932년까지는 조지아 주의 보병 학교에서 교육을 담당하여, 장차 제2차 세계 대전에 참전할 많은 군인을 양성하기도 하였다.

그 후 1939년에는 육군 참모장이 되어 일반 국민의 군사 훈련을 주장하여, 1941년에 그 증병법이 국회에서 통과되었다.

1941년 12월, 일본이 진주만을 기습 공격하자 마셜은 현지 지휘관으로서의 임무를 띠고 활약했으나 결과는 기대한 만큼 좋은 편이 아니었다.

1941년부터 1945년까지 참모 본부에서 작전 지도만 한 마셜은 유럽 전선에 뛰어들어 연합군을 직접 지휘하기를 원했다.

그러나 이미 아이젠하워가 임명

되어 있어서 그의 꿈은 무산되고 말았다.

전쟁이 한창일 무렵, 마셜은 독일의 히틀러를 쳐부수는 것이 가장 먼저 해결해야 될 문제라고 주장했으나, 마셜의 의견은 나중에야 겨우 받아들여졌다.

거대한 미국군을 조직한 마셜은 루스벨트 대통령의 고문이 되었으며 카사블랑카, 테헤란, 얄타, 포츠담 등의 여러 회담에 참석하여 국제적으로도 자신의 입지를 넓혀 나갔다. 그 후 루스벨트가 죽은 후에는 트루먼 대통령의 전적인 신임을 받았다.

1947년, 국무 장관에 임명된 마셜은 하버드 대학 졸업식에서 너무도 유명한 마셜 플랜(유럽 경제 부흥 계획)을 발표하여 또 한번 명성을 날렸으며, 1949년, 북대서양 조약 기구(NATO)를 결성할 때에는 중심 인물로 활약하였다.

1949년, 그는 국무 장관직을 사임했으나, 6·25 전쟁이 일어나자 다시 트루먼 대통령의 요청으로 국방 장관이 되었다.

마셜은 미국의 거대한 군대 조직을 양적으로만 아니라, 질적으로도 향상시키는 데 이바지하였다.

# 마 젤 란

(1480 ? ~1521)

## ─세계 일주를 한 탐험가─

콜럼버스가 아메리카 대륙을 발견한 지 27년이 지난 1519년 9월 20일, 270명의 승무원을 태운 5척의 범선이 에스파냐의 세비야에서 서쪽으로 항로를 잡아, 향료가 나는 몰루카 제도를 향해 떠났다.

일행의 대장은 페르디난드 마젤란이었다.

마젤란은 포르투갈 북부의 포르투 근처에서 귀족의 아들로 태어났다. 처음에는 궁정에서 왕을 섬겼으나, 1504년에 인도로 건너가서 초대 총독 밑에서 장교가 되어 공을 많이 세웠다. 뒤이어 아프리카의 모로코 원정군에 참가하여 원주민과 싸우다가 창에 찔려 다리를 절게 되었다. 그 후 1517년에 고국을 떠나 에스파냐의 세비야로 갔다.

에스파냐의 세비야 에스파냐 남부의 안달루시아 지방에 있는 도시로, 15세기 말 이후에 서인도 무역을 독점하였다.

그 무렵, 에스파냐 왕실에서는 지금의 필리핀 제도 남쪽에 있는, 향료가 나는 몰루카 제도에 선단을 보낼 계획을 세우고 있었다.

그러나 왕실에서는 서쪽으로 돌아서 몰루카 제도에 갈 수 있을지 자신이 없었다.

마젤란은 지구가 둥글다는 것을 믿고 있었기 때문에, 콜럼버스가 발견한 서쪽으로 도는 항로로 대서양을 건넌다면, 아메리카 대륙의 남단을 서쪽으로 빠져 나갈 수 있을 것이라고 굳게 믿고 있었다. 그래서 카를로스 1세를 만나 설득하여 탐험 허가를 받았다.

이리하여 1519년, 마젤란을 대장으로 한 선단이 떠나게 되었다.

5척의 배는 트리니다드 호, 콘셉시온 호, 산안토니오 호, 빅토리아 호, 산티아고 호인데, 이 때 같이 떠난 이탈리아의 젊은 귀족 피가페타는, 후에 《지구 주항 1번선》이라는 책을 쓴 사람이다.

아프리카의 서쪽 해안을 따라 남쪽으로 내려간 선단은 6일째 되는 날에 카나리아 제도에 도달했다. 이 곳에서 준비를 더 갖춘 다음, 아프리카의 서쪽 끝에 있는 베르데 곶에서 진로를 서남쪽으로 바꾸어 남대서양으로 나아갔다.

온갖 고생을 한 끝에, 12월에 리우데자네이루에 도착했다.

그리고 다시 계속해서 남쪽으로 내려가서, 이듬해인 1520년 1월에 지금의 아르헨티나의 라플라타 강 하구에 다다랐다.

마젤란은 서쪽으로 빠져 나갈 항로를 찾으면서 계속 남쪽으로 내려갔다. 3월 31일에 산훌리안 만에 도착했는데, 남반구의 겨울이 닥쳐왔기 때문에 닻을 내리고 여기서 겨울을 나기로 했다. 그러나 승무원들의 불평 불만이 높아져서 반란이 일어났다. 반란을 일으킨 승무원들이 5척의 배 가운데서 3척을 빼앗았으나, 마젤란의 침착한 처리에 의해서 진압되었다.

겨울이 지나자 8월에 닻을 올리고 다시 항해를 떠나, 산타크루스 강에 도착했다. 그러나 날씨가 나빠 2개월 가량 정박하다가 10월 18일에 출범하여 계속 남쪽으로 내려갔다.

10월 21일, 남위 52도쯤 되는 곳에서 큰 곶과 깊은 만을 발견하였다. 이것이 마젤란 해협의 입구였다. 거기서 서쪽으로 통하는 깊숙한 곳을 더듬어 나가는 동안에 실로 한 달 남짓 되는 날을 보냈다. 마젤란은 이 수로가 서쪽으로

빠질 수 있는 길임을 믿고 있었으나, 불안해진 승무원들은 산안토니오 호를 타고 도망쳐서 마침내 행방 불명이 되고 말았다.

1520년 11월 28일, 지옥 같은 해협의 마지막 곶을 돌았을 때, 남국의 석양 앞에 미지의 바다가 한없이 펼쳐져 있었다. 마젤란은 이 끝없는 바다를 태평양이라고 이름 지었다. 이로써 마젤란 해협이 발견되었던 것이다.

태평양으로 나오자, 반대로 3주일 가량 북쪽으로 올라간 다음, 거기서 북서로 방향을 바꾸어서 지금까지 아무도 항해한 일이 없는 대양으로 배를 몰았다. 배를 2척 잃었기 때문에 3척밖에 남지 않았다. 태평양에 나가기만 하면 향료 제도가 바로 있을 줄 알았으나, 날마다 푸른 수평선뿐이고 섬 하나 보이지 않았다.

태평양으로 나온 지 98일째 되는 날에 간신히 마리아나 제도 가운데 하나인 괌 섬에 닿았다.

그리고 괌 섬에서 3일 동안 쉬고 다시 항해를 계속하여, 그로부터 1주일째 되는 날에 필리핀 제도의 사마르 섬에 도착하였다.

마침내 향료 제도에 도달하는 한 걸음 앞까지 당도하였던 것이다. 마리아나 제도와 필리핀이란 이름은 이때 마젤란이 지은 것이다. 그 후 잇달아 근처의 섬들에 들렀는데, 원주민들 사이의 싸움에 말려들게 되었다.

1521년 4월 27일, 마젤란은 스스로 부하를 거느리고 문명인의 힘을 보이려고 상륙했다. 그러나 독을 바른 원주민의 화살에 다리를 맞고 숨을 거두고 말았다.

겨우 죽음을 벗어난 부하들은 세바스티안 델 카노를 함장으로 삼고 보르네오 등에 들른 끝에 11월 6일, 목적지인 향료가 나는 섬 몰루카 제도에 도착했다.

12월 21일에 에스파냐를 향해 출발하였는데, 끝으로 남은 빅토리아 호에 60여 명이 몸을 실었다.

1522년 9월 6일, 항해를 떠난 지 3년 만에 고국 땅을 다시 밟은 사람은 고작 18명뿐이었다.

이리하여 마젤란이 시작한 세계 일주는 이루어진 셈인데, 이로 말미암아 세계의 바다가 이어져 있다는 것과 태평양이 예상보다 더 넓다는 것이 세상에 알려졌다.

마젤란 함대의 세계 일주 항로

태평양

북아메리카

남아메리카

태평양

필리핀 제도

북 극

1519년 9월 20일, 출항

1521년 3월 28일, 필리핀 제도 도착

오세아니아

대서양

1522년 9월 6일, 배 한 척에 18명으로 도착

유 럽

몰루카 제도

아프리카

아시아

# 마크 트웨인

(1835~1910)

## —《톰 소여의 모험》의 작가—

《톰 소여의 모험》과 《허클베리 핀의 모험》을 지어 전세계의 어린이들에게 너무도 잘 알려져 있는 미국의 대표적인 작가 마크 트웨인은 본래 이름이 새뮤얼 랭혼 클레멘스이다.

그는 1835년 11월 30일에 미주리 주의 가난한 개척민의 아들로 태어났다.

그가 네 살 때, 그의 집안은 미시시피 강변의 조그만 마을인 하니발로 이사했다.

12세 때에 아버지가 세상을 떠나자, 학교를 중퇴한 마크 트웨인은 인쇄소의 사환이 되어 열심히 인쇄일을 배웠다.

그의 나이 22세가 되던 1857년, 그는 갑자기 소년 시절부터 동경해 오던 선원이 될 것을 결심하였다.

그리하여 4년 동안 선원 생활을 했는데, 그가 하니발로 다시 이사 오기까지 지내 온 생활과 경험은 나중에 그의 작품에 커다란 영향을 미쳤다.

1862년, 일자리를 찾아 버지니아 시에 온 그는 《테리터리얼 인터프라이즈》 신문사에 취직하여 기자로서 첫발을 내디뎠다. 마크 트웨인이라는 필명도 그 때부터 쓰기 시작했다.

신문사에 있을 때, 그는 만담과 만필의 명수인 아티머스워드, 작가 하트 등 유명 인사들과 사귀게 되었다.

1865년에 그는 처녀작인 단편집 《뜀뛰는 개구리》를 발표했는데, 그 야성적이고 풍부한 유머에 의해 갑자기 명성을 떨치게 되었다. 그는 문장뿐 아니라, 강연을 해도 청중으로 하여금 웃지 않고는 배길 수 없게 만들 만큼 유머가 풍부하여, 만담가로서도 이름이 높았다.

그는 유럽 및 성지 관광 여행단에 끼여 여행기를 신문에 연재하였으며, 귀국한 뒤 이것을 정리한 《시골뜨기의 외국 여행》을 출판하여 대성공을 거두었다.

마크 트웨인은 1870년에 동부 석탄 상인의 딸 올리비아 랭든과 결혼했다. 이 때부터 자연인다운 야성적인 그의 성격은 속박을 받게 되었다.

1873년에 그는 워너라는 사람과 함께 《도금 시대》라는 소설을 썼는데, 이 소설은 천연스럽게 문화인 행세를 하던 그 당시의 미국 풍조를 비꼬아 쓴 것이다.

이리하여 그는 미국의 대표적인 작가가 되었는데, 그 중에서도 그를 세계적으로 유명하게 만든 작품은 그의 어린 시절을 묘사한 《톰 소여의 모험》이다.

이 소설은 개구쟁이인 톰 소여의 엉뚱한 모험을 통하여 당시의 미국을 풍자, 비판한 소년 소설이다.

그 후, 9년 만에 다시 《허클베리 핀의 모험》을 썼는데, 이 두 작품은 소년 문학 중에서도 최고 걸작

《미시시피 강의 생활》의 초판본

으로서 아직까지도 세계의 많은 어린이들로 하여금 감동의 세계에 젖어들게 하고 있다.

그러나 그 후로 그는 미국의 물질 문명에 염증을 느껴, 자연으로 돌아가자는 뜻을 내세우며 사회를 날카롭게 풍자하였다. 이러한 그의 뜻은 《왕자와 거지》에 잘 나타나 있다.

마크 트웨인은 만년을 불우하게 보내다가 1910년 4월 21일, 레딩에서 쓸쓸하게 75세의 생애를 마쳤다.

# 마호메트
(570~632)

## ─이슬람 교의 교조─

마호메트는 아라비아의 메카의 명문 집안에서 태어났다. 그는 일찍이 부모를 여의고, 12세 때 큰아버지를 따라 낙타를 타고 물건을 팔러 시리아로 떠났다.

25세 때, 마호메트는 메카의 부자 상인이며 과부인 하디자와 결혼했다. 그리고 행복한 생활이 15년 가량 계속되면서 3남 4녀를 두게 되었다.

메카는 날로 번창하고 있었으나, 잘 사는 사람은 몇몇 부자 상인뿐이었다. 어릴 때부터 뼈저리게 가난을 겪어 온 마호메트는, 이런 일들을 보고 마음이 움직이지 않을 수 없었다.

또한 아라비아 인은 여러 부족으로 갈라져 있었고, 민족마다 각각 다른 신을 섬기고 있었다.

'크리스트 교도나 유대 교도에 비해서 아라비아 인은 얼마나 타락해 있는가. 또 사람들의 생활은 얼마나 비참한가.'

마호메트는 교외에 있는 히라 동굴에 들어앉아 조용히 이러한 생각에 잠기게 되었다.

그러던 610년 어느 날, 마호메트가 동굴에서 잠을 자고 있는데, 천사가 나타나서

"마호메트여, 그대는 알라의 사도이다."

라고 말하고 사라져 버렸다.

이 때, 그는 자기가 천지에 하나밖에 없는 알라 신의 사도, 즉 예언자라는 것을 믿게 되었다.

마호메트는 부자 상인들의 옳지 못함을 공격하고, 신은 알라밖에 없다고 부르짖었다.

이것이 부자 상인들의 눈에 거슬렸다.

마호메트와 신자들은 결국 북쪽의 야드리브로 쫓겨났다. 이 도시는 그 뒤 메디나(예언자의 도시란 뜻)로 불리었다.

이 때부터 몇 해 동안 메카와 메디나와의 치열한 전쟁이 되풀이되었는데, 628년에 휴전이 되었다.

그러나 2년 후, 또다시 평화가 깨졌다.

마호메트는 1만 명의 신도들을 거느리고 메카로 쳐들어갔다. 이 때, 메카는 항복하고 말았다.

그로부터 2년 동안, 마호메트의 세력은 아라비아의 부족 사이에 스며들었다. 마호메트의 가르침을 이슬람 교라고 하는데, 이슬람 교가 해일처럼 아라비아 반도에 퍼져 나간 것이다.

632년에 마호메트는 순례자를 거느리고 메카에 있는 이슬람 교의 성전인 카바 신전에 마지막으로 순례를 하고, 이 해 6월 8일에 눈을 감았다.

마호메트의 가르침을 정리한 것이 《코란》이다. 이슬람 교에 의해서 아라비아 인의 마음은 비로소 하나가 되었고, 또한 부족이 뿔뿔이 흩어져 있던 아라비아 반도도 차츰 통일되어 갔다.

이슬람 교는 오늘날에도 세계 3대 종교의 하나로서 4억에 가까운 사람들이 믿고 있다.

카바 신전에 모인 순례자들 해가 진 후에는 기도하러 모이는 순례자가 더 많다.

165

# 막사이사이
## (1907~1957)

## －필리핀의 제3대 대통령－

필리핀의 제3대 대통령 라몬 막
사이사이는, 1950년대 필리핀 전
지역에서 일어나고 있던 게릴라들
의 활동을 막아 내어 필리핀의 안
정과 질서 회복에 크게 공헌한 사
람이다.

막사이사이는 잠발러스 주에서
태어나, 1932년에 필리핀 대학의
문과와 공과를 졸업하고 민간 회사

에서 근무하였다.

제2차 세계 대전이 일어나자,
그는 일본 침공에 대항하여 미국
군대와 게릴라를 이끌고 함께 항일
투쟁을 벌였으며, 전쟁 말기인
1945년에는 잠발러스 주의 군정
장관으로 활약하였다.

1946년, 리베랄 당 소속 하원 의
원이 되었고, 1950년에는 국방상
이 되었다.

그 후 1953년에는 마침내 대통
령으로 당선되었다. 그는 미국의
막대한 지원을 얻어 군대를 재건하
고, 부도덕한 장교들을 현역으로
부터 물러나게 하였다.

뿐만 아니라, 필리핀의 악명 높
은 경찰을 다시 조직하여 자신이
직접 지휘하면서 각지에서 일어나
는 폭동을 진압했다.

그리하여 당시 막강한 폭력 집단

이었던 후크 집단의 지휘관인 다루크가 항복함으로써 공산 게릴라들은 힘을 잃고 서서히 물러가기 시작하였다.

이로 말미암아 막사이사이는 '태평양의 아이젠하워'라고까지 불리게 되었다.

그런데 그는 미국의 큰 배경을 업고 점차 독재적인 색채를 띠기 시작했다.

대개 이러한 현상은 후진국에서는 흔히 있을 수 있는 일이었다.

그리하여 필리핀의 경제는 미국의 달러에 지배되어 미국의 충실한 아시아의 벗이 되었다.

또한 막사이사이는 동남 아시아 조약 기구의 창설을 위해 자신의 몸을 아끼지 않고 열심히 뛰어다녔다. 그러나 결국엔 꿈을 이루지 못하고, 1957년 3월 17일에 비행기 사고로 많은 수행 관리들과 함께 사망하였다.

그가 죽은 후에, 자유를 위해 헌신적으로 노력한 그의 공적을 기념하기 위해서 막사이사이 상이 제정되었다. 이 상은 종교, 국가, 인종, 계급 등의 차별 없이 아시아인을 위해 공헌한 사람에게 정부 공무원·공공 봉사·지역 사회 지도·국제 이해 증진·언론 문화 등 5개 부문으로 나누어 해마다 수여되고 있다.

# 만
## (1875~1955)

## ─20세기 독일의 대표적 작가─

1929년 12월, 《부덴브로크 집안의 사람들》과 《마의 산》으로 영광스러운 노벨 문학상을 수상한 토마스 만은 1875년 8월 12일, 독일 발트 해 연안에 있는 뤼베크의 중류층 가정에서 태어났다.

1892년에 아버지가 갑자기 세상을 떠나자, 그의 가족은 생활이 어려워 뮌헨으로 옮겨 가서 살지 않으면 안 되었다. 만은 뤼베크에 남아서 공부를 계속하였으나, 학업에 흥미를 붙이지 못하고 문학에만 열중하였다. 결국 만은 카타리네움 실업 고등 학교를 자진해서 퇴학하였다.

만은 친구들과 어울려 동인지를 간행하기도 했지만, 생활이 어려워 어머니가 있는 뮌헨으로 갔다. 거기에서 보험 회사의 견습 사원으로 일하면서 틈틈이 소설을 썼다.

이 때 단편 소설 《전락》을 발표하여, 당시 유명한 자연주의 시인인 데멜의 인정을 받았다.

이 때부터 만은 뮌헨 대학에서 강의를 듣다가 이탈리아로 갔다. 이탈리아에서 1년 반 가량 머무르다 귀국하여 문예지 《짐플리치시무스》의 편집을 보면서 집필에도 몰두했다. 그로부터 약 2년 후에 만에게 노벨상을 안겨 준, 《부덴브로크 집안의 사람들》을 발표하여 작가로서의 명성을 얻었고, 그는 전 유럽에 알려졌다.

이 작품에서 용기를 얻은 만은 계속해서 단편에 전념하였는데, 이 때의 작품이 《토니오 크뢰거》 《트리스탄》 《피오렌차》 등이다.

제1차 세계 대전이 일어나자 잠시 집필을 중단했다가, 전쟁이 끝난 후에 다시 정리하여 1924년에 완성한 작품이 바로 《마의 산》이다. 한동안 중단했었지만 무려 12년이나 걸린 이 대작은 그때까지의 그의 작품과는 사뭇 달랐다.

만은 이 작품으로 개인적인 것보다는 역사적인 것, 전형적인 것에 흥미를 갖게 되었다.

한편 그는 국내에서 뿐만 아니라 1933년에는 국외로까지 나가 독일 문화를 옹호하기 위한 강연을 하는 데 전력하였다.

그는 강연뿐 아니라 집필에도 열심이었는데, 《요셉과 그 형제들》을 쓰기 시작하여 제1부 야곱 이야기(1933년), 제2부 젊은 요셉(1934년), 제3부 이집트에서의 요셉(1936년)을 계속해서 발표하였다.

미국으로 이주한 만은 대학에서 강연을 하는 한편, 방송을 통하여 정기적으로 나치스 타도를 외쳤으며, 《요셉과 그 형제들》의 제4부 부양하는 사람 요셉을 마저 완성하였다.

그 후, 만은 《파우스트 박사》를 1947년에, 《선택된 인간》을 1951년에 각각 완성했다.

1952년, 만은 미국을 떠나 스위스로 이주했다.

그리고 1955년, 강연을 하기 위해 독일로 가던 중에 병을 얻어 취리히의 교회 병원에서 조용히 죽음을 맞이했다.

# 말　로
(1901~1976)

## ─프랑스의 행동주의 작가─

프랑스의 소설가이자 평론가이며 정치가인 앙드레 말로는 파리 근교에서 태어났다.

그는 중학교를 졸업한 후 동양어 학교에 입학하여 범어, 안남어, 중국어를 배웠다.

23세 때에는 고고학 연구를 위하여 이란, 인도, 타이, 인도네시아, 만주, 몽골 등 아시아의 여러 곳을 여행하고 돌아왔다.

그 후에도 그는 프랑스의 파리와 베트남의 사이공을 왕래하면서 그

곳의 혁명주의자들을 원조하기도 하였다.

1933년에 말로는 상해 혁명을 배경으로 한 《인간의 조건》을 발표하였다. 그는 이 작품에서

"인간은 누구나 인간의 조건에서 탈피하려고 하거나 또는 초월하려고 노력한다. 혁명도 그런 행동의 하나이며, 마지막에 가서 모든 것이 수포로 돌아가는 한이 있더라도 사람은 무슨 일이든 시도하려 한다. 목적 달성을 위한

피나는 노력도, 또 실패도 결국
은 모두가 위대한 창조이다.”
라고 주장했다.

《인간의 조건》을 발표하여 공쿠
르 상을 받게 된 말로는 비로소 작
가로서의 이름을 온 세계에 떨치게
되었다.

또 에스파냐에 내란이 일어나자
국민 전선에 가담하여 체험 소설
《희망》을 썼다.

독일과 소련이 1939년에 상호
불가침 조약을 맺자 공산주의와의
관계를 깨끗이 끊어 버렸다. 그 뒤
제2차 세계 대전이 일어나자 프랑
스 군 전차 부대의 장교로 출전하
여 반 파시즘 운동을 벌였다. 그러
다가 독일군의 포로가 되었으나,
바로 탈출하여 프랑스 저항 운동의
지도자가 되었다.

그 후 1944년, 말로는 재편성된
프랑스 군의 대령으로 참전하였으
며, 1945년에 드골 내각의 정보상
에 임명되었으나 내각 총사직 때
사임했다. 그러나 그 후에도 말로
는 드골 파의 지도자로 정치 활동
을 계속하였다.

말로는 1951년에《침묵의 소리》
를 발표하였다. 그는 여기서 ‘종교

가 별로 중요한 의미를 갖지 못하
는 현대 사회에서는 예술이 종교
대신의 역할을 한다.’고 말했다.

1958년, 드골 정권이 복귀하자
말로는 문화상으로 취임하여 1969
년까지 재임했다.

1969년에 드골이 은퇴하자 말로
도 다시 저술 생활로 돌아갔다.

말로는《정복자》《왕도》《인간의
조건》 등 많은 작품을 남겼으며,
행동과 문학을 결합시키기 위하여
꾸준하게 노력한 인물로 평가되고
있다.

# 맥 아 더
## (1880~1964)

### ―6·25때의 유엔 군 총사령관―

더글러스 맥아더는 1880년 1월 26일, 미국의 아칸소 주 리틀록의 군인 부락에서 태어났다.

그의 아버지는 남북 전쟁과 에스파냐·아메리카 전쟁에서 공을 세운 아서 맥아더 장군이었고, 어머니는 버지니아 가문의 딸인 메리 핑크니 하디 맥아더였다.

맥아더 동상

1903년, 웨스트포인트 육군 사관 학교를 졸업한 그는 공병단의 소위로 임관되어 필리핀에서 복무를 시작했다. 그리고 1년 후, 샌프란시스코의 육군 공병성으로 자리를 옮겼다.

1905년, 맥아더는 아버지의 협력자로서 극동으로 배속되었다. 그러나 맥아더가 만주에 도착하였을 때는 이미 전쟁이 끝난 뒤여서 그 기회를 이용하여 일본군에 대해 연구하였다.

미국이 제1차 세계 대전에 참가하게 되자, 그는 제42 보병 사단을 조직하는 데 협력하였으며, 그 뒤 사단장이 되어 활동했다.

1919년, 그는 웨스트포인트 교장으로 임명되었는데, 웨스트포인트 역사상 가장 젊은 교장이었다.

1922년, 웨스트포인트를 떠난

그는 1930년까지 미국과 필리핀에서 활약했다.

1925년에 그는 육군 소장으로 승진되었으며, 1928년엔 미국 올림픽 위원회 회장이 되기도 했다.

1930년, 그는 미국 역사상 가장 젊은 육군 참모 총장이 되었으며, 1935년에는 필리핀 군 고문으로 임명되어, 필리핀의 방어 시설을 굳건히 하였다. 2년 뒤인 1937년 12월 31일, 맥아더는 군에서 퇴역하였으나, 여전히 필리핀에서 군 고문으로 활동하였다.

1941년 7월에 맥아더는 현역에 복귀하여, 미국 극동군 사령관으로서 필리핀에서 복무하였다.

그 뒤, 그는 서남 태평양 방면 연합군 총사령관으로서 일본 반격 작전을 지휘하였다.

그는 1944년에 원수로 승진했고, 1945년에 일본이 항복하자 도쿄에 점령군 총사령부를 설치하여 점령지의 행정을 지휘했다.

1950년 6월 25일, 6·25가 일어나자 유엔 군 총사령관으로서 작전 지휘에 나섰다. 그 때 감행한 인천 상륙 작전은 그의 큰 공적으로 인정되고 있다.

그러나 중공군의 개입이 시작된 뒤에 트루먼 대통령과 작전상 의견이 맞지 않아, 1951년 4월에 해임되었다. 그가 의회에서

"노병은 죽지 않는다. 단지 사라져 갈 뿐이다."

라고 한 말은 유명하다.

맥아더는 1964년 4월 5일 워싱턴에서 사망하여, 버지니아 주의 맥아더 기념 묘지에 묻혔다.

# 맬서스

(1766~1834)

## ―산아 제한을 주장한 학자―

토머스 로버트 맬서스는 《인구론》을 저술하여, 세계 인구 문제에 대해 경종을 울린 영국의 경제학자이다.

그는 어렸을 때는 집에서 교육을 받았으며, 케임브리지 대학을 졸업한 후에 잠시 동안 성직에 종사하기도 했다.

1798년, 맬서스는 《인구론》을 발표하여 유럽 각국의 인구 통계 자료에 큰 도움을 주었다.

그는 이 《인구론》에서, '세계의 인구는 기하 급수적으로 증가하는 데 비해 식량은 산술 급수적으로밖에 증가하지 않기 때문에 빈곤이 온다.'고 주장했다. 그리고 '그 피할 수 없는 빈곤을 없애기 위해서는 산아 제한 등의 방법을 써서 인구 증가를 억제해야 한다.'고 역설하였다.

1804년에 결혼한 그는, 그 이듬해에 동인도 회사가 설립한 헤일리베리 대학에서 근대사와 정치 경제학을 가르치기도 하였는데, 정치 경제학 교수는 영국에서 처음 있는 일이었다.

사회, 과학, 역사를 통하여 맬서스처럼 많은 논쟁을 불러일으킨 학자도 드물다.

그는 산아 제한을 주장하면서도 3명의 아이를 낳아 비판을 받았다. 또한 당시의 정책자들은 어떠한 사회 개혁도 출생률의 저하와 관련되는 개혁에는 원칙적으로 반대하는 입장을 고수하였기 때문에 그의 인구론은 비현실적이라는 비판을 받기도 했다.

19세기 말, 유럽 여러 나라의 생활 수준이 향상되면서 자연히 출생률이 저하되었다.

　그러자 과잉 인구의 공포에 대하여 관심을 기울이는 사람도 거의 없었다.

　그러나 제2차 세계 대전이 끝난 후, 농업 경제가 가져오는 높은 출생률과, 공업 경제가 가져오는 낮은 사망률이 개발 도상 국가들의 문제가 되자, 맬서스의 주장은 빛을 보기 시작했다.

　아시아, 아프리카, 라틴 아메리카 등 인구 증가로 인한 식량 부족으로 생활의 위협을 느끼던 개발 도상 국가들은 인구 정책을 쓰지 않을 수 없게 되었던 것이다.

　식량은 인간의 생존에 필요한 것이지만, 자식을 낳으려는 인간의 본능도 영원한 것임을 생각할 때, 그 어느 쪽도 버릴 수 없다. 그러나 죽고 사는 문제 앞에서는 인간의 본능보다는 배를 채우는 것이 더 급하고 소중한 문제라는 것이 그의 경제론의 요지이다.

　그의 주장은 인구 문제를 도덕적으로 억제하려는 맬서스주의와 인위적인 산아 제한 등으로 해결하려는 신 맬서스주의가 대립하면서 오늘날까지 뿌리 깊게 남아 있다.

　맬서스는 《인구론》이외에도 《경제학 원리》《지대론》 등의 저술을 남겼다.

# 먼 로
(1758~1831)

## ―먼로주의를 선언한 대통령―

미국의 제5대 대통령인 제임스 먼로는 미국의 개척 초기인 버지니아 시대의 마지막 대통령으로, 유럽의 신대륙에 대한 간섭을 배격한 먼로주의의 주창자로서 유명하다.

먼로는 1758년 4월 28일, 버지니아의 웨스트모얼랜드에 있는 한 농가에서 태어났다. 16세 때 윌리엄 앤드 메리 대학에 들어갔는데, 독립 전쟁 때문에 2년 만에 중퇴하게 되었다.

먼로는 중위로 버지니아 제3연대에 배속되어 각 전투에 참전하여 공을 세웠고, 1777년에 포지 계곡의 전투에서 조지 워싱턴 장군의 참모로 활약하였다. 이듬해에는 워싱턴의 추천으로 중령으로 특별 진급하였고, 버지니아 주둔 부대에 배속되어 활약했다.

이 시기에 먼로는 그의 일생에 중대한 영향을 미친 당시의 버지니아 주 지사이던 토머스 제퍼슨을 만났다. 먼로보다 15년 연상인 제퍼슨은 먼로에게 법률을 가르쳐 주었고, 먼로 역시 제퍼슨이 정치적 경력을 쌓아 가는 것을 열심히 도왔다.

이렇게 해서 제퍼슨은 제3대 대통령이 되었고, 먼로 또한 제5대 대통령이 되는 데 그의 도움을 많이 받았다.

버지니아 주 의회 의원에 당선되었을 때에 먼로의 나이는 24세에 불과하였다.

1789년, 뉴욕 태생의 엘리자베스 코트라이트와 결혼했으며, 1790년에는 상원 의원에 당선되어 4년간 재임했다.

그 후 프랑스 주재 공사로 2년간 일했고, 이어 버지니아 주 지사로

4차례나 당선되기도 했다.

1811년, 먼로는 매디슨 대통령에 의해 국무 장관에 임명되었으며, 1814년에는 국방 장관으로 취임했다.

1816년, 먼로는 마침내 미국의 제5대 대통령으로 당선되었다.

먼로는 국내에서는 각 주 간의 지역적인 감정의 해소와 미국의 성장과 영토 확장에 크게 기여했다. 그리고 국외로는 1819년에 플로리다의 합병에 성공함으로써, 영국과 분쟁의 불씨가 되어 온 미국 북부의 경계선을 확정지었다.

1820년, 먼로는 만장 일치에 가까운 지지를 받고 대통령에 재선되었다.

1823년, 유럽 열강이 남아메리카에 출병하여 독립을 막으려고 하자, 국무 장관인 애덤스의 협력을 얻어 먼로주의를 발표했다.

일반적으로 먼로주의는 미국에 대한 유럽의 불간섭, 미국의 유럽에 대한 불간섭, 유럽에 의한 식민지 건설의 배격 등 3개 원칙이었는데, 이것은 미국의 독자적인 외교 정책의 효시가 되었다.

먼로는 1824년에 대통령 임기를 마치고 조용한 생활을 보내다가, 1831년 73세로 일생을 마쳤다.

# 멘 델
## (1822~1884)

### ―유전학의 아버지―

사람을 비롯해서 모든 동식물은 어버이가 지니고 있는 모습이나 성질을 이어받아 그 아들, 손자에게 차례로 전하는데, 이러한 유전 현상을 하나의 법칙으로 세운 사람이 그레고어 요한 멘델이다.

멘델은 당시 오스트리아 령이었던 슐레지엔 지방의 하인첸도르프라는 마을에서 과수원을 경영하는 농부의 아들로 태어났다.

그의 아버지는 과수의 접붙이기

나 품종을 개량하는 일에 열심이었는데, 멘델도 아버지와 함께 일하기를 좋아했다.

멘델은 13세 때, 마을에서 36킬로미터 정도 떨어진 트로파우 학교에 입학했다.

17세 때에는 아버지가 과수원의 일을 할 수 없게 될 만큼 크게 부상을 당해, 그는 나머지 학업을 고학으로 마쳤다.

그리고 대학 진학을 위해 먼저

178

올뮈츠 고등 학교에 입학하였는데, 졸업할 때까지의 2년 동안은 가정 교사 등을 하면서 어려운 학업의 길을 걸었다.

어느 날, 멘델은 물리 선생인 프리드리히 프란츠에게 자신의 장래에 관해서 상담을 하였다. 프란츠 선생은 멘델의 어려운 사정을 알고 있었기 때문에 식생활도 걱정할 필요가 없고, 좋아하는 학문도 자유롭게 할 수 있는 수도원에 들어갈 것을 권유했다.

마침 그 때, 브륀 시에 있는 성 토마스 수도원에서 사제 후보자를 구하고 있었으므로, 멘델은 학교를 졸업하고 즉시 수도원에 들어가 신부가 되기로 했다. 그레고어라는 세례명은 신부가 된 후에 붙여진 이름이다.

그는 거기에서 신부가 되기 위한 수련을 하면서 틈만 있으면 뜰에 나가서 식물 재배에 시간을 소비했다. 수도원에는 식물 표본이나 서적들이 많아서 얼마든지 연구에 정신을 쏟을 수 있었다.

드디어 신부가 된 그는 츠나임 고등 학교의 교사가 되었다. 그러나 아무래도 신부라는 직업이 성격에 맞지 않았다.

원장은 그가 학자로서의 뛰어난 재능을 지니고 있다는 것을 알고, 훌륭한 학자로 길러 보려는 생각에서 수도원의 비용으로 1851년에 빈 대학에 보냈다.

멘델은 빈 대학에서 수학, 물리학, 생물학 등을 열심히 공부했다. 그 중에서도 특히 그가 관심을 기울인 것은 식물 분류학이었다.

1853년까지 빈 대학에서 공부를 하고 돌아온 멘델은, 브륀 시에 있는 국립 실업 학교의 자연 과학 교사가 되었다. 그는 수도원에서 학교로 통근했다.

멘델이 수도원의 정원에 천 그루나 되는 완두콩을 재배하여, 그것을 재료로 삼아 유전에 관한 연구를 시작한 것은 그로부터 얼마 후였다.

그 무렵, 멘델은 다윈이 저술한 《종의 기원》을 읽게 되었다. 그리하여 자기가 진행하고 있는 유전에 대한 연구가 생물 진화의 수수께끼를 푸는 중요한 열쇠가 된다는 확신을 갖게 되었다.

서로 다른 형질의 식물을 꽃가루받이시켜서 잡종을 만드는 실험은

독일의 쾰로이터가 처음 성공했는데, 양친의 성질이 잡종에 어떻게 이어받아지며, 또 그것이 잡종의 자손에 어떻게 나타나는가에 대해서는 확실히 알려지지 않았다.

그래서 멘델은 순종 완두콩으로 그 모양, 빛깔의 특징, 줄기의 길이 등을 구별하여 일곱 가지 성질을 선택해서, 그것이 잡종에 어떻게 나타나는가를 관찰하기로 했다.

잡종을 만들기 위해서는 수꽃의 꽃가루를 암꽃에 묻히면 되는데, 그 꽃가루가 벌레나 바람에 의해 제멋대로 날려 온다면, 생겨난 잡종의 양친이 어느 것인지 알 수 없게 된다. 그래서 그는 매일 아침 밭에 나가 핀셋을 사용하여 꽃가루를 암꽃에 옮겨 주고, 그것에 주머니를 씌워 다른 꽃가루가 묻지 않도록 해 주었다.

이렇게 해서 생겨난 씨앗을 다시 뿌려 길러 보니, 잡종 제1대는 모두 키가 큰 것만 나타났다.

그리고 양친이 지니고 있는 한 쌍의 성질 속에는 잡종 제1대에 나타나는 것과 나타나지 않는 것이 있음을 알게 되어 표면에 나타나는 성질을 우성, 나타나지 않는 성질을 열성이라고 했다.

다음에는 잡종 제1대를 자기 꽃가루로 수정을 시켜 잡종 제2대를 만들어 보았다.

그랬더니 이번에는 우성인 것과 열성인 것이 대체로 3대 1의 비율로 나타났다.

그리고 잡종 제2대를 자기 꽃가루로 수정을 시켜 보았더니, 열성에서는 열성의 성질을 지닌 것만이 나타났으며, 우성의 경우는 3분의 1은 우성의 성질을 가진 것을 만들었고, 나머지 3분의 2는 잡종 제2대 때와 마찬가지로 우성과 열성이 3대 1의 비율로 나타났다.

이렇게 해서 멘델은 8년 동안 실험을 계속하였다. 그리고 그것을 토대로 해서 수학적인 이론을 만들어 내어, 마침내 1865년에 브륀 자연 연구회에서 발표했다.

이 보고서는 이듬해 《브륀 자연 연구회 회보》에 실려서 유럽 각 지방의 학자들에게 배포되었다.

그러나 멘델 법칙이라 불리는 이 대발견은 아무도 인정해 주지 않아 빛을 보지 못했다.

그러나 그가 사망한 후 16년이 지난 1900년에 독일의 코렌스, 네덜란드의 드 브리스, 오스트리아의 체르마크 등의 세 학자가 멘델과 거의 같은 실험을 되풀이해서 멘델의 유전 법칙을 재발견한 결과, '유전학의 아버지'로서 명예를 얻게 되었다.

그 뒤 성 토마스 수도원에는 멘델의 동상이 세워졌으며, 오늘날 그 일대는 멘델 광장이라고 불리어지고 있다.

# 멘델스존
## (1809~1847)

### ─낭만파 음악의 작곡가─

야코프 루트비히 펠릭스 멘델스존은 독일의 함부르크에서 은행가의 맏아들로 태어났다.

어머니는 음악뿐만 아니라 문학과 연극에 대해서도 많은 지식을 가지고 있었는데, 멘델스존이 음악을 좋아하게 된 것은 이런 어머니의 영향이 컸다.

그의 부모는 그를 훌륭한 음악가로 키우기 위해, 당시에 이름난 두 사람의 음악가를 불러다가 공부를 시켰다. 9세 때에는 연주회에 나가 피아노를 연주할 수 있을 만큼 솜씨가 늘었다.

11세 때에는 벌써 작곡을 하였으며, 15세 때에는 2편의 가곡과 5편의 합주곡, 그 밖에 실내악곡과 독주곡을 몇 곡 완성하였다.

15세 때 작곡한 〈교향곡 제 1 번〉을 비롯한 몇 편의 작품은 어느 것이나 모두 훌륭했다. 이 무렵부터 그는 음악가로서 세상에 나설 결심을 하고, 교양을 쌓기 위해서 베를린 대학에 들어갔다.

이어 17세가 되던 해에, 셰익스피어의 작품 〈한여름 밤의 꿈〉에 붙인 서곡을 작곡할 정도의 솜씨를 보여 주었다. 이 곡은 17년 후에, 프로이센의 프리드리히 빌헬름 4세의 부탁을 받고 완성했다.

1829년, 멘델스존은 세상에서 잊혀져 가던 명곡 〈마태 수난곡〉을 연주하였다.

그는 여행을 좋아해서 1829년부터 1832년에 걸쳐 영국, 프랑스 등지를 여행했다. 그리고 이들 풍경을 통하여 받은 감명을 음악으로 나타냈는데, 서곡인 〈핑갈의 동굴〉〈스코틀랜드 교향곡〉〈이탈리아 교향곡〉은 모두 이렇게 해서 생겨난

곡들이다. 특히 런던에서는 자작곡인 〈한여름 밤의 꿈〉과 〈교향곡 제 1번〉을 연주하여 대단한 평가를 받았다.

그는 24세 때인 1833년에 뒤셀도르프 시의 음악 지휘를 맡게 되었다.

이듬해인 1834년에는 라이프치히의 게반트하우스 관현악단의 지휘자로 활동하면서, 슈만 등과 함께 낭만파 음악 운동을 이끌고 나갔다.

1837년에는 프랑스 인 목사의 딸 세실 장르나르와 결혼하여 세 아들과 두 딸을 낳았다.

1841년에는 베를린 예술 대학의 교수로 초대를 받았다. 또한, 멘델스존 자신이 교장이 되어 라이프치히 음악 학교를 열었는데, 이 학교는 유럽 음악의 중심이 되었다.

1845년에는 모든 공직에서 물러나 작곡에 전념하여, 유명한 〈바이올린 협주곡〉과 그 밖의 곡들을 작곡했다.

그는 사랑하는 누이 파니가 죽은 지 6개월 후인 1847년 11월 4일, 라이프치히에서 38세의 젊은 나이로 세상을 떠났다.

그는 낭만파에 속하는 작곡가이지만, 고전적인 절제를 유지했기 때문에 고전주의적 낭만파 작곡가라고도 불린다.

# 모 네
## (1840~1926)

### ─인상파의 개척자─

　빛과 색채를 함께 살려 그 순도를 높임으로써 빛깔의 미묘한 변화를 충실히 나타낸 프랑스의 화가 클로드 모네는 1840년 11월 4일에 파리에서 태어났다.

　그가 5세 때 집안이 르아브르로 옮겨 가게 됨으로써 15세까지 그 곳에서 살았다.

　그리고 그 때 전람회를 연 것이 계기가 되어 당시의 유명한 풍속 화가인 외젠 부댕과 친교를 맺게 되었다.

　모네는 부댕으로부터 밖에서 그림을 그릴 것을 권유 받고, 처음에는 망설였다.

　그러나 나중에 시험삼아 한번 해 본 것이 의외로 큰 효과가 있다는 것을 알고 점차 흥미를 느끼기 시작하였다.

　1859년, 19세가 된 모네는 정식으로 인정받는 화가가 되기 위해 파리의 아카데미 슈이스 미술 학교에 들어갔다. 그는 그 곳에서 피사로, 쿠르베 등의 화가들과 친교를 맺었다.

　이듬해 모네는 병역 때문에 공부를 중단했으며, 병역을 마친 1862년부터는 여행을 많이 하였다. 그리고 여행을 하면서 여러 화가들을 사귀게 되었는데, 그들로부터 많은 영향을 받았다.

　1870년, 프로이센·프랑스 전쟁이 일어나자 네덜란드를 거쳐 런던으로 피난한 그는, 그 곳에서 영국의 화가 터너를 알게 되었다. 그리고 그의 영향을 받아 더욱 명쾌한 색조를 연구하여, 순수색을 사용함으로써 더욱 신선한 색채감을 발견하였다.

　이렇게 신선한 색채감을 발견한

모네는 친구인 피사로와 함께 자연의 외광을 묘사하는 데에 더욱 힘썼다.

모네는 빛과 공기와 색채로 꿈꾸는 듯한 매혹적인 그림을 그렸으며, 또한 여러 곳을 두루 여행한 경험에 힘입어 자신의 그림에 자연의 다양성을 넣음으로써, 그의 그림은 한층 돋보이게 되었다.

1874년, 파리로 돌아온 모네는 그의 동료들과 전람회를 가졌다.

그 때 출품한 〈해 뜨는 인상〉이라는 그의 작품은 비평가들의 비난의 대상이 되었다.

그를 포함해서 함께 전람회를 열었던 동료들이 인상파라고 불리게 된 것도 바로 이 때부터였다.

인상파 화가들은 그림을 그릴 때 나뭇잎 하나하나의 뚜렷한 모양에 초점을 맞추기보다는 쉴 새 없이 변하는 빛과 공간과 색채의 변화에 중점을 두었다.

또한 가장 짙은 그림자나 음울하게 느껴지는 흐린 날의 풍경이라 할지라도 그들이 표현하는 색채는 무한한 다양성을 지니고 있다는 사실에 기초를 두었다.

'색채는 빛의 변화와 더불어 변화하며, 사물 자체에는 고유색이란 없다.'
라는 말은 모네가 주장하고 실천한 사상이다.

〈해 뜨는 인상〉 1874년에 열린 제 1회 인상파 그룹전에 출품한 것으로, 이 작품으로 인상파라고 불리어지게 되었다.

# 모딜리아니
(1884~1920)

## ― 날카로운 감각의 화가 ―

화가이자 조각가인 아메데오 모딜리아니는 이탈리아의 리보르노에서 유대 계의 가문 있는 집안의 아들로 태어났다.

어린 시절 그는 피렌체와 베네치아의 미술 학교에 다녔으며, 1906년에는 파리로 나가 몽마르트르에서 살다가, 그 후 몽파르나스로 이주했다.

모딜리아니는 처음에는 조각을 시도하여, 1908년에 처음으로 앵데팡당 전에 작품도 냈다.

그러다가 초상 조각의 선구자인 브랑쿠시의 영향과 그의 작품에 감화를 받아, 이탈리아 조각과 비잔틴 예술의 성격을 근거로 하여 자신만의 예리하고도 독자적인 조형 감각을 나타내기에 이르렀다.

그러나 모딜리아니는 조각가로서 끝까지 남지 않고, 화가로 길을 바꾸었다.

화가로 전환한 모딜리아니의 감성 세계에 결정적인 영향을 준 사람은 후기 인상파의 한 사람인 세잔이었다.

모딜리아니는 세잔의 약간 흐리고 반투명한 기법에 자신의 독특한 윤곽을 사용함으로써, 강렬한 인상이 하나로 통일되는 작품을 그려냈다.

그리하여 1910년에 〈첼로를 켜는 사람〉 등 6점의 유화를 앵데팡당 전에 출품하였다. 또한, 1917년엔 베르트 베유 화랑에서 개인전을 열기도 하였다.

모딜리아니의 작품은 초기의 풍경화 몇 점을 제외하면 인물을 주제로 한 것이 많은데, 그는 가난한 사람들이나 친구들의 초상을 즐겨 그렸고, 사람의 얼굴이 갖는 무한

한 다양성과 수많은 유형의 표정과 개성, 그리고 나부의 곡선 등을 절묘한 구도와 참신한 시각으로 표현하였다. 그는 이러한 모든 것들을 누구보다 좋아하여 자기 세계로 끌어들이는 것에 서슴지 않았다.

1910년에 잠깐 고향에 다녀온 것을 제외하고는 줄곧 파리에서 생활한 모딜리아니는 지나친 음주로 건강이 나빠져 1918년에 요양을 떠났다가, 그의 애인이 딸을 낳았다는 소식을 듣고 다시 파리로 돌아왔다.

이듬해 폐결핵 때문에 입원하여 치료를 받았으나, 끝내 회복하지 못하고 1920년 1월 25일, 36세의 짧은 일생을 마치고 말았다.

날카로운 감각과 깊숙이 깔린 애조를 특색으로 하며, 힘찬 선과 색감 등의 독특한 성격을 나타내는 모딜리아니의 그림들은, 그가 살아 있을 때는 거의 알려지지도 않아서 명성도 얻지 못했을 뿐만 아니라, 화단의 인정도 받지 못했다.

그러나 그가 죽은 후, 그의 말년의 작품들 중 〈노란 스웨터〉〈큰 나부〉 등은 매우 높은 수준의 작품이라는 평가를 받았으며, 인물화에서 가늘고 긴 목이나 달걀 모양의 얼굴을 섬세한 선으로 그려 독특한 아름다움과 기품을 나타낸 점도 인정받았다.

# 모 스
## (1791~1872)

## ─전신기의 발명가─

전신기를 발명한 새뮤얼 파인리 브리즈 모스는, 1791년 4월 27일에 미국 매사추세츠 주에 있는 찰스타운에서 태어났다.

14세 때 예일 대학에 들어가 전기학을 전공하는 한편, 그림도 열심히 그렸다.

1811년 20세 때, 모스는 화가가 되기 위해 영국으로 건너가 미술 공부를 하게 되었다. 그러나 신인 화가로서 명성은 떨쳤지만 생활이 좀처럼 나아지지 않자, 영국에 온 지 4년째 되는 해에는 미국으로 돌아가지 않으면 안 되었다.

미국으로 돌아와 겨우 안정된 생활을 하게 된 그에게 다시 불행한 일들이 겹쳐 일어났다. 결혼한 지 얼마 안 되는 아내가 사망한 데 이어, 고향의 부모마저 차례로 세상을 떠난 것이다.

그는 1829년 다시 미국을 등지고 유럽으로 건너가, 3년 동안 방랑 생활을 하였다. 그러던 1832년 10월 어느 날, 프랑스의 르아브르 항구에서 뉴욕으로 가는 기선 설리 호에서 그의 운명이 완전히 결정지어졌다.

그 이유는 전신기를 발명해 보려고 시도한 것이 바로 그 설리 호에서였기 때문이다. 이 때, 그의 나이는 41세였다.

때마침 설리 호에는 미국의 전기학자인 찰스 잭슨이 함께 타고 있었다. 그는 선객을 모아 놓고, 파리에서 가져온 전자석으로 실험을 해 보였다.

이 때, 모스의 머릿속에는 갑자기 '전자석을 이용해서 먼 곳에 신호를 보낼 수는 없을까?' 하는 생각이 스쳐 갔다.

그는 즉시 어두컴컴한 선실에 틀어박혀 연구를 하기 시작했다.

미국으로 돌아온 모스는 화가로서의 명성과 지위를 버리고 전신기의 연구에 힘을 기울였다.

이렇게 노력한 결과, 모스는 1835년에 실험실 안에 연결해 놓은 전선을 통해서 간신히 통신을 보낼 수 있을 정도가 되었으며, 계전기도 만들어 냈다.

마침내 연구를 끝낸 모스는 1837년, 뉴욕 대학의 회의실에 51미터나 되는 전선을 쳐 놓고 많은 사람이 모인 앞에서 실험을 하였다. 결과는 대단히 성공적이었다.

1844년 5월 24일, 워싱턴과 볼티모어 사이의 전선 개통식에서 많은 구경꾼들에 둘러싸인 모스는 전신기 앞에 서서 세계 최초의 전신을 보냈다. 이 때 보낸 전문은 다음과 같은 것이었다.

'하느님은 무엇을 만드셨는가?'

이 때, 그의 나이 53세였다. 그후, 1850년에는 영국과 프랑스를 잇는 세계 최초의 해저 전선이 도버 해협을 통해 부설되었고, 유럽의 각 대학은 모스에게 학위를 수여하였다. 모스는 온 세계에 거미줄처럼 연결된 통신망의 발전상을 눈앞에 보면서, 빛나는 명성 속에 1872년 4월 2일, 뉴욕에서 81세의 나이로 생을 마감하였다.

# 모차르트

(1756~1791)

## ―천재 음악가―

볼프강 아마데우스 모차르트는 1756년 1월 27일, 오스트리아의 잘츠부르크에서 태어났다.

아버지인 레오폴트 모차르트는 궁정 악단의 바이올리니스트이며 작곡가였다.

여섯 살 때의 모습

모차르트는 어린 시절부터 놀라운 음악적 재능을 보였는데, 3세 때에 누나가 아버지에게 피아노를 배우고 있는 것을 보고는 그 옆에서 재치있게 화음을 연주하여 모두를 놀라게 했다.

아버지는 모차르트가 4세가 되었을 때부터 피아노를 가르쳤는데, 5세 때에는 이미 소곡을 작곡할 정도의 신동이었다.

1762년에 아버지는 6세의 모차르트와 11세 된 안나를 데리고 뮌헨에서 연주회를 열고, 이어서 7세부터 3년 동안 빈을 비롯해서 유럽 여러 곳으로 연주 여행을 떠나 많은 찬사를 받았다.

"여덟 살짜리 아이가 어른의 능력을 가졌다."

라고 아버지는 아낌없이 칭찬하며 놀라워했다.

이리하여 모차르트의 소년 시절
은 대부분 누이와 함께 연주 여행
을 하며 보냈다.

1768년 1월에는 빈 궁정에서 여
황제 마리아 테레지아 앞에서 연주
를 했고, 궁정의 부탁으로 오페라
부파(익살과 풍자적인 줄거리를
가진 오페라, 희가극)를 처음으로
작곡했다.

1769년에는 13세라는 어린 나이
로 잘츠부르크의 궁정 음악가가 되
어 널리 이름을 떨쳤으며, 14세 때
에는 이탈리아로 연주 여행을 떠
나, 로마 교황으로부터 훈장을 받
기도 했다.

뿐만 아니라, 볼로냐에서 아카
데미아 필라르모니카의 입회 시험
에 뛰어난 성적으로 합격하기도 했
으며, 이탈리아 어로 오페라를 작
곡하여 뛰어난 연주 솜씨를 발휘하
기도 하였다.

1782년, 빈에서 콘스탄체와 결
혼하였고, 그때부터 빈은 모차르
트의 제 2 의 고향이 되었다.

1786년에는 요제프 2세의 부탁
을 받고, 오페라 〈피가로의 결혼〉
을 6주 만에 완성하였다.

1791년에는 쇠약해진 몸에도 불

피아노 앞의 모차르트

구하고 최후의 오페라 〈마적〉을 완
성하였고, 〈진혼곡〉을 작곡하기
위해 마지막 혼신의 힘을 다했으
나, 완성을 보지 못하고 1791년 12
월 5일, 35세로 세상을 떠났다.

초라한 장례식이 끝나고, 몹시
추운 날씨여서 인부가 실수로 관을
묻은 곳에 표지를 제대로 세우지
않아 모차르트가 묻힌 장소는 아무
도 모르게 되었다.

모차르트의 작품은 나중에 쾨헬
이 정리하여 번호를 붙였기 때문
에, 그의 작품 번호 앞에는 케이
(K)자가 붙는다.

# 모 파 상
## (1850~1893)

### ㅡ 자연주의 문학의 작가 ㅡ

《여자의 일생》으로 대표되는 기드 모파상은 1850년 8월 5일, 프랑스의 북서부 노르망디 지방에서 태어났다.

그는 귀족의 혈통을 이어받은 부유한 집안에서 태어났으나, 모파상이 11세 때 아버지와 어머니는 불행하게도 이혼을 하였다.

모파상은 소년 시절의 대부분을 바닷가에 자리잡고 있는 어머니의 별장에서 지냈다.

13세 때, 모파상은 이브토 신학교에 입학했다. 그러나 자유 분방한 성격에 문학을 사랑한 모파상은 규율이 엄격하며 라틴 어 공부에 시달려야 하는 학교 생활에 적응하지 못했으며, 사상이 건전하지 못하다는 이유로 2년 후에 퇴학을 당했다.

1864년, 그가 14세 되던 여름에 에트르타 해안에서 영국 시인 스윈번과 알게 되었다.

그 후 17세 때, 루앙에 있는 국립 고등 학교에 입학하여 소망에 따라 문학 수업을 받았다. 여기에서 소설가인 귀스타브 플로베르를 알게 되었고, 시인 루이 부예와도 친교를 맺어 그에게서 시의 지도를 받았다.

1869년에 모파상은 대학 입학 자격 시험에 합격하여 법률 공부를 하기 위해 파리로 갔다.

그러나 1870년 7월, 보·불 전쟁(프로이센과 프랑스 사이의 전쟁)이 일어나자, 20세의 모파상은 유격대원으로 참전했다.

모파상은 비록 전쟁에는 패했으나, 그때 얻은 체험은 매우 커서 그의 출세작인 《비곗덩어리》를 비롯해, 많은 작품을 낳게 했다.

1872년, 그는 해군성에서 근무하는 한편, 파리에서 문학 수업을 계속했다. 1876년에 평론 〈플로베르 론〉을 잡지에 발표했고, 졸라를 중심으로 한 자연주의 모임에 참가했다.

1878년, 해군성에서 문부성으로 직장을 옮기게 되었다. 그 무렵, 모파상은 플로베르를 찾아가 그의 지도를 받았다.

1880년에 졸라를 중심으로 한 신진 작가들이 전쟁에 관한 단편 소설을 모아 《메당의 저녁때》라는 책을 냈다.

모파상의 《비곗덩어리》도 여기에 실렸는데, 이로 말미암아 모파상은 작가로서의 결정적인 명성을 얻을 수가 있었다.

그 후 그는 사망할 때까지 십여 년 동안의 짧은 작가 활동을 통해 약 3백 편에 달하는 뛰어난 작품을 발표하였다. 1883년에 발표한 《여자의 일생》은 모파상이 처음으로 시도한 장편 소설로서, 모파상의 전 작품을 통틀어 가장 걸작으로 꼽히며, 이 작품으로 그는 세계적인 작가로 등장하게 되었다.

불행하게도 그는 신경 증세의 악화로 1892년에 파리의 정신 병원에 입원하였다가 1893년 7월 6일, 두 명의 간호사가 지켜 보는 가운데 조용히 숨을 거두었다.

# 몽고메리
## (1887~1976)

## —제2차 세계 대전의 영웅—

버나드 몽고메리는, 제2차 세계 대전 때 사막의 여우라는 별명이 붙은 독일의 장군 로멜을 물리친 영국의 장군이다.

그는 1944년에 연합군의 노르망디 상륙 작전을 지휘했고, 전쟁이 끝난 후인 1946년에는 영국 육군 참모 총장을 지내기도 했다.

몽고메리는 1887년 11월 17일 런던에서 태어나, 세인트폴 학교와 육군 사관 학교를 마치고 1908년에 소위가 되었다.

제1차 세계 대전 때는 프랑스와 벨기에에서 3년간 근무를 하였는데, 그 때 두 번이나 부상을 입기도 했다.

참모와 지휘관으로 여러 곳에서 자신의 임무에 최선을 다한 결과로, 1937년에 준장으로 진급하는 행운을 얻었다.

그 이듬해에는 소장으로 임명되어, 2년 동안 팔레스타인 등지에서 군대를 지휘했다.

제2차 세계 대전이 일어나자, 그는 프랑스에 주둔하고 있던 제3사단을 지휘하면서 프랑스 군과 연합하여 독일군의 공격을 저지하려고 했으나 실패했다.

1940년 봄에는 됭케르크 철수 작전을 수행하였고, 귀국 후에는 제5군단의 지휘를 맡았다.

1942년 8월 18일, 몽고메리는 이집트에 주둔해 있던 영국 제8군 사령관으로 임명되었다.

그리고 그 해 10월 23일, 치밀한 전략을 세운 몽고메리의 제8군은 북이집트의 엘 알라메인에 주둔하고 있던 독일군과 이탈리아 군을 공격했다.

몽고메리의 갑작스런 침입으로

독일의 로멜 장군은 그의 병력을 반이나 잃었다.

이로써 몽고메리는 독일군에게 결정적인 타격을 준 최초의 연합군 장군이 되었다.

몽고메리는 이때 세운 공적으로 1942년 11월 10일, 당시 영국의 왕 조지 6세로부터 기사의 칭호를 받게 되었다.

1944년 6월 6일의 노르망디 상륙 작전을 성공적으로 끝낸 몽고메리는 8월까지 연합군의 모든 지상 작전을 지휘하는 중요한 임무를 맡게 되었다.

이 해 9월 1일, 그는 원수로 승진하였다.

1945년 5월 4일, 네덜란드와 독일 북서에 주둔하고 있던 독일군은 드디어 몽고메리에게 항복하고 말았다.

이러한 공적으로 인하여 몽고메리는 독일 점령 영국군 사령관을 지내게 되었다.

뿐만 아니라, 1951년에는 북대서양 조약 기구(NATO) 군의 부사령관을 역임하여 1958년 2월까지 활동하였다.

자신의 몸을 아끼지 않고, 모든 맡은 바 책임을 완수하여 많은 전과를 올렸던 몽고메리는, 《회고록》 등의 저술을 남기고 1976년에 빛나는 생애를 마쳤다.

# 몽 테 뉴
(1533~1592)

## —《수상록》을 쓴 사상가—

미셸 에켐 드 몽테뉴는 1533년 2월 28일, 프랑스 남부 보르도 근교의 몽테뉴 성에서 태어났다.

몽테뉴는 유아 시절부터 이웃 마을의 가난한 농사꾼의 아내에게서 길러졌는데, 이것은 몽테뉴로 하여금 장차 그가 지배할 농민들에게 친밀감을 갖게 하려는 특별한 뜻에서였다.

몽테뉴는 이미 6세 때 라틴 어를

몽테뉴 성

정확하고 유창하게 사용함으로써 학자들을 놀라게 했다.

그는 보르도의 기엔 중학교에 들어갔으나, 그 때에는 이미 라틴 고전을 탐독할 정도여서 거의 배울 것이 없었다.

그는 툴루즈와 보르도에서 법학을 배우고 나서, 페리괴 지방의 재판소 고문관으로 있다가 이 재판소가 보르도 재판소에 합쳐지는 바람에, 1557년 그 곳으로 옮겨 1570년까지 일했다.

1565년 7월 23일, 그는 보르도 고등 재판소 판사의 딸인 프랑수아즈 드 라 샤세뉴와 결혼했다.

결혼한 해에 아버지가 세상을 떠나자, 그는 막대한 재산을 물려받았으며, 아버지가 생전에 명령했던 대로 에스파냐의 신학자 스봉의 《자연 신학》을 번역했다.

그는 1570년에 직장을 그만두고 대부분의 시간을 그의 성 3층에 있는 서재에 들어앉아 독서를 하거나 명상에 잠겼으며, 또한 독후감을 쓰며 지냈다.

이 때 그는 틈틈이 써 두었던 수필을 모아 1580년에 《수상록》 제1판, 1582년에 《수상록》 제2판을 간행하였다.

이 해에 그는 담석증을 앓아 약 1년 반 동안 피레네 산 중의 온천과 또 다른 유명한 온천을 찾아다니며 치료했다.

그가 다시 보르도에 돌아오자 시의원들은 그를 시장으로 선출하였다. 아버지의 뒤를 이어 시장직에 임명되었다는 것은 그로서는 영광된 일이었다.

1583년, 보르도 시장에 재선되었으나 종교적 내란과 페스트로 몽테뉴 성으로 돌아가, 1588년에 《수상록》을 증보하는 한편, 제3권을 첨가하여 냈는데, 이 책으로 그의 인기는 계속 올라갔다.

몽테뉴는 앙리 4세가 된 나바르 왕의 부름을 받았으나 이를 사양하고, 자택에서 조용히 저술 생활을 하다가 1592년 9월 13일에 생애를 마쳤다.

몽테뉴는 인간에게 불행을 가져오는 모든 격정을 배격하고, 중용과 절도의 길을 권했다. 즉, 이성으로 인간은 행복해질 수 있고 또 행복해져야 한다고 생각했다.

# 미 첼
(1900~1949)

## —《바람과 함께 사라지다》의 작가—

미국의 여류 소설가 마거릿 미첼은 1900년 11월 8일, 조지아 주 애틀랜타에서 태어났다. 변호사이자 역사학자이기도 한 아버지의 영향으로 미첼은 남북 전쟁 때의 일화를 즐겨 들으면서 성장하였다.

미첼은 의사가 되는 게 꿈이었다. 그러나 결혼한 직후인 1925년에 발목을 다쳐 3년 동안이나 지팡이를 사용해야만 했기 때문에, 집안에서 책만 읽으며 시간을 보낼 수밖에 없었다.

그것이 계기가 되어 글을 쓸 결심을 하게 되었다.

미첼은 아버지와 오빠가 늘 이야기하던 남북 전쟁에 대해서 쓰기로 했다. 이미 남북 전쟁을 다룬 소설이 여러 편 출판되었지만, 모두가 북쪽에서 본 관점에서 씌어진 것들이었다.

그래서 미첼은 그와 반대로 남쪽에서 본 이야기를 쓰고 싶었다.

미첼은 우선 아버지와 오빠가 가지고 있는 역사 자료는 물론 신문, 잡지 등 다방면에서 많은 자료를 수집했다.

집필하기 시작한 지 4년 만인 1929년, 미첼은 드디어 《바람과 함께 사라지다》를 완성하였다. 그러나 기대했던 것과는 달리 빛을 보지 못했다.

6년이 지난 1935년, 미국 맥밀런 사의 해럴드 레이섬이라는 편집자가 우연히 애틀랜타에 오게 되었다. 이 때, 미첼의 친구 메드라 파커슨 부인이 레이섬에게 그 원고를 읽어 보라고 부탁했지만, 레이섬은 단호히 거절하고 원고를 돌려보냈다.

그러나 뉴욕으로 돌아가는 기차

속에서 레이섬은 자기 짐 중에 낯선 트렁크가 있는 것을 발견했다. 거기에는 쪽지가 붙어 있었는데, 파커슨 부인의 글씨였다. 긴 여행 도중에 제발 한번 읽어 보라는 내용이었다.

파커슨 부인의 너무나 간곡한 부탁에 레이섬은 하는 수 없이 읽기 시작했다. 그러다가 자신도 모르게 끌려들어가, 뉴욕에 도착할 때까지 단숨에 읽고 말았다.

레이섬은 곧 미첼과 출판 계약을 하자고 제의했다.

세기의 작품을 얻게 된 레이섬은 나중에 맥밀런 사의 부사장까지 승진하게 되었고, 《바람과 함께 사라지다》는 작가 자신도 당황할 정도의 폭발적인 인기로 전세계의 독서계를 뒤흔들어 놓았다.

그러나 미첼은 그 후 단 한 줄의 글도 쓰지 않았다. 또한 화려한 사교계에 얼굴을 내미는 일도 없이, 애틀랜타의 검소한 아파트에서 남편과 가정부와 셋이서만 단란하게 지냈다. 이런 생활은 1949년 8월 11일 밤, 남편과 극장에 가다가 자동차 사고로 죽을 때까지 변하지 않았다.

사람들이 미첼에게 왜 다음 작품을 쓰지 않느냐고 묻자, 미첼은
"나는 《바람과 함께 사라지다》에 나의 능력과 경험을 모조리 바쳤습니다. 이제는 나에게 더 이상 펜을 들게 할 아무것도 남아 있지 않습니다."
라고 분명하게 대답했다고 한다.

조지아 주 애틀랜타에 있는 그랜트 공원 남북 전쟁 당시의 싸움터로, 《바람과 함께 사라지다》의 작품 배경이 된 곳이다.

# 미 추 린
(1855~1935)

## ─과수 육성법의 창안자─

이반 블라디미로비치 미추린은 러시아 랴잔 지방의 브론스키 부근에 있는 유마셰프카에서 태어났다. 아버지가 과수 재배를 했기 때문에 그는 어렸을 때부터 과수원에서 일하기를 좋아했다.

18세 때 과일의 흉작으로 생활이 곤란하게 되자, 그는 고즈로프 역에 근무하면서 틈틈이 과수의 품종 개량에 힘썼다.

혁명 전의 러시아는 과일 재배에 있어 매우 뒤떨어진 나라였다. 넓은 토지는 거의 귀족이나 대지주의 손 안에 들어갔고, 가난한 농민들은 어려운 생활에 쫓기다 보니, 과일 재배에는 관심을 가질 여유조차 없었다.

특히, 겨울에 혹심한 추위가 몰아치는 중부와 북부에서는, 유럽에서 가져다 심은 과일 나무마저 제대로 가꾸어지지 못해 뗣고 신 열매밖에 열리지 않았다.

이러한 실정을 보고 자란 미추린은 이 곳 기후에 알맞은 과일 나무를 개량하여 가난한 농민들도 과일을 먹을 수 있도록 해야겠다고 결심했다.

그러기 위해서는 무엇보다 추위에 잘 견디는 과일 나무를 개량해야 했다.

그는 식물의 유전적 성질은 쉽사리 바꿀 수 없다고 여겼으며, 그것을 우리가 원하는 품종으로 바꾸는 방법으로 교배를 생각해 냈다.

이것은 서로 멀리 떨어진 암수를 인공적으로 배합시키면, 그 나무가 가지고 있던 유전적 성질이 변해서 재배하는 지방 풍토에 알맞은 새로운 품종으로 바뀔지도 모른다는 생각에 바탕을 둔 것이었다.

이리하여 미추린은 사과, 배, 자두 등 3백 종 이상이나 되는 과일나무를 추위에 견딜 수 있는 우수한 성질의 새로운 품종으로 만들어 냈다.

그러나 황제가 지배하고 있던 그 당시의 러시아에서는 그의 업적이 조금도 인정받지 못했었다. 오히려 그의 이름은 러시아가 아닌 국외에서 유명해졌다.

마침내 1917년에 일어난 혁명으로 새롭게 탄생된 정부에서는 미추린의 원예 업적을 높이 인정하고 원조까지 해 주어, 그의 과수원은 날마다 번창하였다.

또한 정부는 그의 과수원을 과수 육성소라고 이름 붙이고, 그를 그곳의 소장으로 임명하였다.

미추린의 과수 육성법은 멘델과 토머스 모건의 유전에 관한 학설인 '유전은 환경의 영향을 받지 않는다.'는 견해를 부정하고, 새로운 생물학 분야를 열어 주는 계기가 되었다고 할 수 있다.

미추린은 만년에 소련 과학 아카데미의 명예 회원이 되어 연구를 계속하다가 1935년에 80세로 생애를 마쳤다.

미추린의 주장은 나중에 미추리니즘이라고 불리게 되었으며, 멘델리즘과 맞서서 육종학계에 많은 영향을 주었다.

# 미켈란젤로
(1475~1564)

## ―르네상스의 위대한 조각가―

미켈란젤로는 이탈리아 피렌체의 카프레세라고 하는 도시에서 태어났다.

13세에 르네상스의 화가인 기를란다요의 제자가 되었는데, 당시 기를란다요는 산타 마리아 노벨라 성당의 벽화를 그리고 있었다. 미켈란젤로는 그의 조수로 일을 하면서 어느 날 교회의 풍경을 그렸다. 그 그림은 소년이 그린 것으로는 생각되지 않을 만큼 매우 훌륭해서 스승인 기를란다요는 몹시 놀랐다고 한다.

그러나 미켈란젤로는 그림보다도 조각 쪽에 흥미를 가지고 있었다. 이듬해에 메디치 가의 전속 조각가인 베르톨도 디 조반니 밑에서 일을 하며 그의 지도를 받았다.

미켈란젤로는 일을 하면서 틈틈이 메디치 가에 있는 고대 미술을 연구하고 있었는데, 마침 메디치 가의 로렌초에게 그 재능을 인정받게 되어 그 곳에서 일하게 되었다.

미켈란젤로는 메디치 가에서 수집해 놓은 많은 작품을 통해서 정열적으로 조각을 공부하고 인체를 연구했다.

이 무렵, 미켈란젤로가 제작한 〈계단의 성모〉와 〈켄타우로스의 싸움〉 등은 소년의 작품이라고는 도저히 생각할 수 없을 정도로 고전적인 품위를 가진 훌륭한 대리석 부조였다.

1496년에 미켈란젤로는 처음으로 로마로 건너가 〈술에 취한 바쿠스〉 〈피에타〉 등의 대리석상을 조각했다. 20대의 청년이던 미켈란젤로는 이 작품들로 전 로마에 널리 알려졌고, 대예술가로서 확고한 지위를 다지게 되었다.

그러나 그 무렵의 로마는 교황과 교회의 타락으로 부패해 있었고, 게다가 형이 집을 나가 그가 집안의 기둥이 되어야 했기 때문에, 1501년에 로마를 떠나서 피렌체로 돌아왔다.

미켈란젤로는 시청의 청탁을 받고, 자유와 독립의 쟁취를 위한 기념비인 〈다비드〉의 대리석상을 세웠다.

1505년, 미켈란젤로는 교황 율리우스 2세의 청으로 다시 로마에 갔다. 교황은 미켈란젤로에게 시스티나 성당의 천장화를 그릴 것을 명령했다.

벽화에 경험이 없던 그는 라파엘로를 추천하고 몇 번이나 거절했으나, 교황은 받아들이지 않았다. 미켈란젤로를 미워하는 사람이 그를 난처하게 만들려고 교황을 부추겼던 것이다.

미켈란젤로는 할 수 없이 비장한 결심을 하고 1508년에 이 일을 시작했다. 그러나 일은 조금도 진척되지 않았고 여러 가지 악조건만 겹쳐 갔다.

미켈란젤로는 4년 동안의 피나는 노력 끝에 간신히 작품을 완성

〈피에타〉

할 수가 있었다.

그는 '천지 창조', '아담과 이브', '노아의 홍수' 등 구약 성서에 나오는 이야기에서 딴 아홉 가지 장면을 중심으로 해서 그렸으며, 수많은 예언자, 무당, 청년, 어린이 등 모두 합해서 343명의 인물을 그려 낸, 미술사에서 그 예를 찾아볼 수 없는 장대한 것이었다.

인간의 힘을 초월한 이 걸작이 완성되었을 때, 미켈란젤로를 시기하는 사람들마저 예술에 대한 그의 무서운 정열에 혀를 내둘렀다고 한다.

다음으로 교황이 된 메디치 가 출신의 레오 10세는 미켈란젤로에게 메디치 가의 묘비를 만들게 했다. 그래서 그는 다시 피렌체로 불려 가서 1524년부터 일에 착수했다. 이 묘비를 제작하는 데에는 무려 10년이 걸렸으나 끝내 완성하지 못했다.

그 즈음, 메디치 가는 1527년부터 1530년에 걸쳐 쳐들어 온 독일 황제 카를 5세의 힘을 빌려 피렌체의 지배권을 장악하려고 했다.

이에 미켈란젤로는 시민군의 방위 위원장이 되어 성채를 쌓고 조국의 자유를 위해 메디치 가와 맞서 싸웠다.

그러나 1530년 8월에 마침내 피렌체가 패전하여, 메디치 가가 지배하는 전제국이 되고 말았다. 메디치 가의 전제 군주인 알레산드로는 미켈란젤로에게 중단했던 묘비 제작을 계속하게 했다.

그리하여 미켈란젤로는 로렌초와 알레산드로의 좌상과, 그 밑에 자리하는 〈아침〉〈낮〉〈저녁〉〈밤〉의 네 작품 외에 〈성 모자상〉 등 훌륭한 조각상들을 남겼다.

묘비를 제작하는 도중에 미켈란젤로는 폭군 행세를 하는 알레산드로와 충돌이 잦자, 1534년 마침내 조국 피렌체와 영원히 작별하고 로마로 떠났다.

시스티나 성당의 천장화 정면에 불멸의 작품인 〈최후의 심판〉이 보인다.

로마로 옮기자마자, 그는 새 교황인 바오로 3세로부터 시스티나 성당 정면의 큰 벽화를 그리라는 명령을 받았다.

그는 이미 60세가 지났으나 이듬해부터 6년 이상 걸려, 1541년에 〈최후의 심판〉을 완성하였다. 가로 13미터에 세로 4.5미터나 되는 큰 벽면에, 거인처럼 늠름한 목을 가진 성난 그리스도가 힘차게 팔을 쳐들고 있는 옆에 수많은 성자들이 분노에 불타는 눈으로 인간 세계를 쏘아 보며 떼지어 모여 있고, 그 아래쪽에는 악마에게 쫓기는 자, 지옥에 떨어지는 자, 공포에 떠는 자 들이 소용돌이가 되어 서로 밀고 잡아당기며 웅성거리는 모습을 작품 속에 나타냈다.

성난 그리스도가 최후의 심판을 내리는 결정적인 장면을 이만큼 실감 있게 그린 크리스트 교 미술은 달리 찾아 볼 수 없다.

미켈란젤로는 70세가 지나서도 일을 계속하였다. 그리하여 산 피에트로 대성당의 돔 설계를 비롯하여 수많은 조각과 그림을 남겼으며, 틈틈이 시를 쓰기도 했다.

미켈란젤로는 1564년 2월 18일, 불멸의 예술가로서 빛나는 생애를 마쳤다.

# 밀 레
(1814~1875)

## ─농촌 속의 농민 화가─

19세기 중엽, 파리 근교의 숲 속 마을인 바르비종의 자연 풍경과 농민 생활을 묘사한 프랑스 화가의 한 그룹이 있었는데, 이 그룹이 바르비종 파이다. 장 프랑수아 밀레는 이 화파의 한 사람이다.

밀레는 1814년 10월 4일, 셰르부르 근처의 농촌에서 농부의 아들로 태어났다. 그는 카톨릭 교도인 엄격한 할머니에게서 정신적으로 큰 영향을 받으며 자랐다. 그는 농민 생활을 신앙처럼 여겼으며, 후에 화가가 되어서도 농민과 농촌의 모습을 진솔하게 그려 냈다.

1832년, 아버지의 뜻에 따라 셰르부르의 화가 무셰르에게서 회화를 공부하였고, 다시 1833년에 랑그루아 선생 밑에서 그림 지도를 받았다. 1840년, 살롱전에 〈초상화〉를 출품하여 최초로 입선했다.

〈건초를 묶는 사람들〉(1850)

206

<양을 치는 소녀>
1864년, 살롱전에 출품
하여 호평을 받은 작품
이다.

그러나 밀레는 당시의 회화나 도
시의 생활에 친숙하지 못했다.

1846년, 살롱전에 다시 <성 히
에로니무스>를 출품했으나 낙선했
고, 새 캔버스를 살 돈이 없어서
그 그림 위에 <오이디푸스>를 그려
냈으나 역시 별 반응이 없었다. 밀
레는 극심한 생활고로 나부를 그리
기 시작했다. 그러던 1848년, '밀
레는 나부밖에 그리지 못한다.'는
말을 듣고 충격을 받아, 다시는 그
것을 그리지 않았다.

이 해에 살롱에 <키질하는 사람>
을 출품하여 농민 화가로서의 첫발
을 내디뎠다. 이 작품은 그 때까지
의 작품에 비해서, 일하는 사람의

감동이 훌륭하게 나타난 출세작이
라고 볼 수 있다.

1849년, 파리가 싫어진 밀레는
가족들을 데리고 바르비종 마을로
옮겨 갔다. 마침 그 곳에서 루소를
만나 두 사람의 우정은 깊어졌다.

그 후, 세상을 떠날 때까지 26년
동안 밀레는 생계만을 위해서 그리
지 않고, 농민의 생활을 그리며 그
곳에서 살았다.

밀레는 항상 가난하게 살았지
만, 그가 남긴 <씨뿌리는 사람>
<양털을 깎는 여인> <이삭줍기>
<저녁종> <괭이를 든 남자> <양을
치는 소녀> 등의 작품에서 경건한
인생의 모습을 보여 주었다.

207

# 밀 턴
(1608~1674)

## —《실락원》의 작가—

영국의 시인이며 종교 사상가인 존 밀턴은 1608년 12월 9일, 런던에서 태어났다.

밀턴은 성 바울 학교를 거쳐 케임브리지 대학에 진학하였다.

1632년, 대학을 졸업하고 6년간 독서와 사색에 몰두했다. 가면극 〈코머스〉와 〈리시다스〉는 이 때에 발표된 것으로, 르네상스에서 청교도로 관심이 바뀌는 것을 엿볼 수 있는 작품들이다. 이 시기가 밀턴의 제1기이다.

밀턴은 그 후 1638년부터 이듬해에 걸쳐 대륙을 여행하며 견문을 넓혔고, 약 20년간 청교도 혁명에 휩쓸리면서 종교, 정치 등에 방대한 저작을 남겼다. 이 시기가 그의 제2기에 해당된다.

이 시기에 나온 작품으로는 몇 편의 14행시가 있을 뿐이고, 청교

밀턴이 다녔던 케임브리지 대학 옥스퍼드 대학과 함께 영국에서 가장 오랜 전통을 지닌 대학이다.

도 정신에 입각하여 감독 제도 아래 있던 영국 국교회를 비판하며 성서 중심을 주장한 여러 논문을 썼다. 특히 《교회 규율의 개혁》은 신앙의 내면성을 강조한 것이다.

1642년에는 17세의 소녀 메리와 결혼했으나 곧 이혼하고, 이듬해 《이혼의 교리와 규율》을 썼으며, 다시 이듬해에 언론의 자유를 논한 《아레오파지티카》를 썼다.

그는 청교도 혁명에 적극 참여하여, 국왕 찰스 1세의 처형에 대해 타당성을 주장한 《영국민을 위한 변명의 서》를 써서, 1649년에 크롬웰 공화 정부의 라틴 어 서기에 임명되었다.

이 무렵부터 과로로 시력이 약해져 결국 장님이 되었다.

그러나 실명이 주는 실의와 민권 운동의 실패 등이 오히려 새로운 작품에 눈을 뜨게 한 계기가 되었다. 곧, 그의 대작의 창작 시기로서 제3기가 열린 것이다.

오랜 시일을 두고 구상한 그의 서사시 《실락원》이 구술에 의해 1667년에 출판되었고, 이어서 1671년에는 《복락원》과 《투사 삼손》이 나왔다.

그의 대표작이며 대걸작인 《실락원》은 구약 성서의 창세기 1장부터 3장까지의 줄거리를 주제로 하여, 인류의 타락과 그 구제의 약속을 노래한 장대한 작품이다.

이어 발표한 《복락원》은 신과 사탄의 대결을 표현한 것이며, 《투사 삼손》은 그리스 비극의 형식에 의거하여 구약 성서의 인물인 삼손을 이야기하면서, 역경 속에서 신음하는 밀턴 자신의 신의 섭리에 대한 신앙을 읊은 것이다.

영문학 사상 불후의 명작을 남긴 그에게서 우리는 보편성보다는 개성적인 순수성을 더 많이 발견할 수 있다.

# 바 그 너
(1813~1883)

## ―근대 오페라의 창시자―

빌헬름 리하르트 바그너는 오페라 〈방황하는 네덜란드 인〉〈탄호이저〉〈로엔그린〉〈니벨룽겐의 반지〉〈트리스탄과 이졸데〉 등을 작곡하고, 최초로 현대적 의미의 오페라를 창시한 사람이다.

바그너는 1813년 5월 22일, 독일의 라이프치히에서 태어났다.

생후 5개월 때 아버지를 여읜 바그너는 14세 때 드레스덴의 크로이츠 문법 학교에 입학하였다.

그러나 우연히 듣게 된 베버의 〈마탄의 사수〉에 큰 감명을 받아 음악가가 되기 위해 연주 기법을 익히기 시작했다.

이어 15세 때, 그는 베토벤의 음악을 듣고 몹시 감동한 나머지 자신의 비극을 웅장한 음악으로써 표현해야겠다고 마음먹고, 연주 기법은 물론 화성학까지 배웠다.

그 후 1830년, 대학 진학을 위해 다시 성 토마스 학교로 옮겼다.

그는 이때 바인리히로부터 체계적인 음악 이론을 배움으로써 음악가로서의 기초를 닦았다.

1831년 2월에 대학에 들어간 그는 그 해에 3곡의 서곡과 한 곡의 다 장조 교향곡, 그리고 폴로네즈 라 장조를 포함한 몇 곡의 피아노 곡을 작곡하여 학교와 교수로부터 인정을 받았다.

1832년, 바그너는 대학 생활을 그만두고 프라하로 가서 오페라 〈혼례〉를 작곡했으며, 1834년에는 뷔르츠부르크에서 오페라 〈요정〉을 작곡했다.

1836년에는 〈연애 금제〉라는 곡을 만들었으며, 같은 해에 여배우 미나 플라너와 결혼하였으나, 결혼 생활은 불행하게 끝났다.

1837년 파리로 나가 1840년에 〈리엔치〉를 완성하고, 그 다음 해에는 〈방황하는 네덜란드 인〉을 완성하였다.

1842년, 드레스덴에서 열린 〈리엔치〉의 초연이 크게 성공했고, 이듬해에는 〈방황하는 네덜란드 인〉도 상연되었다.

그 해, 그는 드레스덴의 궁정 극장 지휘자가 되었다.

이어서 1845년에 3막의 낭만적인 오페라 〈탄호이저〉를 작곡했다.

이 작품은 10월에 드레스덴의 궁정 극장에서 상연되었는데, 바그너 자신이 대본을 썼다. 이어서 오페라 〈로엔그린〉을 1848년에 완성했으나, 1849년에 드레스덴의 혁명에 가담했기 때문에 스위스로 망명해야만 했다.

〈로엔그린〉은 그가 스위스로 망명한 다음 해인 1850년 8월에 바이마르에서 리스트의 지휘로 초연되었다.

스위스에 머무르던 1859년, 그의 원숙기의 대표작이며 불멸의 명작인 〈트리스탄과 이졸데〉가 완성되었다. 이 작품은 1865년에 뮌헨에서 초연되었다.

바그너

〈뉘른베르크의 명가수〉를 완성하고, 1870년 57세 때에 리스트의 딸 코지마와 결혼하였다.

그 후 바그너는 바이로이트로 이주, 1872년에 그 곳에 극장을 건축하고 1876년 8월, 개관 작품으로 〈니벨룽겐의 반지〉 4부작을 상연했으며, 〈파르지팔〉 역시 1882년에 막을 올렸다.

그는 이듬해인 1883년 2월 13일, 이탈리아의 베네치아에서 휴양하던 중 심장 장해를 일으켜 70세를 일기로 사망했다.

# 바 울 로

(? ~67?)

## ─ 초대 교회의 창설자 ─

바울로는 크리스트 교를 로마 제국에 보급하는 데 큰 공을 세운 전도자일 뿐만 아니라, 신약 성서 27권 중 13권을 서간문 형식으로 저술한 사람이다.

《신약 성서》의《사도 행전》등에 의하면, 그의 어렸을 때의 이름은 사울이었으며, 지금의 터키 동남쪽 타르수스 지방에서 태어났다고 전한다.

그는 원래 로마의 시민권을 가진 유대 인으로, 처음에는 열렬한 유대 교 신자로서 크리스트 교를 박해하였는데, 다마스쿠스로 가는 길에 이미 부활하여 승천한 예수가 그의 앞에 나타났다. 그 때, 3일간 눈이 멀게 된 그는 자신의 소명을 깨닫고 예수의 사도가 되었다.

예루살렘에서 율법 박사인 가물리엘의 제자가 되어 율법 공부를 하기도 했던 그는, 크리스트 교로 개종하고부터는 세 차례에 걸쳐 아시아와 로마 등지를 돌아다니며 예수의 가르침을 전하였다.

바울로가 크리스트 교로 개종한 것은 34년에서 36년 사이가 아닌가 추측된다.

그 후 15년 동안 동아시아와 로마 등을 계속 순례하면서 예루살렘의 유력한 크리스트 교도들과 흩어진 유대 인 교도들의 연락을 긴밀히 하였다.

그는 여러 지역의 사람들과 직접 교류하면서 전도를 하거나, 개인적으로 조언이나 충고의 말을 적어 보내며 전도를 했다.

그리고 이러한 전도를 하면서 그는 13통의 서간문을 썼다. 바로 신약 성서에 나와 있는 《로마 서》《고린도 전·후서》《갈라디아 서》

등이 그것이다. 바울로는 하느님의 아들인 예수는 구세주로서 예수를 믿는 믿음만이 구원에 이를 수 있는 유일한 길이라는 복음을 전하였다.

또한 예수와 일치해서 살기 위해서는 우선 죄지은 인간으로서 죽었다가 새로운 인간으로 다시 태어나야 한다고 주장하였다.

그러자 모세의 율법에만 완전히 얽매여 예수에 대한 신앙을 거부하던 유대 인 사회에서 그는 배척당하게 되었다.

그는 돌에 얻어맞기도 하고, 감옥에 갇히기도 하는 등 갖은 박해를 받았다.

그러나 바울로는 이에 굴하지 않고 유대 인들의 행동이 그들 자신들의 선택된 운명을 스스로 거부하는 것이라고 더욱 비난을 했다. 그러자 유대 인들은 더 한층 강하게 반발하였다.

전하는 말에 의하면, 바울로는 네로 황제의 박해로 로마에서 순교하였다고 한다.

크리스트 교의 발전에 있어서 바울로가 이룬 업적은 이루 헤아릴 수 없을 정도이다.

그는 크리스트 교 초대 교회의 창설자로, 예수의 제자인 베드로와 함께 예수의 가르침을 가장 명확하게 전한 사도였다.

4세기에 만들어진 바울의 모자이크 그림

213

# 바 이 런
(1788~1824)

## ─영국의 낭만파 시인─

영국의 정열적인 낭만파 시인인 조지 고든 바이런은 1788년 1월 22일, 런던에서 태어났다.

바이런이 어렸을 때, 그의 아버지는 빚에 몰려 프랑스의 바랑셴 방면으로 도망쳤다.

1798년 5월, 5대 바이런 남작인 큰할아버지가 죽자, 바이런은 그 뒤를 이어 6대 바이런 남작이 되었다. 그리고 대대로 전해 오는 노팅엄 주에 있는 뉴스테드 아베이 저택의 영주가 되었다.

1801년 여름, 어머니는 바이런을 공립 학교에 보냈다.

공립 학교를 나온 바이런은 케임브리지 대학교의 트리니티 대학에 입학했고, 그 곳에서 공부하는 동안에 시집 《게으른 나날》을 출판했다. 그러나 《에든버러 평론》지는 이 바이런의 시집을 악평했다.

이에 분개한 바이런은 당시의 문단을 비꼰 풍자시 《잉글랜드의 시인들과 스코틀랜드의 비평가들》을 썼다.

바이런의 일생 중 여행은 중요한 부분이었다. 여행을 즐긴 것은 그가 지닌 낭만주의 때문이었다.

《차일드 해럴드의 편력》제 1, 2권으로 갑자기 유명해진 바이런은 특이한 천재 시인으로서, 또한 젊고 미남인 독신 귀족으로서 런던 사교계를 술렁거리게 했다.

1815년, 바이런은 명문 집안의 딸인 애나벨라 밀뱅크와 결혼을 하였으나, 그들의 생활은 평탄하지 못해 부부 사이에 불화가 잦았다.

딸을 낳은 지 얼마 안 되어 아내가 친정으로 가 버리자, 런던 사람들은 바이런에게 비난의 화살을 쏘아대며 모든 책임을 돌렸다.

1816년, 바이런은 슬픔과 분노를 견디지 못하고 마침내 고국을 떠났다.

그 해 여름을 셸리 부부와 함께 스위스에서 지내고, 이탈리아의 베네치아로 향했다.

그 동안에도 바이런은 끊임없이 작품을 썼는데, 《차일드 해럴드의 편력》 제3, 4권과 《시온의 죄수》 《맨프레드》 《타소의 탄식》 《베포》 및 대작 《돈 주안》 등의 불후의 명작을 발표했다.

시와 사랑과 명성으로 성공을 거두었으나, 그것이 모두 허무한 결과로 끝났다고 느낀 바이런은 어느덧 끝없는 권태감이 자신의 마음을 좀먹고 있음을 느꼈다. 모든 일에 매력을 느끼지 못했으나, 다만 한 가지 희망은 영웅이 되고 싶은 것뿐이었다.

1824년 4월 19일, 36세의 바이런은 그리스 독립군을 돕기 위해 미솔롱기에서 싸우다가 열병으로 죽고 말았다.

바이런은 36년이라는 짧은 생애 동안에 자유 분방하고 정열적인 시를 써서 사람들로부터 열광적인 인기를 모으는 풍운아이기도 했던 반면에, 보수적인 귀족 사회에 환멸을 느껴 스스로 방탕한 생활을 함으로써 사교계에서 쫓겨나는 불운을 맛보기도 했다.

서재 안에서 명상에 깊이 잠겨 있는 바이런

# 바　흐
(1685～1750)

## ―음악의 아버지―

　　음악의 아버지라고 일컬어지는
요한 제바스티안 바흐는 1685년 3
월 21일, 독일의 아이제나흐에 있
는 한 음악가 집안에서 태어났다.
　　선조 때부터 음악가 집안이었고
아버지도 이름이 알려진 음악가였
기 때문에, 바흐는 어릴 때부터 바
이올린과 비올라를 배웠다.

아른슈타트

　　바흐는 8남매의 막내로 9세 때
어머니를 여의고, 다음 해에는 아
버지마저 세상을 떠나 형인 크리스
토프의 집에서 자랐다.
　　자립을 원하던 그는 1700년 뤼
네부르크로 가서 그 곳의 고등 학
교 급비생이 되어 루터 파의 교육
을 받는 동시에, 교회의 성가대 대
원으로서 다양한 종교 음악에 친숙
하게 되었다.
　　1702년, 고등 학교를 졸업한 그
는 이듬해 바이마르 궁정 악단의
바이올린 연주자로 일하면서 연주
경험을 쌓았다. 또한 3개월 후에
는 아른슈타트의 교회 오르간 연주
자로 채용되었다.
　　그는 성가대에 있으면서 대가들
의 작품을 연구하여 점차 독특한
스타일을 확립해 나갔다.
　　유명한 라 단조의 토카타와 푸가,

그리고 〈여행을 떠나는 사랑하는 형에게 부치는 카프리치오〉 등이 이 시기의 작품이다.

1707년 6월, 바흐는 아른슈타트에서 뮐하우젠으로 옮겨 성 브라지우스 교회의 오르간 연주자가 되었다. 여기서도 그는 열심히 작곡하면서 교회 칸타타에도 손을 댔으며, 훌륭한 작품을 많이 남겼다.

같은 해 마리아 바르바라와 결혼하였으며, 이듬해에 다시 바이마르로 돌아가 궁정 예배당의 오르간 연주자가 되어, 점차 대가로서의 풍모를 보이기 시작하였다.

1717년에 쾨텐 공의 악장으로서 기악곡의 작곡에 힘써 많은 작품을 남겼다. 쾨텐 시대는 1723년까지 계속됐다. 그 해에 라이프치히의 성 토마스 교회 부속 학교의 합창 지휘자가 되어 27년간 근무했다.

바흐는 라이프치히 시대에 그의 대표적인 작품을 많이 작곡했다. 〈마태오 수난곡〉 〈요한 수난곡〉 〈나 단조 미사곡〉 〈크리스마스 오라토리오〉 등이 특히 알려져 있다.

르네상스 이래, 인간의 자유와 인간다움을 음악 속에 표현한 그의 음악 세계는 당시의 음악에 대한 생각을 바꿔 놓았다.

또한 그는 하나의 성부가 주제를 나타내면 다른 성부가 그것을 모방하면서 일정한 규칙에 따라 쫓아가는 푸가라는 기법을 고안하여, 서양 음악 발전의 바탕을 마련했다. 이 푸가라는 기법은 모차르트와 베토벤에게로 이어졌다.

바흐는 만년에 장님이 되어 65세로 일생을 마쳤다.

# 발 레 리

(1871~1945)

## ─20세기 프랑스의 최고 시인─

20세기 프랑스의 최고 시인으로 불리는 폴 발레리는 시인이자 비평가이며 사상가이다.

1871년 10월 30일, 지중해의 아름다운 항구 도시 세트에서 태어난 그는 몽펠리에 대학 법과를 졸업했다. 그런데 재학 시절 법률 공부를 하면서도 늘 문학에 마음을 두고 있었다.

1890년, 당시 유행하던 상징주의는 마침내 이 시골 청년을 유혹하고 말았다.

그리하여 그는 2편의 시를 써서 파리에 있는 시인 스테판 말라르메에게 보냈다.

말라르메는 발레리의 재능을 인정하여, 계속 노력하도록 격려하였다. 이에 자신을 얻은 발레리는 여러 편의 시를 써서 계속 잡지에 발표하였다.

그러다가 1892년 가을, 발레리는 친척을 방문하기 위해 제노바로 가던 중 심한 폭풍우를 만났다. 그 때 심리적으로 특별한 체험을 하고 파리로 갔다. 그는 그후로 텅 빈 하숙방에 틀어박혀 수학과 심리학에 몰두하였다.

그가 왜 갑자기 변했는지는 아무도 모른다. 물론 시 쓰는 일도 중단했다. 하지만 시인들과의 만남은 계속되어 매주 화요일마다 말라르메의 집회에 참석했다. 이 때가 발레리의 침묵기이다.

그 후, 발레리는 앙드레 지드의 권유를 받아 다시 시를 쓰기 시작하여, 1917년에 상징시의 걸작으로 꼽히는 《젊은 파르크》를 발표하였다. 이 작품이 좋은 반응을 얻게 됨에 따라 발레리의 이름이 널리 알려지게 되었다.

218

그 후 그는 시와 수필을 계속 발표하였으며, 문학 강연을 개최하는 등 바쁜 생활을 하면서도 그의 대표작이라고 할 수 있는 《해변의 묘지》를 발표했다.

《해변의 묘지》는 나이 50세가 거의 다 되어서 쓴 작품으로, 1920년에 《신 프랑스 평론》지의 편집장이 발레리의 집에서 우연히 원고를 발견하고 자신의 잡지에 게재를 권유한 것이 세상에 알려진 계기가 되었다. 《해변의 묘지》는 그 후 1922년에 나온 시집 《매혹》에도 수록되었다.

작가로서 이름을 떨친 발레리는 1925년에 아카데미 프랑세즈의 회원으로 선발되었다. 그 후 1937년에는 대학에서 시학을 강의하였다. 발레리는 시를 쓰는 데 있어서 자연 발생적인 충동이나 감정에 의해서 쓰지 말고, 엄밀하고 정확한 용어의 사용과 분석과 결합에 바탕을 둔 순수시를 써야 한다고 주장했다.

제2차 세계 대전이 거의 막바지에 이르렀을 즈음, 발레리는 파리에서 독일에 대한 저항 운동을 지지하던 중 영양 실조로 사망하고 말았다. 그의 장례는 프랑스 국장으로 치러졌다.

# 발 자 크

(1799~1850)

## －근대 사실주의 문학의 거장－

오노레 드 발자크는 1799년 5월 20일, 프랑스 중부 루아르 강 중류에 있는 전원 도시 투르에서 태어났다.

17세 때인 1816년 11월, 발자크는 파리 대학의 법학부에 들어가 법률을 공부했으며, 물질적인 욕망이 강했던 부모의 명령에 따라 3년 동안 소송 대리인 및 공증인 사무소의 견습 서기가 되어 법률 실무에 종사하였다.

그러던 중 1819년에 부모의 반대에도 불구하고 작가가 되겠다는 굳은 결심을 하였다.

그의 부모는 2년 동안의 시험 기간을 정해 놓고, 그 동안에 그가 대작가가 될 수 있다는 것을 증명할 만한 작품을 써내야 한다는 조건을 내놓았다.

이듬해 봄, 작품을 발표할 날이 다가왔다. 그러나 그 결과는 더할 나위 없는 참패였다.

그러나 발자크는 단념하지 않고 그 후 약 10년 동안, 익명 혹은 필명으로 수많은 작품을 써냈다.

이 작품들은 어느 것이나 보잘것없는 실패작뿐이었다.

발자크는 1825년에 인쇄 사업에 손을 댔다가 두 번이나 크게 실패를 거듭하여, 무려 10만 프랑이라는 거액의 빚을 지게 되었다.

그리하여 발자크는 이 빚을 갚기 위해서 두 달 이상이나 서재에 틀어박혀, 하루에 18시간씩 집필을 계속하였다.

1829년 30세 때, 발자크는 대혁명 시대의 농민의 반란을 그린 역사 소설 《올빼미 당》을 처음 자기 이름으로 발표하였는데, 좋은 반응 속에서 그의 출세작이 되었다.

1831년에는 《생가죽》을 발표하여 문단에 확고한 위치를 굳혔다.

1842년, 발자크는 이전의 모든 작품과 이후(1848년까지)에 간행될 작품집에 《인간 희극》이라는 전체적이고 종합적인 제목을 달아, 전 편이 하나의 거대한 작품이 되도록 했다.

《인간 희극》속에 수록되어 있는 작품의 수는 약 100편이며, 그 모든 작품 속에 나오는 등장 인물의 수는 약 2000명에 이르고 있다. 대표적인 작품으로는 〈고리오 영감〉으로부터 시작해서 〈사촌 누이 베트〉〈외제니 그랑데〉〈마을의 사제〉〈삼십대 여인〉 등이 있다.

이와 같은 방대한 작품을 쓰기 위해서 소설의 제재를 광범위하게

개척하고 그 개념을 확대하여 사실주의의 시조가 되었으며, 자연주의의 선구자로서 플로베르, 모파상, 졸라, 공쿠르 형제 등 국내의 작가와 도스토예프스키, 무어 등 외국의 작가들에게까지 크게 영향을 주었다.

그 동안 발자크는 유럽 각지를 여행했고, 정치적으로는 정통 왕당파에 속하여 국회 의원으로 입후보하기도 했으며, 제지업과 광산업에도 손을 대었다.

그는 1850년 3월, 1832년부터 18년간 사귀어 오던 우크라이나 대지주의 미망인 한스카와 결혼했으나, 5개월 후인 그 해 8월에 심장병의 발작으로 파리 자택에서 세상을 떠났다.

발자크의 출세작 《올빼미 당》의 무대가 됐던 프젤 성

# 베 델
(1872~1909)

## ─조선 말의 항일 언론인─

어니스트 토머스 베델은 영국의 언론인으로, 우리 나라에 와서 일본의 침략 정책을 비판하고 을사조약의 무효를 주장하는 등 항일 독립 사상을 크게 고취한 인물이다.

영국 프리스톨에서 태어난 베델은 1904년(광무 8년)에 러·일 전쟁이 일어나자 《런던 데일리 뉴스》지의 특파원으로 우리 나라에 오게 되었다.

이듬해인 1905년, 베델은 양기탁과 함께 국한문으로 된 《대한 매일 신보》를 비롯하여 영문판 《코리아 데일리 뉴스》지를 창간하였으며, 1907년에는 일반 대중을 위하여 한글판 《대한 매일 신보》도 발행하였다.

이들 신문은 일본의 침략 정책을 정면으로 비판하여 을사조약이 무효임을 주장하는 논설을 실었고,

을사조약이 일본의 일방적인 조처임을 폭로하는 등 일반 국민의 배일 사상을 고취하였다.

뿐만 아니라, 베델은 일본의 침략상을 규탄하는 고종의 친서를 《대한 매일 신보》와 영국의 《런던 트리뷴》지에 게재함으로써 일본의 침략 행위를 세계에 폭로하였다.

이에 불만을 품은 일본 외무성은 1906년 도쿄 주재 영국 대사에게 베델을 추방할 것을 요구했다.

결국 1907년 10월 14일, 총영사관 법정에서 베델에 대한 영사 재판이 열렸는데, 앞으로 6개월간 선행에 대한 보증금 3000원을 공탁하라는 판결이 바로 그 다음 날 내려졌다.

그러나 베델은 이 판결에 따르지 않고, 본국 정부에 공소를 제기하고 계속해서 신문을 발행하였다.

222

베델을 추방하려다 실패한 일본은 포기하지 않고 계속 영국 정부를 움직여 그를 추방하기 위해 갖은 노력을 다했다.

1908년 6월 15일, 서울의 영국 총영사관에서 다시 베델에 대한 재판이 벌어졌고, 양기탁이 증인으로 출두하였다. 양기탁의 유리한 증언에도 불구하고, 베델은 3주간의 금고형과 앞으로 6개월간 선행 보증으로 100달러를 즉시 납부하라는 판결을 받았다.

결국, 베델은 상하이로 호송되어 3주간의 금고 생활을 마치고 1908년 7월 12일, 가족이 기다리는 서울로 돌아왔다. 그 후, 그는 대한 매일 신보사 사장직을 그의 비서인 만햄에게 맡기고 계속 항일 활동을 하였다.

통감부는 그에 대한 또 다른 탄압 수단으로 대한 매일 신보사 총무 양기탁이 국채 보상금(일본에 대한 빚을 갚기 위하여 우리 국민들이 자진하여 성금한 돈)을 횡령하였다는 죄명을 씌우려 했으나, 양기탁이 무죄로 판결됨으로써 실패로 돌아가고 말았다.

그러나 일본은 무자비한 탄압 정책을 늦추지 않았다. 결국 베델과 양기탁은 어쩔 수 없이 대한 매일 신보사에서 물러나게 되었다. 그 후, 병으로 사망한 베델은 양화진 외국인 묘지에 묻혔다. 그의 우리 나라 이름은 배설이다.

# 베 드 로

(? ~64 년경)

## —예수의 수제자—

예수의 열두 제자 중의 한 사람인 베드로는 흔히 예수의 수제자로 일컬어진다.

그의 본래 이름은 시몬이었는데, 예수가 그에게 베드로라는 이름을 지어주었다. 그것은 아람 어로 '반석'이라는 뜻이며, 그리스 어로는 베드로스이다.

그가 태어난 것은 기원전 1세기의 끝 무렵이라고 추측된다.

예수를 만나기 전에 그는 어부였으며 결혼하여 가정도 있었다.

베드로는 동생 안드레와 갈릴리 호숫가에서 고기잡이를 하다가 예수의 부름으로 형제가 함께 제자의 길에 나선 것이다.

베드로가 성인이 되었을 무렵인 1세기의 20년대쯤, 로마의 지배를 받던 이스라엘 백성들 사이에는 자신들을 구제하기 위한 구세주가

베드로(왼쪽)와 바울로의 모자이크화 9세기경 로마의 성 프라시드 교회에 제작되었다.

머지않아 올 것이라는 예언이 널리 퍼져 있었다.

베드로나 다른 제자들도 예수가 새 시대의 지도자가 되어 그를 왕으로 하는 이스라엘 왕국이 세워질 것이라는 신념을 가지고 있었다.

베드로는 예수의 제자 중 제일가는·중심 인물로서 처음으로 예수를 그리스도로 선언하였으며, 이름 그대로 교회가 세워질 반석으로 선택되었다.

그리하여 예수가 부활하여 승천한 후에도 계속 그 제자들의 지도자로 남아 예루살렘 사람들에게 예수의 가르침을 설교했다.

또한 베드로는 사도들 중에서 처음으로 절름발이를 고치는 기적을 행하였다.

베드로는 많은 전도 여행을 다녔다. 바울로가 이방의 크리스트 교인들의 사도였다면 베드로는 유대의 크리스트 교인들의 사도였다고 할 수 있다.

그 후, 그는 헤로데스에게 잡혀서 투옥되었다가 기적적으로 풀려나기도 했으나, 로마로 가서 교회를 세우고 전도하다가 결국에는 네로에 의하여 십자가에 거꾸로 매달려 순교했다.

오늘날 카톨릭 교회에 대한 교황의 수위권은 베드로의 사도적 수위권에 그 전통의 기원과 의의를 두고 있으며, 로마의 바티칸에 있는 성 베드로 대성당은 4세기에 콘스탄티누스 대제가 베드로의 영묘 위에 세운 것이다.

225

# 베 르 디
## (1813~1901)

## ─천부적인 재질의 음악가─

이탈리아 오페라 역사상 가장 위대한 작곡가 주세페 베르디는 이탈리아 북부 파르마 현 부세토 근교의 레론콜레에서 태어났다.

그의 아버지는 식료품상을 경영하면서, 간이 여인숙도 겸하고 있었다.

부세토의 요새

베르디는 부모의 사랑과 기대를 한몸에 받으며 어린 시절을 보냈다. 베르디의 음악적 재능에 처음으로 자극을 준 사람은 떠돌이 악사인 바가세토였다. 그는 베르디의 아버지에게, 앞으로 베르디에게 음악을 가르쳐 보도록 권함으로써 어린 베르디에게 기쁨과 감격을 안겨 주었다.

7세 때, 베르디는 교회 미사의 복사가 되었고, 그 때 사제에게서 읽기와 쓰기를 배우기 시작했다.

베르디는 성 미카엘 교회의 피아니스트인 바이스트로키에게서 본격적으로 음악 교육을 받았는데, 1년 후에는 더 배울 것이 없을 정도로 실력이 향상되었다.

1832년 19세가 되던 해 5월, 베르디는 고향을 떠나 밀라노로 가서 밀라노 음악원의 입학 시험을 치렀

으나 떨어졌다. 하는 수 없이 베르디는 그 무렵 스칼라 극장에서 성악 지도를 하고 있던 빈센초 라비냐에게 개인 교수를 받아 작곡 공부를 하였다.

베르디에게 음악가로서의 첫발을 내디딜 기회는 그 다음 해에 찾아왔다.

밀라노 음악가 협회가 하이든의 오라토리오 〈천지 창조〉를 연주했을 때, 베르디는 대리 지휘를 하게 되었다. 이 때 그의 역량이 인정되어 음악가 협회로부터 오페라 작곡을 의뢰받게 되었다.

베르디는 이에 용기를 얻어 〈로체스텔〉이라는 오페라를 작곡하기 시작하였다.

1835년, 고향에 가서 부세토 시 음악 감독의 일을 하면서 다음 해에는 마르게리타라는 여자와 결혼하였다.

베르디는 오페라 〈로체스텔〉을 스칼라 극장에서 상연해 보겠다는 꿈을 실현하기 위하여 있는 힘을 다하였다.

여러 가지로 생각한 끝에, 베르디는 아내와 함께 밀라노로 갔다.

〈로체스텔〉은 1839년 11월 17일, 드디어 〈산 보니파치오의 백작 오베르토〉라는 이름으로 스칼라 극장에서 처음 상연되었는데, 전례 없는 성공을 거두어 열네 번이나 거듭 상연되기도 했다.

유명한 악보 출판업자인 조반니

리코르디가 이 오페라의 출판을 신청하였고, 스칼라 극장에서 3편의 오페라 작곡을 의뢰하였다.

그러나 그에게는 너무나 불행한 일이 겹쳐 왔다. 아들 이치리오가 죽은 데 이어 아내 마르게리타마저 세상을 떠난 것이었다.

베르디는 자포 자기하여, 한때 작곡을 단념하고 깊은 절망에서 헤어나지 못하였다.

그러나 친구들의 아낌없는 위로와 격려, 그리고 조언에 힘입어 베르디는 이 위기를 잘 극복할 수 있었다. 그리하여 29세 때인 1842년부터 37세 때인 1850년까지 14곡의 오페라를 발표하였다.

이 때 작품들 중에서 〈십자군의

롬바르디아 인〉〈에르나니〉〈잔 다르크〉〈레냐노의 전쟁〉 등 독립 정신을 다룬 애국적 작품이 특히 뛰어나다고 평가되고 있다.

그 당시 이탈리아는 오스트리아와 프랑스의 지배를 받고 있어 완전한 독립국이 아니었다. 그러던 중 7월 혁명에 자극된 이탈리아 인들의 조국 해방을 부르짖는 외침이 전국에 메아리쳤다. 베르디의 오페라는 그러한 이탈리아 인의 심정을 대변하는 것이었다.

이 시기의 베르디는 이탈리아 인들의 애국의 상징이었다.

베르디의 명성이 높아지면서 외국으로부터 초청장이 쇄도하여, 런던이나 파리 등지에서 작품을 발

열광적인 갈채를 받았던 오페라 〈리골레토〉의 무대 그림

표하게 되었다. 그리하여 베르디는 이탈리아 오페라의 대표적 작곡가로 인정 받기에 이르렀다.

오늘날에 와서는 이 오페라들이 그의 대표작으로 꼽히지 않지만, 그 당시에는 이탈리아 인들을 열광시킨 것이 사실이다. 그 후 베르디가 뛰어난 오페라 작곡가로서의 완숙한 모습을 드러낸 것은 1850년 이후의 일이었다.

1850년, 37세의 베르디가 40일 동안에 작곡을 끝낸 〈리골레토〉는 이듬해 3월 11일, 베네치아의 페니체 극장에서 상연되었는데, 오페라 역사상 보기 드물 정도의 열광적인 갈채를 받았다.

이 오페라에 나오는 〈여자의 마음〉은 공연된 그 날로 온 세계를 휩쓴 명곡이 되어, 그의 명성은 더욱 높아졌다.

〈리골레토〉를 내놓은 뒤에도 베르디는 그의 독특한 선율미와 극적인 구상력을 마음껏 발휘해 갖가지 인간의 심리와 등장 인물의 개성을 정확히 묘사한 수많은 걸작을 내놓았다. 〈일 트로바토레〉〈라 트라비아타(춘희)〉〈아이다〉〈오텔로〉〈팔스타프〉 등이 그 당시에 남긴

〈일 트로바토레〉 악보의 표지

그의 작품들이다.

이들 작품에서는 이전의 애국주의는 사라지고 인간 본래의 표현이 중요시되고 있다.

1859년, 베르디는 유명한 오페라 가수 주세피나와 재혼하였으며, 1861년부터 1865년까지는 국회 의원이 되었다.

그는 국회에서 이탈리아의 문화 정책, 특히 음악 분야에 있어 오페라 운동의 진흥을 꾀했다.

1901년 1월 27일, 그는 밀라노의 그랜드 호텔에서 뇌출혈로 쓰러져, 88세의 생애를 마쳤다.

# 베르셀리우스

(1779~1848)

## ―스웨덴의 화학자―

스웨덴의 유명한 화학자인 베르셀리우스는 린최핑 근처에서 태어나 웁살라 대학에서 의학을 공부하였다.

당시 웁살라 대학에서는 라부아지에의 연소 이론에 관한 논의가 활발히 진행되고 있었다.

라부아지에가 연소 실험을 한 실험실

이러한 영향을 받은 베르셀리우스는 화학의 길을 걸어가야겠다고 마음먹게 되었다.

1800년, 갓 발명된 볼타 전지가 웁살라에 소개되자 베르셀리우스는 자신이 직접 그것을 완성하기도 하였다.

대학을 졸업한 그는 스톡홀름의 의과 대학 외과에서 무보수로 조수 일을 하였으며, 당시 광산왕 히싱거가 소유하고 있는 실험실에서 공동으로 염류 수용액의 전기 분해를 연구하였다.

1802년, 최선을 다해 노력한 끝에 산성 성분과 염기성 성분이 각각 양극과 음극에 모인다는 사실을 밝혀 내었다.

이 실험으로 말미암아 모든 화합물은 양과 음의 전기를 가지는 두 성분의 결합에 의한 것이라는 전기

화학적 이원론이 형성되기에 이르렀으며, 후에 뒤마 등이 부정할 때까지 화학계를 지배하는 중요한 이론이 되었다.

그는 히싱거와 함께 더욱 연구에 전념하여 희귀한 토양 원소의 하나인 세륨을 발견하고, 나중에는 셀레늄, 토륨 등도 발견하였다.

뿐만 아니라, 생명의 화학적 과정이 전혀 알려지지 않았던 당시에 그는 혈액, 유즙, 근육, 담즙, 골수 등의 화학 성분을 분석하여 이를《동물 화학 강의》에서 정리하기도 하였다.

또한 리히터의 화합량 일정의 법칙, 돌턴의 배수 비례의 법칙에서 큰 영향을 받아, 화합량과 원자량을 정밀하게 측정하였다.

그는 유기 화합물의 분석에도 손을 대었는데, 분석 장치를 개량하여 수산화칼륨으로 탄산 가스를 흡수하는 장치를 고안해 냈다. 그럼으로써 유기 분석을 한층 진보시키는 결과를 낳았다.

라틴 명, 때로는 그리스 명의 머리글자를 원자 기호로 쓰는 것 또한 그가 고안한 것이며, 이성 현상, 촉매 등에 관한 견해도 그가 처음 밝혀 낸 것이다.

그는 뵐러를 비롯하여 유명한 제자들을 양성하였으며, 저서로는《화학 교과서》6권이 유명하다.

# 베를렌
## (1844~1896)

### ―프랑스 상징주의 시인―

말라르메, 랭보와 함께 프랑스 상징주의를 대표하는 시인 폴 베를렌은 1844년 3월 30일, 프랑스 로렌 주의 메스에서 태어났다.

아버지는 공병 대위였고, 어머니는 농업과 양조업을 하는 부유한 집안의 출신이었다. 외아들이었던 그는 부모의 사랑을 독차지하며 어린 시절을 보냈다.

그는 어려서부터 시에 남다른 재질을 보여, 14세 때에는 〈죽음〉이라는 시를 지어 위고에게 보낸 일도 있었다.

1866년에는 처녀 시집 《우수 시집》을 발표하였는데, 보들레르의 영향이 엿보이기는 하지만 그의 독특한 서정성이 유감 없이 발휘되어 있다.

이 시집 속에 바로 그 유명한 〈가을의 노래〉가 들어 있다.

이 시는 워낙 유명하여 모든 프랑스 사람들이 학교에서 배우며, 샹송으로 널리 불려져 못 외는 사람이 거의 없을 정도이다.

이 작품에는 사촌 누이인 엘리사를 사랑하고 그리워하는 마음이 잘 나타나 있다.

8세 연상인 엘리사는 이미 같은 마을의 제당업자와 결혼한 상태였으므로, 베를렌에게 있어서는 금지된 사랑이었다.

베를렌은 엘리사에 대한 사랑을 직접적으로 표현하지 못하는 대신 내면의 사랑을 아름다운 어조로 잘 승화시켰던 것이다.

그 후, 계속해서 그는 섬세한 느낌을 주는 서정시를 썼다.

1869년에 《화려한 향연》, 1870년에 《좋은 노래》, 1874년에 《말 없는 연가》, 1881년에는 《예지》

등의 시집을 꾸준히 냈는데, 모두 우수한 작품들을 수록하고 있다.

그러나 1873년에 베를렌이 랭보에게 권총을 발사한 사건이 일어났다. 베를렌은 감옥에 갇히게 되었고, 자신의 행동을 반성하여 카톨릭 교로 개종하였다.

그 후의 베를렌의 시들은 점점 더 자신의 깊숙한 내면을 밝히는 것들로 변해 갔다.

1884년에 발표한 《저주받은 시인들》은 당시 머리를 들기 시작한 상징주의로 사람들의 관심을 끈 걸작이었다.

그는 시집 외에도 시의 원리를 설명한 《시론》을 발표하였다.

1885년에 발표한 《옛날과 지금》에는 일종의 퇴폐적인 풍조가 깃들여 있었다. 그것은 19세기 말의 회의주의 사상의 영향을 받아, 주로 병적이고 자극적인 경향을 나타낸 예술이었다.

만년의 베를렌은 정신적으로나 육체적으로 거의 낙오자가 되어 병원 출입이 잦았다.

그러나 1894년에는 시왕에 선출되는 영예도 누렸다.

세련되고 섬세한 아름다운 시로 유명했으며, 또한 랭보와의 이색적인 교제로 세상을 놀라게 했던 베를렌은 1896년 1월 8일, 파리에서 눈을 감았다.

《테이블 모퉁이》 인상파 미술관에 소장된 그림으로, 앞줄 왼쪽이 베를렌이고 그 옆이 랭보이다.

# 베를리오즈
## (1803~1869)

### －19세기 프랑스의 작곡가－

남프랑스 도피네 지방의 명문 출신인 루이 엑토르 베를리오즈는 그 지방의 라코트 생탕드레에서 태어났다.

그는 17세 때 대학 입학 자격 시험에 합격한 뒤, 아버지의 뜻에 따라 파리의 의학교에 진학했다.

그러나 메율, 살리에리, 스폰티니, 특히 글루크의 오페라에 감격한 나머지 자신도 작곡가가 되겠다고 결심한 그는 부모의 반대를 무릅쓰고 의학을 포기한 후, 파리 음악원 교수 장 프랑수아 르쉬외르에게 개인적으로 작곡을 배웠다.

그는 1825년에 미사곡을 작곡하여 연주회를 열었으나 실패하고 말았다.

다음 해에 파리 음악원에 들어가 다시 작곡을 배우고, 라이하로부터 푸가와 대위법을 배웠다.

1827년에 우연히 영국 극단의 셰익스피어 극을 보다가 주연 배우 해리에트 스미드슨을 사랑하게 되었다. 이 때 그녀를 짝사랑하며 작곡한 것이 〈환상 교향곡〉이다.

1830년에 작곡가의 등용문인 로마의 음악 콩쿠르에서 대상을 받아 로마에 유학하였고, 1832년에 파리로 돌아와 해리에트와 1833년에 결혼했다.

1834년부터는 신문에 음악 평론을 썼으며, 작품 연주회를 열거나 작곡도 하는 등 다방면에서 활동하였다.

이 시기에는 독주 비올라에 이탈리아의 추억을 실은 교향곡 〈이탈리아의 해롤드〉(1834년)와 〈레퀴엠〉(1837년), 오페라 〈벤베누토 첼리니〉(1838년), 극적인 교향곡 〈로미오와 줄리엣〉(1839년) 등의

대작이 있다.

그러나 1838년에 상연한 오페라가 실패하자, 1842년부터는 외국으로 연주 여행을 다녔다.

1842년부터 1843년에 걸쳐서 독일 각지에서 연주를 했고, 서곡 〈로마의 사육제〉를 작곡했으며, 1844년에 《근대의 악기법과 관현악법》이란 저서를 출판했다.

1845년부터 1846년에 걸친 프라하와 부다페스트 연주 여행이 성공을 거두자, 이에 큰 힘을 얻어 귀국한 후에는 〈파우스트의 천벌〉을 완성하여 초연했다. 그러나 성공은 하지 못했다.

그는 1847년에 러시아로 연주 여행을 다녀온 후에 영국에 건너갔으나, 다음 해에 프랑스에서 2월 혁명이 일어나자 귀국했다. 그의 〈회상록〉은 이 무렵 착수됐다.

1854년, 3부작 오라토리오인 〈그리스도의 어린 시절〉이 파리에서 성공을 거두었고, 다음 해에는 〈테 데움〉이 파리 만국 박람회 개막 축하식에서 연주되었다.

그는 1869년 3월 8일, 파리에서 고뇌에 찬 일생을 마쳤다.

베를리오즈는 그 당시의 프랑스에서 유일한 교향곡 작곡가였을 뿐만 아니라, 표제 음악이라고 하는 극적인 관현악곡 형식을 새롭게 만들어 냈다.

# 베살리우스
## (1514~1564)

### ─근대 해부학의 창시자─

베살리우스는 벨기에의 수도 브뤼셀에서 왕을 섬기던 약제사의 아들로 태어났다.

초등 학교 시절부터 그는 어학과 수학을 잘 했다. 특히 해부에 흥미를 갖고 있어서, 쥐나 고양이, 개 따위를 해부해서 내장을 조사해 보곤 했다.

그 후, 베살리우스는 파리 대학에 들어가 의학을 연구하였다. 그런데 그 학교에서는 시체 해부를 어쩌다 한 번씩 하고, 케케묵은 학설만을 강의할 뿐이어서 조금도 그의 흥미를 끌지 못했다.

그래서 그는 개를 실험 재료로 쓰기도 하고, 묘지의 백골을 관찰하기도 하며 꾸준히 의학에 대한 연구를 하였다.

1537년, 그는 북이탈리아의 파도바 대학에 초빙되어 그 대학의 의학 교수가 되었다.

《인체의 구조에 대해서》가 출판된 것은 그 무렵의 일이다. 이 논문은 오늘날의 해부학과 생리학의 기초가 되었을 정도로 뛰어나다.

그런데 이 책이 세상에 발표되자 맨 먼저 교회측에서 그를 위험한 사상을 가진 사람이라고 비난했다. 또한 은사인 실비우스를 비롯하여 선배와 동료들 심지어 제자 중에서도 학문의 사기꾼이라고 맹렬하게 공격하고 나섰다.

이렇게 되자 파도바 대학을 그만두고, 아버지의 뒤를 이어 신성 로마 제국의 황제 카를 5세의 진료 담당 의사가 되었다. 1559년에는 에스파냐 왕 펠리페 2세를 섬기게 되어 마드리드로 옮겨 갔다.

여기서 그는 외과 의사로서도 뛰어난 업적을 남겼다.

그러나 그의 최후는 그 화려한 업적에 비해 너무나 비참하였다.

그가 마드리드에 있을 때 어떤 귀족의 시체를 해부했는데, 시체가 아직 살아 있어서 심장이 뛰고 있었다는 말이 세상에 퍼졌다.

전부터 그를 위험 인물로 점찍고 있던 교회측에서는 기다리고 있었다는 듯이 이 소문을 이용했다.

그리하여 산 사람을 해부했다는 혐의로 그를 종교 재판에 넘겨 버렸다.

다행히 에스파냐 왕이 중재를 해서 목숨은 건졌으나, 속죄로 성도 예루살렘에 가서 자기 죄를 참회하고 오라는 명령을 받았다.

1564년 봄, 그는 예루살렘을 향해 떠났다.

그러나 돌아오는 길에 배가 파선하여 그리스의 잔테 섬에 머무르게 되었다. 그는 거기에서 병으로 죽었다.

그가 어째서 예루살렘에 갔는가에 대해서는 달리 또 몇 가지 설이 있기도 하다.

베살리우스는 이처럼 고난에 찬 일생을 살았지만, 그의 이름은 근대 의학을 개척한 해부학의 아버지로서, 또한 미신과 종교 박해를 두려워하지 않고, 과학적 진리를 추구한 학자로서 의학사상 불멸의 빛을 발하고 있다.

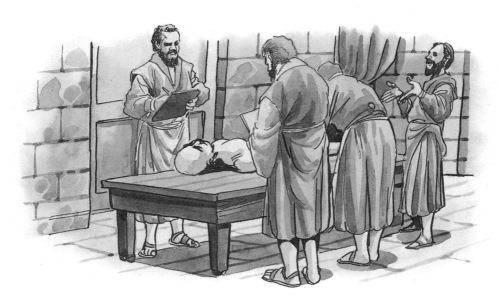

# 베이브 루스
## (1895~1948)

## ―미국의 홈런 왕―

베이브 루스는 1895년 2월, 미국의 항구 도시인 볼티모어에서 태어났다. 7세 때 그는 세인트메리 공업 학교에 들어갔는데, 야구에 흥미를 가져 15세 때에는 야구부의 포수가 되었다.

루스는 다른 학교와의 시합에서 투수로도 뛰었고, 시합 때마다 그의 재능을 유감 없이 발휘하여 환호를 받곤 하였다.

루스가 19세 되던 해인 1914년, 그의 야구 실력에 대한 얘기를 듣고 오리올스 팀의 야구 감독이 그를 스카우트했다.

베이브 루스의 본명은 조지 허먼 루스인데, 처음 입단한 오리올스 팀에서 가장 나이가 어려 베이비(아기)라 불리던 것이 베이브로 불려지게 되었다.

드디어 첫 시합날이 되었다.

감독은 루스를 선발 투수로 내보냈다. 신출내기에게 건 커다란 모험이었다.

루스는 침착하게 경기를 이끌었으며, 상대편 팀에게 한 점도 내주지 않고 승리하였다.

그가 프로 선수가 된 지 다섯 달만의 일이다.

그의 이름은 온 미국에 알려지기 시작했고, 레드속스 팀으로 다시 스카우트가 되었다. 여기서도 루스는 열심히 연습하여 레드속스 팀을 우승으로 이끌었다.

루스는 강속구가 특기인 뛰어난 왼손잡이 투수였으며, 이 경기로 1915년 그는 아메리칸 리그의 최우수 투수로 선발되었다.

루스는 그 후로도 투수로서 뛰어난 활약을 했으나, 그가 던진 공에 대한 판정에 불만이 많아 심판과 싸우는 일이 잦았다. 결국에는 심판에게 대들다가 퇴장당하는 일이 벌어졌다. 그러자 감독은 그를 타자로 바꿔 버렸다. 처음엔 불만이 컸으나 루스는 곧 타격 연습에 열중하였다.

타자로 자리를 바꾼 루스는 시합 때마다 안타나 홈런을 쳤다. 게다가 마운드에 서서는 야구 방망이로 원하는 곳을 가리키고는 정확히 공을 그 곳으로 쳐 내는 것이었다. 경기장은 항상 군중들로 초만원이었고, 그의 사인을 받으려는 사람들이 줄을 섰다.

1919년 24세의 나이로 29개의 홈런을 쳐 홈런 왕이 되었다.

1920년, 루스는 양키즈 팀으로 옮겨 그 해에 안타 172개, 홈런 54개, 타점 158이라는 기록을 세웠고, 다음 해에는 59개의 홈런을 쳐 자신의 기록을 갱신하였다.

루스는 계속해서 좋은 성적을 내었으며, 1929년에는 통산 500호 홈런을, 1931년에는 통산 600호 홈런을 기록하여 6연속 홈런 왕이 되었다.

1935년, 프로 야구 선수 생활을 한 지도 20년이 지나 체력도 예전

같지 않았다. 루스는 그 해에 보스턴 브레이브스 팀과의 시합에서 3연타석 홈런을 치고는 그 자리에 쓰러졌다. 이것이 그의 마지막 홈런인 714번째 홈런이 되었다.

이로부터 10년 후, 루스는 후두암으로 병원에 입원하였다. 전 국민이 그가 속히 완쾌되기를 빌었으나 1948년에 세상을 떠났다.

루스는 죽기 몇 년 전 불우한 어린이들을 위해 베이브 루스 재단을 세웠는데, 죽은 후에 재산의 대부분이 이 재단에 헌납되었다.

# 베 토 벤
(1770~1827)

## ─ 낭만파 음악의 선구자 ─

루트비히 판 베토벤은 독일의 본에서 태어났다. 베토벤의 아버지는 평범한 궁정 가수로서, 매일 술만 마시고 방탕한 생활을 하며 지냈다. 그는 베토벤을 음악가로 만들기 위해 네 살밖에 안 된 베토벤에게 놀 틈도 주지 않고 오로지 피아노만 치게 했다.

베토벤(34세 무렵)

어린 베토벤은 야단만 치는 아버지에게 피아노를 배우는 게 싫었지만 열심히 피아노를 쳐서, 8세 때에는 궁정에서 열린 연주회에 나갔고, 14세 때는 궁정의 오르간 연주자가 되었다.

1787년, 베토벤은 오스트리아의 빈으로 가서 모차르트로부터 음악을 배울 기회를 갖게 되었다. 그러나 몇 번밖에 만나 보지 못하고 어머니가 위독하다는 전보를 받고 다시 본으로 돌아왔다.

결국 어머니가 죽고 아버지는 더한층 술 독에 빠져서, 생활의 무거운 짐을 어린 베토벤이 짊어지지 않으면 안 되었다.

1795년 무렵부터 베토벤은 연주를 하는 한편 작곡에도 힘을 기울여, 연주가로서는 물론 작곡가로서도 이름이 알려지게 되었다.

피아노 소나타 제 8 번 〈비창〉 등이 이 때에 작곡되었다.

그러나 이 무렵부터 귀가 들리지 않게 되어 그의 일생은 고난과 싸우지 않으면 안 되었다. 그는 치료가 불가능하다는 의사의 말을 듣고 자살을 기도하기도 했다.

그러나 끝내 고통을 이겨 내고 필사적인 노력으로 명곡을 발표했다. 1804년의 피아노 소나타 제 13번, 교향곡 제 3 번 〈영웅〉 등은 이 무렵에 만든 작품들이다. 이어서 교향곡 제 5 번 〈운명〉, 제 6 번 〈전원〉 등이 발표되었다.

그는 어려운 가정에서 태어나 가난과 신체적 불구 등과 싸웠고,

절망 속에서도 결코 용기를 잃지 않음으로써 만년에 가서는 무엇과도 비길 데 없는 숭고하고 신비스런 음악의 경지를 개척했다.

그는 음악만을 생각했고, 음악만을 위해 살았다. 감정이나 사상을 이만큼 완전하게 음악 속에 표현하여 사람들에게 커다란 환희와 감동을 안겨 준 사람은 일찍이 없었다.

1827년 3월 26일, 이른 봄인데도 때아닌 눈보라가 휘몰아치는 날씨였다. 이 날 병상의 베토벤은 오른손을 높이 쳐들고 천장 한 구석을 쏘아보더니 조용히 오른손을 내리며 숨을 거두었다.

본에 있는 베토벤의 생가

# 벨
## (1847~1922)

## ―전화기를 발명한 사람―

　알렉산더 그레이엄 벨은 영국 스코틀랜드의 중심 도시인 에든버러에서 태어났다.

　그는 런던 대학에 들어가 의학을 전공하다가 그 곳에서 전신기 발명가로 이름이 높은 찰스 휘트스톤 교수의 강의를 듣고 전신에 흥미를 가지게 되었다.

　1870년, 아버지와 함께 캐나다로 건너갔다가 다음 해 다시 미국으로 이주한 벨은 전기 통신을 연구하기 시작했다.

　1875년 어느 날, 벨과 조수인 윗슨은 서로 떨어진 방에서 철사줄로 연결하고 열심히 동조 전신 실험을 하고 있었다. 그 때, 수신기의 철판이 갑자기 부릉 하고 떨기 시작했다. 벨은 깜짝 놀라서 그것을 응시했다. 철판은 띄엄띄엄 얼마 동안 계속 울렸다. 벨은 윗슨이 있는

방으로 뛰어들어가서 살펴보았다.

　바로 그 때, 윗슨은 떨리지 않는 철판을 손가락으로 튀기고 있었다. 벨이 목격한 수신기 철판의 진동은 분명히 윗슨이 손가락으로 튀기고 있는 송신기 철판의 진동으로 말미암아 일어나는 것이었다.

　그 날부터 벨은 사람의 목소리를 전류에 실어 보내는 방법을 연구하기 시작했다.

　그러나 자꾸 실패를 거듭하자 그는 맥이 풀려서 그만 포기하려고까지 생각했다. 그러나 여러 사람들의 격려를 받고 다시 용기를 내어 연구에 매달렸다.

　그 이듬해인 1876년 3월 10일, 벨은 연구실로 쓰고 있는 다락방과 지하실 사이에 전선을 늘어뜨리고 가까스로 만들어 낸 전화기를 실험하고 있었다.

때마침 황산을 엎지른 벨은 자기도 모르게 소리쳤다.

"왓슨 군, 용무가 있으니 이리 좀 오게나!"

그러자 지하실에서 수화기를 귀에 대고 기다리고 있던 왓슨에게 그 목소리가 선명하게 들려 왔다. 왓슨은 '들린다, 들린다!' 라고 외치며 층계를 뛰어올라 연구실로 달려왔다. 두 사람은 기쁨에 넘쳐 어쩔 줄을 몰랐다.

그 후, 벨은 실험실과 윌리엄 전기 회사 사이에 8백 미터의 전선을 연결하고 실험을 거듭했다.

같은 해 6월, 필라델피아에서 독립 1백 주년을 기념하는 대산업 박람회가 열렸다. 벨도 변변치 않던 실험용 전화기를 좀더 보기 좋게 개량하여 출품했다.

그 때, 내빈으로 참석했던 브라질 황제 페드로 2세가 벨에게 말을 걸어 왔다. 벨과 이야기를 주고받으면서, 페드로는 무심코 수화기를 들어서 귀에 댔다. 바로 그 때, 벨은 송화기를 들고서 유명한 소설 중에 나오는 한 구절을 외었다. 그러자 페드로는 깜짝 놀라서 수화기를 내려다보며 소리쳤다.

벨이 발명한 최초의 전화기

"기계가 말을 다 하다니!"

이처럼 우연한 사건으로 전화기는 박람회의 인기를 독점하게 됐고, 널리 세상에 알려지게 되었다.

벨은 전화기의 특허를 신청했다. 같은 날, 엘리샤 그레이라는 사람도 같은 원리의 전화기를 발명하여 특허를 신청했으나 벨이 좀더 빨리 신청했기 때문에, 벨이 명예를 획득할 수 있었다.

그 후, 벨은 전화기의 개량과 보급에 노력하면서, 직접 회사를 설립하여 전화기 제작에도 착수하는 등 현대 문명의 발달에 크게 이바지하였다.

# 보들레르
## (1821~1867)

### －프랑스의 시인－

샤를 피에르 보들레르는 1821년 4월 9일, 파리에서 태어났다. 아버지는 보들레르가 6세 때 사망하였고, 새어머니는 육군 소령과 재혼하였다.

보들레르는 11세 때 리옹 초등학교에 입학하였고, 이어 왕립 중학교에 들어갔다. 얼마 후 양아버지가 파리로 전임함에 따라 그도 파리의 학교로 전학하였다.

학교 성적은 우수했으나 품행이 좋지 않아 18세 때 퇴학을 당하였으며, 대학 입학 자격 시험에도 1차 합격하였으나, 진학을 포기하고 문학에 전념하였다.

1841년, 보들레르는 아버지로부터 물려받은 막대한 유산으로 센 강변의 생루이에 집을 마련하고, 호사스러운 탐미 생활을 하기 시작하였다.

1845년 24세 때, 그는 《1845년의 살롱》을 출판하여 미술 평론가로 정식 데뷔했고, 이후 파리 문단에서 활약하였다.

1848년부터는 미국의 작가 에드거 앨런 포의 작품들을 번역하기 시작했다. 《기상 천외의 이야기》를 비롯하여, 만년에 이르기까지 17년간에 걸쳐 5권에 달하는 작품을 번역해서 출간했다.

1857년에는 그의 대표작인 《악의 꽃》을 출판하여 크게 화제를 모았는데, 출간되자마자 풍속 문란과 신을 모독했다는 혐의를 받고 기소되어, 〈레스보스〉 등 6편의 시가 삭제되고 벌금형을 물게 되는 등 물의를 일으켰다.

현대 서정시에 깊은 영향을 끼친 이 시집은 당시 르콩트 드 릴이 '참신한 창의'라고 칭찬했다.

또한 프랑스의 시인이자 소설가인 빅토르 위고는 '새로운 전율을 창조했다.'고 격찬했다.

1860년에는 아편 중독자에게 자신의 공감을 표시한 《인공 낙원》을 써냈고, 이어 《파리의 우울》 《적나라한 마음》 등을 발표했다.

건강이 나빠졌는데도 불구하고 1864년에 강연차 벨기에의 브뤼셀에 간 보들레르는 2년 뒤인 1866년에 뇌일혈로 졸도하여 1년간 실어증으로 고생하다가, 1867년 8월 31일에 세상을 떠났다. 그 때 그의 나이는 46세였고, 그의 유해는 몽파르나스에 있는 오피크 가의 묘지에 안장되었다.

보들레르가 죽은 지 얼마 후인 1868년에서 1869년 사이에 그의 최초의 전집이 간행되었다. 이 전집에는, 고티에가 서문을 쓴 《악의 꽃》(3판)과 만년의 산문 시집 《파리의 우울》이 수록되었다.

또한 미술의 들라크루아, 고야, 음악의 바그너, 문학의 위고, 고티에, 포, 호프만 등의 진가를 인정한 폭넓은 그의 비평은 《심미 섭렵》 《낭만파 예술》이라는 제목 아래 수록되었다.

보들레르의 서정시는 그가 죽고 나서야 인정을 받아 다음 세대인 랭보, 말라르메 등 상징파 시인에게 많은 영향을 끼쳤다.

보들레르가 즐겨 찾던 뤽상부르 공원에 세워진 흉상

# 보　일
## (1627~1691)

## ―보일의 법칙을 발견한 과학자―

로버트 보일은 영국의 과학자이 자 철학자로서, 기체의 압력과 부 피에 관한 법칙을 발견하는 한편, 연금술로부터 근대 과학으로 발전 하는데 중개 역할을 하여 '화학의 아버지'라고 일컬어진다.

보일이 발명한 공기 펌프

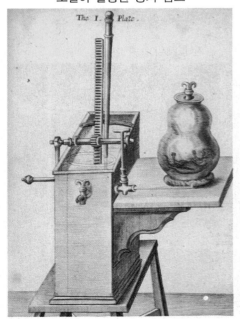

보일은 1627년 1월 25일, 영국 아일랜드의 리즈모어 성에서 백작 의 아들로 태어났다. 그는 1635년 에 이튼 학교에 입학하였으나 만족 하지 못하고, 1638년에 유럽으로 건너가 제네바와 이탈리아에서 개 인 지도를 받았다.

그러는 중에 갈릴레이가 쓴 천문 학 관계의 논문을 읽고 크게 감동 한 나머지 자연 과학에 깊은 흥미 를 갖게 되었다.

1644년에 그는 아버지의 유산인 영국 도싯의 스탈브리지에 있는 집 과 영토를 상속받고, 거기서 10년 간 살았다.

1654년, 보일은 옥스퍼드로 옮 겨 가서, 그 때부터 본격적인 과학 연구에 들어갔다.

집에다 작은 실험실을 꾸미고, 1657년부터는 로버트 훅을 조수로

채용하여 함께 연구하였다.

열심히 노력한 끝에 보일은 유명한 공기 펌프를 발명하였고, 1662년에는 '보일의 법칙'을 발표하였다. 그것은, 일정한 온도에서 기체의 부피는 압력에 반비례한다는 것이다.

1668년, 그는 런던으로 옮겼다. 당시의 영국 왕 찰스 2세는 보일에게 여러 가지 직위를 주겠다고 하였으나, 학문 연구에 방해가 된다고 이를 모두 거절했다.

그는 이후 1691년 12월 30일에 죽을 때까지 런던에 살면서 꾸준히 연구를 계속했다.

보일의 학문에 대한 공헌은 크게 셋으로 나눌 수 있다.

정밀한 실험을 통해 금속을 비롯하여 물질의 연소, 산, 염기 등의 성질을 밝혔으며, 연금술에서 화학을 분리시켰다.

또한, 그는 화합물을 구성하는 근본 물질을 설명하는데 원소의 개념을 처음으로 사용하였다.

그는, 공기는 작은 입자로 구성되어 있으며, 그 작은 입자들은 일정한 부피와 압력을 가지고 운동한다고 생각했다.

이러한 생각이 좀더 발전하여 보일의 법칙으로 완성되었다.

'부피×압력=일정한 상수'라는 식으로 나타내어지는 보일의 법칙은 수식을 사용하여 물질 세계의 법칙을 밝히는 이론 과학에 많은 영향을 주었으며, 고전 물리학의 토대가 되었다.

# 보카치오
## (1313~1375)

### ―근대 소설의 선구자―

조반니 보카치오는 이탈리아 피렌체의 체르탈도에서 부유한 상인인 아버지와 프랑스 인 어머니 사이에서 사생아로 태어났다.

그는 당시 문예 부흥이 한창이던 나폴리에서 자라면서 차츰 고전 문학에 눈을 뜨게 되었다.

또한, 당시 나폴리를 다스리던 로베르 공의 딸인 미모의 마리아를 알게 되어 그녀를 열렬히 사랑하게 되었는데, 그 연애는 오래 계속되지 못했다. 1338년에 씌어진 장편 소설 《사랑의 고통》과 1339년의 《테세오의 노래》 등은 바로 그녀와의 사랑을 노래한 작품들이다.

이 무렵, 그의 아버지는 사업에 실패하고 이어 곧 사망했다. 1341년에 피렌체로 돌아온 보카치오는 일자리를 구하는 한편, 쉬지 않고 창작에 전념했다. 다행히 피렌체 시정부에 일자리를 얻게 된 보카치오는 학식과 재능을 인정받아 교황과 그 밖의 여러 영주들에게 사절로 파견되기도 했다.

피렌체 거리로 나오는 《데카메론》의 10명의 남녀들

1342년에는 한 목동의 요정에 대한 순정을 노래한 이야기로, 시와 산문을 한데 엮어서 《아메도의 요정》이라는 책을 썼다.

다음 해에는 깊이 사랑하던 남자에게 배신당하고 괴로운 나머지 죽음을 택하려는 심리를 해부한 명작 《피암메타》를 썼으며, 그 밖에도 《페조레의 요정》《사랑의 환영》등의 작품을 썼다.

1362년, 그는 빈곤과 질병에 시달린 나머지 고향에 돌아가 은둔 생활을 하며 고전에 몰두했다.

더욱이, 1374년에 가까이 지내던 시인 페트라르카가 사망하자 충격을 받고, 피렌체 정부의 요청으로 맡았던 《신곡》 강의도 중단하고 말았다. 그리고 나서 얼마 후인 1375년 12월 21일에 고향에서 사망하였다.

그의 대표작 《데카메론》은 1348년부터 1353년까지 씌어진 것으로, 제목은 그리스 어의 '10'이란 말에서 따 온 '10일 동안의 이야기'라는 뜻이다.

1348년에 페스트가 퍼지자 피렌체의 인구는 거의 전멸 상태에 이르게 된다.

산타 마리아 노벨라 성당

이 때 우연히 용모가 준수한 세 사람의 청년과 일곱 처녀가 산타 마리아 노벨라 성당에서 만나 이 재난을 피할 방법을 상의한 끝에, 교외의 페조레 언덕에 있는 별장에서 당분간 머무르기로 하고, 규칙적이고 즐거운 지상 낙원의 생활을 시작하게 된다.

하루에 한 사람이 한 가지씩 교대로 10일간 이야기한 전설을 모은 형식으로 되어 있으며, 전부 100편을 수록하고 있다.

이 작품은 단테의 《신곡》에 비하여 '인곡'이라고도 하는데, 이는 인도주의 사상에 입각하여 새로운 인간상을 표현했기 때문이다.

# 보티첼리

## (1445 ? ~1510)

## ― 초기의 르네상스 화가 ―

산드로 보티첼리는 15세기 피렌체에서 활약한 이탈리아 화가이며, 초기 르네상스의 대표적인 화가이다.

보티첼리는 피혁공의 아들로 태어났는데, 이 때는 이미 레오나르도 다 빈치와 미켈란젤로가 르네상스의 정상을 향해 막 나아가고 있는 중이었다.

당시의 화풍은 박진감 있는 공간 처리와 풍부한 몸매, 날카로운 윤곽과 선을 강조하는 것이 유행하여 이런 그림을 배우며 자랐다.

그러나 보티첼리는 차차 독특한 개성을 발휘하기 시작했고, 감상적인 서정미를 섬세하고 우아하게 표현하기 시작했다.

상업 회의소를 위해서 그린 1470년의 〈7개의 덕〉 중의 하나와 1474년의 〈성 세바스티안〉 등에는, 당시 유행했던 화풍과 선을 따르지 않은 내적인 갈등과 명상이 표현되어 있다.

다음 작품 〈봄〉(1478)이나 〈비너스의 탄생〉(1488) 등에는 그런 명상적인 분위기가 더욱 뚜렷하게 나타나 있다.

그가 이처럼 명상적인 분위기에 젖은 것은 당시의 문학 사조 때문일 것이라는 추측도 있다.

즉, 메디치 가를 중심으로 한 인문주의 학자와 시인들의 고전적인 분위기와 신 플라톤 주의에 접하게 되었으며, 특히 안젤로 폴리치아노의 시에 도취된 것이 그의 작품에 영향을 준 듯하다.

1480년의 〈성 아우구스티누스〉, 1481년의 〈수태 고지〉는 보티첼리가 단 한 번 피렌체를 떠나 로마에 갔을 때 제작되었다.

〈비너스의 탄생〉

이 작품들에서 공간 구성과 생생한 인물 묘사 등 새로운 양식이 엿보인다.

1481년부터 다음 해까지 보티첼리는 바티칸 궁전 시스티나 예배당의 벽을 장식하는 일에 총감독을 맡았다.

1482년 피렌체로 돌아온 그는, 그 후 약 10년 동안에 사물을 표현하는 데 있어서 좀더 독자적인 화풍을 추구하였다. 즉, 1490년 이후의 〈아펠레스의 비방〉〈신비의 십자가〉〈신비의 탄생〉〈성 히에로니무스의 최후의 성찬〉 등 많은 작품에 시적인 정취가 깃들여 있다.

보티첼리는 만년에는 몸이 대단히 불편하여 여러 곳에서 들어오는 주문을 모두 거절하였으나, 단테의 《신곡》을 내용으로 하는 그림만은 계속 그렸다고 한다. 그 작품은 생동감에 넘치는 공간 처리가 돋보이는 걸작이다.

그는 초기에는 감상적인 서정미를 섬세하고 우아하게 표현했지만, 만년에는 점차 신비주의로 기울어져 청순한 향기를 많이 잃었다. 그러나 그의 섬세하고 미묘한 신비주의적 수법은 르네상스를 꽃피우는 밑거름이 되었고, 많은 화가들에게 커다란 영향을 주었다.

251

# 볼 타
## (1745~1827)

## ─볼타 전지를 발명한 물리학자─

알레산드로 볼타는 볼타 전지를 발명하여 처음으로 정상적인 전류를 얻었고, 검전기를 발명하는 등 전기학의 창설에 많은 공헌을 한 이탈리아의 물리학자이다.

그는 1745년 2월 18일, 이탈리아의 코모에서 태어났다.

《전깃불의 인력에 대하여》의 표지

어릴 때는 문학에 취미를 갖고 있었으나, 뒤에 화학과 전기 현상을 연구하게 되었다.

18세쯤 되었을 때부터 마찰 전기를 연구하여 전위계를 제작한 프랑스의 물리학자 놀레와 편지 왕래를 하며 그의 가르침을 받았다.

코모의 왕립 학원을 졸업한 후 얼마 지나지 않은 1774년에는 모교에서 물리학 교수가 되었다.

그 후 볼타는 스위스에서 지내다가 1779년에 파비아 대학의 교수가 되었다.

초기에는 주로 기체의 성질을 연구하여 '볼타의 유디오미터' 등을 제작하였고, 전기 현상을 연구하여 첫 논문《전깃불의 인력에 대하여》(1769년)에서 축전기의 하나인 라이덴 병의 작용을 발표했다.

1775년, 전기 쟁반을 고안했고,

1782년에 축전기를 처음으로 만들었으며, 아주 적은 양의 전기를 검출하는 검전기를 제작하는 등 뛰어난 업적을 쌓아 일찍부터 그 이름이 알려지게 되었다. 1791년에는 영국 왕립 협회의 회원으로 추천되었다.

1791년에 이탈리아의 의학자 갈바니가 개구리 다리에서 일어난 전기 현상을 생물 현상으로 보고 '생물 전기설'을 발표했다.

그러자 볼타는 곧바로 '갈바니 전기 연구'에 착수하였다. 그리고 얼마 후 그 원인을 금속 전기에서 찾아 내어 갈바니의 생물 전기설을 비판했다.

이 생각을 바탕으로 하여, 1800년에는 '볼타의 전지'를 고안하여 처음으로 화학 작용에 의해서 전류를 얻었다.

볼타의 전지는 전지 발명의 시초라고 할 수 있으며, 몇 가지 비실용적인 면 때문에 오늘날에는 쓰이지 않고 있으나 전기 현상의 연구에 큰 기여를 했다.

그는 1794년에 왕립 협회로부터 코플리 상을 받았다.

1801년에는 나폴레옹 1세의 초

볼타 전지

청으로 파리에 가서 당시 프랑스 학사원이라 불리던 과학 아카데미로부터 특제 금메달을 받았고, 다음 해에는 과학 아카데미의 8명의 외국인 회원 가운데 한 사람이 되는 영광을 누렸다. 나중에는 이탈리아의 통령 정부에도 참여하여 백작이 되었으며, 또한 원로원의 의원이 되기도 하였다.

오늘날 우리가 사용하고 있는 전압의 단위 볼트(V)는 그의 이름에서 따온 것으로, 사람들이 전지를 사용하는 한 그의 이름은 영원히 기억될 것이다.

# 브라운
## (1912~1977)

### ─로켓 연구의 권위자─

베르너 폰 브라운은 독일 태생의 미국 과학자로서, 제 2 차 세계 대전 당시 독일이 영국 본토를 공격할 때 사용한 장거리 로켓을 완성했으며, 전쟁 후에는 미국으로 건너가 유도탄과 우주 로켓 연구에 많은 업적을 남겼다.

폰 브라운이 설계한 로켓 새턴 아이(I) 형

폰 브라운은 1912년 3월 23일, 독일의 비르지츠에서 태어났다. 아버지는 독일 축산 은행의 설립자로 농업 대신을 지냈고, 어머니는 훌륭한 음악가이자 아마추어 천문학자였다.

폰 브라운이 처음 학교에 다닐 때에는 수학과 물리에서 낙제 점수를 받았지만, 그 후 진보적인 교육을 시키는 학교로 전학한 뒤에는 차차 학문에 관심을 갖게 되었다.

어느 날 그는 천문학 잡지에서, 루마니아 인 헤르만 오베르트가 쓴, 달 여행이 가능하다는 이야기를 읽게 되었다.

폰 브라운은 그 때부터 새로운 결심을 하고 수학과 물리학을 더욱 열심히 공부했다.

그는 베를린 공과 대학에 입학했고, 우주 로켓 연구에 관심이 많은

사람들로 조직된 독일 우주 여행 협회에 가입하였다. 얼마 후, 이 협회의 초청으로 베를린에 온 헤르만 오베르트를 만난 폰 브라운은 곧 그의 제자 겸 조수가 되었다.

두 사람은 소형 로켓 엔진 개발에 착수하였다. 그러나 연구 자금이 떨어지자 헤르만은 루마니아로 돌아가고 말았다.

폰 브라운은 동료들과 함께 낡은 건물에서 지내면서 베를린 교외 공터에서 로켓 실험을 계속하였다.

그 뒤에 브라운은 스위스의 취리히 공과 대학으로 가서 공부를 계속하였다.

여기에서 그는 우주 비행이 생물체에 미치는 영향을 연구했는데, 스스로 만든 원심기를 사용한 실험에서 인간은 우주 여행에 견딜 수 있다는 확신을 얻었다.

베를린으로 온 그는 계속 로켓 연구에 몰두하였다.

이 무렵, 독일 군대는 은밀히 전쟁 준비를 하고 있었다. 제1차 세계 대전이 끝나고 맺은 베르사유 조약에는, 독일은 구경 76밀리미터 이상의 어떤 무기도 보유할 수 없도록 정해져 있었는데, 로켓에 관해서는 아무 규정도 없었다.

따라서 독일 군부에서는 로켓을 이용한 무기에 상당한 관심을 갖게 되었고, 무기 전문가들이 폰 브라운의 로켓 실험장에 자주 드나들면서 그의 연구를 관찰하였다.

그들은 폰 브라운이 독일 군대를 위하여 일해 줄 것을 요청했다.

마침내 1932년 10월 1일, 폰 브라운은 독일의 로켓 개발 계획에 정식으로 참가하게 되었다.

1934년, 베를린 대학에서 물리학 박사 학위를 받은 폰 브라운은 그 때부터 쿠머스도르프 연구소에서 80명의 과학자들을 지휘하여 연구를 진행시켰다.

대형 로켓의 실현 가능성도 이미 입증되었으나, 그 개발에는 더 넓은 장소가 필요했다. 그래서 연구소는 1937년에 발트 해안의 페네뮌데로 옮겨졌고, 그는 기술 부장이 되었다.

제 2차 세계 대전이 일어나 로켓 개발의 중대성이 부각되자, 길이 14미터, 추진력 25톤이라는 당시로서는 최대의 로켓이 만들어지게 되었다.

폰 브라운과 함께 과학자들은 끈질기게 모든 어려움을 극복하여, 드디어 브이(V)2라는 로켓 제작에 성공하였다.

로켓 개발을 오로지 우주 여행과 우주 탐색에 이용하려고 했던 폰 브라운은, 군대의 오해를 받아 억울하게 감옥에 갇히기도 하였다. 그러나 그가 없이는 로켓 개발이 불가능하다는 판단을 내리고 그를 곧 석방하였다.

제 2차 세계 대전이 종말에 다다르자, 소련도 독일로 진격해 들어오기 시작했다. 폰 브라운은 몇몇 부하 직원과 미군에게 항복하자고 비밀리에 약속하였다. 앞으로의 로켓 개발에 있어서는 미국을 능가할 나라가 없으리라는 사실을 알았기 때문이었다.

그는 로켓 연구소가 소련의 공격을 받기 전, 5000명이 넘는 직원과 가족 들을 독일 남서부로 피난시키고, 몇몇 과학자들과 함께 바이에른으로 가서 미군에 항복했다.

당시 로켓 개발에는 어느 나라나 관심을 가졌던 만큼, 미국은 폰 브라운과 과학자 112명, 브이(V)2 100대, 로켓 기술 자료 등을 정식으로 받아들였다.

그들이 미국에 도착한 것은 1945년 9월 25일이었다. 그들은 텍사스 주 포트블리스에서 미군 감시하에 로켓 조립과 발사에 관한 임무를 맡았다.

폰 브라운은 틈틈이 시간을 내어

우주 여행에 관한 저서도 집필하고, 미국 로켓 과학자들에게 좋은 정보를 제공하기도 하였다.

1947년, 그는 잠시 독일로 돌아가 결혼하였고, 그 후에도 꾸준히 연구를 계속하여 로켓 유도 기술까지 완성시켰을 뿐만 아니라, 우주 공간에서의 동물에 관한 의학 실험까지도 시도하였다.

1955년, 그는 정식으로 미국 시민권을 얻었다.

폰 브라운은 우주 개발에서 소련이 훨씬 앞서 있다고 여러 번 경고하면서 인공 위성의 발사를 신청했으나, 그때마다 허가가 떨어지지 않았다.

그러다가 소련의 스푸트니크 1호가 성공하고 미국 해군의 뱅가드 계획이 실패하자, 비로소 미국은 그의 계획을 추진시키도록 했다.

드디어 그가 개발한 익스플로러 1호 인공 위성이 지구 궤도를 도는 데에 성공했다.

1961년 10월 27일, 새턴 아이(I)형 1호가 성공하였고, 1967년 11월 9일에는 5호가 발사되었다.

결국 이 새턴 5호에 의한 아폴로 11호가 세계 최초로 달 표면에 닿았던 것이다.

이렇게 인류의 우주 여행에의 길을 열어 놓은 위대한 과학자 폰 브라운은 1977년 6월 16일, 버지니아 주 알렉산드리아에서 암으로 세상을 떠났다.

아폴로 우주선의 연료 기관을 점검하고 있는 폰 브라운

# 브 라 운
## (1850~1918)

## ─ 브라운관을 발명한 물리학자 ─

카를 페르디난트 브라운은 독일의 물리학자이며, 무선 전신에 관한 연구로 1909년에 이탈리아의 발명가인 마르코니와 함께 노벨 물리학상을 받았다. 그는 또한 브라운관의 발명으로도 유명하다.

브라운은 1850년 6월 6일, 독일의 풀다에서 태어났다.

어려서부터 머리가 남달리 뛰어나 여러 방면으로 재능을 보이던 그는 마르부르크 대학과 베를린 대학에서 공부하고, 탄성봉과 탄성현의 진동 연구로 1872년에 베를린 대학에서 학위를 받았다.

대학을 졸업한 후에 조수로 남아 연구에 계속 전념하다가 마르부르크 대학, 슈트라스부르크 대학, 튀빙겐 대학 등에서 강의를 하였으며, 그 후 튀빙겐 대학에서는 물리학 연구소를 설립하기도 하였다.

1895년에는 다시 슈트라스부르크 대학으로 돌아와, 평생 동안 물리학 교수 겸 물리학 연구소 소장으로 있었다.

마르코니가 무선 전신을 발명하였지만, 마르코니의 무선 전신은 수십 킬로미터를 넘는 지점에서는 수신이 불가능하였다.

그리고 유도 코일에 직접 안테나를 부착시킨 헤르츠파 장치가 감퇴 진동을 일으켜 급격하게 약해지는 전자기파만 발생시킨다는 치명적인 결점이 있었다.

또한 두 개 이상의 송신기에서 나오는 전파끼리의 간섭으로 혼선을 일으키기 쉬운 문제점도 안고 있었다.

1899년, 브라운은 유도 코일을 포함하는 공진 회로(어떤 주파수의 진동이 가해졌을 때 그 주파수

에 공진할 수 있는 회로)와는 별도로 안테나를 만들어, 그것을 자기적으로 접속시켜 이러한 결점을 제거하는 데 성공했다.

이 결과, 원거리 무선 통신이 가능하게 되었으며, 이 업적으로 말미암아 그는 1909년에 마르코니와 함께 노벨 물리학상을 차지하게 되었다.

이 연구와 거의 같은 시기에, 그는 전기 신호를 우리 눈으로 볼 수 있는 광학상으로 바꾸는, 복잡한 구조를 가지고 있는 음극선관을 발명했다.

이것이 바로 텔레비전, 레이더, 오실로그래프 등에 광범하게 사용되는 그 유명한 브라운관이다.

그는 이 밖에도 진공관, 안테나 개발 등 여러 분야에서 훌륭한 업적을 남겼다.

제1차 세계 대전이 일어난 다음 해인 1915년, 브라운은 무선 방송의 특허 소송에 관한 증인으로 미국에 갔다.

마침 그 때 미국도 전쟁에 참가하게 되어 브라운은 포로로 억류되었다.

그러다가 미국에 머무르던 1918년 4월 20일, 뉴욕 병원에서 세상을 떠났다.

# 브람스
## (1833~1897)

### ─독일의 낭만파 작곡가─

우리들이 즐겨 부르는 가곡을 작곡한 독일의 요하네스 브람스는 1833년 5월 7일, 독일 함부르크에서 태어났다. 아버지는 함부르크 시립 극장의 더블 베이스 주자로 활약하였고, 어린 브람스에게 음악의 기초를 가르쳤다.

그리하여 브람스는 어릴 때부터 피아노를 배웠고, 15세 때에는 벌써 피아노 독주회를 열었다.

또 10세 때부터 작곡도 했으나, 그 때 작품은 거의 없애 버리고 말았다.

1853년부터 바이올린 주자인 레메니와 함께 연주 여행을 했고, 또 하노버를 방문하여 바이올린 주자인 요아힘과 친구가 되었으며, 바이마르에서는 리스트를 만났다.

그 해 9월 말에는 요아힘의 권유로 뒤셀도르프에 있는 슈만을 방문하였다. 슈만은 그가 맡아 보던 잡지를 통하여 브람스를 세상에 알렸을 뿐만 아니라, 여러 곳에 소개함으로써 그가 악단에 진출하는 계기를 마련해 주었다.

1854년, 그는 라인 강에 투신 자살을 하려다가 미수에 그치고 입원한 슈만의 아내 클라라와 깊은 우정을 나누었다. 브람스는 그 후 데트몰트에 1857년부터 1859년까지 머물렀고, 또 1860년부터 2년간은 함부르크에 머물렀으며, 1862년에는 빈으로 나와 1874년까지 징 아카데미의 지휘자로 있었다.

연주가로서도 활약한 브람스는 1865년 2월에 어머니가 세상을 떠난 것을 계기로 작곡을 시작하여, 1868년에 완성한 〈독일 진혼곡〉이 크게 성공을 거둠으로써 작곡가로서의 명성도 얻었다.

1869년에는 슈만의 셋째 딸인 율리에를 사랑하다가 실연한 상심을 달래기 위해서, 괴테의 〈겨울철의 하르츠 기행〉에 곡을 붙인 〈알토 랩소디〉를 작곡했고, 1871년에는 프로이센이 프랑스에 승리한 기념으로 〈승리의 노래〉를 작곡하는 등, 이 무렵부터 관현악이 따르는 성악곡을 많이 작곡하였다.

1872년부터 1875년까지는 빈 음악가 협회 회장으로 취임하여 합창단과 관현악단의 정기 연주회를 지휘했다. 1879년에 브레슬라우 대학에서 명예 박사 학위를 받고, 이듬해 감사의 뜻으로 〈대학 축전 서곡〉을 작곡했다.

1890년에 〈현악 5중주곡〉을 완성한 후, 그 해 여름에 〈클라리넷 3중주곡〉과 〈클라리넷 5중주곡〉을 썼고, 1894년에는 클라리넷 소나타를 두 곡 작곡했다.

1896년, 〈4곡의 엄숙한 노래〉를 작곡했으며, 오르간용의 〈11의 코랄 전주곡〉을 작곡했다.

그러나 1897년 4월 3일 아침, 일생 동안 독신으로 지낸 브람스는 마침내 빈에서 간암으로 세상을 떠났다.

〈승리의 노래〉 악보

브람스의 작품은 독일 낭만파 중에서 비교적 보수적인 경향을 띠고 있다. 그의 작품은 고전적인 양식에 북독일의 중후한 맛을 지니면서도 아름다운 서정성도 잃지 않고 있다. 그의 작품 중 4곡의 교향곡은 어느 것이나 걸작으로, 베토벤의 영향을 받았지만 브람스만의 독자적인 세계를 띠고 있으며, 바이올린 협주곡 또한 그 완성도에 있어서 베토벤 곡에 버금가는 가치가 있다고 평가받고 있다.

피아노 독주곡으로 〈파가니니 변주곡〉(1863년), 〈헨델 변주곡〉 등의 뛰어난 작품을 남겼다.

# 브론테 자매

## ─영국의 자매 소설가─

브론테 자매란 바로 샬럿 브론테 (1816~1855), 에밀리 브론테 (1818~1848), 앤 브론테(1820 ~1849)의 세 자매를 말하는데, 이들은 모두 영국의 유명한 소설가이다.

이 세 자매 중 샬럿 브론테가 제일 큰언니이지만 원래는 샬럿 위로 언니가 두 명 더 있고, 에밀리 브론테와의 사이에 남동생도 한 명 더 있다.

이들의 아버지는 가난한 목사로 성질이 매우 난폭했다고 한다. 그는 식구들을 데리고 1820년에 요크셔의 호워스로 이사하여 쭉 그곳에서 살았다.

샬럿이 5세 때 어머니가 죽자, 이들은 얼마 동안 이모의 보살핌을 받다가 싼 비용으로 맡아 주는 기숙 학교에 보내졌다.

여기서 샬럿 위의 언니들은 형편 없는 식사와 환경 때문에 결핵에 걸려 죽었던 것이다.

기숙 학교에서 언니들이 죽고 얼마 후, 샬럿은 에밀리와 함께 집으로 돌아왔다. 그 후로는 계속 집에서 지내다가 16세 되던 해 학교에 들어갔다. 집안 사정 때문에 학교를 제대로 마치지 못했으나, 1835년에 이 학교에 선생이 되어 3년 동안 있었다.

다시 호워스로 돌아온 샬럿은 가정 교사를 하면서 생활을 꾸려가다가 학교를 세워 학생들을 가르칠 생각으로 동생 에밀리와 함께 벨기에로 유학을 갔다. 그러나 이모의 죽음으로 인하여 1년도 못 되어 다시 돌아왔다.

브론테 자매들은 사람들과 떨어진 외진 곳에서 살았기 때문인지

어렸을 때부터 글을 쓰곤 했었는데, 이런 글들을 모아 1846년 시집을 출판하여 세상에 내놓았다.

브론테 자매는 이 책에 커러 벨, 엘리스 벨, 액턴 벨이란 필명을 사용하여 자비로 출판하였는데, 별로 호응이 없어 겨우 2부만이 팔렸다고 한다.

그 후 세 자매는 각기 한 편의 소설을 썼다. 샬럿(커러 벨)은 《교수》, 에밀리(엘리스 벨)는 《폭풍의 언덕》, 앤(액턴 벨)은 《아그네스 그레이》를 출판사에 보냈다. 샬럿은 좀더 긴 소설을 써 달라는 출판사의 요구로 당시 쓰고 있었던 《제인 에어》를 완성시켜 보냈다.

《제인 에어》(1847)는 처음에는 평이 안 좋았으나 차츰 인기를 얻게 되었고, 에밀리가 쓴 《폭풍의 언덕》도 인기를 얻게 되었다. 앤 브론테는 《와일드펠 관의 주인》(1848)등을 썼으나 언니들보다는 인기를 얻지 못했다.

1848년, 에밀리 브론테는 결핵에 걸려 30세의 짧은 생애를 마쳤으며, 앤 브론테도 다음 해에 결핵에 걸려 죽고, 샬럿 브론테도 39세가 되던 해인 1855년에 죽었다.

브론테 자매는 비록 많은 양의 글을 쓰지는 않았지만, 오늘날 영국 문학사에 중요한 부분을 차지하고 있다.

# 브루투스

(기원전 85~기원전 42)

## －고대 로마의 공화주의자－

마르쿠스 유니우스 브루투스는 로마의 정치가이며 학자이다. 그는 셰익스피어의 작품인 〈줄리어스 시저〉에서 훌륭한 성격을 가진 이상적인 인물로 나오는데, 실제로는 그렇지 않다는 설도 있다.

브루투스는 플라톤 철학과 스토아 철학을 열렬히 숭배했고, 철학 논문이나 역사 논문을 저술하기도 했다.

또 키케로와 주고받았던 편지는 뛰어나게 잘 지은 글로 평가되고 있다.

그는 더없이 지성적이며 이상주의자였음에도 융통성이 없어 고립되었으며, 독선적인 사람으로 평가되었다.

기원전 49년, 카이사르(시저)와 폼페이우스 사이에 전쟁이 벌어지자, 브루투스는 어느 편을 들어야 할 지 알 수 없었다.

폼페이우스는 자신의 아버지를 죽인 원수였지만, 카이사르를 강력하게 반대하던 카토의 영향을 받고 있었기 때문이었다.

브루투스는 마침내 폼페이우스 편에 가담해 카이사르와 싸웠다.

이 전쟁은 카이사르의 승리로 돌아갔지만 카이사르는 브루투스를 용서하고 지방 총독으로 기용하는 아량을 베풀었다.

기원전 46년, 카이사르를 반대하던 카토가 자살하자, 브루투스의 카이사르에 대한 충성도 점차 식어 갔다.

브루투스는 카토의 딸 포르치아와 결혼했다.

그 무렵, 카이사르의 권력은 날로 커졌으며, 급기야는 독재 정치로 흐르고 있었다.

이에 로마 공화정의 앞날을 걱정하는 카시우스를 중심으로 한 사람들이, 브루투스의 조상인 루시우스 브루투스가 로마의 왕을 죽이고 공화정을 세웠던 사실을 일깨워 주며, 브루투스에게 카이사르 암살 음모에 가담할 것을 권했다.

마침내 브루투스는 카이사르를 암살하려는 사람들의 중심 인물이 되었다. 그는 카시우스 등이 카이사르와 그의 측근 모두를 암살해야 정권을 잡을 수 있다는 주장을 묵살하고 카이사르 한 명만 죽일 것을 주장했다.

그는 카이사르만 없애면 공화정이 부활되리라고 생각한 것이다.

브루투스는 기원전 44년에 카이사르를 암살하는 데 성공했다. 그러나 정권을 잡는 데는 실패하고 말았다.

카이사르의 원수를 갚으려는 안토니우스, 레피두스, 옥타비아누스 등과 싸우게 되었던 것이다.

브루투스는 카시우스와 군대를 모아 이들과 대항하였으나, 기원전 42년, 필리피 전투에서 패배하여 자살하고 말았다.

말년은 비참하게 끝났지만 공화 정치의 유지자로서 그의 민주 사상은 높이 평가된다.

# 비 발 디
(1675 ? ~1741)

## ―이탈리아의 작곡가―

안토니오 비발디는 바로크 시대를 대표하는 이탈리아의 작곡가이자 바이올리니스트이며 독주 협주곡의 완성가로, 바흐와 헨델을 비롯하여 많은 작곡가들에게 영향을 주었다.

비발디는 이탈리아의 베네치아에서 태어났다. 출생 연도는 정확한 기록이 없어 저마다 다른데, 1675년에서 1679년 사이로 추측하기도 한다.

바이올리니스트인 아버지에게 어려서부터 음악을 배운 그는 1703년 이전의 시기 중 한때 베네치아의 한 성당에서 사제로 있었다. 그는 이 곳에서 사제가 된 첫 해를 제외하고는 천식 때문에 한 번도 미사를 주관하지 않았다고 한다.

사제들은 그를 '빨간 신부님'이라 불렀는데, 그것은 비발디의 머리카락이 남다르게 붉은색이었기 때문이었다.

그 후, 사제직을 그만두고 1703년 이후에는 베네치아의 성 피에타 자선원의 부속 여자 음악원의 바이올린 교사, 합창장을 지내면서 각종 작품을 발표하는 등 활발한 음악 활동을 폈다. 그리고 한때는 만토바의 필립 공의 악장을 지냈으며, 1716~1722년에는 마르첼로와 알비노니의 영향으로 오페라의 작곡과 상연에 주력하였다. 그 후 상당한 기간에 걸쳐서 몇 차례의 외국 연주 여행 등으로 명성이 더욱 높아져 자선원의 음악 학교에서도 그와 미리 연주회 개최 약속을 해 두어야 할 정도였다.

비발디는 작곡을 많이 했는데, 40~50곡의 오페라와 400곡의 협주곡, 그리고 여러 종류의 종교적인 성악곡, 가곡 등을 남겼다. 특히 기악곡은 음악사에서 중요한 자리를 차지한다.

협주곡 분야에서는 코렐리 등이 만든 형식을 발전시켜, 갖가지 현악기나 관악기를 위한 독주 협주곡과 변화 있는 독주 악기군을 갖춘, 새로운 형태의 합주 협주곡을 만들었다. 그것이 바로 바이올린 협주곡 양식인 알레그로—아다지오—알레그로의 3악장 형식인 것이다. 이 형식은 다음 세대까지 큰 영향을 끼쳤다.

특히 바흐는 비발디의 작품을 다른 악기를 위한 곡으로 편곡하여 그 기법을 익히는 교재로 삼았을 만큼 작품의 형식면에서 그를 따를 사람이 없었다.

비발디의 주요 작품으로는 〈조화의 영감〉〈사계〉 등이 있는데, 〈사계〉는 봄·여름·가을·겨울의 4계절을 표현한 바이올린 협주곡으로 우리에게 너무나 잘 알려진 곡이다.

그 후에도 비발디는 로마·피렌체·빈 등으로 수없이 연주 여행을 다녔으며, 1740년에는 빈으로 가서 궁정 악장으로 있다가 다음해 7월에 사망하였다. 불행히도 그의 유해는 빈의 빈민 묘지에 묻혔다.

# 비스마르크
(1815~1898)

## ―독일 제국 통일의 영웅―

오토 폰 비스마르크는 프로이센의 브란덴부르크 지역에 있는 쇤하우젠에서 1815년 4월 1일에 태어났다.

어린 시절부터 개구쟁이였던 비스마르크는 청소년 때는 불량 학생의 우두머리가 되어 공부는 게을리하고 놀기만 했다. 그러나 1년쯤 지나자 그런 짓도 쓸데없음을 깨닫고, 베를린 대학에 다니며 마음을 잡고 학업에 열중하였다.

1835년에 대학을 졸업한 비스마르크는 쇤하우젠 영지의 은둔 생활에서 많은 독서를 하여 정치 생활에 밑거름을 쌓았다.

1847년, 지방 의회의 의원에 선출되어 보수파의 대표가 된 그는, 당시 프랑스 혁명의 영향을 받은 자유주의에 대해 반대하는 편에 서서 왕정을 수호하였다.

1848년에는 입헌 군주제로 바꾸려는 혁명 세력을 진압하여 중앙의 신임을 얻고, 러시아 공사가 되어 3년간 재임하고 프랑스 공사로도 활약했다.

그 무렵, 독일은 많은 나라로 나뉘어 있었다. 그 중에서도 프로이센과 오스트리아가 가장 강한 나라였는데, 어느 쪽이 중심이 되어 독일을 통일할 것인가 하는 문제로 싸움이 끊이지 않고 있었다.

이 때 프로이센을 중심으로 독일을 통일하자는 분위기가 더욱 강하였다.

비스마르크도 독일의 통일을 꿈꾸었다.

1862년, 빌헬름 1세가 즉위하면서 프로이센은 군비 확장을 하려했으나 의회에서 이것을 반대함으로써 왕과 의회가 맞서게 되었다.

이 때, 파리에 있던 비스마르크는 빌헬름 1세의 명으로 소환되어 9월 24일, 수상 겸 국방상으로 임명되었다. 그는 이 안건을 의회에 제출하면서

"독일의 통일은 연설이나 다수결로써는 이루어지지 않는다. 그것은 오로지 철과 피에 의해서만 이루어진다."

라는 유명한 연설을 했다. 즉, 군비의 확장만이 독일 통일의 유일한 방법이라는 것이다. 이 때문에 비스마르크는 철혈 재상이라고 불리게 되었다. 그는 의회의 반대를 무시하고 독일 최대의 지방인 슐레스비히와 홀슈타인을 점령하기 위하여 1863년, 덴마크를 공격하여 반년 만에 항복시켰고 1866년, 오스트리아와 싸워 7주 만에 전쟁을 승리로 끝냈다. 그리하여 오스트리아와 조약을 맺었는데, 여기서 오스트리아와 남독일을 제외한 북부 독일 연방이 조직되었다.

1871년, 프랑스를 항복시켜 새로운 독일을 세우고, 프로이센 왕 빌헬름 1세가 독일 제국의 황제가 되어 오랫동안 품고 있던 비스마르크의 꿈이 실현되었다. 1898년, 그는 〈회상록〉을 쓰면서 조용히 지내다가 세상을 떠났다.

# 비 제
(1838~1875)

## ー천재적인 가극 작곡가ー

조르주 비제는 1838년 10월 25일, 프랑스 파리에서 태어났다. 그는 어렸을 때부터 음악적 재능이 뛰어났으며, 10세 때인 1848년에는 파리 음악원에 입학하여 공부했다. 그 곳에서 그는 천재적인 학생으로 유명해졌다.

1857년, 그는 칸타타 클로비스

와 클로틸드로 로마 대상을 받고 로마로 유학을 갔으며, 3년간 그 곳에서 행복한 시절을 보내며 가극 〈돈 프로코피아〉를 작곡했다.

1860년 파리로 돌아온 비제는 가극 작곡가, 피아니스트, 또 개인 교수로 활동하며 지냈고, 편곡도 계속했다. 1869년, 그는 파리 음악원의 스승인 알레비의 딸 주느비에브 알레비와 결혼했다.

그의 명성은 주로 가극 작곡에 있지만, 기악곡에도 걸작이 많다. 1855년에 작곡한 〈다 장조의 교향곡〉은 모차르트, 멘델스존, 슈베르트의 작품들과 겨룰 만하다.

이 밖에도 1871년에 작곡한 피아노 연탄곡 〈어린이들의 놀이〉, 1872년의 조곡 〈아를의 여인〉, 1874년의 서곡 〈조국〉 등은 매우 유명하다.

1860년대의 그의 가극은 별로 성공한 것이 없지만, 1870년대는 비제의 전성기였다. 1872년에 가극 〈자밀레〉, 1875년에는 너무도 유명한 〈카르멘〉을 발표했다.

비제의 가극 〈카르멘〉은 프랑스의 소설가 메리메의 소설을 가극으로 작곡한 것이다. 소설 〈카르멘〉은 에스파냐를 무대로 집시 여인 카르멘과 기병 하사 돈 호세의 사랑과 비련을 그린 작품으로 1845년에 발표되었으나, 별다른 독자의 호응을 얻지 못하다가 비제의 오페라가 크게 성공함으로써 비로소 널리 알려지게 되었다.

가극 〈카르멘〉은 1875년 3월에 상연되었는데, 이 극의 화려한 성공으로 비제는 프랑스 정부로부터 레지옹 도뇌르 훈장을 받았다.

1875년 5월, 비제는 건강이 악화되어 파리를 떠나 요양을 갔으나, 결국 6월 3일에 37세의 나이로 세상을 떠나고 말았다.

그는 진보적인 사상을 지닌 음악가였다. 극에 등장하는 인물의 정확한 성격 표현과 매력 있는 선율로 극적인 긴장감을 불러일으키는 그의 뛰어난 창작법은 아무도 따르지 못하는 비제만의 개성과 독창성이었다.

271

# 빅토리아 여왕

(1819~1901)

## ―영국 최전성기의 여왕―

빅토리아 여왕이 다스리던 영국은 영국 역사상 가장 번성했던 시대이다. 이 때의 영국은 정치가 두드러지게 발달하였으며, 세계 상공업의 패권을 잡아 국력이 커졌고, 식민지는 온 세계에 걸쳐 있어 '해가 지지 않는 영국'이라는 말을 들을 정도였다. 또한 문학과 예술도 크게 성행하여, 빅토리아 시대라는 하나의 시기를 이루었다.

빅토리아는 1819년 5월 24일, 런던의 켄싱턴에서 조지 3세의 손녀로 태어났다.

큰아버지인 윌리엄 4세의 자녀들이 모두 일찍 죽었기 때문에 11세 때에 영국의 왕위 계승자가 되었던 것이다.

1837년, 윌리엄 4세가 죽자 18세의 나이로 왕위에 올랐다. 그래서 빅토리아 여왕은 이렇게 말했다.

"나는 여왕으로서는 너무 키가 작다."

그러나 여왕의 용모는 아주 뛰어났으며, 평생 우아한 자태를 잃지 않았다고 한다.

빅토리아 여왕은 밖으로는 대영 제국의 판도를 넓히기 위해서 해외 식민지를 개척하는 데 힘쓰고, 안으로는 자유주의 경제 정책에 따라 산업 혁명을 일으켜 세계 제일의 공업 국가를 만들었다. 그럼으로써 세계 시장을 독점하여 영국의 전성기를 이루었다.

여왕의 어머니와 삼촌은 작센 코부르크 고타 집안의 앨버트 공을 오랫동안 여왕의 남편감으로 생각해왔다. 1839년 10월 15일에 여왕은 그에게 결혼을 신청했다. 두 사람은 1840년 2월 15일에 결혼했으며, 결혼 생활은 아주 이상적이고 행복했다. 그러나 이런 행복은 언제까지나 계속되지 못했다.

1861년에 여왕의 어머니가 사망했고, 엎친 데 덮친 격으로 그 해 12월에는 남편 앨버트 공마저 장티푸스로 죽고 말았다.

여왕의 슬픔은 이루 말할 수 없을 정도여서, 그 후 여왕은 공식석상에도 거의 나타나지 않고, 계속 상복을 입고 지냈다.

1887년에는 여왕 즉위 50주년 기념 축전이 성대하게 거행되었고, 10년 후에 다시 60주년 축전이 거행되어 대영 제국의 영광과 번영을 자랑하였다.

여왕의 존재는 대영 제국의 번영이었다. 64년 동안 왕좌에서 영국을 빛냈던 여왕은 1901년 1월 22일에 눈을 감았다.

# 사르트르
## (1905~1980)

### ─실존주의 문학의 창시자─

장 폴 사르트르는 카뮈와 함께 실존주의 문학의 쌍벽을 이루는 프랑스의 작가이며 철학자이다.

사르트르는 1905년 6월 21일, 파리에서 출생하였다.

해군 기술 장교였던 아버지는 사르트르가 두 살 때 사망함으로써 그는 외할아버지 카를 슈바이처 밑에서 성장했다.

유명한 알베르트 슈바이처는 그의 어머니의 사촌 오빠이다.

16세 때 대학 입학 자격 시험에 합격하여 수재들만 들어가는 고등 사범 학교에 입학했다. 철학을 전공하여 수석으로 졸업한 그는 1929년에 철학 교수 자격 시험에 합격했다. 재학 중 무니에, 아롱 등의 수재와 알게 됐으며, 니장과는 특히 친해서 그로부터 정신적인 영향을 받았다.

1933년에 베를린에 1년간 유학하여 독일 철학, 특히 후설과 하이데거의 철학을 연구하였다.

그리하여 1934년에 현상학적 연구 논문 〈자아의 초극〉을, 1936년에는 〈상상력〉을 발표하였다. 이어 1938년에는 실존주의 문학의 시작을 알리는 장편 〈구토〉를 발표하여 세상의 주목을 끌었다.

제2차 세계 대전 때는 메를로퐁티 등과 조직적인 반 나치스 저항 운동을 전개하면서 연구를 계속하여, 1943년 철학 논문 〈존재와 무〉를 발표하였다. 〈존재와 무〉는 크리스트 교적 존재론을 정면으로 부정하는 무신론적인 실존주의 존재론으로 전후의 사조를 대표하는 결정적인 논문이 되었다.

또한, 전쟁을 체험한 파리의 비행동적인 인텔리 부르주아가 행동적인 인간으로 변신하여 자유의 의미를 이해하고 실천하는 과정이, 각 권마다 서로 다른 소설 기법으로 묘사된 〈자유의 길〉은 전후 문학의 최대 걸작으로 평가된다. 제2차 세계 대전 후, 그는 미국 등지를 방문하면서 전후 문학의 선구자로 활동을 개시했다. 또한 사르트르는 문학의 앙가주망(사회 참여)을 주장한 것으로도 유명하다.

그러나 이전의 그의 문학과 사상은 허무주의의 그림자가 짙은 실존주의였다는 점에서, 전쟁 체험을 통해 사르트르 자신의 사상에 변화가 있었음을 알 수 있다.

그로 인해 한때 자유를 신조로 삼던 그가 〈공안주의의 평화〉를 발표하여 자기 모순을 드러내자 카뮈 등으로부터 절교 당하기도 했다. 그러나 알제리 전쟁 때 알제리의 독립을 지지하고 실존주의자로서 객관적으로 마르크스 주의를 비판하여, 마르크스 주의자가 아님을 스스로 밝히고 공산당에도 가입하지 않았다. 그럼으로써 자신의 고유한 작가적 입장이 있음을 밝혔으며 1964년도 노벨 문학상 수상도 거부하는 결단성을 보였다.

사르트르는 1980년에 75세로 천재적인 삶의 막을 내렸다.

# 사마 천

(기원전 145 ? ~기원전 86 ?)

## ―고대 중국 전한의 역사가―

사마 천(司馬遷)은 자는 자장이며 태사공이라고도 불렸다. 그의 부친은 무제를 섬겨 천문, 달력, 기록을 맡아 보는 장관인 태사령을 지냈다.

사마 천은 어릴 때부터 부친에게서 학문과 지식을 배워, 열 살 때 이미 어려운 책을 줄줄 읽을 수 있었다고 한다.

이윽고 천이 20세 때, 중국 각지를 여행하며 견문과 학식을 넓힌 뒤 부친의 뜻을 따라 무제를 섬기게 되었다.

천이 35세 때, 그의 부친이 병으로 죽으면서

"나는 태사령으로 있을 때 춘추부터 한까지의 역사를 남기려 했는데 이렇게 죽는구나. 천하의 역사가 이미 다 상실되려 하고 있다. 나는 이 일이 걱정되어 견딜 수가 없구나. 내 대신 네가 천하의 역사를 잇도록 하라."
고 유언했다.

천은 부친의 유언에 따라 역사를 쓰겠다고 굳게 결심했다.

태사령이 된 그는 역사를 쓸 준비를 하였으나, 달력을 고치거나 무제를 따라다녀야 했음으로 역사를 쓸 시간이 없었다.

드디어 기원전 104년에 그 동안 해 오던 태초력이 완성되자, 곧 통사를 편찬하는 일에 착수했다.

천은 부친이 생전에 모아 두었던 수많은 자료들과 궁중의 기록들을 조사하여 역사를 써 나갔다. 그 때 천에게 뜻밖의 재난이 닥쳐왔다. 기원전 99년, 한나라의 이능이라는 장군이 흉노에게 항복한 사건이 일어났다. 몹시 화가 난 무제는 중신들을 불러 회의를 열었다.

그러자 신하들은 하나같이 이능에게 엄벌을 내릴 것을 주장했다.

그런데 사마 천만은 이능의 용기와 충절을 찬양하고 두둔했다. 무제의 노여움을 사게 된 그는 태사령의 직책에서 파면을 당하고 궁형이라는, 몸의 일부를 베어 내는 수치스러운 형벌을 받았다.

이와 같은 수치를 당한 사마 천은 죽고 싶은 마음뿐이었으나

'내가 수치를 무릅쓰고 살아야 하는 것은 부친의 유언과 나의 소원을 이루기 위함이다. 내가 지금 죽어 버리면 내 문장이나 역사를 완성하려 했던 부친의 뜻이 후세에 남지 않게 될 것이다. 그러므로 완성할 때까지 살아야 한다.'

라고 생각하고 용기를 내어 붓을 들었다.

몇 해가 지나 출옥하여 집에 돌아온 천은 격심한 정신적 타격에도 꺾이지 않고, 도리어 큰 용기를 내어 다시 붓을 들었다.

한 자, 한 구절에도 부친의 유언을 되새기고, 감옥에서 고생한 일을 떠올리며 글을 써 나갔다.

그러자 무제도 마음이 풀린 듯,

천을 중서령이라는 자리에 임명했다.

천은 역사를 계속 써서 마침내 완성했다. 이것이 〈사기〉 130권이다. 〈사기〉를 완성한 것은 기원전 91년경이지만, 그것을 고치는 일은 죽을 때까지 그만두지 않았다고 한다.

# 석가모니

(기원전 560~기원전 480)

## ─불교의 창시자─

기원전 6세기 중반, 네팔의 국경 가까운 곳에 석가족이 살고 있는 조그마한 왕국이 있었다.

이 왕국은 정반왕이라는 왕이 다스리고 있었다.

석가모니는 정반왕의 맏아들로서 수도인 카필라 성에서 태어났으며, 이름을 고타마 싯다르타라고 하였다.

그는 우연히 성 밖에서 늙어 추레해진 사람, 병들어 고통받는 사람, 죽음의 슬픔을 보고

'사람은 늙거나 병들어 끝내는 죽어 간다. 이와 같은 고통에서 구원을 받으려면 어떻게 하면 좋을까?'

하고 사람의 일생에 대해서 깊이 생각하게 되었다.

석가모니는 29세 때 마침내 아내와 자식과 모든 영화를 버리고 출가하여, 6년 동안 산 속에서 고행을 하며 도를 닦았다.

부다가야의 보리수 아래에 정좌하고 선정에 잠겨 있다가, 마침내 진리를 깨달아 부처가 되었다.

"나는 이제 깨달음을 얻어 부처가 되었다. 삶은 그 자체가 고통이며, 그 원인은 바로 욕망이다. 고통의 원인인 욕망을 잘라 버리는 게 최선의 길이니라."

35세 때의 일이다.

부처는 그 후부터 80세로 세상을 떠날 때까지 45년 동안, 갠지스 강 유역의 중부 인도 지방을 돌아다니며, 모든 계급에 속하는 사람들에게 진리의 길을 가르쳤다.

"마치 어머니가 목숨을 걸고 제 자식을 지키듯이 생물에 대해 자비로운 마음을 품어야 한다."

라며 세상에 자비를 베풀어야 한다

열반에 든 석가모니

고 가르쳤다.

이 자비와 지혜의 가르침은 수많은 사람들의 마음을 사로잡아 마가다 국과 코살라 국의 왕을 비롯하여 각지의 부자들도 석가모니의 제자가 되었으며, 그 밖에 동물의 가죽을 벗기는 백정이나 천민들처럼 신분이 낮은 사람들까지도 부처를 따르게 되었다.

이처럼 많은 계층의 사람들에게 맞는 처방을 하기 위해서, 부처의 가르침은 모든 경전에 다양한 모습으로 실려 있다.

석가는 80세가 되었을 때, 한 대장장이가 바친 음식을 마지막으로 먹고 카쿠와 강에서 목욕을 한 후 구시나가라라고 하는 마을의 사라수 밑에 누워서 조용히 이 세상을 떠났다.

불교는 그 후 아소카 왕의 보호와 원조를 받아서 인도에서 매우 성해졌으며, 이윽고 미얀마, 중국, 한국 등지에 퍼져, 오늘날 크리스트 교, 이슬람 교와 더불어 세계의 3대 종교의 하나가 되었다.

석가모니의 유체는 화장을 하였으며, 유골 및 사리는 팔등분되어 생전에 석가와 관계가 깊었던 국왕과 종족에게 분배되어 사리탑을 세워 모셔졌다.

# 세 네 카

(기원전 4 ? ~기원후 65)

## ㅡ고대 로마의 철학자ㅡ

루시우스 아네우스 세네카는 고대 로마의 철학자, 시인, 정치가이다. 스토아 학파의 철학자로, 네로 황제의 가정 교사를 지냈으며, 나중에는 집정관도 지냈다. 그는 또한 변론가로도 유명하다.

세네카는 지금의 에스파냐의 코르도바에서 기원전 4년경에 태어났다. 그의 집안은 부유했기 때문에, 어렸을 때 법률 공부를 하기 위해 로마로 갔다.

그는 로마에서 피타고라스, 스토아 학파의 철학을 배웠다.

그는 웅변으로 명성을 얻게 되어, 검찰관으로서 원로원에 들어가게 되었다.

그러나 41년, 그는 전임 황제 칼리굴라의 누이인 율리아 리빌라와 함께 음모를 꾸몄다는 죄로 코르시카 섬으로 추방되었다.

49년, 네로의 어머니인 아그리피나가 세네카를 구해 주었다. 그리고 그를 네로의 가정 교사로 임명하였다.

54년에 클라우디우스 1세가 죽고 네로가 황제에 올랐다. 세네카는 〈아포콜로퀸토시스〉를 써서, 클라우디우스 1세의 죽음에 얽힌 정치적 상황을 풍자했다.

네로가 제위에 오른 후 1년 동안, 세네카는 네로가 훌륭한 정치를 할 수 있도록 보필하였다.

그런데 네로의 어머니는 야심이 많고 난폭한 성격이어서, 네로를 통하여 정권을 잡으려고 그를 갖은 방법으로 협박하고 괴롭혔다. 이에 참다 못한 네로는 어머니를 죽였다.

이 때 세네카는 네로를 위해, 아그리피나가 황제의 목숨을 노리는 음모를 꾸몄으며, 그러한 음모가 발각되자 자살해 버렸다는 내용의 편지를 써서 원로원에 보냈다. 그리하여 네로의 패륜에 대한 원로원의 탄핵을 피할 수 있었다.

62년에 뜻을 같이 하던 부루스가 죽자, 세네카의 지위는 위태롭게 되었다. 네로는 오포니우스 티겔리누스 같은 악한 사람의 말만 듣고 온갖 나쁜 정치를 하였다. 또 낭비를 일삼았기 때문에 국가의 재정도 형편없게 되었다.

세네카는 네로에게 누누이 충고했으나 듣지 않자, 로마 근처의 시골로 은퇴하였다.

그는 거기에서 아주 검소한 생활을 하다가 65년, 가이우스 칼푸르니우스 피소의 음모 사건에 가담했다는 죄명으로 자살을 명령받고, 결국 자살하고 말았다.

그는, 금욕과 극기를 통하여 자연의 법칙을 따르는 이상적인 생활을 강조한 스토아 철학에, 인생 유일의 최고의 선은 육체적 쾌락이나 고통을 초월한 정신적 쾌락에 있다고 본 에피쿠로스 주의를 첨가한 철학자로 평가 받고 있다. 즉, 욕망을 억제하고 자기를 초극해야 인간 최고의 선인 정신적 쾌락을 얻을 수 있다고 보았다.

# 세르반테스

## (1547~1616)

## ─〈돈 키호테〉의 작가─

세계 명작 가운데 하나인〈돈 키호테〉의 저자 미겔 데 세르반테스 사아베드라는 1547년 9월에, 에스파냐의 수도 마드리드에서 가까운 알칼라데에나레스라는 도시에서 태어났다.

아버지는 외과 의사였으나 귀머거리이고 가난했기 때문에, 그의 집안은 바야돌리드, 코르도바, 세비야, 마드리드 등지로 자주 옮겨다녔다. 따라서 세르반테스는 학교도 제대로 다니지 못했다.

1569년에 이탈리아에 건너가 아쿠아비바 추기경을 섬기며 그 밑에서 일하다가, 1571년에 병사로 유명한 레판토 해전에 참가하기도 하였다.

그 때 가슴에 두 군데나 상처를 입었고, 왼손을 평생 못 쓰는 불구자가 됐다.

세르반테스가 갇혔던 감옥  그는 이 곳에서 집필 구상을 했다고 하는데, 확실하지는 않다.

이러한 전쟁의 흔적은 그의 일생을 통하여 자랑거리가 되었다.

1575년, 에스파냐의 해군 사령관으로부터 감사장을 받고 출세를 꿈꾸며 귀국하는 도중에 해적에게 습격을 받아, 아프리카의 알제리에서 포로 생활을 5년 동안이나 계속해야만 했다.

그 무렵, 그는 동료를 달아나게 해 주고는 자기가 붙들려서 죄를 혼자서 뒤집어쓰는 등 의리 있고 용감한 행동을 하였다.

이윽고 1580년에 자유의 몸이 되어 마드리드에 돌아왔으나, 무슨 일을 해도 잘 되지 않아 주위로부터 냉대를 받았다.

그는 극작을 시도해 보았으나 그것도 실패하였고, 1584년에 팔라시오스라는 18세 연하의 여자와 결혼했으나 결혼 생활도 행복하지 않았다.

1585년, 그는 당시 유행하고 있던 목인 소설을 쓰기 시작하여 〈라 갈라테아〉를 발표했다. 그러나 별로 좋은 반응을 얻지 못했고, 그 후 몇 편의 희곡을 썼는데 지금 남아 있는 것은 두 편뿐이다.

이처럼 소설을 써도 잘 팔리지 않고 무슨 일을 해도 실패만 거듭하게 되자, 세르반테스는 모든 것을 집어치우고 안달루시아에 가서 유명한 무적 함대의 식량을 담당하는 관리가 되었다.

그런데 공금을 예금해 둔 은행이 파산하여 은행장인 포르투갈 인이 행방을 감추어 버렸다.

세르반테스는 에스파냐뿐만 아니라 세계 문학사상 불멸의 이름을 남기게 되었다.

물론 이 작품은 어른을 위해서 쓴 것이었지만, 그 줄거리의 변화나 사건이 재미있기 때문에 여러 사람이 어린이용으로 고쳐 써서, 어느 새 어린이들을 위한 〈돈 키호테〉가 완성되기도 했다.

세르반테스를 대표하는 이 〈돈 키호테〉의 정확한 제목은 〈재치 넘치는 기사 돈 키호테 데 라 만차〉이다. 이 작품의 제1부가 발표된 것은 그의 나이 60세가 가까워서였다. 작품은 곧 좋은 반응을 보여, 실패의 연속이었던 그의 인생이 만년에 이르러 겨우 영광을 차지하게 되었다. 그리고 제2부는 그가 죽기 바로 전 해에 씌어졌다.

이 소설을 쓴 본래의 목적은, 당시 유행하던 황당 무계한 기사 이야기를 희극화함으로써 이를 타도하기 위한 것이었다고 작자는 말하고 있다.

그러나 작품을 써 나가는 도중에, 세르반테스 자신의 비극적인 인생 체험이 담긴 대하 소설이 되었던 것이다.

그리하여 세르반테스는 억울하게도 그 죄를 대신 문책당하여 감옥에 들어가게 되었다.

감옥에서 나온 세르반테스는 세비야, 바야돌리드 등지를 떠돌아 다니다가 마드리드로 옮겨 가서, 몹시 가난한 생활을 하였다.

그 동안에 다시 소설을 쓰기 시작하여, 1605년에 〈돈 키호테〉 제1부를 발표했다. 이 작품은 예기치 못했을 정도로 크게 성공했으나, 생활은 여전히 곤란했다.

그러나 이 한 작품으로 인하여

이 작품에는, 돈 키호테와 산초 판사의 주변에서 전개되는 이상한 사건들을 통하여 이상과 현실의 상극이 잘 표현되어 있다.

세르반테스의 〈돈 키호테〉에서 단순한 재미나 익살, 혹은 풍자 이상의 진가를 발견하게 된 것은 근대에 이르러서였으며 스탕달, 플로베르, 도스토예프스키 등은 열렬한 세르반테스의 찬미자였다.

1615년에는 〈돈 키호테〉 제2부가 완성되었으며 그 동안에 그는 12편의 단편을 모은 《모범 소설집》 (1613년)과 《신작 희극 8편과 막간극 8편》(1615년)이란 책을 출판했다.

그의 일생은 끊임없이 어려운 일이 일어나 행복하지 못했는데, 그것은 그가 만들어 낸 소설의 주인공인 돈 키호테와 같은 인품이었기 때문일 것이다.

아니, 반대로 그와 같은 인품이었기 때문에 전세계 사람들의 마음을 끌어당기는 명작 〈돈 키호테〉를 낳았다고 할 수 있을 것이다.

세르반테스는 1616년 4월 23일, 영국이 낳은 위대한 극작가 셰익스피어와 같은 날, 69세로 생애를 마쳤다.

그는 선천적으로 소질을 타고난 소설가였다. 독창성, 자유 분방한 공상, 기발한 전개, 성격 창조 등은 그의 문학을 불멸의 작품으로 만든 특징이라고 하겠다.

# 세 잔
(1839~1906)

## ─후기 인상파의 대표적 화가─

폴 세잔은 남프랑스의 엑상프로방스에서 1839년 1월 19일에 태어났다.

그는 초등 학교 시절부터 그림 그리기를 좋아했다.

그는 중학교에서 나중에 프랑스의 대문호가 된, 한 학년 아래의 에밀 졸라를 만나 친하게 사귀었으며, 그로부터 문학의 영향을 받아 음악과 시작에 몰두하게 되었다.

세잔은 졸라의 안내를 받아 미술계와 문학계에 얼굴을 내밀어, 나중에 인상파 화가로 성공한 피사로와 기요맹 등과 사귀게 되었다. 이 때부터 그는 루브르 미술관을 다니면서 화가가 되고 싶은 강렬한 충동을 받았다.

1863년, 세잔은 관립 미술 학교의 입학 시험을 치렀으나 실패하였다. 그러나 그는 포기하지 않고 이듬해에 보드레이 가에 아틀리에를 마련하였다.

열심히 화필을 움직여서 그림 물감을 나이프로 바른 듯한, 두껍게 칠한 그림을 그렸다. 자유롭고 대담하며 거친 붓자국을 남기는 화풍이었다.

1872년에는 파리 근교에서 피사로와 함께 살면서 인상파의 수법을 받아들여 밝은 색채의 초상화 등을 그렸다.

그 무렵의 인상파 화가들은 새로운 기법으로 색채를 내는 그림을 그리기 시작하고 있었다. 태양 아래 있는 모든 자연은 빛의 변화에 따라 그 표정 또한 변한다. 따라서 푸른 하늘도 반드시 푸른 것이 아니며, 나무의 초록빛도 다음 순간에는 노랑, 자주, 빨강 등으로 변해 간다.

그러나 세잔은 인상파가 색채만을 파고 들어가서 자연을 묘사하려는 수법에 불만을 느꼈다.

'자연은 그 표면에 드러나 있는 것보다도 훨씬 깊은 내용을 간직하고 있다.'

이렇게 생각하여 그것을 그림으로 표현해 보려고 했다.

세잔은 형태를 자세하게 표현하는 것보다는 그 근원이 되는 형태를 잡으려고 했다. 그래서 자연의 형태를 원형이나 원통형, 사각형 등으로 생략했다.

그리하여 유명한 〈목맨 사람의 집〉이나 〈오베르의 길〉 등 걸작을 창조해 냈다.

그는 몇 번이나 전람회에 작품을 출품했으나 번번이 낙선했다. 당시에는 세잔과 같이 새롭고 독창적인 방법의 그림을 바르게 감상할 만한 식견이 없었기 때문이었다.

1896년에는 고향인 엑상프로방스에 틀어박혀 거의 하루도 쉬지 않고 스케치를 하러 나갔다. 이 무렵부터 그는 완전히 독자적인 화법에 몰두하여 정물화나 풍경화를 많이 그리게 되었다.

1906년 10월 22일, 소나기를 맞고 폐렴에 걸린 세잔은 쓸쓸히 사망했다.

그의 화풍은 그 뒤에 야수파나 입체파 등에 큰 영향을 주었다.

〈목맨 사람의 집〉
(1872~1873년)

# 셰익스피어
## (1564~1616)

### ─불후의 명작을 남긴 극작가─

윌리엄 셰익스피어는 1564년 4월 26일, 영국 중부 잉글랜드의 워릭셔 주 스트랫퍼드라는 작은 마을에서 태어났다.

당시 영국에서는 연극열이 대단하여 성황을 이루었으며, 재주 있는 연예인들로 구성된 극단이 전국을 순회 공연하고 있었다. 그 때 네 살된 셰익스피어는 마을의 공회당에서 공연하는 연극을 보고 배우의 대사를 그대로 흉내내어 주위 사람들을 놀라게 했다.

그가 10세가 되던 1574년, 그는 스트랫퍼드에 있는 문법 학교에 입학하여 라틴 어를 공부했다. 그러나 1577년, 아버지의 사업이 크게 파산하자, 그는 학교를 그만두지 않을 수 없었다.

18세가 되던 해에, 그는 앤 헤더웨이라는 처녀와 결혼했다.

그녀는 셰익스피어보다 8세나 연상이었는데, 그들은 결혼한 지 3년 만에 쌍둥이까지 합쳐 세 명의 자녀를 두게 되었다.

이런 환경이었지만 셰익스피어는 독서를 즐겼으며, 언젠가는 시골을 떠나 대도시로 가야 한다는 생각을 갖고 있었다. 즉, 연극의 본고장인 런던에서 배우나 작가가 되는 것이 그의 꿈이었다.

그의 나이 23세 때인 1587년, 그는 자신의 능력을 시험해 보기 위해서 그 곳에서 150킬로미터쯤 떨어진 런던으로 나갔다. 극장 주위를 맴돌던 그에게 돌아온 것은 고작 극장의 입구에 세워 둔 말을 지키는 일이었다.

그러나 셰익스피어는 실망하지 않고 틈틈이 공부를 하며 글을 쓰거나 연기 연습을 했다.

그러다가 점차 주위의 인정을 받아, 무대에도 서게 되었고 유망주로 지목도 받았다.

드디어 1592년 3월 2일, 런던의 연극계, 아니 세계의 연극계에 기념할 만한 날이 왔다. 그것은 1591년에 씌어진 셰익스피어의 〈헨리 6세〉가 스트렌지 경의 극단에 의해 상연되어 영국 사람들을 온통 열광시켰던 것이다.

1594년, 런던에 크게 만연됐던 악성 유행병이 물러가고, 여러 극단들이 재편성되었다.

궁내 대신 단체의 극단이 새로 조직되었는데, 그는 배우 겸 전속 작가로서 이 극단에 속하게 되었다. 이 극단은 제임스 1세 즉위 후에 국왕 단체가 되었다.

창작 활동을 시작한 것은 1590년 전후라고 생각되지만, 처음의 약 5년 동안은 말하자면 습작 시대로 볼 수 있다. 셰익스피어는 그 시기에 〈헨리 6세〉〈리처드 3세〉 등의 사극과 〈말괄량이 길들이기〉〈한여름밤의 꿈〉 등의 희극, 그리고 비극 〈로미오와 줄리엣〉 등의 갖가지 형식의 극을 시도했으며, 두 개의 설화 시 〈비너스와 아도니스〉〈루크리스의 능욕〉도 이 시기의 작품이다.

셰익스피어가 다녔던 스트랫퍼드 문법 학교 교실

영국 서정시의 걸작인 《소네트집》도 거의 대부분이 1593년에서 1596년경에 씌어진 것이다.

다음의 5년 동안은 그의 희극 시대라고 할 수 있는 시기로, 〈베니스의 상인〉을 비롯하여 한층 더 깊은 인간의 관찰과 원숙한 필치로 〈뜻대로 하세요〉 〈12야〉 등 셰익스피어 희극의 걸작들을 집필했다.

사극에도 뛰어난 것이 많아, 〈헨리 4세〉에 등장하는, 위트가 풍부하고 몸집이 큰 희극적 인물 폴스타프는 셰익스피어가 창조한 불후의 성격 중의 하나이다.

브루투스와 안토니우스의 연설로 유명한 〈줄리어스 시저〉도 이 시기의 작품이다.

세기가 바뀌는 이른바 1600년대에 이르러, 셰익스피어는 인생의 어둡고 깊숙한 면을 엿보게 하는 그 유명한 4대 비극을 썼다.

즉 〈햄릿〉(1600∼1601), 〈오셀로〉(1604∼1605), 〈리어왕〉, 〈맥베스〉(1605∼1606) 등의 네 작품이 바로 그것이다.

4대 비극 중 가장 먼저 쓴 〈햄릿〉은 하나의 복수극으로, 주인공 햄릿이 사색과 행동, 진실과 허위, 신념과 회의 등의 갈등을 겪으며 그 속에서 삶을 이겨 내려는 모습

발레 〈로미오
와 줄리엣〉의
한 장면

이 제시되어 있다.

이렇듯 4대 비극은 컴컴한 심연을 들여다보는 듯한 응시의 표정, 전율할 만큼 심각한 비극, 장대한 규모 등 일찍이 그 유례를 찾아볼 수 없는 작품들이다. 따라서 셰익스피어의 많은 작품들 중에서도 단연 두드러진다.

이 4대 비극이야말로 세계 극작 사상 불멸의 금자탑이다.

이 비극의 구름은 1609년경이 되어서야 겨우 걷히기 시작했다. 〈겨울밤의 이야기〉 〈폭풍우〉 등의 이른바 로맨스 극 시대이다.

〈폭풍우〉의 주인공 프로스페로우의 '우리들은 꿈과 같은 것으로 되어 있다. 보잘것 없는 우리 인생은 잠으로부터 시작되어 잠으로 끝난다.'라는 말에서, 말년의 셰익스피어의 심경을 짐작할 수 있다. 즐거움도 슬픔도 다 겪은 후의 폭풍우 자국과도 같은 적막 속에서의 체념으로, 조화와 관용의 정신을 가지고 인생의 모든 것을 용서하고 있는 작가의 모습이 거기에 있는 듯하다.

1601년 무렵부터 셰익스피어는 10년 동안의 대부분을 고향인 스트랫퍼드에서 보내다가, 1616년 4월 23일에 세상을 떠났다.

오늘날, 성서와 더불어 셰익스피어 전집은 세계 각 국어로 번역되어 어느 국민에게나 사랑받는 불후의 명작이 되었다.

# 소크라테스

(기원전 470 ? ~기원전 399)

## ─고대 그리스의 철학자─

소크라테스가 태어났을 무렵의 아테네는, 페르시아 군을 무찌르고 강대한 도시 국가로 군림하였으며, 국내로는 민주 정치가 발달되어 있었다.

그러나 세월이 흘러 소크라테스가 40세쯤 되었을 무렵, 아테네는 펠로폰네소스 전쟁(기원전 431~기원전 404년)을 치르면서 국력이 쇠퇴해 갔다.

전쟁에 지자 아테네의 민주 정치는 무너지고, 스파르타의 압력으로 그 때까지 민주적인 입장에 있던 수많은 사람들이 사형을 당하거나 재산을 몰수당하는가 하면, 국외로 추방되기도 했다. 그 후 아테네는 민주 정치가 다시 회복됐지만, 권력과 돈이 많은 지배 계급을 위한 것이 되어 버렸다.

타락한 세태에 대하여 소크라테

아테네의 아고라 아테네 시민의 정치·경제 활동의 중심이 된 광장으로 소크라테스도 여기에서 토론을 벌였다.

독약을 마시는 소크라테스

스는 인간의 행복이란 무엇인가 하는 문제를 진지하게 생각했다.

그가 바라던 것은 어느 시대, 어느 경우에도 통용되는 진리를 연구하는 일이었다.

"사람은 착한 일을 해야 한다. 그러나 착한 일을 하자면 그 착한 일이란 무엇인가를 알아야 한다. 하지만 우리가 가지고 있는 지식, 즉 세상의 관습이나 과거의 전통에 의해서 얻어지는 지식이란 대단히 불확실한 법이다. 우리는 먼저 아무것도 모른다는 것을 알아야 한다."

라고 말하고, 그는 사람들이 자신의 무지를 깨닫게 하는 데에 대화 방법을 사용했다.

소크라테스는 사람이 모이는 거리나 시장에서 민중에게 호소했는데 그의 가르침은 수많은 청년들의 마음을 사로잡았다.

이와 같은 까닭으로 정치가들의 반감을 산 그는, 국가에 해를 끼치는 위험 인물로 간주되었고, 마침내 체포되어 재판을 받게 되었다. 기원전 399년의 일이다.

사형을 언도받은 소크라테스는 법정에서도 자기가 생각하는 바를 당당히 주장했다.

"나는 결코 입을 다물지 않을 것이오. 어디까지나 진리를 탐구할 것이오."

친구들은 그에게 국외로 도망가라고 권했으나, 그는 악법이라도 국가의 법은 따라야 한다고 말하며 독약을 마시고 조용히 죽었다.

293

# 솔 로 몬

(? ~ 기원전 922 ?)

## ─ 고대 이스라엘의 왕 ─

솔로몬은 고대 이스라엘의 헤브라이 왕국의 제3대 왕으로서 예루살렘에서 태어나 부왕 다윗의 명을 따라서 그의 후계자가 되었다. 그는 매우 지혜로웠기 때문에 오늘날까지 '솔로몬의 지혜'라는 말이 사용되고 있다.

또한 이웃 나라들과는 우호 관계를 맺고 무역을 확대하여 나라를 부강하게 만들었으며, 행정을 개혁하고 군비를 강화하여 이른바 '솔로몬의 영화'를 누렸다.

솔로몬은 다윗 왕의 막내아들로 태어나, 동북부는 유프라테스 강, 남동부는 아카바 만, 남서부는 이집트에 달하는 광대한 제국을 물려받았다.

솔로몬은 뛰어난 외교적 수완을 발휘하여, 이웃의 여러 나라들과 우호 관계를 맺는 데에 노력했다.

다른 나라 사람과의 결혼을 장려하는 정책을 썼는데, 자신도 이집트의 공주와 결혼하여 남부 국경의 평화를 유지하는 데 힘썼다.

그에 관한 유명한 일화가 있다. 어느 날, 한 아기를 두고 서로 자기가 어머니라고 주장하는 두 여인이 나타나서, 솔로몬 왕에게 진짜를 가려 줄 것을 애원했다.

그러자 솔로몬은 칼을 뽑아 들고, 서로 자기의 아기라고 주장하니 아기를 반으로 갈라 각각 나눠 가지라고 말하면서 칼을 높이 쳐들었다. 아기의 진짜 어머니는 차마 볼 수가 없어, 자기가 가짜 어머니이니 아기를 저 여자에게 주라고 눈물을 흘리며 외쳤다. 이렇게 하여 솔로몬은 이 여자가 아기의 진짜 어머니임을 가려 냈던 것이다.

그는 자신의 힘을 과시하기 위해

예루살렘에 호화로운 왕궁과 신전을 세웠는데, 그것은 오리엔트 문화의 정수라고 일컬어진다.

또한 적의 침략에 대하여 견고하게 도시를 방어했다.

솔로몬은 이스라엘이 세계 교역의 요지에 위치한 점을 이용하여 통행세를 받는 외에 이집트, 페니키아, 아랍 등과 통상을 하였고, 조선소, 제동소 등을 설치하는 등 산업을 부흥시켜 나라의 부를 축적하는 한편, 거대한 규모의 함대를 조직하여 지중해, 홍해 연안뿐 아니라 멀리 에스파냐까지 누비며 활발한 무역을 하였다.

솔로몬은 여러 방면에서 이처럼 탁월한 정치를 하여 '솔로몬의 영화'까지 누렸으나, 국내 부족간의 대립을 해결하지 못하고 예루살렘 신전을 세우는 등 호화로운 건설 사업에 드는 엄청난 비용을 확보하기 위하여 백성들로부터 지나친 세금을 걷었다.

뿐만 아니라 징병이나 강제 노동 등을 실시하여 백성들을 괴롭히게 되었으므로 백성들의 불만이 쌓이게 되었다.

그리하여 솔로몬이 죽자 나라는 금방 어지럽게 되었으며, 결국은 남북으로 분열되었다.

# 쇼    팽
(1810~1849)

## —피아노의 시인—

'피아노의 시인'으로 불리는 프레데리크 프랑수아 쇼팽은 1810년 2월 22일, 폴란드 수도인 바르샤바에서 태어났다. 그의 아버지는 프랑스 어 교사로 바르샤바에 온 프랑스 인이었다. 그는 폴란드 인인 어머니에게 피아노를 배워 8세

바르샤바의 쇼팽 집 내부

때 연주회를 가질 정도였다.

1824년, 공립 중학교에 입학하면서 장차 작곡가로 나설 결심을 굳혔다. 이 무렵에 처음으로 〈론도 (작품 1)〉를 발표했다.

17세 때인 1827년, 바르샤바 중앙 음악 학교에 정식으로 입학하였다. 이듬해에는 베를린을 여행하며 여러 가극을 관람하였고, 귀국하여 많은 작품을 작곡했다.

특히, 19세 때 작곡한 〈피아노 협주곡(작품 11, 12)〉을 비롯하여 〈마주르카〉〈야상곡〉 등이 그의 명곡으로 꼽힌다.

20세 때, 그는 큰 희망을 품고 바르샤바를 떠났다.

1831년, 독일의 슈투트가르트에 들렀을 때, 바르샤바가 러시아 군에게 점령당했다는 슬픈 소식이 날아왔다. 그는 거의 기절할 정도로

절망에 빠져들었다. 그 때 작곡한 것이 오늘날 〈혁명〉으로 널리 알려져 있는 〈연습곡 다 단조(작품 10의 12)〉이다.

1832년, 파리에서 열린 연주회는 대단한 호평을 받았다.

그 무렵의 파리는 프랑스 혁명의 영향으로 자유로운 정신이 가득 차 있었고, 리스트·멘델스존·베를리오즈 등이 활약하고 있었다. 쇼팽은 리스트뿐만 아니라, 문학가인 발자크·위고·하이네, 화가인 들라크루아 등과도 깊이 사귀었으며, 그들로부터 영향을 받아 자신의 작품 세계를 넓혀 갔다.

그리하여 1832년 무렵부터 서서히 작품을 출판하여 그의 명성이 높아져 갔다.

파리에 와서 1, 2년 동안, 그는 스케르초, 발라드 그 밖에 몇 곡의 마주르카를 작곡했다.

1836년 겨울, 낭만파의 거장이라 불리는 리스트의 소개로 프랑스의 뛰어난 여류 소설가 조르주 상드와 사귀기 시작했다. 그 후, 두 사람은 약 3년 동안 같이 지냈으나 성격이 맞지 않아 1848년에 헤어지고 말았다.

쇼팽의 기념상(옆에는 조르주 상드)

그러던 1848년 가을, 쇼팽은 제자의 도움을 받아 함께 런던으로 연주 여행을 떠났다.

연주회는 대성공이었다. 그는 온 영국 안의 인기를 독차지하여, 매일같이 연주회를 갖지 않으면 안 될 정도였다.

그러나 평소에 폐결핵으로 몸이 약했던 쇼팽은 지나치게 무리를 했기 때문에, 병이 악화되었다.

그리하여 이듬해인 1849년 1월, 파리로 돌아온 후 〈말체로의 노래〉를 마지막으로 몇몇 친구가 지켜보는 가운데 그 해 10월 17일에 세상을 떠났다.

# 순 자

(기원전 298 ? ~기원전 238 ? )

## ―성악설을 주장한 사상가―

순자(荀子)는 중국 전국 시대 말기의 사상가이다.

조나라에서 태어난 그는 한때 제나라의 양왕을 섬겼으나 모략을 당해, 초나라로 가서 춘신군을 섬겨 난릉의 현령이 되었다. 후에 춘신군이 암살을 당하자, 관직에서 물러난 뒤에 난릉에서 제자들을 가르치며 저작 생활에만 힘썼다.

그는 유가의 계열에 속하며, 공자, 맹자 다음으로 이어진다.

그의 저서 《순자》는 원래 12권 313편이었는데, 한나라의 유향이 중복된 것을 빼고 12권 33편으로 간추려 《손경신서》라고 이름붙였다. 뒤에 당나라 양양이 주석을 달고 20권 32편으로 만들었는데, 이것이 오늘날의 《순자》이다.

순자는 맹자와 더불어 공자의 도를 이었다.

맹자가 공자의 도의 주관적인 면, 곧 인을 이론화한 증자와 자사의 계통을 이은 반면, 순자는 주로 공자의 도의 객관적인 면, 곧 예를 이론화한 자하의 계통을 이었다.

맹자는 성선설을 주장하여 인의를 내세웠고, 순자는 반대로 인간 본성의 이기적인 면을 들어 성악설을 주장하여 예의를 내세웠다.

순자는 악의 근원이 인간 내부에 있다고 보고, 인간의 본성은 악한 것이지만 가르침과 수양으로 선인도 될 수 있고, 나아가서는 성인도 될 수 있다는 것이다. 그러나 그러기 위해서는 꾸준한 노력이 있어야 하며, 예에 의해서만이 인간의 본성도 고쳐지고 사회 질서도 정리된다고 주장했다.

그는 공자나 맹자와 마찬가지로 여러 나라를 돌아다녔는데, 당시 전국 시대의 황폐한 사회와 고생하는 인간의 참상을 보고 성악설을 주장하게 되었다.

대개 중국에서는 인간의 모든 길흉 화복이 하늘에 있다고 믿어, 천명이니 천도니 하는 사상이 깊이

뿌리박혀 있었다.

그러나 순자는 인간에게 있어 길흉 화복은 하늘이나 운명과는 아무 관계가 없다고 주장하고, 오직 자기 자신의 노력과 수양만이 필요하다고 역설했다. 즉, 순자는 인간의 선천적인 소질보다는 후천적인 노력을 중시했던 것이다.

순자의 사상은 그 후의 사상가들에게 많은 영향을 주었다.

# 슈 만
(1810~1856)

## ―낭만파 음악의 거장―

개인의 인격과 사상을 존중하는 움직임은 19세기에 이르러서 낭만주의 운동으로 나타나 유럽 사회에 퍼지게 되었다.

낭만파의 음악가들은 문학, 미술 등 다른 예술에 대해서도 깊은 관심을 가졌다. 그리고 그렇게 함으로써 음악의 내용을 더욱 풍부하게 하였다.

이런 운동을 본격적으로 시작한 최초의 음악가가 〈트로이메라이〉의 작곡자 로베르트 슈만이다.

슈만은 1810년 6월 8일, 독일의 남부 작센 지방에 있는 츠비카우에서 서적상의 아들로 태어났다.

그는 피아노 치기를 좋아해서, 마을에 있는 교회의 오르간 연주자에게 피아노를 배워, 7세 때부터 재능을 보이더니 11세 때에는 작곡까지 하게 되었다.

1828년, 음악가가 되기로 결심한 그는 라이프치히 대학에 갔다. 라이프치히에서 그 무렵에 유명했던 음악가 프리드리히 비크의 집에 기숙하며 피아노를 배우는 한편, 도른한테서 작곡을 배웠다. 이 때 손가락을 다친 슈만은 피아니스트의 꿈을 버리고, 작곡가나 평론가로 나설 결심을 했다.

그는 후년에 이르러 많은 작곡을 했으며, 브람스에 대한 〈새로운 길〉이라는 평론을 비롯해서 많은 음악 평론도 썼다.

슈만은 스승인 비크의 딸 클라라를 알게 되었다. 클라라는 훌륭한 피아니스트였다. 클라라가 슈만의 작곡을 훌륭하게 연주하여 그의 이름을 알리는데 큰 도움을 주자 1840년, 마침내 슈만은 클라라와 결혼하였다.

슈만은 결혼할 때까지는 거의 피아노곡만 작곡했는데, 결혼 후에는 피아노곡 외에 가곡이나 교향곡도 작곡했다. 먼저 가곡에 손을 대기 시작하여 1년 동안에 〈밀테의 꽃〉〈여자의 사랑과 생애〉〈시인의 노래〉 등의 걸작을 쓰고, 1841년에는 최초의 교향곡인 〈교향곡 제1번〉을 작곡했다.

이 해에 멘델스존은 슈만의 〈교향곡 제1번〉을 지휘하여 친교를 맺고, 1843년에 슈만을 라이프치히 음악원의 교사로 맞이했다.

그 후에 슈만은 클라라와 함께 러시아 등지로 연주 여행을 하여 그 명성을 떨쳤다.

그러나 1854년 2월 6일, 병이 갑자기 악화된 슈만은 라인 강에 뛰어들었다. 다행히도 구조되어 본 근처의 정신 병원에 입원하였으나 끝내 회복되지 못하고 1856년 7월 29일, 46세로 세상을 떠났다.

슈만은 뛰어난 음악가였을 뿐만 아니라 교양이 높은 훌륭한 예술가이며, 인자하고 사랑이 깊은 사람이었다. 문학과 철학에 깊은 흥미를 가진 슈만은 표제 음악이라는 새로운 형식의 음악을 탄생시켰고, 3백여 편의 아름다운 가곡 외에 교향곡, 실내악곡, 합창곡 등을 작곡하여 초기 독일 낭만파 음악의 터전을 마련했다.

# 슈바이처

(1875~1965)

## ―아프리카 흑인의 아버지―

20세기 최대의 성인으로 불리는 알베르트 슈바이처는 알자스 지방에 있는 카이저스베르크의 목사 집안에서 태어났다.

알베르트는 일찍부터 음악에 재능을 나타내어, 9세 때에는 벌써 교회에서 오르간 연주자의 대리 역할을 할 정도였다.

초등 학교에 들어가서는 음악을 제외하고 나머지 과목들은 성적이 좋지 않았으나, 노력 끝에 당시의 슈트라스부르크 대학에 입학하여 신학과 철학을 전공했다.

어느 날, 그는 책을 통해 아프리카 흑인들이 비참한 생활을 하고 있음을 알게 되었다.

멀리 보이는 슈바이처의 랑바레네 병원

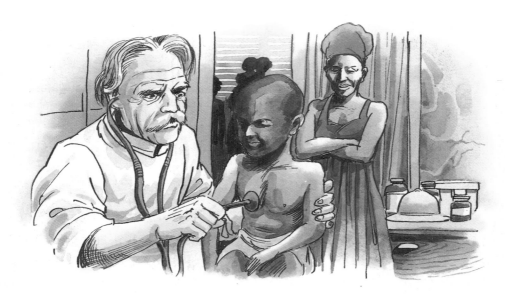

　그리하여 선교사보다는 의사가
되어 문명의 혜택을 받지 못하는
아프리카에 건너가, 온갖 풍토병
으로 고통받고 있는 아프리카의 원
주민들을 도와 줘야겠다고 생각
했다.

　그래서 30세의 나이에 다시 의
학을 공부하기 시작했다.

　의사가 된 그는 1913년 3월, 결
혼한 지 얼마 안 되는 아내와 함께
아프리카로 건너갔다.

　적도에 가까운 랑바레네에 도착
하여 언덕 아래에 있는 전도소 본
부에 자리를 잡은 그는 곧 활동을
시작하였다.

　타는 듯한 태양이 내리쬐는 가운

데 무서운 전염병과 싸우면서 흑인
들을 진료하여 생명을 건졌다.

　흑인들에게는 말라리아, 졸음
병, 이질 등의 병이 많았으며, 때
로는 수술을 해야만 나을 수 있는
병도 있었다.

　슈바이처는 의사로서 병을 고치
는 일 외에 미신을 깨우치기도 하
고, 흑인들의 싸움을 화해시키기
도 했다.

　1952년, 그는 노벨 평화상을 받
았고 그 후에도 계속 아프리카 흑
인들을 위해 의료와 전도에 전념하
다가 1965년 9월 4일, 랑바레네의
슈바이처 병원에서 90세의 생애를
마쳤다.

# 슈베르트
(1797~1828)

## ― 가곡의 아버지 ―

오스트리아의 작곡가로 온 세계 사람들에게 사랑을 받고 있는 프란츠 페터 슈베르트는 1797년 1월 31일, 빈의 교외 리히텐타르에서 태어났다.

그의 아버지는 당시 초등 학교를 운영하고 있었으며, 어머니는 요리사였다.

슈베르트는 열네 명의 남매 중에서 열세 번째였는데, 그 중 아홉 명은 어린 시절에 죽었다.

일찍이 슈베르트의 음악적 재능을 발견한 그의 아버지는 6세 때부터 슈베르트에게 피아노 교습을 시켰으며, 8세 때에는 바이올린 교습을 시켰다.

1808년 11세 때, 국립 콘빅트에 들어가 음악적인 재질을 인정받았고, 그 곳에서 이탈리아 인 궁정 작곡가 살리에리의 지도를 받아 몇 편의 작품을 작곡하였다.

15세 때, 변성 때문에 궁정 예배당 합창대를 그만두고, 다음 해에는 콘빅트도 퇴학하고 사범 학교에 입학했다.

1814년부터 아버지의 학교에서 조교사로 일했다. 이 해에 바 장조의 미사곡을 작곡했는데, 이 곡을 부른 소프라노 테레제 글로브가 그의 첫 애인이다.

18세 때인 1815년, 140여 곡의 가곡을 썼는데, 괴테의 시에 곡을 붙인 〈마왕〉 〈휴식 없는 사랑〉 〈들장미〉 등의 명곡이 모두 이 해에 작곡되었다.

1817년, 당시 명가수였던 포글이 그의 노래를 부르면서 슈베르트의 작품은 이름을 떨치게 되었다. 후에 두 사람은 유럽 각지를 돌아다니며 연주 여행을 가졌다.

　1818년에는 〈숭어〉를 작곡하였으며, 에스테르하지 백작 딸의 가정 교사가 되어 한여름을 헝가리의 첼리즈에서 보냈다.

　1823년에는 〈유랑인의 환상곡〉 〈미완성 교향곡〉 등을 발표했고, 그 해 여름엔 뮐러의 시에 감동되어 〈아름다운 물레방앗간의 아가씨〉를 작곡하였다.

　1827년, 30세가 되자 자신의 인생이 겨울을 맞았음을 느낀듯 〈겨울 나그네〉를 작곡하였다.

　그리고 이듬해인 1828년 11월 19일, 악성 티푸스로 빈 교외의 노이에비텐에서 사망했다.

　그는 31세라는 짧은 생애에 수많은 가곡과 기악곡, 교향곡을 작곡했는데, 무엇보다도 높이 평가되는 것은 650곡에 이르는 가곡이다. 이 가곡들은 모두가 아름답고 주옥 같은 작품들이지만, 특히 〈겨울 나그네〉 〈아름다운 물레방앗간의 아가씨〉 〈백조의 노래〉 등은 멜로디의 아름다움, 화성의 미묘한 변화 등 낭만주의적인 특성을 잘 나타냈다. 교향곡으로는 제 8 번 〈미완성 교향곡〉이 특히 유명하고, 피아노곡으로는 〈유랑인의 환상곡〉, 실내악곡에도 〈죽음과 소녀〉 〈숭어〉 등 걸작이 많다.

# 슈트라우스
## (1825~1899)

### —왈츠의 왕—

아름다운 선율과 우아하고 깊은 정서로 온 세계 사람들의 사랑을 받고 있는 500여 곡의 왈츠와 폴카를 비롯해서 여러 종류의 곡을 남긴 요한 슈트라우스 2세는 1825년 10월 25일, 빈의 한 모퉁이 레르헨페르더 거리의 가난한 집안에서 태어났다.

아버지 요한 슈트라우스 1세는 왈츠의 아버지라고 일컬어지는 작곡가이자 지휘자였으며, 어머니 안나는 교양 있는 여자였다.

요한 2세는 부모의 음악적 재능을 물려받아 이미 7세 때 작곡을 했는데, 어린 아이가 한 것이라고는 볼 수 없을 만큼 기초가 닦인 것이었다.

그러나 아버지 요한 1세는 음악가의 생활이 얼마나 고되며 불안한 것인지를 잘 알고 있었기 때문에 아들이 음악가가 되는 것은 물론이고, 음악과 가까워지는 것조차 병적으로 싫어했다.

요한 2세가 8세 때 아버지의 생일 잔치가 있었는데, 그 때 6세인 동생 요제프와 함께 피아노를 쳤다. 손님들은 두 형제의 피아노 솜씨를 크게 칭찬하며, 과연 슈트라우스 집안의 아들들이라고 말했다. 아버지 역시 두 아들의 훌륭한 연주에 놀란 나머지 칭찬을 아끼지 않았다. 그러나 본격적인 음악 공부는 허락하지 않았다.

그 뒤 부모가 이혼하자, 요한 2세는 자유롭게 음악 공부에 열중하게 되었다.

그리하여 1844년 10월 15일, 드디어 요한 슈트라우스 2세는 한 사람의 음악가로서 자기의 오케스트라를 이끌고 스스로 작곡한 왈츠와 폴카, 카드리유(사교 댄스 곡)로 데뷔하였다.

아버지 요한 1세는 1849년 9월 24일, 45세의 나이로 세상을 떠나고 말았다.

슈트라우스 2세는 아버지의 악단을 그의 악단과 합치고, 슈트라우스 오케스트라의 주인이 되어 작곡가, 지휘자로서 인기가 날로 높아져, 왈츠의 왕이라는 영광스런 이름이 붙여지기에 이르렀다.

요한 슈트라우스 2세의 대표작으로는 〈아름답고 푸른 도나우〉 〈빈 숲 속의 이야기〉 〈아침 신문〉 〈빈 봉봉〉 〈예술가의 생애〉 〈술, 여자, 노래〉 등이 있다.

이 작품들은 그가 헨리에테 트레푸츠라는, 열 살 위지만 일찍이 가수로서 명성을 떨쳤던 아름다운 여성과 결혼하여 행복한 가정을 꾸민 1860년경부터 발표하기 시작했다.

이 후에 어머니 안나와 동생 요제프가 세상을 떠날 때까지의 시기가 그의 생활이 가장 안정된 시기였으며, 왕성한 창작열을 발휘한 때이기도 했다.

1870년경부터 슈트라우스는 오페레타를 제작하기 시작했고, 특

요한 슈트라우스 동상

히 〈인디고와 40명의 도적〉으로 성공을 거두었다.

또 1874년에 빈에서 초연된 오페레타 〈박쥐〉는 빈 오페레타의 최고의 명작이 되었다.

1899년 6월 3일, 74세인 요한 슈트라우스는 감기로 인한 폐렴이 악화되어 세상을 떠나고 말았다.

6월 6일, 빈 시민들은 모두 검은 리본을 달고 애도에 잠긴 채 성대하고 엄숙한 장례식을 치렀으며, 그의 유해는 빈의 중앙 묘지에 안장되었다.

# 슐리만
## (1822~1890)

## ―독일의 고고학자―

전설 속에나 나오는 도시로만 생각했던 미케네와 트로이의 문명을 발견한 하인리히 슐리만은 독일 메클렌부르크에서 가난한 목사의 아들로 태어났다.

슐리만이 겨우 7세였을 때, 그의 아버지가 크리스마스 선물로 준 그림책이 그의 인생을 바꾸어 놓았으며, 고고학의 역사에 중요한 장을 열게 했다.

그 그림책에는 트로이가 고대 그리스 군대에 의해 점령당한 뒤 불길에 싸여 있는 그림이 있었다.

그·그림을 보는 순간, 그의 어린 마음은 새로운 꿈에 사로잡혔다.

어른이 되면 트로이의 유적을 발견하여 세상 사람들에게 트로이의 포위에 관한 호메로스의 이야기가 단순한 공상이 아닌 사실임을 증명하겠다는 생각이었다.

14세에 식료품상의 점원이 된 그는 자신의 꿈과 목표를 이루기 위해 오랜 시간 동안 준비를 했다. 정상적으로 학교에 다니며 교육을 받을 기회가 없었던 그는 고고학자가 되는 데 필요한 전문적인 지식은 배울 수 없었지만 《일리아드》를 원어로 읽기 위해 그리스 어를 독학으로 습득했다. 또한 발굴하는 데 필요한 돈을 마련하기 위해 열심히 일했다.

그는 몇 년 후에 상인으로 성공하여 백만 장자가 되었다.

1866년 파리로 이주한 그는 고대사 연구에 착수하였다.

1868년 46세 때, 슐리만은 이타카 섬과 트로이를 답사하고, 자신의 재산을 투자해 히사리크에 있었다는 그 전설의 지역을 찾아 냈다.

그 후, 1870~73년에 걸쳐 아나

톨리아의 히사리크 언덕에서 대규모 발굴 작업을 벌여, 그것이 트로이의 도시였다는 것을 증명함으로써 전세계에 큰 충격을 주었다.

다만 그가 발굴할 당시 트로이로 믿었던 히사리크 언덕의 제2층은 트로이 시대의 보물이 아니었고, 제7층이 그것에 해당하는 것으로 밝혀졌다.

1876년, 그는 호메로스의 '황금이 가득 찬 도시'라고 씌어진 그리스의 아르골리스 만 기슭에서 미케네의 고분을 발굴하였다.

이로 말미암아 많은 유물이 출토되었을 뿐만 아니라, 그리스 문명 이전의 에게 해의 고대 문명을 밝혀 내는 데에도 크게 기여했다.

후대의 학계에서는 그가 오랫동안 상인으로 방랑 생활을 했던 관계로 참다운 고고학자로 인정하지 않으려고 했으나, 그의 발굴 덕분에 트로이의 위치와 전설이 실제였음이 확인되었으며, 또한 그 아래 묻혀 있던 더 오래된 청동기 문화의 고대 도시를 발견한 공적을 인정했다. 현재는 그를 그리스 고고학의 시조로 보고 있다.

주요 저서로는 《트로이의 고대》 《미케네》 《티린스》 등과 자서전 《선사에의 정열》 등이 있다.

# 스위프트
(1667~1745)

## —《걸리버 여행기》의 작가—

《걸리버 여행기》는 전세계의 어린이들이 즐겨 읽는 소설이다. 이 소설의 원작자가 영국의 조녀선 스위프트이다.

스위프트는 아일랜드의 더블린 출생으로 어릴 때 부모를 여의었기 때문에 남의 손에서 자랐다.

삼촌의 도움으로 트리니티 대학을 나왔고, 먼 친척뻘 되는 유명한 정치가 윌리엄 템플의 비서가 되어

윌리엄 가에서 살았다. 그는 거기서 충실히 공부를 해서, 《서적 싸움》과 《통 이야기》같은 색다른 소설을 썼다.

1692년부터 정치에 뜻을 두고 정치가들과 사귀면서 활동을 하는 한편 풍자 작품을 발표했다.

당시 영국에서는 휘그 당과 토리 당이라는 두 정당이 정권을 다투고 있었다. 그 다툼에 말려든 그는 토리 당에 입당하여 팸플릿을 써서 열심히 논쟁했다.

통렬한 그의 문장은 불을 내뿜는 듯하여 토리 당으로 하여금 정권을 잡게 만든 활력소가 되었고, 그로 하여금 사교계의 인기를 독차지하게 하였다.

마침내 그의 정의감은 상대 당인 휘그 당뿐만 아니라 그의 소속 당 사람들도 두려워하게 만들었다.

그는 세상 사람들이 편견에 사로 잡혀 반성하지 않는 태도를 미워했다. 이 편견만 버린다면 사회는 아름다워질 것이라고 믿었다.

그 후, 앤 여왕이 세상을 떠나 토리 당은 쇠퇴하고, 그의 활약도 부질없는 것이 되자 고향 더블린으로 돌아왔다.

그러나 그는 꾸준히 세상의 부정이나 잘못과 맞서 싸웠으며, 영국 정부에 시달리고 있는 아일랜드를 위해 정부를 공격했다.

이런 가운데 1726년에 《걸리버 여행기》를 출판했다.

이것은 매우 재미있는 소설이다. 그러나 스위프트가 이 소설을 쓴 것은 단순히 재미만을 위해 쓴 것이 아니었다.

달리 생각하는 바가 있었던 것이다. 다시 말해, 그것은 소인국이라든가 대인국, 하늘을 나는 섬나라, 말(馬)나라 등 서로 다른 환경 속에 인간을 데려와서, 인간의 잘난 체하는 모습이나 어리석은 짓, 추악한 짓이 얼마나 우스꽝스러운 것인가를 묘사해 보인 것이다.

요컨대, 인간 전체에 대한 날카로운 풍자이다.

《걸리버 여행기》가 오늘날에도 수많은 사람들의 마음에 강하게 호소하는 것은, 인간의 모습과 인생을 날카로운 눈으로 바라보고 훌륭하게 묘사했기 때문이다.

스위프트는 만년에 정신 이상으로 폐인이 되어, 78세를 일기로 불행한 일생을 마쳤다.

# 스 콧
## (1771~1832)

## ―영국의 시인・소설가―

　영국의 시인이자 소설가인 월터 스콧은 스코틀랜드의 에든버러에서 변호사의 아들로 태어났다.

　그는 불행하게도 태어난 지 1년 반 만에 소아마비에 걸려 오른쪽 다리가 불편하게 됐다.

　에든버러 대학 고전과에 들어간 그는 1년 만에 그만두고, 아버지의 법률 사무소에서 사무원으로 5년간 수업한 후, 사법 시험에 합격하는 영광을 얻었다.

　21세에 변호사가 된 그는 법정에 서 있는 동안에도 잉글랜드와의 국경 지대에 전해오는 전설이나 민요에 관심을 갖고, 자료들을 수집하고 출판하였다.

　그가 시인으로서 명성을 얻기 시작한 것은 〈최후의 음유 시인의 노래〉(1805) 〈마미온〉(1808) 〈호상의 미인〉(1810) 등 이들 3대 서사 시를 발표하고부터였다.

　특히 이 시 중에서 〈호상의 미인〉은 낭만주의의 대표적 걸작으로 꼽히고 있다.

　그는 이 세 작품을 발표하는 사이에도 1806년에 고등 민사 법원의 서기관에 임명되기도 했으며, 1808년에는 《드라이든 전집》을 편집하기도 했다.

　1813년, 서사시 〈로크비〉를 발표하여 계관 시인이라는 직분을 받기도 했으나 사퇴하였다.

　후기에는 시에서 소설로 전향하여 주로 역사 소설을 썼는데 〈웨이벌리〉가 유명하다.

　이후 역사적 사실을 배경으로 걸작을 잇달아 발표하였으며, 대표작으로는 〈가이 매너링〉(1815) 〈호고가〉(1815) 〈묘지기 노인〉(1818) 〈아이반호〉(1819) 〈수도

<아이반호>에서 착상하여 그
린 그림

원>(1820) <케닐워스>(1821) <나
이젤의 운명>(1822) <부적>(1825)
등이 있다.

스콧은 이 작품들을 발표하는 사
이에도 에든버러 왕립 협회의 총재
로 추대되었는가 하면, 옥스퍼드·
케임브리지 대학으로부터 명예 학
위를 받기도 했다. 또한 바이런과
워즈워스, 미국의 작가 워싱턴 어
빙 등과 친교를 맺고 집으로 초대
하기도 했다.

1826년, 경영하던 발렌타인 인
쇄소가 도산하면서 그는 13만 파
운드의 빚을 지게 되었다.

그래서 빚을 갚기 위해 더욱 열
심히 작품을 썼는데, 그 때에 나온
대표적 작품으로는 <우드스톡>

(1826) <나폴레옹 전>(1827) <퍼
스의 미녀>(1828) <조부의 이야
기>(1829) 등이 있다.

스콧의 대부분의 작품들은 낭만
적이면서도 지역적인 색채를 지닌
사실주의에 바탕을 두고 있으며,
허구적인 영웅 또는 실제적인 인물
이나 장소, 역사적인 사건들을 주
된 소재로 다루고 있다.

그는 획기적인 시대적 감흥을 불
러일으키도록 작품을 구사함으로
써 개성을 한껏 발휘했다.

정부에서는, 온 힘을 쏟아부으
며 작품을 쓰느라 병약해진 그에게
군함의 하나인 순양함을 제공하여
이탈리아로 전지 요양을 시켰으
나, 곧 귀국하여 숨을 거두었다.

# 스 탠 리
(1841~1904)

## ―아프리카의 탐험가―

리빙스턴과 만난 것이 인연이 되어 아프리카 탐험에 뛰어든 헨리 모턴 스탠리의 본래 이름은 존 로랜즈이다.

그는 1841년에 영국 웨일스 덴비에서 태어났다. 어린 시절의 대부분을 고아원에서 보낸 로랜즈는 15세 때 고아원을 나와 배에서 일하다가 미국으로 건너갔다.

1859년, 뉴올리언스로 간 그는 미시시피 강을 오르내리는 증기선에서 심부름꾼으로 일하다가 마음씨 착한 상인을 만나 양자가 됐다. 양아버지로부터 스탠리라는 이름을 이어받고 시민권도 얻은 그는 그 뒤 군인과 신문 기자를 거쳐 1867년부터 《뉴욕 헤럴드》의 통신원으로 일했다.

그가 1869년 영국의 탐험가 리빙스턴을 찾아 나선 것은 통신원으로 일하던 《뉴욕 헤럴드》지의 사장 베네트로부터 아프리카에서 소식이 끊긴 탐험가 리빙스턴의 행방을 알아보라는 임무를 맡았기 때문이었다.

1871년 11월, 스탠리가 토인들의 길안내를 받아 아프리카의 우지지 마을에 들어서자 멀찍이 몹시 야윈 백발 노인이 서 있었다. 스탠리는 금세 그가 리빙스턴임을 알아차렸다. 1865년 이래 6년이나 소식이 끊겨, 온 세계 사람들이 궁금해하던 바로 그 리빙스턴을 찾아내었던 것이다.

그는 즉시 리빙스턴의 건재함을 온 세계에 알렸다.

1873년 5월, 리빙스턴이 죽었다는 소식이 들어왔다. 리빙스턴과 함께 거의 반 년을 탐험하는 사이, 그의 인품과 아프리카의 매력에 사로잡혔던 스탠리는, 리빙스턴이 못다한 탐험을 계속해야겠다고 마음먹었다.

1874년 11월 12일, 스탠리는 동료 세 사람과 함께 빅토리아 호수로 향했다. 밀림을 헤치고 나아가는 도중에 일행은 토인들로부터 수없이 습격을 당했다. 이듬해 2월 모진 어려움을 겪은 끝에 그들은 빅토리아 호수에 도착했다.

자신이 고안한 레이디 앨리스 호를 타고 호수를 둘러본 스탠리는 빅토리아 호수에서 흘러나가는 물이 리폰 폭포를 만들고, 그 물줄기가 흘러내려 백나일 강을 이루고 있다는 사실을 확인했다.

1876년 6월, 스탠리는 평소 중요한 일이라고 마음에 새기고 있던 탕가니카 호수를 조사했다. 그 결과, 거기서 흘러 나가는 루알라바 강이 나일 강 상류라고 믿었던 리빙스턴의 추측은 그릇된 생각이었음을 알았다. 루알라바 강은 콩고 강의 상류였던 것이다.

그는 1879년부터 5년간 콩고에 머물면서 콩고 강에 증기선을 띄우고 길을 닦았다. 사람들은 그가 어떤 어려움도 뚫고 나가는 모습을

보고는 '불라 무타리'라는 별명을 지어 주었다. 이 말은 '바위도 부수는 사나이'라는 뜻이었다.

스탠리는 그 뒤 빅토리아 호수로 흘러드는 카게라 강을 발견하여 이 강이 나일 강의 원류임을 밝혔다.

1895년에는 하원 의원이 되기도 했던 그는 저서로《암흑 대륙의 횡단기》《암흑의 아프리카》등을 남겼다.

# 스트라빈스키
## (1882~1971)

### ― 현대 음악의 대작곡가 ―

이고르 페도로비치 스트라빈스 키는 1882년 6월 17일, 상트 페테 르부르크 근처의 오라니엔바움에 서 태어났다. 그의 아버지는 러시 아 왕실 가극단의 유명한 베이스 가수였다. 스트라빈스키는 어렸을 때 피아노를 배웠고, 마린스키 극 장에서 공연되는 발레와 가극을 자 주 구경했다.

그는 대학에서 법학을 공부했지 만, 별로 흥미를 느끼지 못했다. 마침내 그는 음악에 헌신할 것을 결심하고, 친구의 아버지이자 당 시 러시아의 지도급 작곡가인 림스 키코르사코프를 찾아가 의논했다. 림스키코르사코프는 그를 제자로 삼아 개인 지도를 해 줄 것을 승낙 했다.

1909년, 러시아의 유명한 무용 가이며 예술 운동가인 디아길레프 는 스트라빈스키의 〈환상적 스케 르초〉와 〈불꽃〉을 듣게 되었다.

그는 스트라빈스키의 작품에 너 무 감동하여, 1910년에 러시아 발 레단이 공연할 작품을 써 달라고 부탁했다. 이렇게 해서 나온 작품 이 유명한 〈불새〉이다.

〈불새〉는 러시아 발레단이 파리 에 갔을 때인 1910년에 처음으로 발표되었다. 스승으로부터 물려받 은 다채로운 빛과 감미로움을 완전 히 소화시켜, 거기에 그 자신의 독 창성을 담은 뛰어난 작품이다.

〈불새〉가 발표되면서 스트라빈 스키는 갑자기 유명해졌고, 러시 아 발레단을 위한 음악을 계속하게 되었다.

〈불새〉〈페트루슈카〉〈봄의 제 전〉 등 세 발레 음악은 스트라빈스 키가 세계적인 작곡가로의 지위를

확립하도록 해 주었다.

1914년에 제1차 세계 대전이 일어나자 러시아 발레단은 해체되기에 이른다.

1917년의 러시아 혁명으로 스트라빈스키는 조국에서 추방되었고, 1929년의 세계적인 불황 시대에 디아길레프도 죽었다. 스트라빈스키의 작품도 사람들로부터 점차 잊혀져 가고 있었다.

1934년, 스트라빈스키는 프랑스의 시민권을 얻었으나 생활은 매우 불안정했으며 그의 정신도 혼란해 있었다. 1939년에는 그의 어머니와 아내가 죽었고, 이어 제2차 세계 대전이 발발했다.

그러다가 역시 러시아 출신이며 뉴욕 시립 발레단을 이끌고 있는 조지 발란신과 공동 작업을 전개했다. 1947년의 발레 음악 〈오르페우스〉는 대단한 성공을 거둔 작품이다. 뉴욕 시립 발레단은 스트라빈스키의 여러 곡에 빛을 주어, 그를 다시 유명하게 했다. 힘을 얻은 스트라빈스키는 마침내 가극 〈방탕아의 행로〉에 착수하여, 1951년에 완성하였다. 이 가극은 세계 각국에서 상연되어 굉장한 반응을 불러일으켰다.

그 후로도 그는 꾸준한 작품 활동을 했고, 만년에는 종교적이고 환상적인 작품을 많이 썼다.

스트라빈스키의 인생과 예술은 항상 미래를 추구했다.

그는 89세의 고령으로 뉴욕에서 세상을 떠났다.

# 스티븐슨
## (1781~1848)

### ─증기 기관차의 발명가─

조지 스티븐슨은 잉글랜드의 탄광 지대인 뉴캐슬에서 가까운 와일럼에서 태어났다.

그 무렵, 영국에서는 증기 기관이나 방적기가 발명되었기 때문에 석탄이 많이 필요할 때여서, 탄광 지방인 이 곳도 활기를 띠었다.

아버지는 마을 탄광에서 양수 펌프의 화부로 일하고 있었다. 집안이 가난했던 스티븐슨은 14세 때 이미 탄광에서 일하게 되었으며, 16세 때에는 증기 기관의 화부가 되었다.

그는 틈틈이 읽기와 쓰기, 그리고 산수를 배워 교양을 넓혔고, 기계에 관한 지식은 이미 독학을 통하여 터득하고 있었다.

스티븐슨은 1802년에 결혼하여 그 이듬해 아들을 낳았는데, 그가 훗날 아버지를 도운 훌륭한 기술자

로버트 스티븐슨이다.

얼마 후, 그는 화부장이 되고 다시 기술 감독이 되었으며, 1810년에는 광산용의 안전등을 발명하기도 했다. 한편, 이 때부터 석탄을 빠른 속도로 많이 운반할 수 있는 증기 기관을 만들어 내야겠다는 생각을 하기 시작했다.

그 당시에는 트레비딕의 증기 자동차 등 몇 종류의 증기 기관차가 있었지만, 아직 완전한 것이라고는 할 수 없었다. 그리하여 그는 레일 위를 달리는 기관차의 제작에 착수하여, 1814년에 전진과 후진이 자유로운 기관차의 시운전에 성공하였다.

그러나 주위의 인정을 못 받다가 8년 후인 1822년에야 주목을 끌게 되었다. 북부 헤튼 탄광에 처음으로 철도가 부설되었고 그가 만든

기관차 '철마'가 달리게 되었다.

1821년에는 달링턴과 스톡턴을 잇는 철도의 건설에 착수하여, 1825년에 완성했다. 또한 달링턴의 탄광주 에드워드 비스와 함께 뉴캐슬에 세계 최초의 기관차 공장을 만들기도 했다.

한편 스티븐슨은 일생을 건 대사업인, 리버풀과 맨체스터를 잇는 64킬로미터의 철도 건설에 착수했다. 그러나 이 철도의 부설로 생업을 잃고 실직하게 되는 많은 주민들의 맹렬한 반대에 부딪히게 되었고, 더구나 66개나 되는 다리를 놓아야 하는데다 리버풀의 지하를 통과하는 2킬로미터나 되는 터널을 파지 않으면 안 되었다.

이런 어려움에도 불구하고 드디어 1830년 9월 15일, 그가 만든 기관차 '로켓 호'가 리버풀에서 맨체스터 사이를 멋지게 달렸다.

그 후, 30년대부터 거의 모든 선진국에 증기 철도가 건설되어 철도 시대가 시작되었다.

스티븐슨 자신도 벨기에와 에스파냐 등지에 진출하여 많은 철도 부설 사업에 종사하였다. 1847년, 철도 관계 기술자들이 중심이 되어 버밍엄에서 세계 최초로 기계학회가 창설되었는데, 이 때 그는 초대 회장에 선출되었다.

스티븐슨은 67세를 일기로 생애를 마칠 때까지 철도 연구를 중단하지 않았다.

# 시벨리우스
## (1865~1957)

### ─핀란드의 대표적 작곡가─

얀 시벨리우스는 핀란드의 대표적 작곡가이다. 그는 독일 낭만파의 영향을 받은 교향시를 비롯하여 국민주의적 민족 정신을 담은 작품을 많이 작곡하여, 핀란드 국민 음악의 아버지로 불린다. 또한 그는 20세기의 새로운 음악 운동에 동요되지 않고, 그가 살고 있는 북유럽의 황량한 자연의 정취를 고전적인 기법으로 표현하였다.

시벨리우스는 1865년 12월 8일, 하멘린나에서 태어났다.

그의 집안은 음악을 무척 좋아하여 시벨리우스는 9세 때부터 피아노를 배워 다음 해부터는 직접 작곡을 했고, 15세 때부터는 바이올린도 배웠다.

그는 헬싱키 대학에 입학하여 법학을 공부했다. 그러나 음악에 대한 매력을 버릴 수가 없어서 1886년에 헬싱키 음악원에 입학하여 음악 수업을 받기 시작하였다.

하멘린나에 있는 시벨리우스의 생가

시벨리우스는 헬싱키 음악원의 설립자이자 원장인 마르틴 베겔리우스의 지도로 차츰 재능을 발휘하였다. 그 후, 시벨리우스는 1889년에 베를린으로 유학하여 알베르트 베커에게서 배웠으며, 1890년에는 빈에서 학업을 닦았다.

1891년에 핀란드로 돌아온 시벨리우스는 이듬해인 1892년, 칸타타 〈클레르보〉를 발표함으로써 대성공을 거두었다. 이 곡은 핀란드의 민족 서사시 〈칼레발라〉를 주제로 한 작품이다.

그 후에도 그는 이 시를 주제로 많은 작품을 작곡했다.

1899년에는 세계적으로 유명한 〈핀란디아〉를 작곡했는데, 이 곡은 핀란드의 국가처럼 되었다.

이 밖에도 1893년의 〈전설〉, 1895년의 〈4개의 전설〉 등이 유명하다. 1897년에는 국가에서 종신 연금을 주기로 하였고, 이러한 생활의 안정에서 작곡에만 전념하게 되었다. 국제적으로 명성이 높아감에 따라 국외로의 연주 여행도 많아졌다. 1904년에는 헬싱키 교외의 별장으로 옮겨 여기에서 죽을 때까지 작곡에만 전념하였다.

시벨리우스의 별장

그리하여 1906년의 〈포욜라의 딸〉, 1909년의 〈친근한 목소리〉, 1907년의 〈교향곡 제3번〉, 1911년의 〈교향곡 제4번〉, 1915년의 〈교향곡 제5번〉 등 여행을 통하여 작곡된 작품들은 독일, 영국, 미국 등지에서 크게 성공했다.

그러나 1920년대부터 그의 활동은 쇠퇴하기 시작하였다. 1929년에 마지막 작품을 발표한 후 죽을 때까지의 28년 동안, 그는 완전히 은둔 생활을 하였다.

시벨리우스는 1957년 9월 20일, 50년 이상 살아온 별장에서 사망했다.

# 시 턴
## (1860～1946)

## ―미국의 동물 문학가―

어니스트 톰슨 시턴은 미국의 동물 문학가이면서 화가, 자연 애호가이며 또한 미국 보이 스카우트의 설립자로도 유명하다.

시턴은 1860년 8월 14일, 영국 사우스쉴즈에서 태어났다. 아버지는 수십 척의 배를 소유한 해운업자로 가정은 아주 부유하였다.

그러나 시턴이 6세 때, 아버지의

시턴이 그린 여우와 염소

배가 암초와 부딪쳐 침몰되는가 하면, 선장들이 배반을 하는 등 재난이 잇달아 일어나 순식간에 파산하게 되었다.

마침내 시턴 집안은 캐나다로 이주하여 개척 생활을 시작했다.

시턴은 어렸을 때부터 동물학자가 되고 싶었으나, 아버지는 그에게 미술에 관한 소질이 있음을 발견하고 화가를 만들려고 하였다. 그래서 시턴은 18세 때에는 온타리오 미술 학교에 입학했는데, 수석을 하여 자신을 얻은 시턴은 더욱 그림 공부에 몰두하였다.

시턴은 23세 때, 가난한 생활을 견디다 못하여 뉴욕의 인쇄 회사에 삽화가로 취직을 하였다.

그 후 25년 동안, 훌륭한 화가가 되려고 다시 미술 학교에 다니기도 하고, 전람회에 응모하기도 하는

등 자신이 할 수 있는 온갖 노력을 다 기울였지만 실패하여 다시 캐나다로 돌아갔다. 거기서 약 2년 동안 매니토바 주 정부의 고문 박물학자로 일하다가, 또다시 미국 서부로 가서 이리 사육사가 되었다. 이 때의 경험을 기록한 《코란포 왕》(1894)은 나중에 그의 명성을 높여 주었다.

38세 때인 1898년, 그가 저술한 《내가 알고 있는 야생 동물》이 베스트 셀러가 되었다. 이 책의 성공으로 일약 명성과 부를 얻게 된 그는, 그 후 10년간 계속 동물에 대한 이야기를 발표하였다.

한편, 시턴은 자연 속에서 자연과 일체가 되어 사는 인디언들에게 관심을 갖게 되어, 인디언 촌에 들어가 그들의 실태를 조사했다.

그러는 동안에, 시턴은 이런 생활이 청소년의 교육에 큰 도움이 될 것이라고 생각했다. 그래서 이웃 어린이들을 모아 자연 속에서 살아가는 기술을 가르치기 시작한 것이 미국 보이 스카우트 운동의 시초가 되었다. 1910년 그가 50세 때, 미국 보이 스카우트가 결성되었고, 그는 초대 단장이 되었다.

그 후, 시턴은 《미국 보이 스카우트》(1910)《숲 속에서의 기술과 인디언의 지식》(1912) 등의 저서를 계속 발표하였다.

1946년 10월 23일, 시턴은 참으로 분주했던 삶을 끝냈다.

# 시 황 제
(기원전 259~기원전 210)

## －중국을 통일한 진나라의 황제－

시황제는 처음으로 중국을 통일한 진나라의 초대 황제로, 보통 진시황이라고 부른다.

12세 때에 아버지 장양왕의 뒤를 이어 왕의 자리에 오른 후 죽을 때까지(재위 기원전 247~기원전 210) 여러 정책을 펴, 후세에 크고 작은 많은 영향을 끼쳤다.

시황제는 기원전 259년에 아버지가 조나라의 인질로 있을 때, 조의 수도 한단에서 태어났다. 성은 영이고, 이름은 정이다.

왕위에 오른 후, 외척들과 반란군을 누르면서 주위의 여섯 나라인 한·조·위·초·연·제 나라를 하나하나 정복하기 시작했다.

그리하여 기원전 221년에 중국천하를 통일하여 최초의 통일 제국을 이루었다.

통일을 완성한 시황제는 중국의

옛날 전설에 나오는 삼황 오제의 덕을 고루 갖추었다는 뜻에서 황제라는 칭호를 씀으로써 왕의 위에 있음을 과시하는 동시에, 짐·폐하 등을 황제만 사용하는 전용어로 제정하였다.

그의 집권 중에 가장 충실히 그를 받든 사람은 한비자와 순자의 제자인 이사였다. 시황제는 이사의 의견에 따라 봉건 제도를 폐지하고 천하를 36군으로 나누고, 군 밑에 현을 두는 군현 제도를 실시하였다.

그리고 그 곳의 관은 모두 중앙에서 파견시켜 통치함으로써 황제의 권한을 강화하였다.

또한 내란을 방지하기 위하여 전국의 호족 12만 호를 셴양으로 이주시키고, 불필요한 성곽은 모조리 부수는 동시에, 민간의 무기를 몰수하여 12개의 거대한 동상을 만들었다.

사상의 통제를 기하고 자신의 정책에 대한 비판을 억제하기 위하여 의약서나 복서, 농사에 관한 책을 제외한 민간 서적을 불태우고, 선비 460여 명을 생매장시킨 이른바 분서 갱유를 하는 등 중앙 집권을 위한 여러 가지 정책을 적극적으로 추진해 나갔다.

국외로는 남·북으로 원정을 기도하여 북쪽의 흉노족과 남쪽으로는 지금의 베트남 북부까지 침략하여 영토를 확장시켰다.

또한 흉노의 남침을 막기 위해 조·연 나라가 만들었던 장성을 이어 만리장성을 축조하였다.

이러한 모든 정책은 그 후 2000년에 걸친 중국 전제 정치의 바탕이 되었다.

그러나 화려한 아방궁을 짓게 한다든지 자신이 죽으면 묻힐 거대한 능을 여산에 만들게 함으로써 백성들에게 큰 부담을 주게 되었고, 그만큼 원성도 커졌다.

급진적이며 획일적인 통일 정책, 무리한 토목 사업 등은 결국 백성의 불만을 사게 되어, 그가 죽자 반란이 일어났다.

그리하여 통일 제국이 성립된 지 불과 15년 만인 기원전 206년에 진나라는 망하고 말았다.

만리장성
전국 시대에 축성한 것을 진나라의 시황제가 크게 증축하였다.

# 실 러
(1759~1805)

## ─독일 최고의 극작가─

요한 크리스토프 프리드리히 폰 실러는 1759년 11월 10일, 독일 슈바벤의 작은 도시 마르바흐에서 태어났다.

신교도의 가정에서 태어난 실러는 1773년, 영주 카를 대공의 군인 양성소인 카를 학원에 입학하여 규율에 얽매인 나날을 보냈다. 그 곳에서 그는 처음에는 법률학을, 뒤에는 의학을 배워 1780년 졸업과 함께 군의관이 되었다.

그는 재학 중에 괴테와 셰익스피어 등의 작품을 탐독하면서 습작을 했고, 처녀작 〈군도〉를 쓰기 시작하여 졸업 다음 해인 1781년에 완성했다.

작품 〈군도〉의 줄거리는 다음과 같다.

부친의 영지를 노린 동생의 모함으로 고향에서 추방된 카를 모로는 도둑의 무리를 모아 그 수령이 되어 고향으로 다시 쳐들어갔다. 그는 동생의 모략을 분쇄하고, 감옥에 갇힌 부친을 구해 내지만 카를을 본 부친은, 아들이 도둑의 두목임을 알고 놀라서 죽고, 그 동생은 자결한다. 후에 자신의 죄를 깨달은 카를은 스스로 당국에 자수하게 된다.

이 작품에서 보여 준 넘치는 정열과 통렬한 사회 비판, 자유를 향한 한결같은 동경, 그리고 교묘한 장면 배치와 뛰어난 군중 묘사 등은 그가 선천적인 재질을 지닌 극작가임을 말해 주고 있다.

이 작품은 이듬해인 1782년에 만하임 극장에서 상연되어 비상한 반응을 불러일으켰다. 그러나 이 극을 본 카를 대공의 노여움을 사서 극작을 금지당하게 되자, 고향을

떠나 만하임으로 갔다. 그 후, 그
의 유랑 생활이 시작되었다.

그는 궁핍한 가운데 극작을 계속
하여 1783년 사극 〈피에스코의 반
란〉을 썼고, 다시 이듬해에 비극적
인 내용이 담긴 〈간계와 사랑〉을
발표했다.

1785년에는 드레스덴으로 가서
새로운 생활을 했다.

이 사이에 시 〈환희에 부치는 노
래〉, 그의 유일한 장편 소설 《유령
을 본 사람》, 단편 《범죄자》 등을
발표했고, 이어 희곡 〈돈 카를로
스〉 등을 냈다.

그 때부터 점차 장년기의 성숙한
모습으로 변모하여 갔다.

1787년, 당시 문단의 중심지인
바이마르로 나아가 역사와 그리스
문학 연구에 몰두하여, 〈그리스의
제신〉 〈예술가〉 등의 긴 시를 발표
하고, 《네덜란드의 이반사》 《30년
전쟁사》 등을 저술하였다.

1789년 5월에 괴테와 샤를로테
폰 슈타인 부인의 추천으로 예나
대학 역사학 교수로 있으면서, 이
듬해 렝게펠트 부인의 딸 샤를로테
와 결혼했으나 오래 가지 못했다.

1791년 폐병에 걸려 고통을 받기
시작했으나 오히려 작품에 더욱 전
념하였다.

1794년에는 괴테와의 친교가 시작되었다.

그리하여 괴테의 협력을 얻어 잡지 《호렌》을 냈고, 1796년에는 괴테와의 공동 작품인 《크세니엔》을 발표했다.

《크세니엔》은 저속한 당시의 문단을 풍자한 약 4백여 편의 시로 이루어졌다.

크세니엔이란 '손님에게 주는 선물'이라는 뜻으로, 고전의 순수성을 지키기 위하여 조소, 독설, 기지로써 당시의 모든 예술적 불순물들을 공격한 것이다.

이 작품으로 인해 여러 단체와 80명의 개인이 비판을 받았다.

1799년 이후에는 극작에 전념하여, 독일 문학사상 최초의 대규모 사극인 3부작 〈발렌슈타인〉을 발표했다.

그 후에도 거의 매년 투병 생활을 했지만, 내적 자유를 주제로 한 새로운 기법의 작품들을 계속 발표하였다.

1800년에 쓴 비극 〈마리아 슈투아르트〉, 1801년의 잔 다르크의 전설을 극화한 〈오를레앙의 처녀〉, 한 소녀를 함께 사랑하는 두 형제의 비극을 그린 1803년의 〈메시나의 신부〉, 그리고 1804년의 〈빌헬름 텔〉 등은 모두 이 시기에 쓴 작품들이다.

실러가 문단 활동을 했
던 독일의 바이마르

〈발렌슈타인〉은 바이마르 극장
에서 괴테의 감독으로 상연되어 근
대 연극사에 큰 발자취를 남겼다.

그의 마지막 작품인 〈빌헬름 텔〉
은 스위스 건국의 전설적 영웅 빌
헬름 텔을 주인공으로 하여, 오스
트리아의 압제에 항거하여 독립을
이루는 과정을 배경으로 자유 정신
을 고취시킨 작품이다.

그 밖에 실러의 저작 중에는 칸
트에 몰두했을 무렵에 쓴 〈우미에
대하여〉〈숭고에 대하여〉 등 많은
미학적 논문이 있는데, 그 특징은
무엇보다 아름다운 영혼을 주요 논
점으로 하는 데 있다. 그러나 아름
다운 영혼으로서 미적 조화의 존재
로 인정되지 못할 때에는, 감성의

경향을 단절하여 숭고한 세계로 뛰
어들어가지 않을 수 없다는 논지를
펴고 있다.

이러한 도덕적으로 자유로운 그
의 사상과 극적 구상화에서 시인으
로서의 면모가 잘 드러난다.

그의 두 번째 특징은 문예의 근
본 유형을 소박한 것과 정감적인
것의 대립 개념으로 표현하여 독일
문예사에 하나의 기초를 세운 데
있다.

실러는 1802년에 작위를 받아
귀족이 되었다.

그 후, 러시아에서 취재한 단편
《데메트리우스》를 남기고, 1805년
5월 9일에 오랫동안 머물던 바이마
르에서 죽었다.

# 쑨 원
## (1866~1925)

## ─ 중국 건국의 아버지 ─

쑨 원은 중국의 혁명을 이끌어 공화제를 창시함으로써 국부로 일컬어진 혁명가이다.

중국의 광둥 성 샹산 현(지금의 중산 시)의 가난한 농부의 셋째 아들로 태어난 쑨 원은 10세 전후에 마을의 서당에서 공부하다가, 14세 때 형이 있는 하와이로 건너갔다. 그 곳에서 비숍 스쿨, 세인트 루이스 대학, 하와이 대학 등에 진학하여 서양 학문을 배웠다.

16세 때 귀국하고, 이듬해에 들어간 홍콩의 퀸 칼리지를 1886년에 졸업한 뒤 광저우의 보치 의학교에 입학했다. 그 후 1887년에 홍콩의 의학교로 옮겼는데, 이 무렵부터 혁명에 뜻을 두었고 5명의 동지를 만났다.

26세 때인 1892년에 의학 박사 학위를 얻어, 마카오와 광저우에서 병원을 개업하는 한편, 범국민적인 반청 운동을 시작했다.

광둥 성 중산 시에 있는 쑨 원의 묘 이 묘는 중산릉이라고도 불린다. (중산은 쑨 원의 호)

1894년 청·일 전쟁이 일어나자 하와이에서 흥중회를 조직하여 화교와 손을 잡고, 이듬해 10월, 광저우에서 처음 혁명 운동을 일으키려다 실패하였다. 그러자 일본에 망명했다가, 다시 1896년에 하와이를 거쳐 런던으로 갔다.

런던에서 청나라 공사관원에 의해 납치되었으나, 의학교에 다닐 때의 스승인 캔트리의 도움으로 풀려났다.

그 뒤 영국에 머물면서 견문을 넓히고, 삼민주의를 구상했다.

1905년 러·일 전쟁 때, 일본에서 혁명 세력을 규합하여 중국 동맹회를 결성했으며, 그 후 반청 무장 봉기를 되풀이했다.

1911년 10월, 군자금을 모집하기 위해 미국에 가 있다가 신해 혁명이 일어난 것을 알고 열강의 원조를 호소하며 미국과 유럽을 돌아다녔다.

귀국 후, 임시 대총통으로 추대되어 1911년 12월에 중화 민국을 발족시켰으나, 정권을 위안 스카이에게 넘겨 주었다. 그러나 위안 스카이가 황제가 되려고 음모를 꾸미자, 다시 제2혁명을 일으켰으

나 실패하여 마지못해 일본으로 망명하였고 중국 혁명당을 창당했다.

위안 스카이가 죽자, 군벌이 서로 싸우는 속에서 광둥을 중심으로 정권을 수립하려고 애썼다.

수많은 좌절을 겪고도 쑨 원은 군벌과 싸우기 위해 중국 혁명당을 중국 국민당으로 개칭하고, 국민 혁명을 추진하기 위해 북벌을 추진했으나, '혁명은 아직 달성되지 않았다.'는 유언을 남기고 1925년 3월 12일, 베이징에서 사망했다.

# 아르키메데스

(기원전 287 ? ~기원전 212)

## —고대 그리스의 과학자—

고대 그리스의 수학자이며 물리학자인 아르키메데스는 기원전 287년경에 시칠리아 섬의 시라쿠사에서 태어났다.

그는 매일 서재에 들어앉아 연구에 몰두하였다.

수학상으로는 원주율, 원의 넓이, 구의 겉넓이, 부피 등을 구하는 법을 발견하였다. 물리학면에서는 지레의 원리, 부력에 대한 아르키메데스의 원리를 발견하였는데, 이 아르키메데스의 원리를 발견하게 된 데에는 재미있는 이야기가 있다.

시칠리아의 히에론 왕은 어느 금공(금속 세공으로 물건을 만들거나 새기는 기술자)을 시켜서 순금으로 왕관을 새로 만들게 하였다. 며칠 후, 금공은 아주 훌륭한 금관을 만들어 왔다.

왕은 그 금관을 머리에 쓰고 매우 기뻐하였다.

그러나 왕은 금공이 금관을 만들면서 은을 섞지 않았나 의심하게 되어 아르키메데스에게 자신의 의심을 풀어 달라고 부탁하였다.

아르키메데스도 이 문제만은 얼른 풀 수가 없었다. '

그러던 어느 날, 그가 목욕탕에 갔을 때였다.

탕 안에는 물이 가득 차 있었다. 아르키메데스가 탕에 들어가자 물이 가장자리로 넘쳐 흘렀다.

그 순간, 아르키메데스의 머릿속에 번개처럼 떠오른 생각이 있었다. 아르키메데스는 너무나 기쁜 나머지, 옷을 벗은 것조차 잊고 목욕탕에서 뛰어나와 소리쳤다.

"알았다! 알았다!"

물이 가득 찬 탕 안에 들어갔을

때 가장자리로 물이 넘쳐 흘렀는데, 그 때 밖으로 흘러내린 물은 자기 몸의 부피와 같을 것이라는 생각이 머리를 스쳤던 것이다.

그리하여 왕관과 같은 무게의 금덩어리와 은덩어리를 넣어, 그것이 밀어 낸 물의 분량을 비교해 보면, 똑같은 무게에 대하여 각각 그 부피의 차이를 정확하게 알 수 있을 것이다.

실험 결과, 세 그릇에서 넘친 물의 분량은 각각 달랐다. 과연 은덩어리를 넣은 그릇에서 넘친 물이 가장 많았고, 다음으로 왕관과 금덩어리 순이었다.

따라서 왕관은 순금으로 만들어져 있지 않고 은이 섞여 있다는 사실과, 섞여 있는 은의 분량까지 정확하게 알게 되었다.

이렇게 하여 어떤 물체가 물 속에 들어가면 그 때 밖으로 밀어 낸 물의 분량만큼의 무게가 가벼워진다는 아르키메데스의 원리를 알아냈다.

그 무렵에 로마 군대가 시칠리아 섬에 쳐들어왔다. 시칠리아는 아르키메데스가 만든 무기로 열심히 싸웠으나 함락당하고 말았다.

결국 아르키메데스는 한 로마 병사에게 살해되었다.

# 아리스토텔레스
## (기원전 384~기원전 322)

### ―고대 그리스의 대철학자―

아리스토텔레스는 플라톤과 더불어 고대 그리스의 위대한 철학자이다.

아리스토텔레스는 스타기라에서 출생했는데, 17세 때 아테네로 와 플라톤이 설립한 아카데메이아 학원에서 플라톤을 스승으로 하여 철학을 배웠으며, 플라톤이 세상을 떠날 때까지 그 학원에 머물렀다.

학원을 떠난 그는 각지를 돌아다니며 철학을 연구하고 가르치기도 했는데, 이 때 마케도니아 왕 필리포스 2세의 아들인 알렉산더 왕자의 스승이 되어, 몇 해 동안 그를 가르쳤다.

이 왕자가 뒷날 동방 원정에 나서서, 이집트·페르시아를 정복하고 인더스 유역까지 나아가 광대한 제국을 건설한 정복 왕 알렉산더 대왕이다.

아리스토텔레스는 여러 해 동안 각지를 두루 돌아다닌 후, 기원전

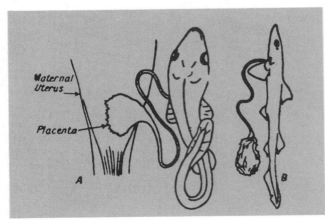

아리스토텔레스는 대부분의 상어가 태생임을 발견했다.

334

335년에 아테네로 다시 돌아와서 리케이온에 학원을 설립하고 제자들을 가르쳤다. 오늘날 남아 있는 저작은 대부분 이 시절에 강의한 노트이다.

스승인 플라톤이 초감각적인 이데아의 세계를 중요시한 데 반하여, 아리스토텔레스는 사람들이 신변에서 느낄 수 있는 자연의 사물을 중요시했으며, 이것을 지배하는 여러 원인의 인식을 구하는 현실주의적인 입장을 취했다.

그러나 이 두 철학자의 사상이 지나치게 대립한다고 생각하는 것은 피해야 한다.

아리스토텔레스의 철학은 스승의 철학으로부터 깊은 영향을 받아 출발했으며, 나중에 독자적인 체계를 세우게 된 후에도 플라톤 철학의 테두리 안에 머물러 있었던 것으로 생각된다.

아리스토텔레스의 사상적 특징은, 얻은 바에서 출발하는 경험주의와 궁극의 근거까지 거슬러 올라가는 근원성, 지식의 모든 부문에 걸친 종합성에 있다.

아리스토텔레스는 철학 이외에도 인문·자연·과학의 여러 분야에 걸쳐 커다란 업적을 남겼다.

저서로는 《오르가논》《형이상학》《정치학》《시학》 등이 있으며, 그의 많은 저서들은 후세에 와서 여러 학문이 발달하는 데 기초가 되었다.

# 아 문 센
(1872~1928)

## －집념의 남극 탐험왕－

19세기 말경부터 20세기 초에 세계 각지에서 우수한 탐험가들이 잇달아 나타나 아직 정복되지 않은 남북의 극지점을 목표로 다투어 탐험하였다. 그 중에서도 노르웨이의 아문센의 이름은 북극에서 영원히 빛날 것이다.

1872년, 아문센은 노르웨이의 보르게에서 태어났다. 아버지는 그를 장래 의사로 키우려고 크리스티아니아(지금의 오슬로) 대학에 진학시켰다. 그러나 아문센은 15세 때 읽은 존 프랭클린의 〈북극탐험기〉가 뇌리에서 떠나지 않아 언젠가는 꼭 극지 탐험을 하고야 말겠다고 남몰래 마음 속으로 꿈을 키우고 있었다.

부모가 죽자, 항해학과로 전공을 바꾼 아문센은 앞으로 나가게 될 바다를 향해 야심을 불태우며 해양학과 기상학을 공부했다.

1894년, 아문센은 해군에 입대

아문센이 극지점 탐험에 사용했던 개썰매

하여 처음으로 드넓은 대양에 나가게 되었고, 3년 후에는 북극 탐험 선인 벨지카 호의 일등 항해사가 되어 많은 경험을 쌓았다.

1903년, 아문센은 6명의 동료들과 함께 47톤짜리 조그만 범선 요아 호를 타고 16세기 때부터 탐험가들이 찾아온 서북 항로(아메리카 북단을 돌아 동양으로 나오는 항로)를 최초로 통과하고, 1906년에 알래스카에 도착했다.

자신감을 얻은 아문센은 북극점에 도달하는 계획을 세웠다.

이어 그는 북극 탐험에 경험이 있는 프리초프 난센으로부터 조언을 구하고, 그가 탐험에 사용했던 프람 호를 양도받아 서둘러 항해 준비를 했다.

그러나 뜻밖에도 1909년, 미국인 로버트 피어리가 먼저 북극점을 정복하자 아문센은 갑작스럽게 남극 탐험으로 계획을 바꾸어, 1910년에 남극을 향해 출발했다.

이듬해 남극 대륙에 도착한 그들 외에도 영국의 탐험대인 스콧의 대원들이 근처에서 극점에 돌진하려는 준비를 하고 있었다.

1911년 10월 20일, 아문센 일

탐험용 방한구들

행은 52마리의 에스키모 개가 끄는 4대의 썰매에 대원 4명이 각각 타고 극지를 향해 출발했다. 스콧 일행도 아문센보다 2주 정도 늦게 출발했다.

아문센 팀은 임시 식량 저장소를 설치하며 전진했다. 두꺼운 얼음 벽을 타고 넘어 넓은 빙하를 건너면, 다시 앞에 험준한 고원 지대가 길을 막지만 그들에게는 극점을 향한 전진이 있을 뿐이었다.

1911년 12월 14일, 드디어 아문센 팀은 스콧 팀보다 35일 앞서 남극점에 도달했다.

1925년, 북극해의 빙원에 불시착한 아문센 일행의 비행정

고국인 노르웨이에 돌아오자, 아문센은 노르웨이 국민들은 물론 세계 여러 나라의 수많은 사람들로부터 아낌없는 찬사를 받았다. 그 후 제 1 차 세계 대전이 일어났기 때문에 한때 그의 탐험열이 주춤하긴 했지만, 최초의 목적지였던 북극 탐험을 완전히 단념하고 있었던 것은 아니었다.

1918년, 제 1 차 세계 대전이 끝나자 다시 아문센은 항공기로 북극을 정복해 보려고 마음 먹고, 1925년 5월, 5명의 대원이 2대의 비행정에 나눠 타고 북극 상공을 향해 떠났다. 그러나 이 계획은 실패로 끝나고 말았다.

그 후, 세 번째의 극지 횡단 비행은 노르웨이, 미국, 이탈리아 3개국이 힘을 합쳐 수행하기로 했다. 1926년 5월 11일, 아문센을 대장으로 한 일행 17명은 반경식 비행선 노르게 호를 타고 알래스카를 향해 킹스 만에 있는 스피츠베르겐 기지를 출발했다.

다음날 북극점 상공에 이르자, 맨 먼저 아문센이 노르웨이 국기를 끝없이 펼쳐진 빙원에 내던졌다. 잇달아 엘스워드가 미국 국기를, 움베르토 노빌레 대령이 이탈리아 국기를 차례로 떨어뜨렸다.

이리하여 노르게 호는 북극점 상공 통과 횡단 비행에 성공하고 5월

13일, 알래스카의 놈 근처에 있는 텔러에 무사히 안착했다.

이 성공으로 인하여 아문센은 극지 탐험가로서 전세계에 명성을 드날리게 되었다.

그러나 1928년 5월 24일, 노빌레 대령은 또다시 북극 비행을 시도했다. 그런데 그들 일행이 북극 상공에서 그만 행방 불명이 되고 말았다.

6월 18일, 아문센은 노빌레 대령을 구조하기 위해 5명의 동료와 함께 비행기로 폭설이 몰아치는 북극을 향해 날아갔다.

얼마 후, 노빌레 일행이 타고 있던 비행선은 수색대에 의해 구조되었다.

그러나 아문센 일행의 비행기는 북극 상공에서 영원히 사라졌다.

이 해 9월 12일, 아문센이 타고 갔던 비행기의 부속품이 다른 탐험 대원에 의해 북극의 빙원에서 발견되어 그의 사망이 확인되었다.

어린 시절에 품은 야망을 조금도 굽히지 않고 온갖 어려움을 이겨 내며 자기 자신의 꿈을 실현하는 데 정력을 다 바친 아문센은, 이렇게 56세의 일생을 마쳤다. 극지 탐험가인 아문센의 최후는 이처럼 비참했던 것이다.

아문센은 탐험뿐 아니라 문필에도 뛰어나, 극지 탐험 후에는 그 경험을 토대로 하여 《남극》《극지 비행》《최초의 극해 횡단 비행》《탐험가로서의 나의 생애》등 많은 저서를 남겼다.

# 아보가드로

(1776~1856)

## ─이탈리아의 물리학자 · 화학자─

아메데오 아보가드로는 1776년 8월 9일, 이탈리아의 토리노에서 태어났다.

그는 아보가드로의 법칙을 발견하여, 현대 화학 발전의 밑거름이 되었다.

토리노 대학

아보가드로는 대학에서 철학과 법학을 공부하고, 20세에 교회법에 관한 논문을 발표하여 박사 학위를 받았다.

수년간 법률가로 활약하였으나 1800년경부터 수학과 물리학에 관심을 가져, 갑자기 과학자로 진로를 바꿨다.

1803년에 전기학에 관한 최초의 과학 논문을 발표하였다.

1809년 그의 나이 33세 때에 토리노 근처의 베르첼리 대학교의 물리학 교수가 되었다. 그리고 1820년에는 토리노 대학에서 수리 물리학 교수가 되었다.

아보가드로는 성품이 경건하고 온화하며, 프랑스 어 논문이 많을 정도로 외국어에 뛰어났으나, 국내외의 학계에서는 별로 이름이 알려지지 않았다.

토리노 대학에 있는 동안, 전기학, 액체의 팽창, 모세관 현상, 기상 등에 대해서도 연구하였다.

1811년에 프랑스의 학술 잡지에 발표한 〈원소입자의 상대 질량 및 이들의 합성비의 결정 방법에 관한 시론〉이 바로 아보가드로의 법칙이었다.

이 법칙은 시대에 앞선 것으로, 이 가설로 분자의 개념이 도입되어 돌턴의 원자설의 결함을 보충한 결정적인 화학 이론이 되었다.

아보가드로의 분자설을 요약하면 다음과 같다. 즉, 물질은 원자의 집합체인 분자로 이루어져 있고, 분자를 다시 쪼개 보면 원자로 되는데, 이 때 그 물질의 특성을 잃게 된다. 그리고 모든 기체는 같은 온도, 같은 압력 밑에서 같은 부피 속에 같은 수의 분자를 포함한다는 것이다.

아보가드로는 분자설에서, 수소 분자는 수소 원자 2개, 산소 분자는 산소 원자 2개로 되어 있다고 주장하여 수소 2부피와 산소 1부피에서 수증기 2부피가 생길 때, 원자가 분할된다는 것을 모순없이 설명하였다.

그러나 이 연구는 약 50년간이나 빛을 보지 못하다가 그가 죽은 뒤에야 학계의 인정을 받았다.

아보가드로는 1856년 7월 9일에 고향인 토리노에서 고독한 천재의 생애를 마쳤다.

# 아 소 카
(? ~기원전 232 ?)

## ─불교를 숭상한 인도의 왕─

아소카는 찬드라굽타의 손자다. 찬드라굽타는 기원전 317년 경에 갠지스 강 유역의 마가다 국(난다 왕조)을 쓰러뜨리고 마우리아 왕조를 세웠다.

아소카는 기원전 272년경에 왕위에 올랐다.

성격이 난폭하였던 그는 부왕이 죽은 후, 여러 형제를 죽이고 왕위에 올랐다. 그리고서 할아버지인 찬드라굽타 때부터 세력을 다져 온 인도의 대부분과 아프가니스탄의 남반부에까지 이르는 광대한 영토를 다스리고 중앙 집권적 통일 국가의 기초를 닦았다.

그 후, 불교의 감화를 받아 신앙이 깊어지게 되어 왕위에 오른 지 7년 만에 신자가 되었다.

기원전 262년경에, 아소카 왕은 동인도의 칼링가 국(지금의 오리사 주 지역)을 정복하기 위해 전쟁을 시작했다. 칼링가 사람들은 용감하게 싸웠으나, 무서운 살육이 벌어진 끝에 마침내 항복했다. 이 전쟁으로 포로가 된 사람이 15만 명이고, 죽은 사람은 10만 명 이상이었으며, 전쟁의 후유증은 오랫동안 계속되었다.

그 때 전쟁이 무섭고 비참하다는 것을 깨달은 아소카 왕은 자신의 잘못을 깊이 뉘우치고, 앞으로는 절대로 전쟁을 하지 않겠다고 마음속으로 맹세했다. 그리하여 왕은 불교를 더욱 열심히 믿게 되었고, 불교의 자비로운 가르침으로 나라를 다스리려고 했다.

아소카 왕은
'참된 정복이란 불교를 가르침으로써 사람의 마음을 정복하는 일이다.'

라는 조서를 내리고, 나라의 모든 백성들이 즐겁고 평화롭게 살기를 바랐다. 아소카 왕은 이 조서를 나라의 구석구석까지 알리기 위해 마애비와 돌기둥을 곳곳에 세우고, 거기에 그 내용을 새겼다. 그것은 인도의 각지에 남아 있다.

생명을 중하게 여기는 아소카 왕의 배려는 동물에게까지 미쳤다. 동물만 전문으로 치료하는 병원을 세우고, 동물을 제사의 제물로 삼는 것을 금지시켰다.

물론, 사람들을 위해서는 병원을 비롯하여 공원이라든가 우물, 도로 따위를 많이 만들어 편하게 잘 살 수 있도록 했다.

여자들을 가르치기 위해서 특별한 시설도 만들었다.

그 때는 이미 불교가 인도 전역에 퍼져 있었지만, 아소카 왕은 불교를 더욱 퍼뜨리기 위해 멀리 서아시아와 아프리카의 여러 나라에 사자를 보냈다. 그리하여 불교가 세계 각지에 널리 전파되었으며, 불교를 연구하기 위해 중앙 아시아와 중국에서도 많은 사람들이 찾아오게 되었다.

아소카 왕은 정치도 열심이어서

"내가 잠을 잘 때든 식사중일 때든 어려워 말고 와서 국사를 보고하도록 하라."

하고 모든 신하들에게 일렀다.

이와 같이 정치에 힘썼기 때문에 아소카 왕이 인도를 다스리는 동안에는 불교를 포함하여 갠지스 강 중부 유역의 고도로 발달된 문화가 모든 지방에 급속히 퍼져, 여러 지방의 발달을 촉진했다.

아소카 왕은 40년 동안 어진 정치를 하다가, 기원전 232년경에 세상을 떠났다. 인도 사람들은 지금도 아소카 왕을 우러르며 모범으로 삼고 있다.

아소카 왕의 돌기둥

343

# 아우구스티누스
## (354~430)

### ─교부 철학의 대성자─

아우렐리우스 아우구스티누스는 고대 기독교 교회의 최대의 사상가요, 신학자이며 철학자이다.

그는, 아버지가 로마 제국의 관리였으므로 신분에 맞게 법률가가 되기 위해 카르타고에서 법률과 수사학을 배웠다.

그 후 386년, 기독교에 진리가 있음을 깨닫게 되지만 애욕 생활에서 벗어나지 못해 괴로워 하고 있었는데, 하느님의 계시를 통하여 〈신약 성서〉의 로마 인들에게 보낸 편지 13장 13절의

'진탕 먹고 마시고 취하거나 음행과 방종에 빠지거나 분쟁과 시기를 일삼거나 하지 말고 언제나 대낮으로 생각하고 단정하게 살아갑시다.'

라는 구절을 읽는 순간, 육체적인 속박에서 벗어났다.

이로 인해 회심을 하고, 암브로시우스에게 세례를 받고 기독교에 귀의하였다. 이 무렵에 그의 저작 〈행복론〉과 〈질서론〉이 나왔다.

세례 이듬해인 389년에 그는 고향인 타가스테에 돌아와서 그 곳 수도원에 들어갔다.

이 시기를 전후해서 그는 많은 책을 써냈다. 390년에 〈참된 종교에 대하여〉를 저술하여 자신의 종교관을 밝혔고, 391년에는 〈신앙의 효용에 대하여〉를 썼으며 392년에는 〈두 개의 영혼에 대하여〉를 썼고, 그 밖에 〈거짓말에 대해서〉〈자유에 대해서〉〈근신에 대해서〉〈기독교의 가르침에 대해서〉〈거룩한 처녀성에 대해서〉 등 많은 글을 남겼는데, 그 글들은 논쟁의 형식을 빌리거나, 혹은 편지로 혹은 설교 형식으로 이루어져 있다.

또한 그는 〈시편 강해〉를 비롯하여 〈창세기 강해〉〈로마 인들에게 보낸 편지 강해〉〈갈라디아 인들에게 보낸 편지 강해〉〈요한의 복음서 강해〉 등 신구약 전반에 걸쳐 강해를 마쳤다.

그는 대표작 〈고백〉을 397년에 시작하여 401년에 완성했다.

아우구스티누스의 주교 서품식

자전적인 이 저작은 전12권으로 이루어졌으며, 그가 기독교에 귀의하기까지의 내적, 종교적 변화를 기록한 것이며, 아우구스티누스가 철학의 대상으로 관심을 가졌던 신과 영혼의 문제와 윤리에 있어서 인간 행위의 근본은 사랑이라는 것을 강조하고 있다.

다음으로 사상 최초의 역사 철학서인 〈신국〉을 썼다. 이 책은 그의 필생의 대표작으로, 고대 기독교 최대의 호교론이다.

그는 시대의 온갖 문제에 성실하게 대처해 가다가, 430년 열병으로 76세의 생애를 마쳤다.

# 아이젠하워

(1890~1969)

## ―철저한 반공주의자 대통령―

역사상 가장 위대한 지휘관의 한 사람으로서 미국의 제34대 대통령이 된 드와이트 데이비드 아이젠하워는 1890년 10월, 텍사스 주 데니슨에서 태어났다.

1915년, 웨스트포인트 육군 사관 학교를 졸업한 뒤, 제1차 세계 대전이 일어나자 탱크 부대의 지휘관으로 참전하여 빛나는 무공을 세워 훈장을 받았다.

전쟁이 끝난 뒤 1935년, 맥아더의 보좌관으로 필리핀 방위 임무에 참가하기도 했다.

1942년, 유럽 원정 미군 총사령관으로서 북아프리카의 상륙 작전을 성공리에 마침으로써 그 능력을 인정받아, 1943년에 대장으로 진급됨과 동시에 북아프리카 연합군의 총사령관으로 임명되었다.

1944년, 사상 최대 규모의 육·

해·공군 합동 작전에 의해 노르망디 상륙에 성공한 연합군은 8월에 파리를 해방시키고, 그 여세를 몰아 베를린으로 진격하여 1945년, 나치스의 항복을 받았다.

이 작전의 성공으로 1944년 아이젠하워는 미국 육군의 최고 계급인 원수로 진급했다.

1945년, 워싱턴으로 돌아와 참모 총장이 된 그는 1948년에 군복을 벗고 컬럼비아 대학 총장에 취임했다. 이 때 그가 쓴 회고록 〈유럽의 십자군〉이 베스트 셀러가 되었다.

1950년, 그는 유럽 통일군의 사령관으로 군에 복귀하였다.

1952년, 공화당에서 끈질기게 제의해 오는 대통령 후보 요청을 더 이상 거절할 수 없었다. 결국 그는 대통령 후보에 출마할 것을

결심하고 퇴역했다.

닉슨을 부통령 후보로 하여 열띤 선거전을 치른 끝에 미국 역사상 유례 없는 3400만이라는 많은 표를 얻어 대통령에 당선되었다.

그는 국내 문제에 있어 복지화 계획을 강화하고, 외교면에서는 반공 정책을 적용하여, 공산주의자와 대치 상태에 있는 반공 우방들과의 친선과 협력을 강조했다.

1954년, 동남 아시아 조약 기구(SEATO)를 결성하고, '아이젠하워 독트린'을 채택하여 공산권의 위협을 물리쳤다. 특히, 일련의 국가 보안법을 제정하여, 행정부에 침투한 공산주의자들을 일제히 조사하여 수백 명을 해고했다.

미국에 평화와 번영을 가져다 준 아이젠하워는 1956년에 다시 대통령에 당선되었다.

성격이 명랑하고 포용력이 있는 그는, 대통령 재임 중 닉슨 부통령과 덜레스 국무 장관을 기용하여 많은 업적을 남겼는데, 한국과 인도차이나의 전쟁을 종결시키고 수에즈 문제를 수습하였다.

그는 1961년에 대통령직에서 퇴임한 후 비공식적인 모임 등에서 활동하다가 1969년 3월 28일, 심장마비로 사망했다.

# 아인슈타인
(1879~1955)

## ―상대성 이론을 확립한 과학자―

알베르트 아인슈타인은 독일에서 유대 인의 아들로 태어나, 초등학교와 고등 학교 교육은 뮌헨과 스위스 아라우에서 받았다. 그는 학교 공부에 흥미를 갖지 못하였지만, 삼촌이 가르쳐 주는 대수학과 기하학은 열심히 배웠다.

또한, 전집으로 된 자연 과학 책을 읽고 깊은 감명을 받았다.

아인슈타인의 원전 자료

15세 때 아버지가 사업에 실패하여 이탈리아의 밀라노로 이주하게 되자, 그는 스위스로 가서 알가우 고등학교를 거쳐 스위스 국립 공과 학교 물리학과에 입학했다.

그는 혼자서 실험을 하거나 고전 물리 이론서를 읽곤 하였다.

1900년에 학교를 졸업한 그는 스위스의 시민권을 얻었고, 2년 후에 베른의 특허국에 취직하였다. 이 시기에 그는 물리 이론에 대해 많은 공부를 할 수 있었다. 이듬해 학교 친구였던 밀레바와 결혼하여, 두 아들을 두었다.

1905년, 그는 광양자의 이론과 브라운 운동의 이론, 그리고 특수 상대성 이론을 발표했다.

이 특수 상대성 이론은 그 때까지 과학계를 지배하고 있던 갈릴레이나 뉴턴의 역학을 밑바닥부터 뒤흔든 새로운 이론으로서, 여러 가지 예상 외의 결론을 얻었으며, 특히 질량과 에너지의 등가성에 관한 결론은 후에 원자 폭탄에 대한 가능성을 예언했다.

그 후로 그는 여러 대학으로부터 강연 부탁을 받았고, 1913년에는 베를린 대학의 교수가 되었다.

제1차 세계 대전 중에 그는 자신의 특수 상대성 이론을 더 발전시켜, 1916년에 일반 상대성 이론을 발표하고, 그 이론으로부터 하나의 결론을 끌어 내어 '강한 중력장에서는 빛의 진로가 굴절한다.'는 현상을 예언했다. 예언은 1919년에 개기 일식의 관측으로 확인되어 1921년 노벨 물리학상을 수상했다.

1933년, 히틀러가 정권을 장악하고 유대 민족을 압박하기 시작하자, 아인슈타인은 미국으로 망명하여 프린스턴 고급 학술 연구소에 들어가게 되었다.

제2차 세계 대전 중, 미국에 망명해 온 과학자들은 독일에서 원자 폭탄이 개발되고 있다는 사실을 알게 되어, 아인슈타인을 대표로 하여 모든 사정을 자세하게 설명한 서한을 곧바로 루스벨트 대통령에게 보냈다.

이것이 받아들여져서 미국은 최초로 원자 폭탄을 발명하여, 그 제1탄을 일본 히로시마에 떨어뜨렸다. 이리하여 7년 동안에 걸친 대전에 종지부를 찍었다.

그 후 아인슈타인은 76세의 생애를 마칠 때까지 연구와 사회 활동과 평화 운동에 그의 온 정열을 다 바쳤다.

# 안데르센
### (1805~1875)

## ─동화의 아버지─

한스 크리스티안 안데르센은 덴마크의 오덴세에서 태어났다. 그의 아버지는 가난한 구두 수선공이었으나, 학문을 좋아하여 여러 가지 책을 즐겨 읽었다. 밤이 되면 안데르센에게 프랑스의 시인 라 퐁텐의 이야기나 그 밖에 재미있는 《아라비안 나이트》를 읽어 주었다. 안데르센은 아버지의 이야기를 들으며 상상력이 풍부한 소년으로 자랐다.

안데르센이 11세 때 그의 아버지가 죽자, 어머니는 품팔이를 하였고, 그는 종일 집에서 지냈다.

그 무렵, 어머니는 재혼을 하였다. 새아버지는 주정쟁이에다 게으르고, 노름까지 좋아하는 건달이었는데, 안데르센을 이유없이 싫어했다.

14세 때 견신례(교회의 정회원이 되는 의식)를 받은 후에, 평소에 바라던 배우가 되기로 결심하고, 코펜하겐으로 떠났다.

그러나 배우가 되는 일은 쉽지 않았다. 초라한 옷차림에 먹을 것조차 해결하기 어려운 생활이 계속되었다. 그렇다고 다시 고향으로 돌아갈 수도 없었다.

마침 그는 언젠가 고향에 다녀간 적이 있는 왕립 음악 학교의 교장을 생각해 내고 그를 찾아갔다. 교장은 그에게 성악가가 되기를 권하며 편의를 보아 주었다.

그는 성악가를 꿈꾸며 열심히 공부했다. 그러나 여러 가지 무리한 생활 탓이었는지 목소리가 변해서 성악가가 되는 것을 포기하지 않으면 안 되었다. 그리고 다시 공원의 벤치에서 굳은 빵을 씹어야 하는 비참한 생활로 돌아갔다.

그러던 안데르센은 거리에서 우연히 옛날 친구 테네르를 만나 상류 사회 사람들과 만나게 되는데, 그 중 왕립 극장 지배인 콜린이 그의 재능을 인정해 주었다.

안데르센은 콜린의 도움으로 23세 때 코펜하겐 대학에 들어갈 수 있었고, 그 때부터 시와 소설, 희곡을 쓰기 시작했는데, 쓰는 작품마다 좋은 평가를 받자, 문학가가 될 결심을 했다.

1833년, 안데르센은 파리와 로마를 여행했다. 2년 후에는 이탈리아 여행 경험을 토대로 〈즉흥 시인〉이라는 소설을 썼는데, 그 작품으로 순식간에 유럽에 알려졌다.

그 밖에 1835년의 〈부시 쌈지〉를 비롯하여 〈미운 오리 새끼〉〈어느 어머니의 이야기〉 등 160여 편에 이르는 동화를 썼는데, 우리에게 잘 알려져 있는 〈인어 공주〉〈성냥팔이 소녀〉 등도 안데르센의 동화이다. 그의 작품 대부분은 자기 개인에 관한 사건에서 소재를 얻은 것이다. 안데르센은 가난한 집안에서 태어났으나, 불행을 극복하고 위대한 동화 작가가 되었던 것이다. 그의 동화들은 세계 각국에서 번역되어 어린이들의 다정한 벗이 되고 있다.

# 알렉산더 대왕
(기원전 356~기원전 323)

## ―헬레니즘 문화를 연 사람―

　기원전 4세기경, 그리스의 북쪽에 마케도니아라는 나라가 있었다. 그 당시에 마케도니아를 지배하던 필리포스 2세는 강한 군대를 만들어 작은 왕국인 마케도니아를 차차 강대한 나라로 키워 나갔다.

　알렉산더는 필리포스 왕의 아들로, 13세 때부터 위대한 철학자인 아리스토텔레스를 스승으로 모시고 윤리, 역사, 지리 등을 배우며

넓은 세상에 대해 많은 호기심을 갖게 되었다.

　필리포스 왕은, 기회가 있을 때마다 쳐들어오는 동방의 큰 나라인 페르시아를 치기로 결심하였다. 그러나 그 준비를 하던 중 부하에게 암살당하고 말았다.

　그리하여 기원전 336년에 20세인 알렉산더가 필리포스 2세에 이어 마케도니아의 왕이 되었다.

마케도니아의 펠라 궁전 유적 알렉산더 대왕이 태어난 곳으로 그리스의 살로니카 근처에 있다.

　야망에 불타 있던 알렉산더 대왕은 아버지의 뜻을 이어 페르시아를 치기로 했다.

　기원전 334년 봄에 보병 3만, 기병 5000명 외에 많은 학자들을 거느리고 페르시아 원정을 떠난 알렉산더는 우선 소아시아로 건너가 그라니쿠스 강에 이르렀다. 이 곳은 아시아를 지배하는 관문이라고 할 수 있는 중요한 곳이었다.

　페르시아 왕 다리우스 3세의 장군들은 이미 4만 명의 군사를 거느리고 기다리고 있었다.

　그라니쿠스 강은 물살이 빠른데다가 페르시아 군이 있는 맞은편은 깎아지른 듯한 절벽이어서 쳐들어가기에 불편했다. 그러나 알렉산더는 적군이 좁은 벼랑 위에 서 있기 때문에 오히려 싸움에 불리하리라 보고 전투를 벌였다.

　그 결과, 알렉산더 군은 페르시아 군을 크게 무찔렀다.

　다음 해에, 이수스에서 다리우스 3세가 이끄는 페르시아 군을 다시 만난 알렉산더는 페르시아 군을 무찌르고 남쪽으로 진격하여 가우가멜라에 이르렀다.

　한편, 다리우스 3세는 알렉산더 군대가 진격해 온다는 소식을 듣고, 많은 군대를 모아 가우가멜라 평원에서 진을 치고 알렉산더를 기다렸다.

기원전 331년 10월, 드디어 양쪽 군대의 결전이 벌어졌다. 군사들의 요란한 함성이 천지를 진동하고 병마가 일으키는 먼지가 뿌옇게 하늘을 덮은 가운데 양쪽 군대는 죽을 힘을 다해 싸웠다.

싸움터는 그야말로 아수라장이었다. 아침부터 시작된 전투는 저녁때가 돼서야 알렉산더 군의 승리로 끝났다.

페르시아의 다리우스 3세는 달아나다가 부하의 손에 살해 당하고 말았다. 알렉산더는 군대를 진격시켜 페르시아의 수도 페르세폴리스까지 손아귀에 넣음으로써 아프가니스탄과 중앙 아시아 전체를 다스리게 되었다. 알렉산더의 가슴에는 더욱 큰 제국을 건설하려는 야망이 불타올랐다.

그의 군대는 페르시아에서 다시 파르티아, 박트라 등 중앙 아시아의 여러 나라로 진격하였으며, 점령한 여러 곳에 알렉산드리아라는 도시를 건설하였다.

알렉산드리아란 '알렉산더 대왕이 세운 도시'라는 뜻으로, 알렉산더는 이 이름의 도시를 70여 개나 세웠다.

기원전 327년, 알렉산더는 인도가 지구의 동쪽 끝이라고 믿었기 때문에 인도로 향했다.

힌두쿠시 산맥을 넘은 알렉산더는 인더스 강 상류 젤룸 강변에서 코끼리 200마리를 앞세운 포러스

알렉산더 대왕이 건설한 제국

마케도니아　흑해　앙카라　아시아
사루디스　이수스　카부르
지중해　바빌론　수사
알렉산드리아　페르세폴리스
이집트　인도
아프리카　홍해　아라비아
아라비아 해

—— 알렉산더가 정복한 경로
　알렉산더 제국

왕이 거느린 인도 군과 마주쳤다.

이 싸움에서도 알렉산더 군은 승리를 거두었다. 알렉산더는 다시금 갠지스 강까지 진격하려 했으나, 열병이 퍼지고, 부하들이 지칠 대로 지쳐 있었으므로, 일단 인더스 강을 따라 군대를 철수하기로 결심했다.

철수하는 길은 비참했다. 원주민의 기습을 당하는가 하면 더위도 너무 심했고, 식량도 모자라 군대의 4분의 3을 잃었다.

알렉산더는 하는 수 없이 페르세폴리스에 머물렀다.

기원전 325년에 원기를 회복한 알렉산더는 지구의 서쪽 끝이라고 믿었던 아라비아를 탐험하려는 계획을 세웠다.

그러나 준비를 진행하던 중 말라리아에 걸려 33세라는 젊은 나이에 갑자기 세상을 떠나고 말았다.

결국 알렉산더는 동방 원정을 떠난 이래 고국 마케도니아에 가 보지도 못하고 죽은 셈이었지만 그의 원정은 세계 역사상 최초의 대규모 탐험으로 그 의의가 크다.

재위 중에 박트라 여자와 결혼하여 동서 융합 정책을 펴기도 하고,

알렉산더 대왕의 두상

페르시아 인을 관리에 채용하는 등 절대 군주로 군림하여 마케도니아 인의 반감을 사기도 했다. 한편 알렉산드리아 흠정 화폐를 발행하고, 교통로를 정비하여 경제 발전을 촉진하는 한편 동서 교통을 편리하게 하였다.

또한 그가 곳곳마다 세운 도시 알렉산드리아를 통해 그리스 문화를 전파해 동서 융합의 계기를 마련했으며, 그리스 어를 공통어로 하는 헬레니즘 문화를 열어 놓았다.

355

# 앨 런
## (1858~1932)

## －조선에서 의료 활동을 편 선교사－

호레이스 뉴턴 앨런은 미국의 선교사, 외교관, 의사로서 구한말에 우리 나라에서 활동했으며, 한자명은 안연이다.

미국 오하이오 주 출신인 앨런은 1881년에 웨슬리언 대학 신학과를 졸업한 후, 1883년에 마이애미 의과 대학을 졸업했다. 그 뒤 동양으로 가서 전도 사업을 할 것을 지망하여, 1883년에 미국 장로교 의사로서 중국 상하이로 갔다.

이듬해에 한국에 온 앨런은 미국 공사관 의사로 근무하면서 선교 사업에 힘썼는데, 당시 조정의 정치인들은 서양 의학에 대한 인식이 거의 없었다.

그러다가 1884년에 일어난 갑신정변 때, 앨런은 상처를 크게 입은 민영익을 치료하여 그의 생명을 구했는데, 이 때 서양 의술의 우수성이 인정되어 현대식 병원의 개설이 허가되었다.

1885년 2월 25일, 한성 재동에 광혜원이란 우리 나라 최초의 현대식 병원을 열었다.

그 해 3월 12일, 제중원이라 이름을 고친 이 병원은 국왕과 중신, 귀족들을 비롯해서 많은 서민들에게 봉사하게 되자 병원 확장이 불가피해졌다.

1887년, 앨런은 미국 특파 전권대사 박정양의 수행원으로 미국에 건너가, 당시 우리 나라에 대한 청나라의 지나친 간섭을 미국 국무성에 알렸다.

앨런이 떠나는 바람에 제중원은 한때 경영난에 빠졌다가, 1893년에 장로교 선교사 에이비슨이 책임을 맡게 되어 다시 정상 운영에 들어갔다.

에이비슨은 1895년 정부로부터 그 운영권을 이어받아 완전한 선교 병원으로 만들고, 1904년에는 미국 실업가 세브란스로부터 1만 5000달러의 기부금을 얻어 남대문 밖에 현대식 종합 병원 세브란스를 지었다.

앨런은 민영익을 치료해 준 것이 계기가 되어 왕실의 의사는 물론 고종의 정치 고문으로서도 활약하였다. 또한, 1890년에 주한 미국 공사관 서기관으로 외교 활동을 시작하여 후에 총영사, 대리 공사도 역임하였다.

앨런은 여러 가지 큰 사업에도 개입을 했는데, 1895년에는 운산 광산의 채굴권을 주선하였고, 1896년에는 경인 철도 부설권을 주선하였다.

한편, 1892년 이래 《코리안 리포지터리》라는 잡지를 간행했으며, 1900년에 영국 왕립 아시아 학회 한국 지부를 결성하여 회보를 발행하였다.

1904년 고종으로부터 훈일등 및 태극 대수장을 받은 그는 1905년 을사조약이 체결된 후 미국으로 돌아갔다.

# 앨프레드 대왕
### (849~899)

## ─고대 영국의 왕─

앨프레드 대왕은 고대 영국 7왕
국 시대의 서 색슨 인의 왕으로서,
데인 인의 침입을 물리치고 앵글
족과 색슨 족을 복종시켜 영국인의
영웅적인 왕이 되었다.

게르만 민족의 일파인 앵글로색
슨 족은 5~6세기에 지금의 영국
브리튼 섬으로 건너가, 원주민들
을 정복하였다.

그들은 7세기경에 기독교로 개
종하면서 흡수한 라틴 문화를 게르
만 고유의 전통과 융합시켜 독자적

앨프레드 대왕의 주화

인 문화를 탄생시켰다.

앨프레드는 849년에 에셀울프
왕의 다섯째 아들로 태어났다.

그의 아버지는 그가 5살 되던 해
에 그를 로마로 보냈는데, 교황은
그에게 왕으로서의 축복을 내리고
교황의 아들로 삼았다고 한다.

앨프레드 대왕은 12살이 되기
전에 이미 앵글로색슨 어로 된 시
를 많이 암기하였다.

이것은 그의 어머니의 영향이 컸
는데, 그녀는 아들들에게 앵글로
색슨 어로 씌여진 시집을 읽게 하
였다. 앨프레드는 그 후에 라틴 어
도 익혔다.

어렸을 때는 몸이 약한데다 다섯
째 아들이기 때문에 왕이 될 것 같
지가 않았지만, 왕이 될 운명이었
는지 형들이 차례로 죽었다.

그리하여 마침내 871년, 22세의

나이로 앨프레드가 왕위에 올랐다.

이미 군대의 지도자가 되어 있었던 앨프레드는 왕위에 오르자, 수차례 영국에 침입하여 여기저기에 살고 있던 데인 인들과 전쟁을 벌였다.

878년, 데인 인들과 큰 전쟁이 벌어졌는데, 많은 색슨 인들이 앨프레드 대왕 편이 되어 크게 승리하였다.

그 후에도 앨프레드 대왕은 육군과 해군의 방위군을 편성하고 계속해서 새로운 전술로 병사들을 훈련시켰다.

14년이 지난 후 데인 인들이 다시 침입하였다.

그 동안 만반의 준비를 다 해 온 앨프레드는 이번에도 그들을 완전히 물리쳤다. 이후부터 앨프레드 대왕이 죽기까지 웨섹스에는 평화가 계속되었다.

앨프레드 대왕은 법률을 집대성하고 지방의 행정 제도를 정비해 나갔다.

옥스퍼드 대학을 세우고 많은 학자를 초빙하는 등 교육 제도 개선에도 힘을 썼으며, 라틴 어 책을 영어로 번역하게 하여 영국 국민 문학의 터전을 마련하였다.

앵글로색슨 최대의 왕이며, 위대한 전략가로 수많은 승리를 거두었고, 고대 영국 문화를 꽃피운 앨프레드 대왕은 899년 4월 26일에 세상을 떠났다.

# 앵 베 르

(1797~1839)

## ―조선에서 순교한 프랑스 신부―

　로랑 마리 조제프 앵베르는 프랑스의 신부로서 모방, 샤스탕 신부와 조선에 들어와 천주교의 전도와 교세 확장에 힘썼다. 그러다가 1839년 7월, 기해박해 때 체포되어 그 해 9월 21일, 한강변 새남터에서 안타깝게 순교하였다. 그의 한국 이름은 범세형이다.

　1819년에 신부가 된 앵베르는 파리 외방 전교회 소속으로 중국 마카오로 와서 베트남 등지에서 신도를 모으며 전교하였으며, 중국 쓰촨 성에서 특히 많은 업적을 남겼다.

　1801년에 조선의 천주교 박해 사건인 신유박해 이후, 로마 교황청은 1831년, 조선 교구의 독립을 승인하고, 초대 조선 교구 주교의 자리에 브뤼기에르 신부를 임명하였다.

브뤼기에르 주교와 모방 신부는 우리 나라에 들어오기 위하여 압록강까지 왔으나, 감시가 삼엄하여 입국하지 못하고 마가자에 머무르던 중, 브뤼기에르 주교는 병으로 죽었다. 1835년 겨울, 모방 신부는 삿갓에 상복 차림으로 홀로 압록강 얼음 위를 건너 조선에 들어오니, 그가 조선에 온 최초의 서양 신부였다.

그 후 모방의 전교에 힘입어 조선의 천주교 신자는 날로 늘었고, 교세도 확장되기 시작하였다.

브뤼기에르 주교의 뒤를 이어 1837년, 제2대 조선 교구장으로 임명된 앵베르는 샤스탕 신부와 우리 나라에 들어왔다. 그리고 먼저 온 모방 신부와 함께 정하상 등의 집에 은신하면서 헌신적으로 전교하여 많은 성과를 거두었다.

이들의 노력으로 천주교의 교세가 점점 확장되자 조선 조정에서는 다시 천주교 탄압의 여론이 일기 시작했다.

드디어 1839년 7월, 천주교에 대한 대대적인 박해 사건인 기해박해가 일어났다.

이조 판서 조만영과 형조 판서 조병현 등이 앞장서서 일으킨 이 무자비한 박해 속에서, 앵베르 주교를 비롯한 모방, 샤스탕 세 신부는 같은 날 형장에서 목이 베어지는 형에 처해져 순교하였다.

그는 죽기 전에 순교자의 전기를 편찬하다가 한양 교회장 현석문에게 원고를 맡겼는데, 이 원고는 1858년에 《기해 일기》라는 제목으로 파리에서 출판되었다.

# 양 제
## (569~618)

## ─수나라 제 2 대 황제─

양제(煬帝)는 중국 수나라의 제 2대 황제로, 아버지 문제(양견)를 죽이고 제위에 올랐으며, 그 후에는 그의 형도 죽인 폭군이었다.

양제의 이름은 양광(楊廣)이며 양(煬)이란 악랄한 황제를 뜻하는 시호이다.

양제는 중국 역사상 대표적인 폭군이며 왕조를 멸망시킨 군주로 취급되고 있다. 그러나 수나라를 멸망시키고 세운 당나라가 당조의 정당성을 주장하기 위하여 양제를 나쁘게 과장해서 기록했을 가능성도 있다.

535년, 위나라가 동서로 분열되어 동위, 서위로 나누어지자 두 나라는 서로 다투기 시작했다.

그러나 두 나라 모두 왕의 권한이 약했고, 실권은 군사적 세력을 갖고 있는 대신들의 손에 있었다.

따라서 장안을 중심으로 한 서위의 재상 우문태는 군인 출신으로 세력이 컸고 그 군사력으로 동위를 치려했다. 서위는 동위보다 영토가 좁고 인구도 적었으나, 우문태를 중심으로 단결하고 있어 강했다. 결국 우문태의 아들 우문각이 서위의 왕조를 뒤업고 북주 왕조를 세우고 곧 북제를 무찌르고 화북 일대를 통일하였다.

오랜 시간 동안 싸움이 계속되고 무왕, 선제, 정제로 내려오는 동안, 외척 출신인 양견이 세력을 장악하였다.

그러다가 양견은 정제를 폐하고 스스로 제위에 오르니, 이 사람이 바로 수나라의 문제이며, 양제의 아버지인 것이다.

남조 진나라가 망한 틈을 타서 문제는 오랫동안 남북으로 갈렸던 중국 천하를 통일하였다. 이 때 군대를 총지휘했던 문제의 둘째 아들 양광은 차츰 명성이 높아지자 형인 황태자 양용과 세력 다툼을 하게 되었다.

그런데 그 때 황후의 세력이 아주 컸는데, 황후는 둘째 아들 양광을 더 사랑하였다. 양광은 어머니의 배경을 믿고 조정의 대신 양소와 결탁하여 형을 밀어 내고 스스로 황태자가 되었으며, 곧 제위에 올라 양제가 되었다. 그 때 아버지 문제를 죽였다고 한다.

대개 폭군들은 자기의 힘을 과시하기 위하여 커다란 토목 공사 등을 일으키곤 하는데, 양제도 화북과 강남을 연결하는 대운하를 건설하였다. 교통은 편리해졌으나, 국가 재정과 백성의 부담은 이만저만이 아니었다.

양제는 또 변경을 지킬 목적으로 만리 장성을 고쳐 쌓았다. 조, 연 시대에 지어진 것을 양제가 서쪽 자위관에서 동쪽 산하이관까지 증축한 것으로, 이름 그대로 길이가 만리에 달했다고 한다.

양제는 또 도시끼리의 무역과 교류는 말할 것도 없고, 여러 나라와 적극적인 외교 관계를 맺었다.

그러나 조공을 바치길 거절하는 고구려를 치기 위하여 세 번이나 대군을 이끌고 쳐들어갔지만, 고구려의 명장 을지문덕에게 무참히 패하고 말았다.

그 무리한 고구려 원정 때문에 나라의 힘이 약해졌고, 각지에서 반란이 일어났다. 반란이 점점 커지자, 양제는 하는 수 없이 양주 별궁으로 피신했다가 결국 그 곳에서 살해되었다.

화북과 강남의 정치·경제적 통합과 발전을 가져 온 대운하

# 언더우드
## (1859~1916)

## ―많은 업적을 남긴 미국 선교사―

호레이스 그랜트 언더우드는 우리 나라의 종교, 문화, 언어, 정치, 사회 등 여러 분야에 걸쳐 많은 업적을 남긴 미국 선교사로, 한국 이름은 원두우이다.

영국 런던에서 출생하였으며, 1872년에 미국으로 이주하였다. 언더우드는 뉴욕 대학에서 신학을 공부하였고, 1884년에는 뉴브런즈윅 신학교를 졸업하였다. 이듬해 언더우드는 우리 나라에 오는 최초의 장로교 선교사로 선정되었다.

그리하여 그 해 4월, 그는 감리교 선교사 아펜젤러와 함께 인천에 상륙하였고, 곧 서울에 들어와 활발히 활동을 하기 시작했다.

처음에 그는 광혜원에서 물리와 화학을 가르치는 것부터 시작했으며, 후에도 계속 교육 부분에서 봉사활동을 했다.

1886년 봄, 정동에 있는 그의 집 사랑방에서 시작된 고아원 형식의 언더우드 학당은 예수교 학당(1891년), 민노아 학당(1893년), 경신 학교(1905년) 등으로 학교 이름을 바꾸어 가면서 배재 학당과 나란히 우리 나라 초기의 현대식 학교로 성장하게 되었다.

1887년에는 우리 나라 벽지를 구석구석 찾아다니는 전도 여행을 단행하였으며, 그 해 9월에는 새문안 교회를 세워 기독교서회를 창설하고, 성서 번역 위원회 초대 위원장이 되었다.

또한 대한 기독교서회 회장, 한국 기독교 교육회 회장 등으로 일하는 한편, 교회 연합 운동을 지도해 나갔다.

1890년에는 〈한영 사전〉〈영한 사전〉을 출판하였고, 종교 신문인

연세 대학교에 있
는 언더우드 동상

《그리스도 신문》을 창간하는 등 문
화 사업에도 관심을 기울였다.

그는 1915년에 그가 세운 경신
학교에 대학부를 설치하였는데,
이것이 연세 대학교의 시초이다.
경신 학교는 1923년에 이름이 연
희 전문 학교로 바뀌고, 1946년에
는 대학교로 승격되었으며, 1957
년에 세브란스 의과 대학을 병합하
여 오늘의 연세 대학교가 되었다.

1911년에는 선교 사업과 학교
업무를 위하여 교육 조사국을 창설
했는데, 그 해에 병이 들어 미국에
돌아갔다가 1916년에 사망하였다.

그의 아들 호레이스 호턴 언더우
드는 1890년에 서울에서 태어나

아버지 못지않은 활동을 하였는
데, 한국 이름은 원한경으로 뉴욕
대학에서 의학 박사, 문학 박사 학
위를 받고 다시 서울로 돌아와 경
신 학교 교사, 조선 신학 대학 교
수와 학장을 지냈고, 1933년에 연
희 전문 학교 제3대 교장에 취임하
였다.

영국 왕립 아시아 학회 조선 지
부 부회장으로 있으면서 그 회지에
우리 나라에 관계된 논문을 많이
발표하였다.

그는 그 후 미군정청 고문, 미소
공동 위원회 고문 등을 지냈으며,
6·25 전쟁 중인 1951년에 부산에
서 세상을 떠났다.

# 에드워드 3세
## (1312~1377)

## ―백년 전쟁을 일으킨 왕―

에드워드 3세는 1312년 11월 13일, 에드워드 2세와 프랑스의 왕녀 이사벨라의 장남으로 태어났다. 어머니가 프랑스 왕녀였기 때문에 에드워드는 영국의 왕이면서도 프랑스 왕위 계승권을 주장하여 백년 전쟁을 일으켰다.

14세 때, 에드워드 2세가 외국에 나가 있는 동안 아버지를 대신하였으며, 부왕이 살해되자 15세의 어린 나이로 왕위에 올랐다. 그러나 이후 3년 동안은 어머니인 이사벨라가 실권을 잡았고, 1330년에 비로소 에드워드 3세에게 실권이 넘어갔다.

왕으로서의 권력을 잡은 에드워드 3세는 왕위 계승권 문제로 프랑스와 전쟁을 시작하였다. 이것이 이른바 백년 전쟁(1337~1453년)이다.

1337년에 에드워드는 프랑스에 선전 포고를 하였고, 1340년에는 자신을 프랑스의 왕으로 선언하였다. 계속 승리를 거둔 영국은 1356년의 푸아티에 전투에서는 프랑스의 왕 존 2세를 사로잡았다.

에드워드 황태자  전쟁에서 무공을 세웠으며, 갑옷 빛깔에서 흑태자라는 별명이 붙었다.

이 승리를 기념하기 위해, 에드
워드는 가터 훈장을 만들어 사용하
기도 했다.

그러나 국내는 평온하지 않았
다. 유럽 전체를 휩쓸고 있던 페스
트(흑사병)로 영국 인구의 20퍼센
트가 사망하였고, 국내 재정 상태
도 엉망이었다.

에드워드는 프랑스 왕의 몸값으
로 거금을 얻고 광대한 영토를 획
득하여 영국으로 돌아왔다.

1371년, 프랑스가 스코틀랜드와
동맹을 맺어 영국에 대항하자, 전
쟁은 다시 계속되었다. 1376년,
탁월한 무공을 세운 에드워드의 장
남인 황태자가 죽었고, 이듬해에

에드워드 3세도 죽고 말았다.

영국의 에드워드 3세와 프랑스
의 필립 6세의 싸움으로 시작된 백
년 전쟁은 그 후 프랑스 지역에서
여러 차례 휴전과 전쟁을 되풀이
하면서 116년 동안 계속되었다.

전쟁의 전반은 영국이 우세했으
나 오를레앙 성의 포위를 뚫고 일
어선 잔 다르크의 활약으로 전세가
역전되어, 마침내 프랑스의 승리
로 끝났다.

에드워드 3세는 너무 전쟁만 하
여 국가 재정을 낭비했다는 비난도
많이 들었지만, 그의 빛나는 공적
때문에 후세의 영국인들은 긍지를
가지게 되었다.

# 에 디 슨
(1847~1931)

## ─미국의 발명왕─

에디슨은 오하이오 주 밀란에서 태어나 7세 때에 미시간 주 포트휴런으로 이사했다.

에디슨은 그 고장에 있는 국민학교에 입학했으나 석 달 만에 자퇴하고, 어머니에게서 대부분의 교육을 받았다.

집안이 가난했기 때문에 12세 때 열차 안에서 신문과 과자를 파는 판매원이 되었다.

그 때, 열차의 화물 칸에 실험실을 만들고 틈만 나면 좋아하는 실험에 열중하곤 하였다.

그런데 그 무렵부터 한쪽 귀가 멀기 시작했다.

15세 때에 역장 아들의 목숨을 구해 준 덕분에 전신 기술을 배우게 되었으며, 1869년까지 미국과 캐나다의 각지에서 전신 기사로 근무했다.

그 동안 보스턴에서 마이클 패러데이의 《전기 공학의 실험적 연구》라는 책을 읽고 감명을 받았다.

그 책의 설명이 복잡하지 않은 점에 대단히 흥미를 느끼고, 책에 실려 있는 실험을 모두 해 보려고 했다.

그는 1868년에 최초의 발명품인 전기 투표 기록기를 발명하여 처음으로 특허를 받았다.

다음 해에는 주식 시세 표시기 등을 발명하였다.

이 발명에서 생긴 자금으로 자신의 연구소를 짓고 본격적으로 발명에 전념하게 되었다.

그 결과, 1871년에 글자가 인쇄되어 나오는 인쇄 전신기를 발명했고, 다음 해에는 이중 전신기를 발명하여 다시 삼중·사중 전신기로 개량해 갔다.

축음기

등사기

가정용 영사기

인쇄 전신기

전구

에디슨의 발명품들 에디슨은 전기·축음기·영화 등 폭넓은 분야에서 3천 가지에 달하는 발명을 했다.

1877년에는 탄소 송화기와 축음기를 발명한데 이어 1879년에는 탄소 필라멘트를 사용한 백열 전구, 1891년에는 영화 촬영기와 영사기, 1891년부터 1900년까지 자기 선광법, 1900년부터 1910년까지는 에디슨 축전지 등을 계속해서 발명하였다.

1882년에 에디슨은 세계 최초의 중앙 발전소를 설립했으며 또, 전등을 발명하여 전등 회사도 설립했다. 그는 이 시절 전구 실험을 하던 중 열전자 방출 현상(에디슨 효과)을 발견했다. 이것은 많은 사람들에 의해 연구되어 진공관에 응용되었으며, 후에 전자 공업 발달의 바탕이 되었다.

제1차 세계 대전이 일어나자 에디슨은 미국 해군의 고문이 되어 군사상의 문제를 과학적으로 연구하는 데에 몰두하였다.

전쟁이 끝나고 연구실로 되돌아간 그는 고무나무를 대신할 수 있는 식물의 연구 등에 힘을 기울였다. 한편, 시멘트 공장을 경영하여 사업가로서의 수완도 발휘했다.

우리가 너무나 잘 알고 있는 '천재란 99퍼센트의 땀과 1퍼센트의 영감으로 이루어진다'고 한 말에서 가난했던 어린 시절부터 끊임없이 노력하고 연구해 온 에디슨의 생활 신조를 엿볼 수 있다.

# 에 머 슨
## (1803~1882)

## ―인간 존엄을 주창한 사상가―

랠프 왈도 에머슨은 1803년 5월 25일에 미국 보스턴에서 태어났다. 그는 1817년에 하버드 대학에 장학생으로 입학하여 우수한 성적으로 졸업한 후에 교편을 잡는 한편, 소설과 시를 습작했고, 신학 서적을 탐독했다.

1825년에 하버드 대학교의 신학부에 입학하여 신학을 공부하고 목사가 되었으나 그는 크리스트 교에 의문을 품게 되어 3년 반 만에 목사직을 그만두었다. 1834년엔 콩코드에서 사색과 독서를 즐기며 저작 생활을 했다.

'콩코드의 성자'라고 불린 에머슨은 청교도주의의 부정적인 인간관에 혁명을 가져온 긍정적 인간관을 내세우면서 인본주의를 부르짖었다.

그는 직관에 의한 자연(물질)이 신의 상징이라고 깨닫고, 1836년에 처녀작 〈자연론〉을 발표하였다. 그럼으로써 유럽에 의존하려는 미국의 폐습을 죄다 쓸어 버리고, 미국의 르네상스를 가져오는 대사업을 전개했다.

이 시기에 에머슨을 중심으로 초절주의 클럽을 조직하여 물질주의에 반항하고, 교회의 전통에 반기를 들어 개인의 존엄과 범신론적인 신비주의를 주장했다.

이리하여 콩코드에서 미국 문학사의 황금 시대를 이룬 이상주의의 봉화가 올랐다.

당시는 산업주의와 서부의 광대한 토지라는 물질적 배경에 따라 민중의 세력이 커지고 있을 때였는데, 에머슨은 물질주의에 빠지지 않고 개인의 존엄을 자각할 것을 주장하였다.

또한 민주주의의 참된 근거를 시사하고 미국이 추구할 이상을 높이 외치는 예언자가 되었다.

1846년에는 시집을 발간했는데, 그에게는 예언자적 시인으로서의 지각이 있어, 강연과 수필의 내용을 압축한 무수하고 예리한 통찰력을 담은 시를 썼으며, 영국의 17세기 형이상학적 시의 전통을 이은 작품도 있다.

또한 수필집을 통하여 자기 신뢰는 신과 인간과의 합일이라는 관점에서 자기 속에 있는 신을 신뢰할 것과 세상은 살아 있는 신의 것으로, 만인은 어느 곳에서나 신의 뜻을 읽을 수 있는 빛의 혜택을 받으며, 그 내심의 빛에 순종하는 데에서만 참된 행복과 구원이 있다고 주장했다.

또한 종교의 종파나 인종과 국적을 초월하여 인류를 하나로 묶으려는 신념이 투철하였다.

에머슨은 이와 같은 사상을 바탕으로 사색과 독서와 저작 생활을 하다가, 1882년에 79세로 세상을 떠났다.

그 후 에머슨이 스스로 '저술 은행'이라고 한 그의 일기가 책으로 정리되었는데 전 10권에 이를 만큼 방대한 분량이었다.

# 에      펠
### (1832~1923)

## —에펠 탑을 설계한 사람—

알렉상드르 귀스타브 에펠은 에펠 탑을 설계하여 세계적으로 유명해진 프랑스의 건축 기사이다.

1832년 12월 15일에 프랑스 디종에서 태어난 에펠은 파리의 중앙

에펠 동상

EIFFEL
1832－1923

공예 학교에서 공부하였다. 1858년, 그는 보르도 지방의 가론 강을 가로지르는 철교를 세웠는데, 교각 말뚝을 박는 데 압축 공기를 사용한 공사였다.

1867년, 에펠은 스스로 회사를 설립하여 다리, 고가교(깊은 골짜기 위에 만든 구름다리), 항만 시설 등의 대형 공사를 주로 맡아서 하였다.

그가 설계한 다리로는 포르투갈의 도우로 강을 횡단하는 아치 형의 다리, 프랑스의 가라비 고가교 등이 있다.

1884년에는 조각가 오귀스트 바르톨디가 설계한 자유의 여신상의 철제 부분을 설계하고 공사를 감독했으며, 1885년에 니스 천문대의 돔 식 천장을 설계하였다. 그리고 유명한 에펠 탑을 설계했다.

1886년부터 1889년에 걸쳐 프랑스 혁명 100주년을 기념하기 위하여 세워진 에펠 탑은 파리의 대표적인 명소이며 철골 건축의 걸작이다. 1959년에는 그 위에 라디오 안테나가 세워짐으로써 탑의 높이는 약 300미터가 되었으며, 항공 등대, 라디오 및 텔레비전의 종합 안테나로도 사용되고 있다.

탑을 이루는 1만 2천 개의 철골 부분은 미리 만들어졌고, 이 부분들을 조립하는 데 사용된 리벳 못만 해도 250만 개에 달한다.

엘리베이터를 제외하고 이 탑을 완성하는데 26개월 15일이 걸렸지만, 차근차근히 합리적으로 공사를 진행하였기 때문에 한 사람의 인명 피해도 없었다.

또한 에펠 탑은 공기의 저항을 가장 적게 받도록 특수하게 설계되었기 때문에 태풍이 불어도 탑이 흔들리는 정도는 22센티미터에 지나지 않는다고 한다.

7000톤 이상의 철이 들어간 이 거대한 탑은 사방 2.25미터의 받침돌 4개가 받치고 있다. 이 탑은 전체적으로 보아 세 부분으로 나눌 수 있는데, 지상에서 57미터, 115미터, 276미터 되는 곳에 각각 난간이 마련되어 있다.

에펠은 만년에 기체 역학을 연구하여 그 분야의 선구자가 되었으며, 1923년 12월 27일 파리에서 사망하였다.

# 엘리자베스 1 세

(1533~1603)

## ─영국 절대주의의 여왕─

엘리자베스 1 세는 튜더 왕조의 헨리 8 세와 두 번째 왕비 앤 사이에서 태어났다.

그녀는 궁중의 복잡한 세력 다툼 속에서 자랐다. 왕위 계승권을 박탈당하기도 하고, 메리 1 세의 카톨릭 복귀 정책에 불만을 품은 귀족이 반란을 일으켰을 때, 엘리자베스도 그 반란에 혐의를 받아 런던 탑에 갇히는 등 불행한 소녀 시절을 보냈다.

엘리자베스는 메리 1 세의 뒤를 이어 25세에 즉위하였다.

그녀는 국교회를 부활시켜 종교의 통일 정책을 폈으며 국왕을 종교상의 최고 권위로 확립시켰다. 동시에 전 국민에게 국교회의 의식과 기도서를 강제로 지키게 함으로써 국교의 확립을 통한 왕권의 절대화를 추진했다.

의회의 권한을 축소시켰고, 45 년간 나라를 다스리면서 의회를 불과 10 회밖에 열지 않았다. 추밀원 중심의 정치를 폈고, 정치범을 위한 성실청 외에도 종교범을 위하여 특설 고등 법원을 설치하였다.

지방에는 명망 있는 사람을 치안 판사로 임명하여 지방 행정도 잘 다스리게 하였다. 또한, 그레셤의 제안을 받아들여 화폐를 다시 만들고, 금과 은의 가치를 일정하게 하여 화폐 제도를 통일하고, 물가의 안정을 꾀했다.

도제조령을 만들어 노동 시간·임금 등을 정하였으며, 빈민 구제법을 단행하여 토지를 잃은 농민이 없도록 하였다.

유리·제당·제분·금속·광산 등 공업 분야에서는 독점권을 부여 하는 등 중상주의 정책을 폈다.

374

특히 모직물 공업의 발전은 상인의 해외 진출을 촉진하게 하였다. 회사 조직에 의한 많은 무역 단체에게 특허장을 교부하여 조직함으로써 무역의 확대와 해외 진출을 도모하였다.

그 중에서도 유명한 것이 영국의 동인도회사의 설립이며, 또한 북아메리카의 버지니아 식민지의 기초가 확립된 것도 이 무렵의 일이었다.

당시 여왕은 최강을 자랑하던 스페인의 압력에서 벗어나기 위하여 펠리페 2세의 구혼을 거절하는 한편, 네덜란드의 독립을 도왔으며,

스페인의 무역선을 습격함으로써 스페인 선박에 타격을 입히고 해상 지배를 위협하게 되었다.

그녀가 다스리던 기간 동안 영국은 절대주의의 전성기를 이루었다. 문화면에서도 영국의 르네상스라고 불리는 국민 문학의 황금 시대가 도래하였다. 셰익스피어, 스펜서, 베이컨 등의 학자·문인이 속출한 때도 바로 여왕이 다스리던 때였다. 이처럼 여왕은 모든 영광의 상징이 되었고, 영국의 절대주의는 절정에 이르렀다. 또한 그녀는 평생 독신으로 여장부의 삶을 마쳤다.

# 예수 그리스도
(기원전 4～기원후 30)

## ─크리스트 교의 교조─

예수가 태어날 당시에 유대는 로마의 지배로 백성들은 악정과 압박에 허덕이고 있었다. 그런 중에도 유대 백성은 언젠가는 구세주가 나타나서 자기들을 인도하여 유대가 세계를 지배할 날이 올 것이라는 예언을 굳게 믿고 있었다.

유대의 북부 갈릴리의 나사렛이라는 마을에 마리아라는 처녀가 살고 있었다. 마리아는 요셉이란 목수와 약혼한 사이였다.

어느 날 천사가 나타나서 마리아에게 하느님의 성령으로 마리아가 잉태했다는 것과, 곧 아들을 낳을 것인데 그 아이는 하느님의 아들이라고 말하였다.

요셉과 결혼하여 함께 베들레헴에 간 마리아는 그 곳에서 아들을 낳았는데, 하느님의 분부대로 예수라고 이름을 지었다.

영국 고플렌, 성 플로린 교회에 있는 〈그리스도의 탄생〉 스테인드 글라스

물로 포도주를 만든 기적을 보인 〈가나의 혼인 잔치〉

예수는 30세가 되자 요한이란 예언자를 찾아가서 세례를 받은 다음, 광야에서 40일 동안 금식을 하며 고행을 했다.

그 후, 예수는 하느님의 아들로서 죄 많은 인간들을 구원하기 위하여 전도 여행을 떠나 각지에서 하느님의 말씀을 가르쳤다.

하느님은 넓고 깊은 사랑으로 사람들의 죄를 슬퍼하시고, 그 죄를 회개하기를 바라신다는 것을 알렸다. 자신의 죄를 회개하고, 한마음으로 하느님을 사랑하고 사람들을 사랑하라는 것이 하느님의 가르침이었다. 또한 예수는 열두 제자를 데리고 다니며 가는 곳마다 병든 사람과 불구자들을 고치는 등 여러 가지 기적을 행하였다.

이러한 예수의 가르침은 민중 사이에 새로운 생명을 불어넣어 순식간에 퍼져 나갔기 때문에, 율법만 고집하는 바리새 파 사람들은 예수를 미워하여 잡아 죽이려고 했다. 그 때 예수는 자기의 목숨을 잃음으로써 인류를 죄에서 구원할 때가 왔음을 알았다.

예수는 마침내 체포되어 갖은 고난을 겪은 후에 사형 선고를 받고 골고타 언덕에서 십자가에 못박혀 숨을 거두었다.

그 후 3일 만에 부활하여 40일 동안 세상에서 지내다가 제자들에게 복음 전파를 당부하고 하늘로 올라갔다.

# 예 이 츠

(1865~1939)

## ─아일랜드의 위대한 시인─

아일랜드의 시인이자 극작가인 윌리엄 버틀러 예이츠는 1865년 6월 13일, 더블린 교외의 샌디마운트에서 태어났다.

예이츠가 태어난 후, 집안은 런던으로 이사했고, 그는 에라스무스 스미스 학교에 다녔다.

이 무렵, 그는 틈만 나면 슬라이고에 사는 할아버지 집을 찾곤 했는데, 그 곳의 풍경, 전설, 야담 등이 어린 예이츠를 무척 감동시켰으며 감수성을 키워 주었다.

예이츠는 아버지의 소개로 트리니티 대학에 있는 두 명의 유명한 문학가를 소개 받았다.

그들은 에드워드 다우든과 존 토드헌터였는데, 다우든의 격려에 용기를 얻은 예이츠는 그 동안 썼던 시를 출판했다.

1889년의 〈오이신의 방랑〉으로

성공을 거두었으며, 1891년에 발표한 〈존 셔먼과 도우야〉는 그의 자서전적 작품이다.

그는 1890년대의 런던 문학 서클에 드나들며 여러 문인들을 사귀었다.

1892년에 그의 첫 희곡 《캐서린 백작 부인》이 출판되었고, 1893년에 예이츠는 엘리스와 공동으로 《윌리엄 블레이크 시집》을 편찬하였는데, 블레이크, 스베덴보리, 뵈메 등을 연구하면서 그들에게서 강한 영향을 받았다.

그는 1898년경부터 애비 극장을 중심으로 아일랜드 연극의 개혁 운동을 전개했다.

그는 자신의 희곡을 상연하기도 하고, 존 밀링턴 싱 같은 우수한 희곡 작가를 배출하기도 했다.

1909년부터 1914년까지는 그의

예술에 있어서 하나의 커다란 전환기였다. 이러한 변화는 같이 일하던 극작가 싱의 죽음과 아일랜드 정치에 관여하게 된 점, 시인 에즈라 파운드를 사귀게 된 점 등이 원인이 되었다.

그는 에즈라 파운드를 통해서 일본의 노 연극에 대해 알게 되었다. 그는 노의 영향을 받아 연극에 가면, 광대, 노래 등을 도입하여 새로운 운동을 시도하기도 했다.

1922년, 예이츠는 아일랜드의 상원 의원으로 선출되었다.

이듬해인 1923년, 그는 영광스러운 노벨 문학상을 받았으며 그

후로도 계속 작품을 발표하였다.

1940년에 나온 〈마지막 시들〉에서, 예이츠는 지금까지의 모든 주제들을 모아 새롭게 정리하였다. 또한 그는 지칠 줄 모르는 정열로, 민요적인 리듬과 대화체의 시를 시도해 보았다.

예이츠는 나이가 들수록 작품도 훨씬 원숙한 경지에 이르렀다. 그는 74세로 죽을 때까지 쉬지 않고 자기 세계를 개척해 나아갔다. 그는 가능한 한 모든 것에서 영감을 얻었고, 그 영감을 자기의 세계로 끌어들여 자신의 예술이 완벽해지도록 끊임없이 노력했다.

# 오비디우스

(기원전 43~기원후 17)

## ―고대 로마의 서정 시인―

고대 제정 로마 시대 초기의 서정 시인 오비디우스는 로마에서 약 140킬로미터 떨어진 곳에 있는 한 조용한 고원의 골짜기인 술모에서 태어났다.

오비디우스는 아버지의 뜻에 따라 법조계에서 낮은 관직을 맡기도 했으나, 시 짓는 것을 더 좋아했기 때문에 얼마 안 되어 직장을 그만두었다.

아테네에서 사귄 친구인 마케르와 함께 동방 여행을 떠나 꼭 1년 동안 시칠리아에 머물렀다. 그러나 아버지의 명령으로 귀국하여 다시 관청에 취직하였다.

오비디우스는 관청일이 적성에 맞지 않아 다시 그만두고 로마의 사교계에 뛰어들었다.

그는 재산이 많은데다 활발한 성격에, 뛰어난 기지와 기억력 그리고 능란한 사교술로 당시 사교계를 주름잡았으며 다른 문인들과도 사귀었다.

그는 30세 가까이 되어서 발표한 《연애가》가 많은 사람들로부터 좋은 반응을 얻어 일약 유명해지게 되었다.

이어서 그는 신화, 전설 중에서 여성이 남편과 애인에게 보낸 서간시 《헤로이데스》와 여성의 화장하는 비결을 노래한 《부인의 화장품》을 발표했으며, 남성에 대한 교훈(2권)과, 여성에 대한 교훈(1권)으로 된 《사랑의 기술》을 발표함으로써 연애시 작가로 이름을 떨치게 되었다.

그 후, 오비디우스는 아우구스투스 황제에 의해 흑해 연안의 토미스(지금의 루마니아 콘스탄차)로 추방되었다. 그 정확한 원인은 분명하지 않으나 오비디우스가 지어 발표한 《사랑의 기술》이 풍속을 문란하게 하고, 다른 시인들은 모두 아우구스투스의 새로운 체제를 따르는데 오비디우스만이 아우구스투스의 정책에 동조하지 않는다는 이유 때문에 정치적으로 추방된 것이 아닌가 보고 있다.

그가 추방된 토미스라는 곳에는 문자도 모르는 야만인들만이 살고 있어서, 그는 답답한 생활을 할 수밖에 없었다.

그리하여 그는 로마로 돌아가고 싶은 마음이 간절하게 담긴 석방 탄원시 〈애시〉와 그 속편 〈흑해에서〉를 발표하여 당시 로마 상류 사회로부터 심리 묘사, 표현력 등이 나무랄 데 없이 뛰어나고 새롭다는 호평을 받았다.

그러나 그를 추방시킨 황제는 그의 시를 이해하지 못했고 융통성도 없는 사람이어서 그의 석방 탄원은 받아들여지지 않았다.

오비디우스는 로마의 시인 중 가장 많은 영향을 끼친 시인으로 알려져 있으며, 실제로 많은 화가와 조각가 들이 그에게서 작품의 주제를 찾아 냈다고 한다.

# 오 헨리
(1862~1910)

## ―미국이 낳은 위대한 작가―

오 헨리는 미국의 작가이다. 그는 주로 뉴욕을 무대로, 그 곳에 사는 사람들의 일상 생활을 담담하면서도 유머와 애수가 넘치게 그려 '도시 소설'의 선구자가 되었다.

작품의 배경으로 자주 등장했던 뉴욕 시

그의 본명은 윌리엄 시드니 포터로서 1862년 9월 11일, 노스캐롤라이나 주 길퍼드의 그린즈버러에서 태어났다.

그의 아버지는 작은 병원을 개업한 의사로서, 사교적이고 환자들에게 친절하여 매우 좋은 평판을 얻었으나, 발명하는 일에 열중한 나머지 집안 살림을 돌보지 않아 집안 형편은 어려웠다.

그리하여 그는 15세 때, 학교를 중퇴하고, 같은 마을에 있는 약방에 취직했다.

그 때부터 그의 파란 만장한 인생이 시작되었다.

오 헨리는 약방 점원을 그만두고 텍사스로 가서 목장일을 하다가 다시 오스틴으로 이주하였다. 그는 그 곳에서 제약 회사에 취직하여 약 2개월 가량 근무했다.

그리고 다시 그 회사를 그만두고 부동산 회사와 토지 관리 사무소에서 일을 하였다.

그러다가 1887년에 그는 에솔 에스테스라는 19세의 마음씨 곱고 상냥한 처녀를 만나서 결혼하였다. 오 헨리는 이 무렵부터 부인인 에솔의 권유에 의해 단편 소설을 쓰기 시작하였다.

결혼 후, 오 헨리는 은행에 취직하여 출납계원으로 일을 하면서 여가를 이용하여 신문을 발행하다가 운영난으로 적자만 안고 폐간했으며, 다시 '휴스턴 포스트'라는 신문사에 기자로 취직하여 비교적 안정된 생활을 꾸려 나갔다.

그러나 전에 근무했던 은행으로부터 공금 횡령죄로 고발을 당하여 경찰에 구속되었는데, 아내의 병으로 인하여 보석이 된 후, 뉴올리언스와 온두라스로 피해 다니다가 다시 구속되어 3년 남짓한 교도소 생활을 하였다.

그 곳의 생활은 비참한 것이었지만, 그는 옥중에서 계속 소설을 썼다. 그래서 교도소에서 나온 후, 뉴욕으로 가서 《월드》지 등에 단편 소설을 기고하였다.

그의 소설은 모파상의 영향을 받아 풍자와 기지와 애수가 감돌고 구성과 화법이 교묘하여 비상한 인기를 모았다.

그는 작가 생활 10년 동안에 280편이나 되는 많은 소설을 썼는데 처녀 단편집《캐비지와 임금님》외에 〈마지막 잎새〉〈20년 후〉〈순경과 찬송가〉〈매기의 선물〉 등과 뉴욕에 관한 이야기인 〈4백만 달러〉〈도시의 목소리〉〈서부의 혼〉 등이 있다.

미국이 낳은 위대한 작가 중의 한 사람인 오 헨리는 1910년에 세상을 떠났지만, 그의 작품은 언제나 변함 없이 많은 사람들의 사랑을 받고 있다.

# 옥타비아누스
(기원전 63~기원후 14)

## ―로마 제국의 초대 황제―

가이우스 옥타비아누스는 로마 제국의 초대 황제로서, 기원전 27년부터 기원후 14년까지 41년 동안 황제의 자리에 있었다.

그의 어머니 아티아는, 군인이며 정치가인 카이사르의 누이동생인 율리아의 딸이었다.

옥타비아누스는 카이사르가 권력을 쥐고 있을 때 그의 도움을 받아 성장했으며, 기원전 46년 카이사르가 아프리카로 원정했을 때 그를 수행하기도 했다.

카이사르는 로마 공화국의 통령이었는데, 나중에는 원로원에서 독재관으로 임명됐다. 그의 세력이 점점 커지자, 그의 반대파들은 그가 공화제를 폐지하고 황제가 되려 한다는 이유로 그를 살해할 음모를 꾸몄으며, 결국 반대파에 의해 암살되었다.

그 때 옥타비아누스는 공부를 하기 위해 두 친구와 함께 일리리아에 있었는데, 카이사르가 암살됐다는 기별을 듣고 즉시 로마로 돌아와, 카이사르의 유언에 따라 그의 양자가 되었다.

옥타비아누스에게는 법무관의 지위가 주어졌으며, 다시 군대의 지지를 얻어 통령이 되었다. 그는 기원전 43년에 안토니우스, 레피두스 등과 함께 삼두 정치(세 사람이 함께 하는 정치)를 시작하여 키케로, 브루투스, 카시우스 등의 공화파를 쓰러뜨렸다.

기원전 40년, 안토니우스는 옥타비아누스의 누이인 옥타비아와 결혼했다. 옥타비아는 미망인으로 대단히 아름다웠으며, 또한 우아하고 분별 있는 부인이었다.

안토니우스는 전 부인인 풀비아를 여읜 지 아직 10개월이 되지 않았다. 로마의 법률로는 10개월이 지나지 않으면 다시 결혼할 수 없게 되어 있었으나, 원로원은 특별히 이 결혼을 허락해 주었다.

기원전 36년, 옥타비아누스는 아프리카를 지배하고 있던 레피두스를 권력의 자리에서 몰아 내고,

옥타비아누스 동상

이탈리아는 물론 서방측 일대에 걸쳐 유일한 실력자가 되었다.

이 때, 지중해의 가운데를 경계로 하여 로마의 영토를 둘로 나누어, 서쪽은 옥타비아누스가, 동쪽은 안토니우스가 지배하기로 약속하고 있었으나, 안토니우스는 이집트 여왕 클레오파트라의 매력에 사로잡혀 이집트를 두둔했다.

그래서 안토니우스와 옥타비아누스의 사이에 틈이 생겼다. 더욱이 안토니우스는 부인인 옥타비아누스의 누이 옥타비아를 멀리하고 있었다.

마침내 옥타비아누스는 안토니우스와 인연을 끊고 정면으로 충돌하게 되었다.

클레오파트라는 안토니우스를 사랑했기 때문에 가까이한 것이 아니었다.

옛날에 강대하였던 이집트 왕국을 다시 한 번 세우기 위해, 로마를 로마 인의 손으로 치게 하려는 음모에서 안토니우스를 가까이했던 것이다.

기원전 31년, 옥타비아누스는 악티온의 해전에서 승리하여 안토니우스와 이집트의 여왕 클레오파트라를 멸망시키고 로마를 장악하여 전 제국의 지배자가 되었다.

이리하여 로마 제국의 유일한 실력자가 된 옥타비아누스는 기원전 28년, 원로원으로부터 원로원의 최고 책임자라는 칭호를 얻게 되었으며, 이로부터 국가 원수로서의 정치가 시작되었다.

그러나 다음 해인 기원전 27년에 옥타비아누스는 그 권력을 원로원으로 되돌려 보냈다. 그러나 원로원에서는 다시금 옥타비아누스에게 군대의 지휘권을 주었고, 국가의 통치권도 원로원과 함께 행사하도록 했으며, 또한 선전 포고의 권한이나 강화권 및 그 밖의 여러 권한을 주었다. 그리고 아우구스투스(존귀한 사람이라는 뜻)라는 칭호도 주었다. 이리하여 옥타비아누스는 실질적으로 황제로서의 지위를 차지하게 되었다.

옥타비아누스는 강한 군대와 튼튼한 재정을 바탕으로 해서 사회 질서를 확립하고 도덕심을 높이는 데 힘썼다.

또한 로마 시를 14구로 나누고, 깨끗하고 아름다운 도시로 만들어 놓았다.

옥타비아누스는 그 밖에도 문학과 예술의 발달을 위해 노력했다.

나라 밖의 정치에 있어서도 기원 전 20년, 앞서 파르티아 왕국에게 빼앗겼던 지역을 회복하고, 게르만 인에 대해서는 양자인 드루수스와 티베리우스를 보내어 국경을 엘베 강까지 확대시키는 등 끊임없이 원정을 감행하여 영토의 확장에 힘썼다.

그러나 기원후 9년, 토이토부르거의 숲에서 게르만 군에 의하여 타격을 입게 되자, 이를 계기로 재빨리 정복을 중지하고, 라인과 다뉴브 두 강을 경계로 하여 게르만과 강화를 맺었다.

이리하여 로마의 평화가 이룩되고, 옥타비아누스에 대한 국민들의 존경심이 높아 감으로써 황제와 로마를 위해 신전을 건립하기에 이르렀다.

옥타비아누스는 그가 언제나 신조로 삼은 '천천히 서둘러라.'라는 말과 같이 매사에 신중하고 또한 착실한 정책을 펴나감으로써, 로마 제국의 기초를 튼튼하게 쌓아 올렸던 것이다.

그 이후로 약 200년 동안 로마의 평화 시대가 계속되었다.

# 와 트
## (1736~1819)

### —증기 기관의 발명자—

'여기에 그 이름을 남겨 놓기 위해서가 아니다. 문화가 인류 평화에 빛을 주는 한, 이 이름은 영원할 것이다.'

이 글은 런던의 웨스트민스터 성당에 세워져 있는 제임스 와트 상의 받침돌에 새겨 놓은 문장의 한 구절이다.

증기 기관을 발명한 사람으로서 유명한 제임스 와트는 1736년 1월 19일, 스코틀랜드의 서해안에 있는 작은 항구 도시 그리녹에서 태어났다.

그는 몸이 약했으므로, 다른 아이들보다 늦게 학교에 들어갔다. 학교 성적은 그다지 좋은 편이 아니었고, 더욱이 몹시 수줍음을 타는 성격이었다.

또한 내성적인 와트는 집 안에 틀어박혀서 책을 읽거나, 아버지의 작업장에 들어가 목수 연장을 가지고 여러 가지 모형을 만드는 것을 좋아했다. 그 솜씨가 매우 뛰어났기 때문에 아버지는 곧잘 이렇게 말했다.

"이 아이의 손가락 끝에는 재산이 붙어 있다."

그런데 와트가 17세 때, 어머니가 세상을 떠났다. 게다가 아버지의 사업도 시원치 않아서 생활이 어렵게 되었다.

결국 와트는 대학 진학을 포기해야 했으며 자신의 힘으로 살아가지 않으면 안 되었다.

19세가 되자, 그는 런던으로 나가서 존 모건이라는, 제도 용구를 만드는 공장의 견습공이 되었다. 손재주가 좋은 그는 보통 3, 4년이 걸려야 배울 수 있는 기술을 불과 1년 동안에 완전히 습득했다.

1756년에 와트는 고향인 그리녹으로 돌아왔다.

그리고 이듬해에는 글래스고로 가서 글래스고 대학을 상대로 하여 제도 용구를 만들거나 수선을 하는 가게를 열었다.

그는 주어진 일을 열심히 해냈을 뿐 아니라, 더 깊게 연구하지 않으면 직성이 풀리지 않는 성격 때문에 많은 신뢰를 얻었다.

드디어 그의 운명을 결정한 증기 기관과 씨름할 기회가 찾아왔다.

1763년, 그는 글래스고 대학에 있던 고장난 뉴커먼 기관을 수선해 달라는 부탁을 받았다.

이 기관은 그 무렵에 영국 국내의 여러 탄광이나 광산의 갱내에서 지하수를 퍼올리는 데 대부분 이용되고 있었다.

와트는 이 기관을 수리하고 있는 동안에 다른 사람들이 미처 발견하지 못한 여러 가지 결점을 발견하게 되었다.

그래서 와트는 증기와 시간의 낭비를 없애고 좀더 능률이 좋은 기관을 만들어야겠다는 생각을 갖게 되었다.

1765년 5월의 어느 일요일, 와트는 글래스고 목장을 산책하고 있었다.

뉴커먼 기관의 모형

그 때, 문득 어떤 생각이 그의 머릿속을 스쳐 지나갔다.

'실린더 속의 뜨거운 증기가 피스톤을 밀어올리면, 그것을 다른 장치에 이끌어들여 거기서 냉각시킨다. 그렇게 한다면, 같은 실린더를 가열한다든지 냉각시킨다든지 하지 않더라도 언제나 뜨거운 상태로 보존할 수가 있다. 시간과 석탄의 낭비도 막게 되는 셈이다.'

즉시 실험을 해 본 결과, 역시 예상했던 대로였다.

증기를 다른 곳으로 이끌어서 냉각시켜 물로 복원시키는 장치를 복수기라고 불렀다. 그리고 열려 있는 실린더의 머리를 피스톤이 지나는 구멍만을 남겨 놓고 막아 버리고, 대기의 압력 대신 증기의 힘으로 피스톤을 밀어 내리는 방식으로 꾸몄다.

이렇게 하면 대기의 기압은 지면 가까이에서 1기압으로 정해져 있으나, 증기의 경우에는 연구에 따라 몇 기압이라도 높일 수 있으므로 뉴커먼 기관보다도 훨씬 힘을 내게 할 수가 있다.

이렇게 해서 와트의 새로운 증기 기관에 관한 이론이 탄생하였다. 그러나 막상 그것을 실행에 옮기기까지 그 어려움은 이루 말할 수 없었다.

그 때, 와트의 한평생을 통해 협력자가 된 마태 보울턴이 나타났다.

그는 돈 많은 공장주로서 소호에 큰 기계 공장을 가지고 있었다. 와트는 그의 협력에 용기를 얻어 온갖 고생 끝에 드디어 증기가 새지 않는 증기 기관을 만드는 데 성공하였다. 그가 마침내 특허를 얻은 것은 1769년의 일이었다.

초기의 와트의 기관은 피스톤이 실린더 속을 위아래로 운동하는 것으로서, 배수용 펌프나 도가니에 바람을 보내는 용도로밖에는 사용되지 못했다.

보울턴의 권유를 받은 와트는 어떤 기계의 원동기에도 쓸 수 있는 방식을 생각하였다.

그래서 피스톤의 양쪽에 증기를 교대로 보내 주는 방식을 고안하여 피스톤의 왕복 운동을 회전 운동으로 바꾸는 만능식 증기 기관을 완성하였다.

이렇게 발명된 원동기는 순식간에 방적 공장을 비롯해서 온갖 산업에서 기계를 움직이는 동력으로 쓰이게 되었다.

그리고 이제까지 수공업에 의존하던 소규모 생산에서, 단번에 근대적인 기계 공업에 의한 대량 생

와트의 증기 기관

산으로 전환하는 토대가 되어, 영국의 산업 혁명은 본격적인 단계로 들어갔다.

이렇듯이 와트의 증기 기관 발명은 사회의 구조까지 근본적으로 변화시켰던 것이다.

# 왕 양 명
## (1472～1529)

### ─중국 명나라의 유학자─

왕양명(王陽明)은 명나라의 유학자이며 정치가로서, 주자학을 깊이 연구하고 평등주의의 입장에서 새롭게 해석하여 당시의 사상에 큰 영향을 미쳤다.

그의 이름은 수인(守仁), 자는 백안(伯安)이며, 양명은 호이다. 저장의 여요 사람으로, 아버지는 높은 벼슬을 하였고, 할아버지는 뛰어난 문인이었다.

왕양명이 11세 때, 서당에서 먼저 무엇을 해야 되느냐고 스승에게 묻자, 스승은 우선 열심히 공부해서 과거에 합격해야 된다고 대답했다. 그러자 왕양명은

"그 말씀은 옳지 않습니다. 훌륭한 사람이란 배우는 것을 제일 먼저 해야 하는 것이 아닙니까?"

라고 말하여, 스승을 당황하게 만들었다고 한다.

그는 17세 때 결혼하였는데 결혼하는 날, 밖에 나갔다가 길에서 도를 닦고 있는 도사를 보고 그 옆에 앉아, 다음 날 식구들이 데리러 올 때까지 결혼식도 까맣게 잊고 밤을 지샜다는 이야기도 있다.

21세 때 주자학을 공부하게 되어, 풀잎 하나에도 나무 하나에도 이치가 담겨 있으며, 세상 모든 사물에 진리가 있다는 것을 배웠다. 그래서 그는 마당에 있는 대나무 앞에서 대나무를 응시하며 7일 밤낮을 앉아 있었으나, 대나무로부터 진리를 터득하기는커녕 병만 들었다고 한다.

그는 한때 시에 인생을 걸기도 하고, 노자와 장자의 사상에 빠졌으며 불교에 온 마음을 쏟기도 하였다.

이처럼 갈피를 잡지 못하고 방황

하다가, 결국 31세 때에 다시 본래의 주자학으로 돌아왔다.

주자학은 송나라 시대의 주희가 완성한 새로운 유학의 한 학파로 유교의 예를 근본 법칙으로 해서, 이것을 실천하는 데에서 천지의 이치가 통하게 된다는 사상이다.

37세 때, 왕양명은 용장이라는 곳에서 크게 깨달음을 얻었다. 그는 35세 때 용장으로 유배되어 왔었는데, 하인이 병으로 죽었기 때문에 손수 나무를 해서 밥을 짓는 생활을 하게 되었다. 이렇게 문명을 멀리한 생활 속에서 혼자 생각하며 살다가 진리를 깨닫게 된 것이었다. 그래서 그는

"아무리 공자의 말이 옳아도 내 마음에 적합하지 않으면 옳지 않은 것이며, 아무리 보잘것 없는 사람의 말이라도 내 마음에 적합하면 옳은 것이다."

라고 말했다. 이 말은 자기 자신을 깨끗이 정화한 자연스런 상태에서만이 진리를 깨달을 수 있다는 의미이다.

그의 사상은 평등주의의 입장을 나타낸 것으로, 자본주의가 싹트기 시작한 당시의 사람들로부터 크게 환영을 받았다. 그의 저서로는 〈왕문성공 전서〉〈전습록〉 등이 있으며, 그의 학문을 양명학이라고도 한다.

# 왕 희 지
## (307~365)

## ㅡ진나라의 대표적 명필ㅡ

왕희지(王羲之)는 중국 진나라
의 서예가로서, 자는 일소(逸少)
이다. 후한의 장지, 위의 종요 등
의 영향을 받아, 독자적인 새로운
글씨체를 창조하였다.

왕우군이라고도 불리는 왕희지
는 산둥 성에서 태어났다. 아버지
왕광은 진나라의 중신이었다.

《난정서》

왕희지는 어렸을 때 너무 말이
없어 남의 눈에 별로 띄지 않았으
나, 13세 때부터 탁월한 재능을 보
이기 시작했다.

벼슬길에 오른 뒤 점점 벼슬이
높아졌으나, 그는 늘 시끄러운 도
회지보다는 시골에서 조용히 살기
를 원했다.

344년 9월, 강제가 사망하자 겨
우 두 살인 목제가 즉위하였다. 그
래서 왕희지가 왕을 대신해서 나라
를 다스리게 되었다.

그런데 신하들이 서로 세력을 잡
으려고 다투는 바람에 왕희지는 도
저히 일을 할 수가 없어 자리에서
물러났다.

그는 회계라는 곳으로 가서, 평
소 원하던 대로 은둔 생활을 시작
하였다.

회계는 아름다운 강산으로 둘러

394

싸인 곳으로, 유명한 시인이며 문인 들이 많이 나온 곳이었다.

왕희지는 건강을 위하여 열심히 도교를 믿으며, 이 산 저 산 아름다운 자연 속에서 자연과 호흡을 같이 하였다.

그런 환경 속에서, 마치 자연과 하나가 된 듯한 글씨체가 나오게 된 것이다.

왕희지의 글씨체는 남방 귀족들에게 환영을 받아 점점 유행하여, 중국의 전통적 서법이 되었다. 그는 해서(똑똑히 바르게 쓰는 글씨체)뿐만 아니라 행서(조금 흘려 쓰는 글씨체), 초서(행서보다 더 흘려 쓴 글씨체)에 모두 능하였다.

그의 글씨체는 중국뿐만 아니라 우리 나라와 일본에까지 건너가 당시 동양 서예의 최고의 자리를 차지하게 되었다.

당나라 태종이 특히 그의 글씨를 아껴, 그의 글씨를 많이 복사해 놓았다고 한다. 그의 대표작으로는 〈난정서〉〈성교서〉〈상란첩〉〈황정경》〈악의론〉 등이 있다.

그는 서예뿐만 아니라 인품도 고결하고 원만하였으며, 서성(글씨를 썩 잘 쓰는 사람을 높여 일컫는 말)으로 불리어지며 나라 안팎의 많은 존경을 받았고, 오늘날까지도 그의 글씨는 하나의 모범으로 되어 있다.

# 우 탄 트

(1909~1974)

## ―미얀마의 외교관―

우탄트는 미얀마의 외교관으로
아시아 사람으로는 처음으로 국제
사무 총장을 지냈고, 1960년대의
국제 분쟁을 해결하기 위해 노력했
다. 그는 또 새로 독립한 아시아,
아프리카의 여러 나라들을 위해서
도 활약했다.

우탄트는 1909년 1월 22일, 미
얀마의 수도 양곤 근처 판타나오에
서 태어났다.

그는 네 형제 중 장남으로, 어렸
을 때의 꿈은 신문기자나 문학가가
되는 것이었다.

당시의 미얀마는 영국의 지배를
받고 있었다. 우탄트는 영어 실력
이 뛰어나, 16세 때 미얀마의 보이
스카우트 회보에 영어로 쓴 기사를
발표한 일도 있었다.

우탄트는 판타나오 고등 학교를
졸업하고, 양곤 대학에 들어갔다.

교사 자격 시험에 일등으로 합격
한 그는, 동생들의 학비를 벌기 위
하여 판타나오 고등 학교의 선생이
되었다. 이 무렵, 우탄트는 아테
네, 로마를 비롯한 역사적으로 위
대했던 도시들의 이야기인 《도시
이야기》를 펴내기도 했다.

판타나오 고등 학교의 교장은 우
탄트의 대학 시절 친구이며 후에
수상이 된 우누였고, 우탄트는 교
감이 되었다. 그 후, 우누가 양곤
대학으로 가자, 우탄트가 교장이
되었고 동시에 미얀마 교과서 선정
위원회, 교육 심의회 및 학술회 위
원을 역임하였다.

제2차 세계 대전이 일어나 일본
군이 쳐들어오자, 우탄트는 교육
재건 위원회 사무 국장 일을 잠시
했다. 그리고 다시 판타나오 고등
학교로 돌아갔다.

1945년, 미얀마 민족주의 운동 단체인 인민 자유 연맹의 부총재로 취임한 우누에 의해 우탄트는 정치계에 뛰어들었다.

우탄트는 처음에 인민 자유 연맹의 홍보 담당 책임자로 있다가, 독립 후에는 공보성 차관이 되었다. 그 뒤 수상이 된 우누의 비서실장이 되면서부터 미얀마 정계의 거물로 등장하기 시작하였다.

1952년, 그는 국제 연합 미얀마 대표단의 한 사람으로 국제 연합 총회에 처음으로 참가하였으며, 1957년에 우누 수상은 우탄트를 국제 연합 상임 대표로 임명하였다.

1961년 9월에 국제 연합 사무 총장이었던 하마슐드가 비행기 사고로 갑자기 죽자, 우탄트가 사무 총장 서리로 선출되었고 1962년 2월에 정식으로 제3대 사무총장이 되었다.

그는 5년의 임기를 마치고 1966년에 다시 선출되어, 10년 동안 사무 총장으로 활약하면서 쿠바 미사일 위기, 중동 전쟁, 베트남 전쟁 등의 어려운 문제를 처리함으로써 세계 평화에 공헌했다.

그는 임기를 마치고 뉴욕에서 살다가 1974년 11월 25일에 눈을 감았다.

# 워 싱 턴
(1732~1799)

## ─미국의 초대 대통령─

1607년, 영국은 북아메리카에 버지니아(엘리자베스 1세가 처녀라 이런 이름을 지었다.)를 최초의 식민지로 삼은 이후, 1세기 이상이 지난 1732년에는 13개의 식민지가 건설되어 있었다.

그 때, 프랑스도 캐나다 동해안에서 남쪽으로 내려와서 멕시코 만까지 진출하여, 영국의 식민지를 둘러싸고 있었다.

그 무렵에 조지 워싱턴은 버지니아 주 포토맥 강변에 있는 지주의 집안에서 태어났다. 당시에 지주들은 자녀를 본국인 영국에 보내어 교육을 시키는 관습이 있었으나, 워싱턴은 어릴 때 아버지가 세상을 떠났기 때문에 그 고장의 학교에서 초등교육을 받았다.

그리고 측량 기술을 배워 펜실베이니아와 버지니아에서 측량일에 종사했으며, 19세 때 측량사 면허를 얻었다. 20세 때인 1752년에 이복형이 죽자 마운트 버넌에 있는 농장을 물려받아, 2년 동안 평화로운 생활을 보냈다.

당시, 유럽은 식민지를 차지하기 위해 각국이 심하게 세력 다툼을 하고 있었다. 미국 대륙에서도 인디언과 손을 잡은 프랑스가 영국과 다투어 서로 땅을 빼앗고 있었다. 1754년, 드디어 두 나라의 군대가 충돌하게 되었는데, 어느 쪽이 미국 대륙을 지배하게 되는가를 판가름하는 중요한 전쟁이었다.

워싱턴은 22세의 나이로 버지니아 민병을 지휘하여 영국군 사령관의 대령으로까지 진급했다. 민병을 거느리고 프랑스 군의 요새를 함락하여 전쟁을 승리로 이끌었고, 1759년에 전쟁은 끝이 났다.

그러나 유럽에서는 두 나라 사이에 7년 전쟁이 계속되었다.

워싱턴은 고향으로 돌아가서, 부유한 미망인과 결혼하여 농장 주인으로 생활하였다.

영국은 7년 전쟁에 이기긴 했으나, 식민지를 위해서 막대한 자금을 댔다는 이유를 내세우며 무거운 세금을 내게 하는 등 정치에까지 간섭하기 시작했다.

이러한 정책은 영국 국민으로서의 권리를 요구하는 식민지 주민에게 커다란 불만을 초래했다. 그때, 워싱턴은 버지니아의 의원으로 선출되어 본국이 새롭게 부과한 인지세와 수입세에 반대하고, 영국 상품 불매 운동에 앞장 섰다.

이로 인해 영국에서는 새로 제정한 세제를 폐지하고 차세만 남겨 두었다.

그러나 이 차세를 둘러 싸고 1773년에 폭동이 일어났다. 동인도 회사의 차를 실은 3척의 배가 보스턴에 입항하자, 50여 명의 시민이 배를 습격하여 차를 바다에 처넣어 버렸던 것이다. 본국은 즉시 군대를 보내어 보스턴 항구를 폐쇄하고, 매사추세츠 주의 자치를 제한하는 법을 강요했다. 이 사건은 결국 독립 전쟁으로 발전해 갔다.

1774년에 13주의 대표가 필라델피아에 모여 제1차 대륙 회의를 개최했다.

워싱턴도 버지니아 주 대표로서 이 회의에 참석하여 본국 정부의 횡포를 비난하고 자치를 요구하는 청원서를 냈다. 그러나 본국 정부는 그것을 받아들이지 않고 더욱 심하게 탄압했다.

드디어 1775년 4월, 매사추세츠 주에 있는 렉싱턴과 콩코드에서 혁명적인 시민과 본국의 군대 사이에 무력 충돌이 일어났다.

그 해 5월, 제2차 대륙 회의에서 지금까지 의용군이라고 불렀던 것을 아메리카 대륙군이라고 명칭을 고치고, 대령이었던 워싱턴을 총사령관으로 임명했다.

1776년 7월 4일, 드디어 13주를 하나로 통합하여 미국으로서 독립을 선언했다. 그 후 7년 동안 독립 전쟁이 시작되었다.

대륙군은, 잘 훈련받은 영국 군대를 당할 수가 없었으며 무기와 식량도 부족하고 다 떨어진 누더기 군복을 입고 싸우는 형편이었다. 그러나 워싱턴은 용기와 인내를 바탕으로 뛰어난 작전을 써서 적군을 물리쳤다.

마침내 1781년, 대륙군은 영국군을 요크타운에서 무찔러 승패가 결정되었다. 그리하여 1783년에 파리에서 영국과 평화 조약을 체결하게 되었으며, 이 때부터 미국은

워싱턴 집 대통령직에서 물러난 워싱턴은 마운트 버넌의 이 집에서 대부분의 시간을 보냈다.

400

전 세계로부터 완전히 독립을 인정받게 되었다.

그리고 각기 독립된 헌법과 자치 정부를 가지고 있던 13주를 1787년에 하나로 통합하여 미국의 합중국 헌법을 제정하였다. 이 때, 워싱턴은 너무나 감격해하였다.

1789년 4월 30일, 워싱턴은 초대 아메리카 합중국의 대통령으로 선출되었다.

1792년에 다시 대통령으로 선출되어 4년 동안 평화와 국력을 위해 온 힘을 기울였다. 외국과의 분쟁을 피하여 프랑스 혁명 때에도 중립을 선언했을 뿐만 아니라, 적대 관계에 있던 영국 및 에스파냐와의 국교 회복의 조약을 체결하는 등 외교 교섭에도 성공하였다. 국내에서는 펜실베이니아 서부에서 일어난 농민 폭동을 진압하고 서부 지방을 개척했다.

1796년, 워싱턴은 세 번째 대통령 선거를 맞이했으나, 8년 이상이나 정치에 관계하는 것은 민주 정치의 발전에 부당하다고 생각하여, 대통령 후보로 나서지 않았다.

그는 마지막 인사에서 민주 정치를 끝까지 지켜 나갈 것을 강조하면서 당파 다툼을 훈계하였으며, 외국에 대하여 중립을 지키도록 당부하였다.

워싱턴은 고향으로 돌아가 다시 농장 주인이 됐으며, 1799년 12월 14일에 사망했다.

# 워즈워스
## (1770~1850)

## ―영국의 낭만파 시인―

영국의 낭만파 시인 윌리엄 워즈워스는 자연과 인간에의 사랑을 쉽게 표현한 영국 최고의 서정 시인으로 꼽힌다.

워즈워스는 1770년 4월 7일, 컴벌랜드의 코커마우스에서 태어났으며, 컴벌랜드의 아름다운 자연 속에서 가족들의 따뜻한 사랑을 받으며 행복한 유년 시절을 보냈다.

어머니의 영향으로 어려서부터 많은 책을 읽은 그는 특히 《돈 키호테》《걸리버 여행기》《아라비안 나이트》 등을 좋아했다.

1787년부터 4년 동안 케임브리지 대학에서 공부하였는데 방학이면 프랑스, 스위스, 이탈리아, 독일 등지를 여행하면서 자연과 가까이 했다.

1791년 11월, 워즈워스는 프랑스로 건너갔다.

당시의 프랑스는 혁명이 일어나서 몹시 혼란한 상태였고, 워즈워스는 이때 인생에 커다란 변화를 가져오는 계기를 맞게 되었다.

그는 네 살 위인 아네트 발롱이라는 여인을 알게 되어 열렬한 사랑에 빠졌다. 1792년, 딸이 태어났으나 그는 가지고 온 돈이 다 떨어져 영국으로 돌아가게 되었다. 그 후 영국과 프랑스 사이에 전쟁이 일어나 프랑스에 더욱 갈 수가 없었다. 이 때의 이별과 죄책감은 그의 가슴 속 깊이 파고들어 시적 영감으로 승화되었다.

1797년, 그는 콜리지와 깊은 우정을 나누게 되어 1798년에 《서정시집》을 공동으로 출판하였다. 이 시집에서 워즈워스는 아름다운 문장만을 주로 쓰는 다른 시인들의 작품을 뛰어넘었다.

1798년부터 1799년까지 그는 독일을 여행했다. 독일에서의 생활은 쓸쓸하고 고생스러웠지만, 워즈워스는 그의 걸작이라고 할 수 있는 《서곡》을 쓰기 시작했다.

1802년에 발표한 《나비에 붙여》 《나는 구름처럼 방황했다》 《뱃사람의 어머니》 《무지개》 등의 작품에서 그는 인간 고뇌에 관한 변함없는 이해와 공감을 표현하였다.

1802년, 어렸을 때부터 알고 있던 메리 허친슨과 결혼한 그는 경제적인 문제로 몸과 마음이 피로하여, 오랫동안 헤어져 있던 발롱과 딸과는 아주 이별하기로 하였다.

또, 절친했던 콜리지와의 사이도 멀어지자 외로운 시간을 보내게 되어, 시에도 변화가 생겼다.

1805년에 제1편이 완성된 《서곡》은 영국 낭만주의의 대표적인 작품으로 시인의 정신적 성장 과정을 이야기식으로 그린 것이다.

그 후, 워즈워스는 인지 판매관, 보수당원, 영국 국교회 신자 등의 일로 시에서 멀어졌다.

그러나 1843년, 계관 시인(영국 왕실에 속하여 죽을 때까지 연봉을 받는 명예로운 시인)이 되었으며, 1850년 4월 23일, 80세로 세상을 떠났다.

워즈워스가 살았던 집 (왼쪽)과 박물관

# 웰 링 턴
(1769~1852)

## ─ 나폴레옹을 무찌른 영국의 장군 ─

아서 웰즐리 웰링턴은 영국의 군인이며 정치가로서 인도의 영국 지배권을 확립하는 데 공헌했을 뿐만 아니라, 유명한 워털루 전투에서 나폴레옹을 격파하여 세상에 명성을 떨쳤다. 후에는 토리 당 지도자로서 수상이 되어 정치계에서도 활약했다.

웰링턴은 1769년 5월 1일, 모닝턴 백작의 넷째 아들로 아일랜드의 더블린에서 태어났다. 프랑스의 사관 학교를 졸업하고 1787년, 중위의 계급으로 아일랜드 총독의 부관으로 임명되었으며, 1793년 9월에는 중령에 이르렀다.

1794년부터 1795년까지 네덜란드 전선에서 영국군의 비능률적인 전법에 충격을 받아 전술을 깊이 연구하였다.

그는 대령으로 진급하여, 1797년부터 1805년까지 인도에 파견되는 동안 눈부신 활약으로 영국의 인도 지배권을 확립하였다.

영국으로 다시 돌아온 웰링턴은 1806년 4월 10일, 캐서린이라는 여인과 결혼하였다.

다음 해에는 아일랜드로 파견되어 실질적인 총독의 일을 맡았고,

덴마크 공격을 지휘하여 훌륭한 전과를 올렸다.

1808년 4월 24일, 그는 중장으로 진급했고, 6월에는 포르투갈에 급히 가게 되어 포르투갈과 에스파냐 군이 대항하고 있던 프랑스 군을 계속 무찔렀다.

1813년, 웰링턴은 드디어 프랑스로 쳐들어가기 시작해 승리를 거듭하였으며 파리로 들어갔다. 그는 원수로 승진했을 뿐만 아니라 후작이 되었다.

그 때, 나폴레옹은 사로잡히고 프랑스 군은 항복하였다.

웰링턴은 잠시 영국에 돌아가 있다가, 1815년 1월까지 영국 대사로 프랑스에 머물렀다.

그러다가 빈 회의에 영국 대표로 참가했는데, 나폴레옹이 엘바 섬에서 탈출했다는 소식을 듣고 곧 브뤼셀로 파견되었다.

웰링턴은 블뤼허가 지휘하는 프로이센 군과 연합하여 워털루 전투에서 나폴레옹 군을 크게 무찔렀다. 계속해서 1815년 7월 7일에 파리로 진격했고, 7월 14일에 나폴레옹은 결국 항복하고 말았다.

그는 잠시 프랑스 주둔 연합군 사령관으로 있다가 영국으로 돌아와 1828년, 토리 당 출신의 수상이 되어 활약하기 시작하였다.

1834년 다시 수상을 지냈고, 1841년에는 본래의 직위인 영국군 총사령관으로 돌아갔다.

1852년에 그가 세상을 떠나자, 영국 국민 모두 크게 슬퍼하였다.

# 웰 스
## (1866~1946)

### ─영국의 작가─

허버트 조지 웰스는 1866년 9월 21일, 켄트 주 브롬리에서 태어났다. 아버지는 크리켓 선수 출신으로 작은 도자기 가게를 하고 있었고, 어머니는 하녀 출신이었다.

아주 가난한 집안이었으므로 웰스는 제대로 교육도 받지 못하고, 14세 때 포목상의 점원으로 일하게 되었으나 공부를 해야겠다는 생각으로 그만두었다. 그리고는 열심히 공부하여 미드허스트 중학교의 조교사가 되었고, 18세 때 장학생으로 런던 대학에 입학하였다.

웰스는 대학에서 생물학을 공부했는데, 유명한 생물학자 토머스 헨리 헉슬리가 스승이었다. 그는 1888년에 대학을 졸업하고 과학 교사로 있었는데, 몇 년 동안 상당히 궁핍하고 고생스런 생활을 해야만 했다.

1891년에 사촌 여동생 이자벨 메리 웰스와 결혼한 후로는 더욱 경제적으로 쪼들리게 되었다.

결혼 생활은 행복하지 못했으며, 결국 1894년에 에이미 캐서린 로빈스라는 여자와 재혼했다. 그러는 동안, 그는 문학 쪽에 관심을 갖고 소설을 쓰기 시작했다.

1895년에 발표한 그의 최초의 소설 《타임 머신》은 먼 미래를 여행한다는 공상 과학 소설이다. 이 책이 출판되자 대단한 성공을 거두었고, 웰스는 계속 독창적인 공상 과학 소설을 출판하였다.

《놀라운 방문》(1895), 《모로 박사의 섬》(1896), 《투명 인간》(1897), 《세계 전쟁》(1898), 《달나라의 첫째 번 인간》(1901), 《신들의 음식》(1904) 등이 그의 대표적인 공상 과학 소설들이다.

그의 공상 과학 소설에는 단순한 흥미보다는 인간과 사회에 대한 적극적인 관심이 들어 있었다. 결국, 이러한 관심으로 그는 공상 과학 소설을 그만두고 사실주의적 사회 소설을 쓰기 시작하였다.

《사랑과 루이셤 씨》(1900), 《킵스》(1905), 《폴리 씨의 성장 과정》(1910), 《토노 번게이》(1909) 등은 웰스의 가장 뛰어난 소설로 평가된다. 여기에서 웰스는 그의 어렸을 때 경험을 바탕으로 좌절하고 말 못 하는 가난한 사람들을 대변하고 있다.

그는 다윈의 진화론을 사회에도 적용하여 사회도 생물과 마찬가지로 유토피아(이상적인 나라나 사회)를 향하여 끊임없이 진화한다고 생각하였다.

그러면서 웰스는 열렬한 사회주의자가 되어, 1903년에 페이비언 협회에 가입하였다. 페이비언 협회는 영국의 사회주의 단체로, 정치 기구를 완전히 민주화하고 산업을 사회화하는 점진적인 사회주의화를 목적으로 하였다.

제1차 세계 대전이 일어나자, 그는 인간은 변화하는 주위 환경에 자신을 적응시켜 나가야만 진화할 수 있다고 고쳐 생각하게 되었다. 이런 생각을 널리 알리고 대중을 교육하기 위하여, 웰스는 《세계 문화사 대계》(1920), 《생명 과학》(1931), 《인간의 일, 재산, 행복》(1932) 등을 출판하였다.

그러나 그의 비관적인 생각에도 불구하고 그의 작품들은 인류의 밝은 미래를 예언하고 있다.

문학, 사상, 과학 등 현대 문명에 많은 영향을 미친 웰스는 1946년 8월 13일, 80세의 긴 생애를 마쳤다.

# 위　고

(1802~1885)

― 낭만주의 문학의 선구자 ―

　빅토르 위고는 1802년 2월 26
일, 프랑스의 브장송에서 태어났
다. 아버지는 나폴레옹 군의 장군
으로 위고가 군인이 될 것을 권하
였으나, 그는 문학에 흥미를 가지
고 있었다. 마침내 15세 때에 프랑
스 학사원의 현상 모집에 시집《연
구의 길》을 내놓아 당선됐다.

　이런 위고의 문학에 대한 풍부한

소년 시절의 초상

재능을 인정해 준 사람은 프랑스의
낭만파 문학가 샤토브리앙이었다.
위고는 그의 문하생이 되어 문학에
관해서 여러 가지로 배웠다.

　당시의 프랑스는 정치적으로나
사회적으로 매우 혼란스러웠다.

　예술에서도 그리스나 로마의 낡
은 관습이나 형식을 이어받은, 틀
에 박힌 것에 반대하여 새로운 운
동이 일어나기 시작했다. 샤토브
리앙도 그 운동에 참여하여 인간의
자유 평등을 주장하고, 개인의 감
정을 충분히 표현하는 문학 운동을
일으키고 있었다. 스승의 정신을
이어받은 위고는 지금까지의 형식
이나 관습에 구애됨이 없이 자유롭
게 노래했다.

　특히, 위고를 낭만파의 중심 인
물로 만들어 낸 것은, 1827년에 낸
희곡 〈크롬웰〉의 서문에서 고전파

작가들의 극을 만드는 방법에 대해 크게 공격을 가하며 자유주의 경향의 연극을 주장한 사실이다. 또한, 1830년에 〈에르나니〉를 발표함으로써 지금까지 보지 못했던 아름다운 배경과 풍부한 정감에 관객들은 감동의 박수를 보냈다.

이듬해 1831년, 위고는 《노트르담의 꼽추》를 써서 소설가로서도 매우 좋은 평판을 받았다.

그 후, 1843년에 희곡 〈성주〉를 발표하여·코메디 프랑세즈 극장에서 상연했으나 평판이 좋지 않았다. 게다가 그 해에 딸 레오폴딘이 센 강에서 뱃놀이를 하다가 뜻하지 않은 사고로 죽자, 마음의 상처 때문에 잠시 펜을 놓았다.

그로부터 2년 후, 위고는 상원 의원에 선출되어 정치에 관계했다. 1848년 2월 혁명이 일어나 새로운 공화 정부가 수립되자, 이를 지지하며 활약하였다.

루이 나폴레옹이 쿠데타로 독재권을 장악하고 1852년에 황제의 자리에 올라 나폴레옹 3세가 되자, 이를 반대하며 민중 운동을 일으킨 위고는 망명을 하게 되었다.

그는 황제를 비웃거나 공격하는

글을 많이 썼는데 대부분의 책은 프랑스에서는 판매가 금지되어 있었고, 비밀리에 읽고 있던 공화파의 사람들에게 힘과 용기를 주었다. 그 중에서도 특히 《레 미제라블》이 유명하다.

1870년, 나폴레옹 3세가 프로이센·프랑스 전쟁에서 패전하자, 제정은 무너졌으며 공화 정치가 되살아났다. 그 후, 위고는 19년간의 망명 생활을 마치고 프랑스로 돌아와, 정치가로서 활약했다.

1885년 5월 22일, 위고가 83세로 세상을 떠나자, 그의 업적을 찬양하기 위해 장례식은 국장으로 치러졌다.

# 윌리엄 3세
## (1650~1702)

### ─의회 정치를 보호한 왕─

윌리엄은 1650년 11월 4일, 네덜란드의 헤이그에서 오렌지 공 윌리엄 2세와 찰스 1세의 딸 메리 공주 사이에서 태어났다.

그가 태어나기 8일 전에 아버지 오렌지 공이 죽었기 때문에, 네덜란드는 공화파가 세력을 잡게 되었다. 윌리엄은 묵묵히 여러 학문을 공부하며 때를 기다렸다.

1667년, 공화파의 지도자인 데비트 형제가 네덜란드의 실권을 장악하였다. 그러나 1672년, 프랑스군이 네덜란드를 침공하자 윌리엄은 총사령관 겸 국가의 지도자로 추대되었고, 프랑스와 화평을 맺으려던 데비트 형제는 성난 폭도들에게 살해당하였다.

윌리엄은 에스파냐와 오스트리아와의 동맹에 성공함으로써 루이 14세를 패배시킬 수 있었다. 그는

유럽을 지배하겠다는 야망에 불타는 루이 14세를 견제하지 않으면 안 되겠다고 생각했던 것이다.

1677년, 윌리엄은 제임스 2세의 딸인 메리와 결혼하였다. 메리는 영국 왕위의 계승권이 있었기 때문에 윌리엄은 점점 영국 정치에 발을 들여 놓기 시작했다.

그는 군인으로서 여러 전투에 출전하여 용맹을 떨치는 한편, 외교관과 정치가로서도 대단한 활약을 하였다.

1678년의 네이메겐 평화 조약은 네덜란드의 독립을 확인한 커다란 외교적 승리였으며, 이로써 윌리엄은 루이 14세에 대항하는 전 유럽 세력의 지도자가 되었다.

프랑스 세력의 확장을 막기 위해서는 무엇보다 영국과의 동맹이 필요했다.

그러나 찰스 2세와 제임스 2세는 카톨릭 세력에 가담하여, 의회를 무시하고 신교를 탄압하는 통에 프랑스 세력은 오히려 강해지고 있었다.

윌리엄은 영국과 동맹을 맺으려 했으나 실패하고 말았다. 그런데 제임스 2세의 독자적인 정치에 화가 난 의회의 지도자들이 1688년에 제임스 2세를 국외로 쫓아 내고, 윌리엄과 메리를 영국의 왕으로 추대하였다. 이것이 역사상, 유명한 명예 혁명이며, 의회는 '권리 장전'을 제정하여 입헌 정치의 기초를 닦았다.

제임스 2세는 프랑스의 힘을 빌려 영국으로 쳐들어 왔으나, 1690년 7월 1일, 아일랜드의 보인에서 크게 패하였다.

1697년, 윌리엄은 라이스바이크에서 유리한 평화 조약을 맺었다. 루이 14세는 윌리엄을 영국 국왕으로 정식 인정하였으며, 윌리엄은 여러 가지 외교 수단을 통하여 국가를 안정시켰다. 또한 의회 정치를 보호하여, 영국의 의회 정치와 정당 정치의 기초를 닦았다.

메리는 1694년에 사망하였고, 윌리엄은 1702년 3월 8일, 런던에서 세상을 떠났다.

# 윌 슨
(1856~1924)

## ―미국의 제28대 대통령―

미국의 제28대 대통령 토머스 우드로 윌슨은 대통령의 권한을 강화하기 위해 노력했고, 제1차 세계 대전을 성공적으로 이끌었으며, 세계 평화 기구인 국제 연맹을 만들어 오늘날 국제 연합(유엔)의 기초를 마련했다. 그리하여 세계 평화에 기여한 공적으로 1919년도 노벨 평화상을 받았다.

윌슨은 1856년 12월 28일, 버지니아 주 스톤턴에서 태어났다. 아버지는 도덕적으로 엄격한 장로교 목사였다.

그의 가족은 1870년에 사우스캐롤라이나 주의 컬럼비아로 옮겨 갔고, 윌슨은 1874년에 노스캐롤라이나 주에 있는 데이비슨 대학에 입학했다. 그러나 몸이 아파 학교를 그만두고 쉬었다가, 1875년 9월에 프린스턴 대학에 들어가 1879년에 졸업했다. 정치가가 될 것을 결심한 윌슨은 1879년 가을에 버지니아 대학교 법과 대학에 들어갔으나, 또 몸이 아파서 집으로 돌아와야만 했다.

집에서 혼자 공부를 한 후 1882년 6월, 그는 애틀랜타에서 변호사 사무실을 개업하였으나 잘 되지 않았다.

실망한 윌슨은 1883년에 존즈 홉킨스 대학교에 들어갔다.

1885년 6월 24일, 윌슨은 엘렌이라는 여자와 결혼하여 딸 셋을 두었는데, 그의 결혼 생활은 행복하였다.

그는 의회의 위원회 제도가 대통령의 권한을 축소시키고 있다고 생각하였다. 그는 이러한 정치 기구의 현상을 분석하여, 대통령이 국가의 지도자로서의 역할과 의무를 다하기 위해서는 보다 많은 권한이 주어져야 한다고 주장하는 논문을 발표했다. 이 논문으로 1886년에 박사 학위를 받았다.

1885년부터 1902년까지 윌슨은 브린 모어 대학, 웨즐리언 대학, 프린스턴 대학 등에서 강의를 하였는데 학자로서의 그의 명성을 따를 사람이 없었다.

1902년, 윌슨은 프린스턴 대학교의 총장이 되었다. 그는 총장으로 있는 8년 동안 남들이 감히 생각지도 못 할 개혁을 추진했다.

그 후, 윌슨은 민주당의 지명을 받아 뉴저지 주 지사로 당선되었다. 그는 지사로서 훌륭한 지도력을 발휘하여, 대통령 예비 선거법, 공공 사업 규제법, 정치 부패 방지법, 노동 보험법 등을 개선하였다. 이러는 동안에 그는 민주당 안의 실력자가 되었다.

413

월슨의 대통령 선거 포스터 (1916년) "누가 우리를 전쟁에서 지켜줄 것인가?"라는 글이 눈길을 끈다.

1912년, 민주당 대통령 후보를 선출하는 지명 대회에서 월슨은 숱한 우여곡절을 겪은 끝에, 드디어 민주당 대통령 후보로 선출되어 1913년 3월 4일, 미국의 제28대 대통령으로 당선되었다.

그는 세율과 관세를 내리고, 산업의 독점을 막았으며, 대통령의 권한을 확대했다.

1914년 여름, 월슨은 두 가지 비극을 겪어야 했다. 8월 6일에 부인이 사망했으며, 그 보다 며칠 전에 제1차 세계 대전이 일어났다.

월슨 대통령은 평화를 원하고 있었고, 또한 대부분의 미국 국민도 그러했기 때문에 처음에는 중립을 지켰다.

그런데 1915년 5월 7일, 독일 잠수함이 영국 여객선 루시타니아 호를 침몰시켜, 거기에 타고 있던 미국 승객 100명 이상이 사망하는 사건이 생겼다.

이 사건을 계기로 독일과 전쟁을 해야 한다는 여론이 높아졌으며, 월슨도 계속 평화를 추구하는 한편으로 독일을 경계해야겠다고 생각했다. 1916년에 다시 대통령으로 재선된 월슨은 마침내 1917년 4월, 독일에 선전 포고를 하였다.

이미 독일이 패망할 것을 알고 있던 월슨은, 다시는 이런 비참한 전쟁이 있어서는 안 된다고 생각하여 세계 평화 기구를 만들 것을 주장하였다.

1918년 1월, 그는 세계 평화를 위한 14개 조항에 관하여 연설했고, 이 조항을 휴전 협정의 기본 조건으로 제시하였다.

그 해 가을에 휴전이 성립하자, 온 세계 사람들이 윌슨을 새로운 지도자로 존경했으며, 세계 평화를 위하여 그가 할 일에 기대를 걸게 되었다.

윌슨은 파리에서 열린 회의에서 국제 연맹의 기초를 만들었으며, 이것이 오늘날 국제 연합의 토대가 되었다.

윌슨은, 각국의 영토나 정치는 그 나라 민족 스스로가 결정해야 한다는 민족 자결주의를 주장했는데, 이 때문에 유럽에서는 또다시 혼란이 일어날 기미가 보였다. 제1차 세계 대전의 책임을 일방적으로 독일에만 지우자, 분노한 독일 국민은 국수주의로 기울어져 결국 히틀러가 출현하는 발판을 만들어 주게 되었던 것이다.

다음 선거에는 공화당이 승리했다. 미국은 의회의 반대로, 윌슨이 주장하여 만든 국제 연맹에 가입하지 못했다.

윌슨은 정권에서 물러나 조용한 생활을 보내다가 1924년 2월 3일, 워싱턴에서 사망했다.

# 유 방
(기원전 247~기원전 195)

## ─전한의 초대 황제─

유방(劉邦)은 장쑤 성의 평읍에서 농민의 아들로 태어났다. 어렸을 때부터 농사일은 아주 싫어한 반면에 전쟁놀이를 좋아하였다.

산둥 성의 세력가인 여공의 사위가 된 유방은 공사장으로 인부들을 인솔하는 직책을 맡게 되었는데, 인부들이 도망치자 그들을 모두 풀어 주고, 자기도 산 속으로 도망쳐 도둑 떼의 두목이 되었다.

중국을 최초로 통일하여 진나라를 세운 시황제가 죽자, 진승 등이 반란을 일으키면서 각지의 현에서는 백성들이 폭동을 일으켰다. 유방도 패현의 현령을 죽이고 군대를 조직하였다.

이 때, 항량과 항우도 강남에서 나라를 세우고 북쪽으로 쳐들어오기 시작했다.

진승의 군대가 진나라 본거지로 쳐들어갔으나, 진승은 살해되고 군대는 크게 패하자 진나라가 반격을 가하여 패현을 공격했다. 유방은 하는 수 없이 항량, 항우와 손을 잡고, 초나라의 지배를 받았다.

기원전 208년 6월, 초나라의 왕에 오른 회왕은 수도를 쉬저우로 옮기고 진나라를 칠 태세를 갖추었다. 이 때, 조나라가 진나라에게 포위당했다는 소식이 전해지자, 회왕은 항우와 유방에게 가장 먼저 관중을 점령하는 사람에게 그 땅을 상으로 주겠노라고 약속했다.

유방은 기원전 207년 10월, 진나라의 수도인 셴양 동쪽 패상에 먼저 도착하였고, 늦게 관중에 도착한 항우는 홍문에 진을 치고 유방과 만나게 되었다. 이 때, 유방은 항우에게 죽을 뻔하였으나, 장량의 꾀로 무사히 빠져 나왔다.

항우에게 쫓겨 한중으로 도망간 유방은 스스로 왕이 되었다. 한신을 대장으로 발탁하여 때를 기다리고 있다가, 조나라와 제나라가 항우를 공격하자 이에 합세하여 순식간에 관중을 쳐서 정복하고 리양을 수도로 삼은 뒤, 기원전 205년 3월에 팽성을 향해 진격했다. 마침 항우가 제나라를 공격하러 나가 있었기 때문에 유방은 쉽사리 팽성을 점령할 수 있었다.

소식을 듣고 급히 돌아온 항우가 공격하자, 유방은 싸움에 패하여 물러갔으나 룽양에다 진을 치고 본격적으로 전쟁을 시작하였다.

유방은 항우와 싸우는 중에도 조나라, 제나라를 무찔렀고, 기원전 202년에 항우마저 물리침으로써 끈질긴 전쟁은 막을 내렸고, 마침내 중국을 통일하였다.

기원전 202년 2월에 한나라의 황제가 된 유방(고조)은 진나라의 여러 제도를 본받아 백성들의 생활이 안정되도록 노력하였다.

또, 많은 영토와 세력을 얻게 된 부하들이 반란을 일으키자 이들을 다 처치하고, 나라의 기틀을 세우는 데 주력하였다. 그리하여 그가 세운 한나라는 그의 증손자인 무제 때 전성기를 맞게 되었다.

# 유클리드

(기원전 330 ? ~기원전 275 ?)

## ─고대 그리스의 수학자─

유클리드는 고대 그리스의 수학자로서 그의 기하학은 '유클리드 기하학'으로 불리고 있다. 그가 저술한 《기하학 원본》은 서양의 가장 오래 된 수학책이며, 오랫동안 수학과 논리학의 규범이 되어 왔다.

《기하학 원본》이 초기 아테네 수학자들의 업적을 기초로 이루어진 것으로 보아, 유클리드는 아테네에서 플라톤의 제자들한테 교육을 받은 것으로 여겨진다.

유클리드는 알렉산드리아에서 프톨레마이오스 1세에게 수학을 가르쳤다고 한다. 유클리드가 체계화한 유클리드 기하학은 비유클리드 기하학이 나올 때까지 유일한 것이었다.

《기하학 원본》은 전부 13권으로 되어 있는데, 오랫동안 유럽의 여러 나라에서 중요하게 취급되어져

여러 나라 말로 번역되었다.

뉴턴을 비롯한 여러 과학자들도 이 책에 감탄했고, 19세기까지의 과학에도 커다란 영향을 미쳤다. 또한 이 책은 논리학의 입문서로도 그 가치를 인정받고 있다.

《기하학 원본》 이외의 저서로는 구면 천문학에 관한 《페노메나》, 평면 기하학에 관한 《도형 분할론》, 고대 그리스의 수학자 파포스와 아르키메데스가 언급했던 원뿔 곡선에 관한 《원뿔 곡선론》 등이 있다.

또 《구면 천문학》은 구면 기하학을 천문학에 응용한 획기적인 저서로 오늘날까지 전해지고 있다.

유클리드는 광학, 음악, 역학, 천문학, 원뿔 곡선, 기하학 등에 관하여 많은 논문을 썼는데, 분실된 것이 많다.

남아 있는 중요한 저서로는 《기하 광학》《보조론》《도형의 분할에 대하여》 등이 있다.

유클리드 기하학에서는, 평면 위에 한 점과 그 점을 지나지 않는 한 직선은 오직 하나만 있다는 것을 공준(학문상의 원리로 증명 없이 받아들이는 것)으로 내세웠는데, 바로 여기에서 비유클리드 기하학과 나누어진다.

그러나 오늘날까지도 유클리드 기하학은 실생활에서 그 가치를 인정받고 있으며, 학문에 기여한 공적은 너무나 크다고 할 수 있다.

# 이　　백
## (701~762)

## ―당나라의 대시인―

이백은 당나라 사람으로서 이름은 백(白)이지만, 태백(太白)이라는 자로도 불린다.

그는 25세 때에 집을 나와 나그네의 길을 걸었다. 그것은 자신의 대망과 재능을 발휘할 기회를 잡기 위해서였다.

이백은 정치에 참여하여 크게 수완을 발휘하고 싶은 생각을 지니고 있었으나, 벼슬아치가 되기 위한 과거는 한 번도 보지 않았다. 그리고 일생의 거의 대부분을 중국 각지를 돌아다니며 지냈다.

이백이 여기저기 떠돌아다닌 것은 마음 맞는 벗을 찾기 위해서였던 모양이다.

그래서 마음 맞는 사람을 만나면 반가워하며 함께 술을 마시기도 하고, 아름다운 자연을 시에 담기도 하였다.

그의 시가 훌륭했기 때문에 어느 사이에 당나라의 황제인 현종의 귀에 들어가게 되어 마침내 현종을 섬기게 되었다.

그리하여 오랫동안 떠돌아다니던 끝에 이백은 수도인 장안에서 살게 되었다. 그 무렵은 당나라가 가장 성했던 시대로, 장안의 인구는 백만이었다고 하며 세계에서 첫째 가는 도시였다.

이백이 현종을 섬기게 되었다고 하지만 현종이 그에게 특별한 업무를 맡겨 준 것은 아니었다. 연회 따위가 있으면 시를 지어서 현종이나 양귀비를 즐겁게 해주는 도구가 되었을 뿐이었다.

이백은 궁정 시인에게 흔히 있는 아첨쟁이의 비굴한 성격은 가지고 있지 않았다. 항상 마음대로 행동하고 궁중의 벼슬아치을 무시했기 때문에 마침내 그것이 화근이 되어, 현종을 섬기게 된 지 3년도 되기 전에 쫓겨나고 말았다.

744년, 이백은 허난 성의 뤄양에 도착하여, 거기서 처음으로 두보를 만나 곧 깊은 우정을 쌓게 되어, 서로 찾아가기도 하고 함께 여행을 떠나기도 했다. 이 시기에 이백은 유명한 시를 많이 지었다.

그 무렵, 현종이 절세 미인이었던 양귀비에 홀려 정치를 돌보지 않았기 때문에 성하던 당나라가 쇠퇴하기 시작했다.

숙종이 즉위하자 숙종의 아우인 영왕 인이 반란군을 토벌하기 위해 군사를 모았는데, 이백은 그의 부하가 되었다.

그러나 인은 형인 숙종의 명령을 거역했다고 해서 숙종의 군대에 멸망당하고 말았다. 이백도 체포되어 야랑 지방으로 귀양을 갔다가 2년 만에 풀려났다.

그는 그 후로도 나그네처럼 여러 곳을 떠돌아다니면서 시정이 풍부한 시를 잇달아 읊다가 61세 때 세상을 떠났다.

이백의 시는 밝고 태평스럽다. 그러나 그 밑바닥에는 깊은 그늘이 있어, 정치의 추악함과 백성의 고통을 근심하고 있다.

# 이 세 민
## (599~649)

### ─중국 당나라의 황제─

이세민(李世民)은 당나라 제2대 황제로서, 수나라 말기의 어지러운 세상을 아버지 이연과 함께 평정하여 통일 제국을 수립하는 데 크게 공헌하였다.

이세민은 599년, 이연의 둘째 아들로 무공에서 태어났다.

당시, 수나라 양제의 무리한 토목 공사와 고구려와의 전쟁 때문에 백성들의 불만이 증가하여 여기저기에서 반란과 폭동이 끊임없이 일어났다.

아버지와 함께 타이위안에 있던 이세민은, 양제가 군인들에게 약속을 지키지 않자 크게 실망하였다. 또한 양제의 잔인성과 비굴함에 분노하여 스스로 군대를 조직하기 시작했다.

반란이 점점 심해지자 이세민은 아버지를 설득하여 아버지 이연이 대장군, 형 이건성이 좌장군, 이세민이 우장군이 되어 군대를 이끌고 장안으로 쳐들어갔다.

이세민 군대는 수나라 군대를 무찌르고 장안을 점령하였다. 처음에는 양제의 손자를 황제로 세우려 했으나, 마침 양제가 죽자 이연이 황제로 즉위하고 나라 이름을 당으로 하였다. 이연이 바로 당나라 초대 황제 고조인 것이다.

그러나 아직 반란이 평정된 것은 아니었다. 이세민은 반란군들을 차례대로 무찔렀는데, 싸우기만 하면 승리하였다.

그가 계속 승리할 수 있었던 것은, 승리에 자만하지 않고 늘 냉철하게 대처했기 때문이다. 더욱이 때를 잘 잡아 적의 약점을 과감하게 공격하는 그의 전술에는 당할 사람이 없었다.

이리하여 당나라는 차츰 기반이 잡혀 갔다.

이세민이 뤄양과 허베이 일대를 평정하고 돌아오니, 아버지 고조는 그에게 천책상장이라는 칭호를 내렸다. 그러자, 황태자인 형 이건성과 동생 이원길이 그를 시기하였다. 형제들의 대립은 결국 피의 대결로 번져, 이세민은 사람을 시켜 형과 아우를 죽이게 했다.

드디어 이세민은 626년 8월에 황제의 자리에 올랐으니, 이가 바로 태종이다. 태종은 주변의 민족들을 굴복시켜, 당나라에 조공을 바치게 하면서 당나라를 아시아의 정치, 경제, 문화의 중심이 되도록 하였다.

또, 문무를 겸비한 그는 균전제의 실시, 역사서의 편찬, 문학과 유학의 장려 등 어진 정치를 펴 그가 다스리던 시기를 특히 '정관의 치'라 하여 후세 사람들이 높이 평가하고 있다.

이런 태종도 뜻대로 되지 않은 일이 있었으니, 바로 고구려 침공이었다. 수나라 양제가 세 번이나 쳐들어갔지만 실패했던 고구려에, 태종도 대군을 거느리고 공격하였다. 그러나 안시성에서 무참하게 패하고 말았다.

# 이 솝

(기원전 620 ? ~기원전 560 ?)

## —고대 그리스의 우화 작가—

이솝(그리스 어로는 아이소포스)은 고대 그리스의 우화 작가로서, 그가 지은 수백 편의 우화는 전세계적으로 유명하다.

그런데 이솝에 대해서는 정확한 기록이 없고 거의 전설적으로만 알려져 있다. 심지어 이솝이 실제로 존재했던 인물인가 하고 의심하는 학자들도 있다.

그러나 어쨌든 그의 우화 하나하나에는 모두 주옥 같은 교훈이 담겨 있으며, 어린 시절에 《이솝 이야기》를 읽지 않은 사람은 거의 없을 정도이다. 게다가 《이솝 이야기》는 프랑스의 라 퐁텐, 독일의 크리스티안 겔러트, 러시아의 이반 크릴로프 등의 우화 작가들에게 큰 영향을 주었다.

이솝이 살았었다고 전해지는 그리스의 사모스 섬

424

《이솝 이야기》는 동물의 행동이나 성격을 빌어 사람에게 알기 쉽게 가르침을 준 글로서, 현재 《이솝 이야기》로 알려져 있는 것은 14세기 콘스탄티노플의 수도승이었던 플라누데스가 편집한 것에 유래한다.

하지만 이솝의 원작이 어느 부분인지는 전혀 알 수 없으며, 후세에 추가된 이야기가 많다.

가장 오래된 것은 3세기의 바브리우스의 것이다.

그런데, 《이솝이야기》가 전해지는 동안에 특히 인도 우화가 많이 더해진 것으로 알려졌는데, 《사자의 가죽을 쓴 당나귀》는 인도의 《호랑이의 가죽을 쓴 당나귀》란 옛날 이야기에서 비롯된 것이다.

이 밖에도 비슷한 이야기가 대단히 많은데, 이렇게 유사한 설화의 기원에 대하여 어떤 학자는 그리스라고 하고, 어떤 학자는 인도라고 주장하지만, 이를 판별하기는 힘들다.

전하는 바에 의하면, 이솝은 그리스의 남동주, 에게 해의 동쪽에 위치한 사모스 섬에 살았던 노예였다고 한다.

이솝은 노예의 신분에서 해방된 후 각지를 여행했고, 델포이에서 죽은 것으로 되어 있다.

그의 죽음에 얽힌 이야기는 다분히 전설적이다. 델포이에 온 이솝은 델포이의 주민들이 올바르게 살지 못하고 있다고 비난했다. 그러자 델포이의 주민들은 이솝의 짐에 몰래 황금 그릇을 넣어 두고 그를 도둑으로 몰아 체포하였다. 이리하여 이솝은 억울한 누명을 쓰고 절벽에서 떨어지는 형벌로 목숨을 잃었다는 것이다.

# 이 홍 장

(1823~1901)

## ─청나라 말기의 정치가─

이홍장(李鴻章)은 청나라 말기의 정치가로서, 안후이 성 허페이 태생이다.

아버지 이문안과 유명한 증국번과는 같은 해에 과거에 합격한 친구 사이였다. 그런 인연이 있어서 이홍장은 증국번 밑에서 공부를 하여, 24세 때 과거에 급제하였다. 한림원에 근무하면서 관리로서의 교양을 쌓고 있는데, 태평 천국 운동이 일어나 정국은 혼란 속으로 빠져들었다.

1853년, 그는 자경단을 조직하여 태평 천국군과 싸우도록 명을 받고 고향에 내려가, 아버지와 함께 안후이 성을 맡았다. 수년 동안 고전을 면치 못하다가, 결국은 아버지와 처자까지 잃게 되었다. 이홍장은 실의에 빠져 안후이 성을 떠나, 상군 총사인 옛 스승 증국번에게로 갔다.

1862년, 태평 천국군의 공격으로 위태롭게 된 상하이를 구하기 위해서, 그는 증국번의 추천으로

화이난의 자경단으로 조직된 회군을 거느리게 되었다. 상하이를 장악한 이홍장은 영국군과 프랑스 군의 지원을 받아 장쑤 성 동부를 회복하는 공을 세웠다.

1864년, 마침내 태평 천국군이 패하고 말았다. 이홍장은 이 때 세운 공훈으로 최고의 작위를 받았다. 1870년에는 증국번의 후임으로 최고의 지방 관직인 허베이 성 총독 겸 북양 대신이 되었다.

이홍장은 지리적으로 편리하고 재정적인 조건이 구비된 상하이에서 군대의 근대화를 추진하고 병력을 늘려, 당시 청나라 역사상 가장 강한 부대를 형성했다.

또한 그의 권세를 장기적으로 유지시킨 것은 서양 여러 나라들과의 친근한 외교 관계에 있었다. 그는 청나라의 외교권을 독점하여 최대의 권력자가 되었다.

1862년 이래, 수입 병기에 의하여 회군은 대포, 화약 등으로 강화되었다. 그러나 청·일 전쟁에서 청나라 군대가 패배하자 이홍장은 정권에서 물러나고 말았다.

태평 천국의 난에 공을 세우고, 증국번에 이어 양무 운동을 활발히 벌여 나가 중국의 산업과 군대를 근대화하는 데 힘쓴 이홍장의 정치적 유산은 그 후 위안 스카이가 이어받았다.

# 입 센
## (1828~1906)

## ― 근대극의 시조 ―

입센은 노르웨이의 남부에 있는 시엔이라는 마을에서 태어났다. 아버지는 부유한 상인이었으나, 그가 일곱 살 때 사업에 실패하여 가족은 사방으로 흩어지고 말았다. 그리하여 입센은 제대로 학교 교육도 받지 못하고 15세 때, 그림스타드에서 약제사의 조수로 일하게 되었다.

입센은 의학에 뜻을 두고 시험을 치렀으나 낙방하고 말았다. 그는 자신의 비참한 환경과 모진 고생으로 인하여 사회에 대해서 불만과 소외감을 갖게 되었다.

그 무렵, 유럽에는 민주주의 혁명 운동이 일어나고 있었다. 그 물결은 북쪽에 있는 작은 나라 노르웨이까지 밀려왔다. 젊은 입센은 그 사상에 마음이 사로잡혀 그 때부터 희곡을 쓰기 시작했다.

1850년, 그의 나이 22세 때, 로마의 반역아를 주인공으로 삼은 사극 《카틸리나》를 자비로 출판했으나 반응은 좋지 않았다.

그 해에 입센은 수도 크리스티아니아(지금의 오슬로)에 나가 노동 운동에 참가하며 정치적인 잡지를 발행했다. 그 잡지에 썼던 1막짜리 희곡 〈전사의 무덤〉은 크리스티아니아 극장에서 상연되어 가까스로 문단의 인정을 받았다. 그것이 계기가 되어 1852년에 노르웨이 국민 극장의 무대 감독 겸 작가로서 연극 활동에 참여하게 되었다.

1857년에 크리스티아니아에 옮겨, 노르웨이 극장의 감독이 되었고, 그 이듬해에 목사의 딸 수잔나 토레젠과 결혼했다. 이 시기에 연극 연수를 위해 독일과 덴마크 등지를 여행하기도 했다.

1862년, 노르웨이 극장은 관객이 줄어들어 문을 닫게 되었다.

그로 인해, 입센은 직업을 잃었을 뿐만 아니라, 많은 빚을 안고 파산하고 말았다.

1864년, 입센은 가족을 데리고 노르웨이를 떠나 독일, 이탈리아 등지에 머물러 살았다.

그 후, 입센의 명성을 높인 것은 희곡의 형식을 취한 것으로, 1866년에 쓴 장편 사극 〈브랜드〉와 1867년의 〈페르 귄트〉이다.

그는 1877년, 〈사회의 기둥〉이라는 사회 문제를 다룬 작품을 발표하면서 현대 사회극으로 방향을 바꾸었다.

입센은 개인의 해방을 위한 제도 개혁을 부르짖으며 날카롭게 사회를 규탄했다. 곧, 〈인형의 집〉〈유령〉〈민중의 적〉 등이 그것이다.

1879년, 코펜하겐의 왕립 극장에서 초연된 〈인형의 집〉은 전세계에 문제를 던진, 가장 알려진 입센의 작품이다. 이 작품은 결혼 생활에서의 아내가 갖는 지위를 주제로 하고 있다.

그는 이들 작품을 통하여 개인과 사회, 새로운 인간과 낡은 인간, 남성과 여성의 관계 등을 날카롭게 다루어, 시민을 위한 새로운 희곡을 창조해 냈다.

1891년, 63세가 된 입센은 고국으로 돌아와서도 변함없이 계속 작품을 쓰다가 1906년 5월 23일, 동맥 경화증으로 갑작스럽게 죽음을 맞이하였다.

입센이 사용한 독서실의 가구들 노르웨이의 시엔에 있는 입센 박물관에 보존되어 있다.

# 자멘호프
(1859~1917)

## ─에스페란토의 창시자─

국제어인 에스페란토를 고안해 낸 라자루스 루트비히 자멘호프는 폴란드 동부 지방에 있는 비알리스토크라는 마을에서 유대 인의 아들로 태어났다.

아버지는 그 곳 중학교에서 어학을 가르치는 선생이었다.

그 무렵, 폴란드는 러시아 제국의 영토로서 유대 인을 비롯하여 폴란드 인, 독일 인, 러시아 인 등 여러 민족이 어울려 살고 있었기 때문에, 서로 주고받는 언어도 각기 민족에 따라 다르고, 거기에 프랑스 어와 터키 어까지 합하면 무려 12, 3종의 언어가 사용되고 있었다.

그렇기 때문에, 비알리스토크에서는 상대의 말을 알아들을 수 없어 싸움이 끊일 날이 없었다.

어려서부터 자멘호프는 이러한 사람들을 볼 때마다 그돌을 사이좋게 지내도록 도와 줄 수는 없을까 하고 마음 속으로 언제나 궁리해 보곤 했다.

자멘호프는 어렸을 때부터 러시아 어와 독일어, 프랑스 어 등을 배웠는데, 특히 고대 그리스 어와 라틴 어에 흥미를 느껴 전력을 쏟아서 공부했다.

그는 현대 사회에 적합하고 세계 어느 나라 사람이라도 쉽게 배울 수 있는 언어를 만들기로 결심하고 그 연구에 몰두해, 1878년, 19세 때 드디어 기본적인 국제어를 고안해 내는 데 성공했다.

중학교를 졸업한 자멘호프는 의사가 되기 위해 모스크바 대학에 입학하여, 나중에 다시 바르샤바 대학으로 옮겨 1885년에 졸업하였다. 그는 대학 시절 6년 동안, 국제어를 실제로 시험해 보면서 잘못된 곳은 다시 고치고 보완하여, 보다 완전한 언어로 만들기에 심혈을 기울였다. 그리하여 그가 대학을 졸업하던 해에 이 국제어도 완성을 보았다.

대학을 졸업하자 안과 의사 생활을 시작한 자멘호프는 완성된 국제어를 세상 사람들에게 알리고 싶어서, 쪼들리는 생활에도 불구하고 재산을 전부 털어 1887년에 책으로 출판하여 발표했다.

이 책을 에스페란토('희망하는 자'란 뜻)라는 이름으로 발표했기 때문에 나중에 그것이 국제어의 이름으로 불리게 되었다.

에스페란토는 독일과 러시아를 중심으로 보급시켰지만, 19세기 말부터 20세기 초에 걸쳐 프랑스에서 급속한 발전하였다.

파리의 대출판사인 아셰트 사는 자멘호프와 계약을 맺고, 많은 학습서와 번역 문학서 등을 출판하고 월간 문예 잡지도 발행하여 에스페란토의 보급에 크게 공헌하였다.

그 후 1905년에 제1차 세계 에스페란토 대회가 개최되고 1908년에 세계 에스페란토 협회가 설립되었는데, 우리 나라도 여기에 가입하였다. 자멘호프는 1915년에 《구약 성서》를 에스페란토로 번역한 후 차츰 건강이 나빠져서, 2년 후 제1차 세계 대전이 한창일 때 58세로 사망했다.

제 I 회 세계 에스페란토 대회(1905년)

# 잔 다르크
(1412~1431)

## ―프랑스를 구한 애국 소녀―

15세기 무렵, 프랑스는 영국과 백년 전쟁이라고 일컬어지는 긴 전쟁을 계속하고 있었다. 또한 국내에서는 부르고뉴 당과 아르마냐크 당으로 갈라진 귀족들이 정권을 둘러싸고 맹렬히 다투고 있었다.

1415년, 샤를 6세의 왕비인 이자보와 부르고뉴 당은 영국왕 헨리 5세와 내통하고, 프랑스에 영국군을 끌어들여서 아르마냐크 당을 공격했다. 그러자 살아남은 아르마냐크 당의 무리는 샤를 황태자와 함께 프랑스 남서부로 달아났다.

1420년, 왕비 이자보는 헨리 5세와 트루아 조약을 맺고 영국에 왕관을 넘겨 주고 말았다. 이로 인해, 프랑스의 동북부에는 헨리 5세, 남서부에는 발루아 왕가를 계승한 샤를이 각각 들어섬으로써 두 나라로 갈라졌다.

그 무렵 '프랑스를 망하게 하는 것도 여자이고, 프랑스를 구하는 것도 여자이다.'라는 예언이 널리 퍼져 있었다.

프랑스를 망하게 한 여자는 왕비 이자보를 가리켰으나, 나라를 구할 여자가 누구인지는 모르는 채 고대하고 있었다. 그가 바로 잔 다르크였던 것이다.

잔 다르크는 북프랑스의 동레미라는 작은 마을의 농사꾼 집안에서 태어났는데 형제는 5남매였다. 잔 다르크는 집안을 도와 양을 치는 일을 거들어 주고 있었는데, 어머니와 신부의 인도로 신앙이 두터운 소녀로 자랐다. 게다가 얼굴도 예쁘고 마음씨도 고왔다. 동레미 사람들은 프랑스에서도 특히 애국심이 강하였으며, 잔 다르크 역시 조국을 사랑했다.

잔 다르크가 12세쯤 되었을 때, 집 뜰에서 두 성녀를 거느린 승리의 천사 성 미셸로부터

"국왕을 도와 조국을 구하여라." 하는 계시를 받았다. 잔 다르크는 처음에는 몹시 놀라 당황해했으나, 그 후 5년 동안 그러한 하느님의 음성을 여러 번 들었다.

마침내 1429년, 잔 다르크는 모든 것을 버리고 하느님의 말씀을 따를 결심을 했다. 그리하여 머리를 자르고 남장을 하고서, 우선 마을에서 가까운 보쿨루르의 수비 대장을 찾아갔다.

그러나 그 대장은 실없는 소리로 여기고 상대해 주지 않았다.

마침 그 전 해인 1428년 10월에 영국군은 아군의 요지인 오를레앙을 공격해 왔었다. 프랑스의 국운을 좌우하는 이 전투에서 프랑스 국민은 맹렬한 항전을 계속했으나, 아군의 전세는 나날이 불리해져 가고 있었다.

잔 다르크는 아무래도 시농에 있는 황태자 샤를을 만나야겠다고 생각하고, 적군이 점령하고 있는 땅을 11일 동안이나 남몰래 찾아다녔다. 마침내 샤를이 있는 곳에 도달했으나, 마음이 약한 샤를은 이미 싸울 기력을 잃고 있었다.

여기서도 잔 다르크의 말을 믿지 않았다. 그러나 잔 다르크의 끈질긴 주장에 궁정 사람들은 젊은 귀족을 샤를로 꾸미고, 큰 방에 안내해서 시험해 보았다. 그런데 놀랍게도 잔 다르크는 사람들 틈에 숨어 있는 샤를을 찾아 냈다.

그 후에도 잔 다르크는 성직자나 신학자 들로부터 여러 가지로 질문을 받았으나, 확신을 가지고 그것에 일일이 대답했기 때문에 하느님의 계시가 틀림없다는 것을 인정받게 되었다.

당시에는 교회의 힘이 컸으므로

잔 다르크의 초상화

교회가 인정한 잔 다르크에게 사람들은 크게 기대를 걸었다.

"나라를 구할 여자가 나타났다." 고 하며, 식량과 가축을 가지고 잇달아 시농으로 모여들었다.

샤를도 자신이 발루아 왕가의 후계자라는 잔 다르크의 말을 듣자, 다시 살아난 것처럼 기운을 되찾게 되었고 이 소녀에게 운명을 맡기기로 결심했다. 병사들도 하느님의 사자를 믿게 되어 사기가 크게 올랐다.

1429년 4월 28일, 잔 다르크는 프랑스 왕가의 문장인 백합꽃과 예수와 마리아란 글자를 수놓은 군기를 높이 들고 하얀 갑옷으로 무장한 다음, 백마를 타고 진군했다.

잔 다르크는 아군에게는 하느님의 사자로 보였으나 적에게는 마녀로 보였다. 영국군은 무서워서 벌벌 떨며 도망쳤다.

오를레앙의 온 시내에 승리의 소리가 하늘 높이 울려 퍼졌다. 그여세를 몰아 잔 다르크가 거느린 군대는, 맹렬한 기세로 진격하여 7월에는 랭스를 함락했다.

1429년 7월 17일, 잔 다르크는 샤를로 하여금 고대했던 대관식을

434

올리게 도와 줌으로써 샤를은 명실 공히 발루아 왕가를 계승하게 되었으며, 샤를 7세로 불리게 되었다.

그러나 잔 다르크의 명성을 시기한 귀족들은, 파리까지 쳐들어가자고 하는 잔 다르크의 의견을 한 마디로 물리치고, 겁이 많은 샤를 왕을 부추겨서 부르고뉴 군과 은밀히 명예롭지 못한 화평을 맺으려 하고 있었다.

그러한 사실을 꿈에도 모르는 잔 다르크는 1430년 5월에, 적을 쫓아 내기 위해서 콩피에뉴로 갔다가 비겁한 계략에 빠져 적군에게 사로 잡히고 말았다. 더욱더 비열한 것은, 같은 프랑스 사람이면서도 부르고뉴 군이 많은 돈을 받고 잔 다르크를 적군인 영국군에게 팔아 넘긴 일이었다.

잔 다르크는 마녀로서 종교 재판을 받게 되었다. 판결문은 두 가지가 준비되었다. 한 가지는, 죄를 시인하면 종신 징역이고, 또 한 가지는 죄를 시인하지 않으면 화형에 처한다는 것이었다. 한 순간, 죽는 것이 무서워진 잔 다르크는 죄를 시인하여 투옥되었다. 그러나 다시 용기를 얻어 프랑스를 위하여

기꺼이 화형을 받아들이기로 결심하고, 하느님께 기도를 드렸다.

1431년 5월 30일에 잔 다르크는 악마에게 홀린 마녀라는 누명을 쓰고 화형되었다.

그 후, 샤를 7세는 그녀의 누명을 벗겨 주었고, 오늘날에는 조국애의 상징이 되어 시, 소설, 연극의 주인공으로 등장하여 존경을 받고 있다.

1920년에는 성자의 열에 올려졌으며, 그녀를 기리는 국민적인 제전이 매년 5월에 행해지고 있다.

# 장 건
## ( ? ~기원전 114)

### ─중국의 서역 교통로 개척자─

한나라의 무제는 황제의 자리에 오르자, 오래 전부터 한의 적이었던 흉노를 쳐서 멸망시켜야겠다고 결심했다. 그래서 우선 흉노에 쫓겨 이리 분지로 도망한 대월지와 동맹을 맺어 흉노를 공격하려고 했다. 그러나 한에서 대월지로 가려면 흉노의 영토를 가로질러서 가야 했다. 무제는 이 어려운 일을 맡을 사람을 모집했다.

그 때, 과감히 나선 사람이 바로 한중 태생의 장건(張騫)이었다.

그래서 무제는 100여 명 정도로 이루어진 정찰대를 조직한 다음, 장건을 대장으로 하여 서역으로 보냈다. 기원전 139년경이었다.

장건은 한의 영토에서 간쑤로 들어가서, 서쪽으로 서쪽으로 가다가 흉노의 순찰대에 잡히고 말았다. 그리하여 10년이 넘게 흉노의 땅에 갇혀 있었으며, 강제로 결혼을 하여 자식까지 낳았다.

그러나 장건은 탈출할 기회를 노리고 있다가 마침내 흉노의 땅을

장건이 개척한 서역 행로

도망쳐서, 처자와 노비를 데리고 톈산 산맥의 남쪽 산기슭을 따라 서쪽으로 계속 갔다.

그리하여 기원전 129년경에 대완과 강거 두 나라를 거쳐 이미 아무다리야 북안으로 옮긴 대월지에 도착하였다.

그런데 대월지는 아무다리야 강 남쪽의 대하라는 나라를 복속시키고 산물이 풍부한 소그디아나 지방을 얻어, 이제는 흉노와 싸울 마음이 없다는 것을 알았다.

장건은 1년 가량 대하와 가까이에 있는 나라들을 자세히 살펴본 후, 동맹을 맺는 일을 단념하고 동쪽으로 돌아가기로 했다.

이번에는 파미르 고원을 따라서 한으로 돌아가다가, 또다시 흉노에게 붙들려 1년 남짓 거기에 억류되었다. 그러나 흉노의 내분을 틈타서 달아나, 13년 만에 장안으로 돌아왔다. 무사히 돌아온 사람은 장건 외에 흉노 출신인 하인과 아내, 이렇게 세 사람뿐이었다.

이와 같이 대월지와 동맹을 맺으려던 무제의 계획은 실패로 돌아갔다. 그러나 장건이 서역을 여행하고 돌아온 결과로 서쪽에 있는 여러 나라의 사정이 밝혀지게 됨으로써 훗날에 흉노로부터 간쑤를 빼앗을 수 있었고, 그 뒤 인도로 통하는 동서 교통로인 '비단길'을 개척하여 동서 문화의 교류를 이룩하게 되었던 것이다.

# 장　자

(기원전 370 ? ~기원전 300 ?)

## －도가 사상의 대표자－

　장자(莊子)의 이름은 주이며, 춘추 전국 시대의 사상가이다.

　장자는 맹자와 같은 시대를 살았으며, 무위 자연으로 돌아가라고 주장한 노자의 사상을 이어받아 도가, 또는 노장 사상으로 발전시킨 인물이다.

　노자와 장자는 모두 고대 중국의 남쪽 지방을 대표하는 사상가로서 그들의 사상과 행동은 비록 같지 않은 점도 있었지만, 근본적인 이념에 있어서는 서로 같았다.

　인륜과 정치의 철학으로서 가족 관계의 조화나 국가 질서를 중시한 북쪽의 유교적인 인문 사상과는 대조적으로, 그들은 낭만적인 색채가 풍부한 남쪽의 개인주의와 자유주의, 또한 무위 자연(사람의 힘을 더하지 않은 그대로의 자연)을 주장했다.

　그래서 그들의 저서는 모두 문학적 흥취가 풍부하며, 신비롭고 낭만적인 표현으로 가득 차 있다.

　장자는 인간을 초월하는 공상에 심취하여 자유주의를 주장한, 당시로서는 특이한 인물이었다. 그의 문장은 직유와 은유로 가득했으며, 그의 사상은 자유 분방하여, 천재적인 작가로 손꼽힌다.

　초나라에서 장자를 대신의 자리에 앉히려 하자, 그는 대신이 되어 불안하게 사는 것보다는 그냥 편하게 사는 게 낫다면서 사양하였다고 한다.

　그의 저서인 《장자》는 모두 33편이 전해지고 있는데, 그 중 내편 7편만 장자가 저술한 것이고 나머지는 제자들이 쓴 것이라고 한다.

　이 7편 중 널리 알려진 것은 〈소요유〉 편과 〈제물론〉 편이다.

〈소요유〉 편은 도를 깨달은 초월자의 자유로운 생활을 논한 것이고, 〈제물론〉 편은 도에 대해서 설명해 놓은 것이다.

장자의 중심 사상은 진리나 가치의 절대성을 부정하고 그 상대성을 인정하는 상대주의와 무저항주의, 무용의 용 사상 등이다.

이 중에서도 가장 핵심적인 것은 생명주의, 즉 양생 사상이다. 아무 쓸데없을 듯한 잡목이나 잡초가 수천 년 생명을 누린다는 이 사상은 신선 사상과도 연결될 수 있는 것이다.

그는 사회적인 구속이나 정치를 부정하였다. 그것은 그가 아무런 구속이 없는 절대 자유와 평화를 추구했기 때문이다.

우주 만물, 만사는 바로 자연이며, 그것이 곧 자기 자신이라고 그는 강조했다.

장자에 관해서는, 그가 잠깐 관리를 지냈다는 사실 외에는 별 기록이 없다. 그는 일생을 가난하나 여유 있는 마음으로 살면서, 당시 사람들의 고정 관념을 깨뜨리려고 노력하였다.

그는 주어진 삶을 극복하고 초월하여, 개인적으로 해탈할 것을 주장했던 것이다.

# 장 제스
## (1887~1975)

### ─타이완의 총통─

장 제스는 1887년 10월 31일, 중국의 저장 성에서 태어났다. 그의 아버지는 농사꾼이었지만, 학문에 뛰어난 재질을 갖고 있었을 뿐만 아니라, 가난한 사람들을 도우려고 노력하는 독지가였다.

장 제스는 어릴 때 장난이 매우 심하여 목숨을 잃을 뻔한 일도 여러 번 있었다.

당시 중국은 부패한 청조를 무너뜨리고 새로운 민주주의 국가를 세우려는 기운이 넘치고 있었다. 그러자 그는 평화 현에 있는 중학교에 입학하면서부터 군인이 되겠다고 결심하게 되었다.

그리하여 중학교를 졸업하고, 군사학을 배우기 위해 일본에 유학 갈 준비를 하였다. 그 때, 머리를 빡빡 깎아 버렸는데 죽을 때까지 그런 머리로 지냈다.

1907년, 일본에 유학하려면 꼭 거쳐야 할 바오딩 군사 학교에 들어갔다. 졸업 후, 21세 때에 일본으로 건너가 도쿄에 있는 군사 예비 학교인 진무 학교에 들어갔고, 2년 후에 일본의 제13포병 연대에 배속되었다.

그 무렵, 장 제스는 일본에 망명해 있던 중국의 여러 혁명 세력의 모임인 〈동맹회〉에 가입했다. 이 〈동맹회〉는 나중에 〈국민당〉이라는 정당이 되었는데, 장 제스는 이곳에서 중국 혁명의 아버지인 쑨원을 알게 되었다.

1911년 10월 10일, 중국 우창에서 신해 혁명이 일어나자, 중국으로 돌아온 그는 곧 결사대를 이끌고 항저우를 점령하여, 24세의 젊은 나이에 혁명군의 연대장으로 임명되었다.

신해 혁명으로 청조가 멸망하고 중화 민국이 세워졌다. 그러나 총통이 된 위안 스카이가 황제 행세를 하자, 쑨 원은 장 제스와 함께 두 번째 혁명을 일으켰다가 실패하여 일본으로 망명했다.

1917년, 광저우에 신정부를 세우고 대총통이 된 쑨 원은 광저우 교외에 황푸 군관 학교를 세우고 장 제스를 교장으로 임명하였다.

1924년 1월, 국·공 합작 때 국민 혁명군의 총사령관이 된 장 제스는, 1925년 3월 12일 쑨 원이 죽자 뒤를 이어 국민당의 정강인 삼민주의를 실천해 나갔다.

1926년, 북벌 혁명을 시작하여 마침내 베이징을 점령하고 난징을 서울로 삼았으며, 1928년 10월에 국민당 총통이 되었다.

1937년 7월, 일본의 도발로 중일 전쟁이 일어나고 난징에서 학살 사건이 발생하자, 국민당 정부는 공산당과 협력하여 대일 항전으로 들어갔다.

그 후, 장 제스는 제2차 세계 대전을 겪으면서 다시 국·공 합작을 이루었으나, 공산당과의 본격적인 대결에서 패배하여, 1949년에 중국 본토를 중공에 내주고 타이완으로 물러나고 말았다.

그 후에도 오로지 조국을 위해 힘쓰다가 1975년에 사망했다.

# 제 너
## (1749~1823)

### ─우두의 접종법 발견자─

약 150년 전만 하더라도, 악성 전염병인 천연두에 걸리는 환자가 해마다 10만 명에 가깝게 발생하였다. 이 병에 걸리면 높은 열이 나면서 온 몸에 발진이 생겨 죽는데, 다행히 죽지 않더라도 얼굴에 흉한 곰보가 남게 되었다.

이렇게 무서운 전염병을 완전히 추방해 준 사람이 종두를 발견한 에드워드 제너이다.

제너는 1749년 5월 17일에 영국 글로스터셔의 버클리에서 태어났다. 목사인 아버지 스티븐 제너는 그가 5세 때 세상을 떠났으므로, 어린 제너는 역시 목사인 형의 손에서 자라났다.

그는 어린 시절부터 작은 새들의 우짖는 소리를 분별해 낸다든지 꽃이나 풀 같은 것을 보면서 그 이름을 알아맞히는 것을 좋아했다.

그는 13세 때부터 의학을 공부하기 시작했는데, 21세 때부터는 런던에서 공부했다.

24세가 되던 해에 제너는 고향으로 돌아와 병원을 개업하였다.

이 때에 그는 농부들 사이에서 널리 믿어졌던, 우두에 걸린 사람은 천연두에 걸리지 않는다는 말을 듣게 되었다. 그리고 이것을 잊지 않고 환자를 치료해 주는 틈틈이 연구하였다.

그리하여 1780년에 소의 포창 중에 천연두를 방지하는 작용이 있다는 것을 알아냈다.

그러나 그로부터 16년 동안에 걸쳐 연구를 거듭하여 확신을 얻은 다음 비로소 실험에 착수했다.

1796년 5월 14일, 소에서 뽑아 낸 우두를 8세 된 제임스 핍스라는 소년의 팔에 접종했다.

우두를 맞은 소년은 이튿날 약간의 열이 났을 뿐, 곧 기운을 되찾았으며 아무런 이상이 없었다.

7월 1일, 그는 이번에는 천연두에 걸린 환자에게서 천연두균을 뽑아 그 소년에게 접종해 보았다.

그러자 그의 친구들이나 의사들이 그를 비난했다. 그러나 그의 신념은 확고 부동했다. 과연 그 소년은 아무렇지도 않았다. 천연두에 걸리지 않았던 것이다.

이것이 인류 최초의 과학적인 종두법의 발견이 되었다.

이것은 근대 의학의 과학적인 방법이 확립된 19세기 중엽보다도 훨씬 전이었으므로, 참으로 신기하고 놀라운 일이었다.

제너는 왕립 협회 학자들 모임에 이를 보고했으나 아무도 인정해 주지 않았다.

그러나 연구를 계속하여 논문을 발표하고, 그 실험 결과를 세상에 알렸다.

1798년, 제너는 《천연두균의 원인과 효과에 관한 연구》라는 책을 발간했다.

이 책에 대한 반응은 대단했다. 이 문제를 놓고 의견이 분분했는데

영국에서는 반대론이 강렬한 데 비해, 외국에서는 찬성하는 사람이 훨씬 많았다.

마침내 영국 내에서도 그 효력이 인정되어, 1803년, 런던에 우두 접종의 보급을 위한 왕립 제너 협회가 설립되었고, 가난한 사람에게는 무료로 접종해 주었다.

이로써 제너는 세계 인류의 은인으로 존경을 받게 되었다.

그는 고향에서 병원을 경영하다가 1823년에 세상을 떠났다.

# 제 퍼 슨
## (1743~1826)

## ―미국 독립 선언서를 쓴 사람―

토머스 제퍼슨은 민주주의 성전이라고까지 일컬어지는 미국의 독립 선언서를 쓴 사람이다.

제퍼슨은 버지니아 식민지에서 개척민의 아들로 태어났다. 아버지는 정식으로 교육을 받지 않았으나 강한 의지와 뛰어난 판단력을 가진 사람이었다. 그는 이러한 아버지의 영향을 받아 견실한 성격을 가진 아이로 자라났다.

18세 때, 윌리엄 앤드 메리 대학에 들어가 법률, 정치, 철학, 자연 과학 등을 배웠고, 이 때 진보적인 정치가인 패트릭 헨리의 영향을 받아 정치가가 되려고 결심했다.

1762년에 대학을 졸업하고 변호사가 된 그는, 1769년에 버지니아 식민지 의회의 의원이 되었다.

그 무렵, 영국은 프랑스와 오랫동안 식민지 전쟁을 치루고 나서 재정적인 어려움을 극복하기 위해 미국으로 건너온 개척민들에게 무거운 세금을 부과하고, 정치적인 간섭을 하려 들었다. 그러자 이를 반대하여 1744년, 조지아 주를 제외한 12개 주 56명의 대표가 모여서 회의를 가졌다. 필라델피아에서 열린 이 모임을 제1차 대륙 회의라고 한다.

다음 해에 열린 제2차 대륙 회의에서는 영국 본국에 복종하는 것을 거부하고 독립하기로 결의했다. 그리하여 의회는 제퍼슨에게 독립 선언서의 초안을 작성하도록 명령하였다.

이리하여 1776년 7월 4일, 마침내 의회는 국민의 생명과 자유 및 행복을 요구하는 권리를 주장한 독립 선언서를 발표했다.

1783년에 연합 의회 회원이 된

제퍼슨은 달러를 단위로 하는 통화 제도와 북서부 땅의 정치 제도에 관한 제안을 하여, 신생 공화국으로서 기초는 닦는 데 크게 공헌하였다.

그 후 프랑스 주재 공사를 거쳐 1790년에 워싱턴 대통령 밑에서 초대 국무 장관이 되었고, 1796년에 공화파인 제퍼슨은 연방파의 존 애덤스와 대통령 선거에서 겨루다가 지고, 부통령이 되었다.

그 후, 1800년의 선거에서는 제퍼슨이 애덤스를 물리치고 제3대 대통령이 되었다. 그는 새 수도 워싱턴에서 취임식을 거행한 최초의 대통령이었다.

제퍼슨은 민중의 권리 확립과 헌법 엄수 및 종교, 언론, 출판의 자유 등 민주주의에 따른 정치를 확립하여 오늘날 미국의 기초를 쌓았으며, 1804년 재선되었다.

1809년에 정치에서 은퇴하고, 고향 버지니아의 몬티셀로에 돌아가 버지니아 대학을 설립하고, 학장에 취임하였다.

그는 '몬티셀로의 성인'으로 불렸으며 철학·자연 과학·건축학·농학·언어학 등 다방면에 걸쳐 사람들에게 영향을 주었다.

저작은 적지만 많은 편지가 남아 있어, 민주주의 사상의 고전으로 여겨지고 있다.

필라델피아의 독립 기념관 앞에 세워진 제퍼슨 동상

445

# 존 슨
## (1908~1973)

## ―위대한 사회를 구상한 대통령―

미국의 제36대 대통령인 린든 베인스 존슨은 1908년 8월 27일, 텍사스 주 남서쪽에 있는 길레스피에서 태어났다.

집안이 그다지 부유한 편이 못 되었기 때문에, 그의 부모는 맏아들인 존슨이 성공할 수 있도록 충분한 뒷받침을 할 수 없어 매우 안타까워하였다.

1924년에 고등 학교를 졸업하고 대학에 진학할 것을 포기하고 있었으므로, 봉급 생활자로서의 일생을 보내기로 하였다.

그러나 3년이 지난 1927년, 그의 어머니는 존슨에게 대학에 진학하도록 간절히 권하여서 남서 텍사스 주립 교육 대학에 등록하였다.

그는 대학 내의 토론회나 정치성을 띤 일에 적극적으로 참여하는 한편 대학 신문을 편집하였다.

대학을 졸업한 그는 1년 동안 샘 휴스턴 고등 학교에서 교사로 일했다. 그러나 정치에 대한 관심과 그 유혹이 결국 그를 교단에서 떠나게 하였다.

그의 가족 중 여러 사람이 정치와 관련이 있었다. 그의 아버지는 오랫동안 텍사스 주 입법부 의원으로 근무하였으며, 또 정계에서 새로 두각을 나타낸 의회 의원 샘 레이번의 친구였다.

1932년, 린든 존슨은 리처드 클리버그를 위해 유세해 준 보답으로 새로 당선된 국회 의원의 비서로 임명되었다.

의원 비서로 근무하다가, 존슨은 클라우디아 앨타 테일러라는 여성과 1934년에 결혼하였다.

1935년, 존슨은 겨우 27세라는 나이로 루스벨트 대통령으로부터 청소년 대책국 텍사스 주 주임으로 임명되었다. 2년 후인 1937년에는 텍사스 주의 민주당 후보로서 하원 의원에, 1948년에는 연방 상원 의원에 당선되었으며, 1954년에 재선되었다.

존슨은 전형적인 남부 출신 정치가로서, 자기 고향의 발전을 위해 노력하였다. 그러는 한편, 민주당 원내 총무로서 의회를 주관하기도 했다.

1960년의 전당 대회에서 존슨은 존 케네디와 대통령 후보의 지명을 다투었으나 패하고, 부통령에 당선되었다.

1963년, 온 세계를 깜짝 놀라게 한 충격적인 사건이 발생했다. 케네디 대통령이 댈러스에서 저격당하여 갑자기 죽었던 것이다.

존슨은 워싱턴으로 돌아오는 비행기 안에서 취임 선서를 하고 대통령직을 이어받았다.

1964년, 공화당의 대통령 후보인 골드워터를 큰 표 차로 이기고 제36대 미국 대통령에 당선된 존슨은, 위대한 사회를 구상하여 국내의 사회적, 경제적 개혁을 이루려고 하였다.

그러나 외교 경험의 부족으로 월남 전쟁을 확대시킨 결과, 인종 대립과 달러 가치의 하락 등 국내에서의 여러 가지 위기를 불러일으켰다. 그는 의회와 국민들로부터 차가운 시선을 느꼈다.

1969년 1월 20일, 존슨은 자신의 웅대한 포부를 실현하지 못한 채 마침내 백악관을 떠났다.

대통령직을 물러나 정계에서 아주 은퇴한 존슨은 1973년 1월 22일, 텍사스 주 존슨시티 근처에 있는 그의 목장에서 65세로 생애를 마쳤다.

# 졸　라
## (1840~1902)

## —프랑스 자연주의 작가—

에밀 졸라는 1840년 4월 2일, 파리에서 태어나 토목 기사인 아버지를 따라 엑상프로방스로 이사하여 그 곳에서 자라났다.

그는 불행하게도 계속 대학 입학 자격 시험에 떨어져 결국 대학을 포기하고 1862년, 아셰트 출판사에 들어가 4년 동안 근무했다.

그 때 그는 유명한 문인들을 만나게 되었으며, 그 중에서도 철학가, 문학가로 유명한 이폴리트 텐의 영향을 많이 받았다.

또한 오노레 드 발자크에게도 영향을 받아, 발자크의 《인간 희극》에 견줄 만한 《루공 마카르 총서》 20권을 출판하였다. 시대와 사회 속에서 변해 가는 한 가족의 역사를 그린 이 작품에는, 졸라의 상상력과 소박한 상징적 수법에 의한 산문시적인 특징이 있다.

처음에는 이 총서가 부도덕한 내용을 담고 있다는 비난을 받았으나 〈목로 주점〉이 크게 성공함으로써 비로소 대가의 대열에 들어섰고, 자연주의 문학을 확립하여 그 황금 시대의 길을 열었다.

졸라는 개인보다는 집단을, 특히 하층 대중을 묘사하는 데 뛰어났다. 인간의 추악함과 비참함을

해부학자처럼 인간의 모습을 파헤치는 졸라를 풍자한 그림(1885년)

448

적나라하게 파헤쳤으며 그것이 인간 생활의 개선과 진보를 가져온다고 생각하였다. 그는 진실과 정의를 사랑하는 도덕주의자이고 이상주의적 사회주의자였던 것이다.

졸라의 소설들은 잘 팔려서, 그는 1878년에 파리 교외 메당에 있는 별장을 샀다. 졸라는 일 년의 반은 그 별장에서 지내며 작가들을 초대해서 즐겼다. 거기에 오는 젊은 작가들이 《메당의 저녁때》라는 단편집을 내기도 했다.

자연주의는 사실주의의 많은 유산을 이어받고 있다. 자연주의의 특징은 문학과 과학을 융합하려는 데에 있다. 졸라는 영혼을 순 생물학적 입장에서 해명하려 했으며, 유전과 환경이라는 두 개의 외적 요인에 의해서 모든 것을 결정하려는 무리한 시도를 했던 것이다.

졸라는 1870년에 결혼했으나 아이가 없어서 이혼했고, 1888년에 재혼하여 두 아이를 두었다.

1894년, 드레퓌스 사건이 일어나자 또다시 유명해졌다.

그것은 프랑스 참모 본부에서 일어난 매국 혐의 사건으로, 드레퓌스 대위가 유대 인이라는 이유 때

마네가 그린 졸라 초상화(부분)

문에 부당한 재판을 받았다. 졸라를 비롯한 자연주의적인 지식인과 군부 및 우익 국수주의자들이 대립하여 1890년대의 프랑스를 뒤흔들어 놓았고, 전세계의 이목을 집중시킨 커다란 사건이었다.

졸라는 온갖 압력에도 굴복하지 않았고, 프랑스 대통령에게 《나는 고발한다》라는 제목의 공개 편지를 보냈다.

그러나 졸라는 프랑스 군부에 의해 고발되어 재판을 받았다. 그는 유죄 판결을 받았고, 1년 동안 영국으로 추방되다시피 했다. 1899년 6월 5일에 다시 파리로 돌아온 졸라는 1902년 9월 28일, 일산화탄소 중독으로 사망했다.

# 주　자

(1130~1200)

## ―주자학의 창시자―

　주자(朱子)는 중국 남송의 학자로서 여러 유학자들의 학문과 도를 집대성한 대표적 유학자이다.

　그의 학문은 그 때까지의 유교 경전에 새로운 해석을 가미한 것으로, 그 뒤 주자학이라 하여 중국뿐만 아니라, 동양에서도 가장 정통적인 학문으로 인정되었다.

　남송 초기는 여러 가지로 어지러운 때였다. 금나라에 빼앗긴 강북지방 회복을 위한 군사 경비는 계속 증가하여 국가 재정을 압박했고, 관료와 지주들이 토지의 대부분을 소유했기 때문에 농민들은 궁핍한 생활을 해야만 했다.

　따라서 그 당시 사람들은 장래를 어둡게 생각하고 있었다.

　이런 불안한 정세 속에서 주자는 1130년 9월 15일, 푸젠 성에서 관리의 아들로 태어났다.

　그의 이름은 희이며, 자(子)라는 것은 중국에서 성인이나 훌륭한 학자에게 주어지는 호칭이다.

　14세 때 아버지가 세상을 떠나자, 주자는 아버지 친구의 지도 아래 열심히 공부하였다.

　주자는 불교의 선에도 관심을 갖게 되었지만, 유교와 불교를 비교하여 연구한 끝에 불교를 멀리하였다. 그러나 선을 통하여 하늘이 인간에게 준 본래의 생명력을 얻을 수 있다는 사상은 오랫동안 많은 영향을 주었다.

　주자는 19세 때 과거에 급제하여 4년 동안 푸젠 성의 주부라는 벼슬에 있었다. 그 때 이연평에게 고전과 학문을 배웠다.

　이연평은 스스로 사색할 것을 주자에게 권했으나, 단순히 사색만으로 복잡한 인간과 사회의 문제를 해결할 수 없다고 생각한 주자는 새로운 길을 찾기 시작했다.

1162년 6월, 고종의 뒤를 이어 효종이 즉위하자, 주자는 효종에게 올리는 글에서 사물의 이치를 연구하여 지식을 명확하게 하는 것을 정치의 기본으로 삼고, 불교나 노자, 장자의 사상은 물리쳐야 한다고 주장하였다.

주자가 유교를 장려하고 불교를 배척한 이유는 불교는 개인적인 인격 수양에 그치는 반면, 유교는 몸을 닦아 집안을 다스리고 천하를 평정하는 실제적인 면이 많이 있었기 때문이다.

주자는 교육에도 힘을 기울여, 1178년, 장시 성의 루산 산에 있는 당나라 때 지은 백록동 서원을 수리하여 제자들을 가르쳤다.

벼슬아치들의 부패에 싫증이 난 주자는 황제의 부름에도 응하지 않고 고향에서 독서와 저술에 몰두했으며, 1192년에는 푸젠 성에 고정이라는 서원을 세워 학생들을 가르쳤다.

그 당시 주자와 제자들이 나눴던 대화는 《주자 어류》에 기록되어 오늘날까지 전해지고 있다.

한때 주자를 반대하는 사람들에 의하여 그의 학문은 거짓으로 몰렸으나, 주자는 이에 동요하지 않고 오로지 제자들의 교육과 저술에만 전념하다가 1200년 3월 9일, 생애를 마쳤다.

백록동 서원 중국의 사대 서원 중의 하나로 장시 성의 루산 산 아래에 있다.

# 지   드

(1869~1951)

## 一자유를 추구한 작가一

20세기 초 프랑스의 대표적인 작가인 앙드레 지드는 1869년 11월 22일, 파리에서 태어났다.

지드의 부모는 모두 신앙심이 매우 깊었으나 성격은 정반대여서, 어머니는 아이들을 엄한 규율로 다스려야 한다고 주장하는 한편, 아버지는 남프랑스의 태양과 시를 사랑하는 몽상가였다.

8세가 된 지드는 알자스 학원에 들어갔으나 게을렀기 때문에 성적이 형편없이 떨어져, 결국 학원에서 퇴학을 당하고 말았다.

1880년, 지드가 11세 때 그의 아버지가 사망했다. 그 때부터 그는 집 안에서 엄한 어머니와 가정 교사의 감시를 받으며 교육을 받게 되었다.

그러면서 그는 틈틈이 아버지가 남긴 책 속에서 위고, 하이네 등의 시집을 열심히 읽었다.

지드의 소년 시절에는 그의 일생의 운명을 결정 짓게 되는 커다란 사건이 있었다. 그것은 바로 외사촌 누이 마들렌에 대한 순수한 사랑이었다.

지드가 13세 때, 마들렌이 자기의 어머니가 저지른 부정에 대해 크게 슬퍼하는 것을 보고, 그녀의 슬픔을 없애 주는 것이 자신에게 주어진 의무이며 운명이라고 생각하게 된 것이다.

지드는 자라면서 이러한 결심을 더욱 굳히게 되어, 그의 작품에는 마들렌의 영상이 여러 모습으로 나타나 있다.

1891년, 처녀작 〈앙드레 왈테르의 수첩〉을 썼을 무렵, 지드는 말라르메가 중심이 된 '화요회'에 나가면서 다른 젊은 문인들과 사귀게

되었고, 말라르메가 시의 세계에서 이룬 일을 자신은 소설에서 이루어야겠다고 결심했다.

1893년 10월, 북아프리카의 알제리로 여행을 다녀온 뒤로 더욱 그 곳에 끌리어 1895년, 다시 알제리에 머물러 있었으나 얼마 되지 않아서 어머니의 병세가 악화되었다는 소식을 듣고 귀국했다.

결국 그 해 어머니는 세상을 떠났고, 그 후 마들렌과 결혼하여 세 번째의 알제리 여행을 하였다.

한동안 지드는 아프리카의 드넓은 대지와 이글거리는 태양이 자신을 새로운 사람으로 만든 것만 같았다.

그러나 그의 일생은 싸움의 연속으로, 자기 자신과는 물론이고 신앙과 사회의 부정과도 싸웠다.

그러한 마음의 갈등을 해결하기 위해 지드는 꾸준히 작품에 몰두하여 《지상의 양식》《좁은 문》《배덕자》《전원 교향곡》 등의 소설을 썼다. 그 후, 시·희곡·평론 등 모든 문학 분야에 걸쳐서도 작품들을 남겼으며 문학과 사상계에 끼친 영향으로, 1947년에는 노벨 문학상을 받기도 하였다.

1951년 2월 19일, 지드는 젊은 시절부터 앓아 오던 결핵이 재발하여, 파리에 있는 자택에서 82세로 생애를 마쳤다.

# 차이코프스키
## (1840~1893)

### ─ 러시아 근대 음악의 아버지 ─

국제적인 러시아 음악을 만들어 낸 표트르 일리치 차이코프스키는 모스크바의 남쪽에 있는 보트킨스크라는 마을에서 태어났다.

그의 아버지는 광산의 감독관이었고, 어머니는 프랑스의 혈통을 받은 여인으로 음악을 좋아하여 어린 그에게 피아노를 가르쳤다. 그런 영향으로 어려서부터 소리에 아주 민감했다.

8세 때, 모스크바로 이사하여 많은 오페라를 구경하였는데, 그 중에서 모차르트의 오페라에 큰 감동을 받았다.

아버지의 권유로 상트 페테르부르크의 법률 학교에 들어간 그는 졸업 후, 사법성에 들어가 공무원이 되었으나, 음악을 동경하는 정열은 더욱 뜨거워졌다.

1862년, 마침내 차이코프스키는 상트 페테르부르크의 음악 교실에 들어가, 작곡가로서의 첫발을 내디뎠다. 이듬해에, 이 곳은 처음으로 음악 학원이 되었고 그는 루빈스타인의 지도를 받았다.

1866년에 모스크바 음악 학원의 강사가 된 그는, 12년 동안 있으면서 〈교향곡 제1번〉을 비롯해서 여러 오페라를 발표하였다.

그는 한때 러시아 민요에 마음이 끌렸으나, 미래의 러시아 음악을 발전시키기 위해서는 서부 유럽의 음악을 받아들여야 한다고 생각하여, 독일의 고전파 음악의 수법을 받아들였다.

1876년, 유명한 〈백조의 호수〉를 작곡한 해에 제자와 결혼했으나 곧 이혼했다.

차이코프스키가 학원의 강사가 된 지 10년이 지난 그 해에 궁핍한

〈백조의 호수〉 공연 장면

생활에 시달리고 있는 그에게 어떤 부인으로부터 그가 작곡에 전념할 수 있도록 매년 6천 루블을 보내 주겠다는 제의를 받았다. 그러나 그 조건으로 부인은 자신과 만나지 않을 것을 제안했다.

그는 시골에 가서 오로지 작곡에만 몰두할 수 있게 되었고, 이 때 작곡한 〈교향곡 제4번〉을 부인에게 바쳤다.

13년간 계속해서 원조금이 보내지는 동안 그는 점점 더 유명해졌고, 두 사람의 우정은 더욱 깊어져서 많은 편지가 오고 갔다.

그는 스위스, 이탈리아를 비롯해서 미국으로도 건너가 작곡가와 지휘자로서 활약했다. 1881년에 귀국하여 〈교향곡 제5번〉〈잠자는 숲 속의 미녀〉〈호두까기 인형〉 등의 걸작을 연이어 작곡하였다.

그런데 그가 50세가 가까이 되었을 때, 부인으로부터 파산하여 더 이상 원조할 수 없게 되었다는 편지와 함께 우정을 끝맺게 되었다. 그는 그 은인을 구하기 위해서 온갖 수단을 다 썼으나 끝내 부인으로부터 아무 소식이 없었다. 이로부터 4년 후, 차이코프스키가 1893년에 만든 작품이 바로 교향곡 제6번 〈비창〉이다.

1893년 10월 28일, 그는 상트 페테르부르크에서 공연하고 냉수를 마신 것이 콜레라의 원인이 되어, 11월 6일에 사망했다.

# 채 륜

## (? ~121 ?)

## ─종이를 발명한 중국의 공예가─

세계적인 발명품 중의 하나인 종이를 발명해 낸 채륜은 중국 후한 시대의 공예가이자 환관이었다. 그의 자는 경중이며, 계양에서 태어났다.

계양이라는 곳은 고기잡이, 사냥, 농업, 양잠 등을 생업으로 하는 사람들이 모여 살던 곳이었는데, 이러한 곳에서 태어난 채륜이 어떻게 궁중의 환관이 되었는지는

전하는 기록이 없어 자세히 알 수가 없다.

채륜은 환관으로 있으면서 소황문이라는 직책도 겸하고 있었다.

소황문이란, 궁전 안의 중심 관청인 상서성의 장관으로부터 문서를 받아 궁전의 각 기관에 전달하는 임무를 띤 직책으로서, 황제 곁에 있으면서 여러 가지 연락을 담당하기도 하였다.

88년에 화제가 즉위하였는데, 그 때 화제의 나이가 10세밖에 되지 않았기 때문에 두태후가 대신 나라를 다스리게 되었다.

그러자 두태후의 집안 사람들은 중요한 자리를 차지하고 앉아 막강한 권력을 마음대로 휘둘러 대기 시작하였다.

화제는 처음에는 나이가 어려서 아무것도 모르고 지냈지만, 차차 성장해 감에 따라 두씨 일족들의 횡포로 조정은 부패하고 백성들은 심한 고통을 당하고 있음을 알게 되었다.

그리하여 화제는 채륜과 또 다른 환관 정중을 불러 은밀히 협의하고 장군들을 지휘하여 두씨 일족을 모조리 몰아 내게 했다.

이 때의 공으로 채륜은 상방령(궁중의 여러 기물을 제작하는 관청의 장관)이 되었다.

당시 중국에서는 값이 비싼 비단이나 무거워서 운반하기 힘든 대나무를 엮어서 글씨를 썼다.

채륜은 이러한 불편한 점을 느끼고 종이 만드는 법을 연구하게 되었다. 물론, 그것은 쉬운 일이 아니었다.

채륜은 수차례에 걸친 실험 끝에 마침내 질이 좋은 종이를 만들어 냈는데, 그 때 재료로 사용된 것은 나무 껍질, 삼 부스러기, 넝마, 그물 등이었다고 한다. 이것이 식물 섬유를 사용해서 종이를 만든 최초의 기록이다. 이 종이는 곧 화제에게 바쳐졌으며, 화제는 채륜의 노고를 가상히 여겨 이것을 '채후지'라고 부르게 하였다.

종이를 만들어 냄으로써 후세의 문화 발전에 획기적인 공헌을 한 채륜은, 그 후 정치 싸움에 휘말려 음독 자살하고 말았다.

# 채 플 린
## (1889~1977)

### ─영국의 천재 희극 배우─

찰스 스펜서 채플린은 희극 배우
이자 영화 감독 및 제작자로, 런던
에서 뮤직홀 연예인의 아들로 태어
났으나 9세 무렵에 부모를 여의고
고아가 되었다.

8세 때 아역으로 첫 무대에 섰으
며, 점차 천부적인 재능을 발휘하
기 시작하여 주위의 인정을 받았
다. 17세 때는 당시 영국 최고의
인기 희극 극단인 프레드 카노의
단원이 되었다.

댄스·노래·어릿광대 몸짓 흉
내·무언극 등 희극 배우로서의 재
질을 키우기 위한 본격적 수업을
하게 된 것이 바로 이 시절이었다.

1912년에 카노 극단이 미국 순
회 공연을 할 때, 영화 제작자 세
넷은 그의 천재성을 알아보고 그를
할리우드로 초청하였는데, 그것은
대단한 행운이었다.

그 당시의 미국 영화계는 한창
발전하는 중이었고 유능한 배우가
필요했다. 이런 때에 채플린이 활
약할 기회를 얻게 된 것이다.

1914년에 그의 첫 영화가 개봉
되었고, 그 후 그는 여러 회사에서
1917년까지 수십 편에 이르는 단
편 영화들을 자기가 직접, 각본·
감독·주연 등을 겸하면서 제작하
기 시작했다. 이 단편 작품들 속에
서 콧수염·실크 모자·모닝 코
트·지팡이 등을 이용한 거지 신사
의 분장과 연기로 채플린만의 독특
한 이미지를 창조하여 세계적으로
인기를 얻게 되었다.

눈물과 웃음, 유머와 기지가 당
시 채플린 작품의 대명사였다. 그
러나 〈어깨 총〉을 제작한 1918년
무렵부터는 장년에 접어든 인간적
성장의 자취가 작품에 스며들었고

458

사회적 풍자와 비판이 곁들여져, 〈가짜 목사〉(1923년 작품), 〈황금 광 시대〉(1925년 작품) 등의 걸작이 제작되었다.

한편, 〈파리의 여성〉(1923년 작품)은 채플린이 직접 출연하지는 않았지만, 희극이 아닌 예외적인 작품으로 뛰어난 심리 묘사를 보여 줌으로써 그의 천재적 재능을 엿볼 수 있다.

유성 영화 시대에 접어들면서도 그는 〈도시의 불빛〉(1931년 작품), 현대 문명의 기계 만능주의와 인간 소외를 날카롭게 풍자한 〈모던 타임즈〉(1936년 작품으로 음악만 곁들임.) 등을 무성 영화로 제작하였다.

그 후 〈위대한 독재자〉(1940년 작품)는 유성 영화로 만들었는데, 히틀러를 세계 인류의 적으로서 맹렬히 비난하였다. 이어 〈살인광 시대〉(1947년 작품)에서는 제국주의 전쟁의 범죄성을 파헤쳤기 때문에, 채플린은 '공산주의자'라는 누명을 쓰기도 했다.

1952년에 〈라임라이트〉의 시사회에 참석하기 위해 고국인 영국에 갔다가, 유럽에서 살기로 결심하고 스위스에 정착하였다.

그 후에 〈뉴욕의 왕〉(1957년 작품), 〈홍콩의 백작 부인〉(1966년 작품) 등을 발표하였으며, 1975년에 엘리자베스 여왕으로부터 나이트 작위를 받았다.

〈모던 타임즈〉 채플린은 기계 만능주의로 치닫는 현대 문명 속에서, 소외되어 가는 인간을 그렸다.

# 처 칠
(1874~1965)

## ―영국의 위대한 정치가―

윈스턴 레너드 스펜서 처칠은, 그의 선조인 말버러 공을 위해 국가에서 지어 준 옥스퍼드 부근의 블레넘 궁에서, 1874년 11월 30일에 태어났다.

아버지 랜돌프 처칠은 영국 보수당 내각의 재무 장관과 인도 식민 장관을 역임한 야망에 찬 정치가였고, 어머니는 부유한 미국인의 딸이었다.

1894년, 처칠은 샌드허스트에 있는 육군 사관 학교를 졸업하고, 기병 장교가 되어 인도에 배속되었다. 이 때 특별 허가를 얻어, 에스파냐 군과 합동으로 쿠바 내란을 진압하고, 아프리카의 수단 원정에도 참가했다. 그는 전쟁이 한창일 때 자신이 참전한 전투의 상황을 눈앞에 보듯 생생하게 묘사하여 신문에 연재했다.

마침내 군복을 벗은 처칠은 남아프리카에서 보어 전쟁이 일어나자, 《모닝 포스트》지의 특파원으로 아프리카에 종군했다. 그런데 얼마 되지 않아 보어 인에게 잡혀 포로가 되었다. 그러나 기회를 노려 탈출하는 데 성공하여, 일약 국민적인 영웅이 되었다.

1900년, 처칠은 보수당의 하원 의원에 당선되어, 정치에 첫발을 내디뎠다. 1911년, 37세의 젊은 나이로 해군 장관에 임명된 처칠은 그 무렵의 절박한 국제 정세를 재빨리 내다보고, 만약을 대비하여 해군력을 증강시켰다.

드디어 제1차 세계 대전이 벌어졌다. 하지만, 미리 전쟁 준비를 완전히 끝내고 있던 처칠은 이 전쟁에 대해 별로 놀라지 않았다.

처칠은 독일과의 전쟁에 최선을

다했으나, 결국 다르다넬스 작전에 실패했다. 그는 책임을 지고 장관직을 사임한 후, 일개 연대장으로서 전쟁터에 나갔다.

그러나 1917년, 처칠은 다시 군수 장관에 임명되어 커다란 공적을 쌓았다. 전쟁이 끝난 후에도 그는 육군 장관과 공군 장관을 역임하고, 나중에 식민 장관이 되었다.

그러다가 보수당의 로이드 조지 내각이 붕괴한 후, 세 번이나 선거에 패배했다. 그 후 처칠은 정계에서 발을 떼고 집에서 회고록을 집필하고, 그림도 그리며 조용하고 한가로운 생활을 보냈다. 그러다가 다시 정계에 뛰어들어, 1925년에 재무 장관이 되었다.

1939년, 마침내 제2차 세계 대전이 일어났다. 처칠은 체임벌린 내각의 해군 장관으로 임명되어, 독일의 히틀러라는 강대한 적을 맞아 싸우게 되었다. 이듬해에는 대영 제국의 수상이 되어 영광의 최고 권좌에 오르게 되었다.

처칠은 미국의 루스벨트 대통령, 소련의 스탈린 수상 등과 협력하며, 영국 국민을 이끌고 힘에 벅찬 전쟁을 계속해 나갔다.

그리하여 연합군을 승리로 이끄는 데 커다란 공로를 세웠다.

1945년 총선거에서, 처칠을 당수로 한 보수당은 노동당에 패함으로써 그는 수상직에서 물러났다.

그는 1951년에 다시 수상이 되었지만, 1955년에 수상직을 이든에게 물려주었다. 마침내 정계에서 은퇴한 처칠은 1965년에 90세로 기나긴 생애를 마쳤다.

그는 《제2차 세계 대전 회고록》으로 1953년 노벨 문학상을 받았고 화가로서도 이름을 날렸다.

# 치올코프스키
## (1857~1935)

### ─인공 위성 연구의 선구자─

콘스탄틴 예두아르도비치 치올 코프스키는 러시아의 수도 모스크 바 부근에 있는 랴잔 지방의 이제 프스크에서, 지방 산림관의 아들 로 태어났다.

그는 9세 때, 성홍열을 앓았는 데 가까스로 목숨은 건졌지만 결국 청각 장애자가 되고 말았다. 할 수 없이 그는 집에서 아버지의 책으로 혼자 공부하기 시작했다.

이 때 치올코프스키가 밤낮으로 읽은 책들은 주로 화학과 수학에 관한 서적이었으며, 그가 여러 가 지 발명에 뜻을 둔 것도 바로 이 무 렵부터이다.

16세 때, 그는 모스크바로 나가 어렵게 생활하면서 더욱더 물리, 화학, 수학 등 자연 과학 공부에 몰두했다. 이 무렵부터 그는 우주 여행을 꿈꾸기 시작했다.

1878년, 그는 초등 학교 교사 자 격 시험에 합격하여, 그의 고향 이 웃 마을인 보로프스크에 있는 초등 학교의 수학 선생으로 근무했다.

그 무렵은 고무로 만든 기구의 전성 시대였다. 그 때부터 그는 비 행선과 비행기에 대해 깊이 연구하 였으며, 그에 관한 논문도 여러 차 례 발표했다.

학문에 대해 의견을 나눌 만한 사람도 주위에 없으며, 게다가 귀 까지 거의 들리지 않는 그가 혼자 서 연구한다는 것은 여간 어려운 일이 아니었다.

그러나 그는 결코 실망하지 않고 더욱더 연구에 몰두했다. 마침내 그는 멘델레예프와 같은 세계적으 로 유명한 과학자들에게 인정을 받 아 러시아 물리학회의 회원으로 추 천되었다.

462

1892년, 그는 지방 도시인 카루가에 이사하여, 역시 학교 교사로 근무하면서 틈이 나는 대로 항공기에 대한 연구를 계속했다. 또한 로켓의 연구에 착수하여, 집에서 압축 가스를 사용한 분사 실험을 하는 한편, 로켓 비행 원리를 탐구하는 데 온 힘을 기울였다.

그리하여 1898년에 그는 논문 〈로켓에 의한 우주 공간의 탐구〉를 발표하였는데, 이 논문이 《모스크바 과학 평론》지에 실린 해가 라이트 형제가 처음으로 비행 시험을 한 1903년이었다.

그러나 황제가 다스리던 시절의 러시아에서는 그의 연구 업적이 전혀 인정을 받지 못했다.

그 후 1917년 10월, 러시아에 혁명이 일어나고 새로운 정부가 탄생되자, 1919년 그는 사회 과학 아카데미 회원으로 추천되어 연구에만 전념할 수 있게 되었다.

1926년에 그는 달이나 다른 혹성 탐사용인 다단식 로켓(공중 열차)을 연구하기 시작하여, 마침내 1930년경에는 그의 감독 지휘 아래 실제로 로켓이 제작되었다.

이 밖에 그는 제트기의 연구에도 많은 공헌을 했다.

이리하여, 치올코프스키의 빛나는 업적은 그 후 아이 시 비 엠(ICBM : 대륙간 탄도 유도탄), 인공 위성, 우주 정거장 등의 개발에 선구적인 역할을 하게 되었다.

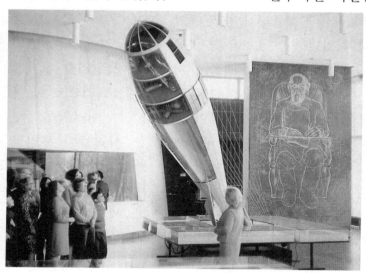

국립 치올코프스키 우주 비행사 박물관

# 칭기즈 칸
## (1162 ? ~1227)

### ─몽고 제국을 건설한 영웅─

12세기에 칭기즈 칸이 나타난 뒤로 세계 역사는 커다란 변화를 겪게 되었다.

칭기즈 칸의 본명은 테무친으로 외몽고의 바이칼 호 근처에서 태어났다. 아버지는 몽고족 중 한 부족의 우두머리였다.

테무친이 9세 때, 아버지가 이웃에 있는 타타르 부족에게 독살당하자, 그 때부터 그의 가족과 부족은 고난의 길을 걷게 되었다.

마음이 굳센 테무친의 어머니는 네 명의 아들들에게 몽고의 전설을 이야기해 주며, 가문을 빛내야 한다고 가르쳤다.

테무친은 청년이 되어 아버지가 정해 두었던 처녀와 결혼했다.

그런데 얼마 지나지 않아 이웃에 있는 메르키트 부족에 의해 아내를 납치당하고, 테무친도 잡히고 말

았다. 그는 간신히 도망쳐서 부르칸 산에 숨어 죽음을 면했다. 그 때, 테무친은 문득 '영원한 하늘'이 자기를 도와 준다고 느끼고

"부르칸 산을 아침마다 섬겨라. 날마다 섬겨라. 내 자손의 자손들아, 이것을 잊지 말아라."

하고 맹세했다고 한다.

몽고족은 널따란 초원에 말과 소와 양 들을 놓아 기르며 목초가 풍부한 곳을 찾아 옮겨 다녀야 했기 때문에 이동하기에 편리한 천막집에서 살고 있었다. 그러므로 한 가족만이 살아가기는 어려워서, 혈연 관계에 있는 사람들이 무리를 지어서 사는 씨족 생활을 하였다.

이 씨족이 여럿 모여서 부족을 이루고 있었고, 씨족이나 부족끼리 끊임없는 싸움이 계속되었던 것이다.

테무친은 용감하고 민첩했으며, 통솔력이 있어 차츰 사람들의 신뢰를 얻게 되었고 흩어져 있던 부족을 통합해 나갔다.

몽고에서는 부족의 우두머리인 칸을 장로 회의에서 뽑았다. 1188년경, 테무친은 부족의 우두머리인 칸에 뽑혀서 칭기즈 칸이라 불려지게 되었다. 칭기즈 칸이란 강하고 왕성한 대군이라는 뜻이다.

그러나 이 때 칭기즈 칸은 아직 몽고족 가운데 한 부족의 우두머리에 불과했다. 게다가, 그들의 부족 전체는 완 칸을 우두머리로 한 케레이트 부족에 속해 있었다.

1196년에 중국의 금나라 군대가 동쪽 이웃에 있는 메르키트 부족을 치러 왔다. 칭기즈 칸의 아내를 납치하여 갔던 그 부족이다. 칭기즈 칸은 좋은 기회가 왔다고 생각하고, 완 칸과 함께 금나라 군대에 협력해서 메르키트 부족을 완전히 멸망시키고 말았다.

그 후 칭기즈 칸과 완 칸의 연합 세력이 점점 강해지자, 다른 부족들은 힘을 합해서 이들을 멸망시키려고 했다.

그러나 도리어 멸망당하여 몽고 지역 내에 사는 부족은 거의 대부분 이들에 의해서 통일되었다.

1202년에 칭기즈 칸은 타타르 부족을 쳐서 무찌름으로써 그의 영토는 금나라와 직접 맞닿게 되어, 무역을 하기에도 편리해졌다.

다음에는 칭기즈 칸이 몽고 전체를 통일하느냐, 완 칸이 통일하느냐 하는 다툼이 벌어지게 되었다. 완 칸은 마침내 칭기즈 칸을 공격해 왔다.

칭기즈 칸은 전쟁을 반대했으나 완 칸은 받아들이지 않았다. 그래서 1203년에 칭기즈 칸은 케레이트 부족을 멸망시키기로 결심하고, 계책을 써서 이들을 무찔렀다.

그리고 서몽고의 알타이 산기슭에 아직도 남아 있던 터키 계통의 나이만 부족을 1204년에 공격하여 완전히 승리를 거두었다.

이 때, 칭기즈 칸은 나이만 부족의 옥새를 갖고 있는 관리를 사로잡았다. 그 옥새에는 글씨가 새겨져 있었다.

칭기즈 칸이 물었다.

"이게 무엇이냐?"

"나이만 왕의 도장입니다. 우리 왕은 신하를 임명할 때나 세금이나 곡식을 영토 내에서 거둬들일 때, 명령서에 이 옥새를 찍어서 증거로 삼습니다."

몽고에는 문자가 없었다. 그러나 나이만 부족은 서쪽에 있는 위구르 민족의 문자를 들여와서 쓰고 있었던 것이다. 칭기즈 칸은 자기 이름을 새긴 도장을 만들게 하고, 자식들에게도 위구르 문자를 배우도록 하였다.

1206년, 각 부족에서 모인 장로와 장군 들 앞에서 칭기즈 칸은 두 번째 즉위를 하였다. 즉, 칸의 호칭을 그 외에는 쓸 수 없게 하였다.

이리하여, 전 몽고는 칭기즈 칸에 의해서 통일된 것이다.

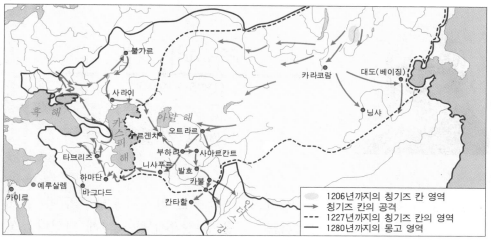

칭기즈 칸의 침략 경로

　칭기즈 칸은 몽고인 전체를 백호, 천·호의 부대로 나누고, 다시 이것을 합해서 더욱 큰 군단으로 만들었다. 또 천 호에서 가려 뽑은 귀족의 자제들로 자신을 지킬 친위대를 조직했다.

　칭기즈 칸은 서하에 쳐들어갔고, 중앙 아시아 쪽으로도 세력을 뻗어 나갔다.

　칭기즈 칸은 1211년 봄에 네 아들과 함께 몽고의 군대를 전부 동원하여, 약탈을 목적으로 북중국을 세 차례나 침입했다.

　그 무렵, 중앙 아시아의 아무다리야 강과 시르다리야 강을 포함한 일대에 호라즘이라고 하는 나라가 있었다. 이 나라는 무역으로 크게 번영하고 있었다.

　칭기즈 칸은 무역을 하려고 450명으로 구성된 대상(낙타나 말 등을 타고 무리를 지어 사막을 여행하는 상인)을 이 나라에 보냈다.

　그런데 이 대상들은 붙들려서 전부 칼에 맞아 죽고, 단 한 사람만이 몽고로 도망쳐 와서 이 일을 칭기즈 칸에게 보고했다.

　그래서 1218년에 칭기즈 칸은 대군을 거느리고 호라즘을 공격하여 무찌르고, 그 기세를 몰아 이란, 이라크, 아르메니아, 러시아까지 쳐들어갔다.

　그는 계속해서 금나라까지 정복하려고 했으나, 1227년 8월 18일에 병들어 죽었다.

467

# 카 네 기
## (1835~1919)

## ―세계의 강철왕―

'강철왕'이라 불리는 대기업가이자 자선 사업가인 앤드루 카네기는 1835년 11월 25일, 영국 스코틀랜드의 던펌린에서 태어났다.

1848년, 그의 가족은 미국 펜실베이니아 주의 피츠버그로 이주하였다.

어린 앤드루는 13세 때부터 아버지와 함께 방직 공장에 들어가서 일했다. 그 후, 그는 실패 제조 공장의 보일러 공을 거쳐 사무실의 서기로 근무하였다.

1850년, 전신 기사의 조수로 일하던 카네기는 업무 능력을 인정받아, 곧 정식 기사로 승진되었다.

평소 그를 지켜 보던 토머스 스콧은 1853년에 펜실베이니아 철도국의 감독관으로 전근해 갈 때, 카네기를 자신의 개인 비서 겸 전신 기사로 채용했다.

스콧은 카네기에게 책임이 무거운 많은 업무를 맡기게 되었다. 그 후, 스콧이 철도국의 부국장으로 승진하게 되자, 카네기도 그의 뒤를 따라 계속 승진하였다.

그리하여 그가 철도국에 입사한 지 6년 만인 1859년에는 지방 책임자로까지 올라갔다.

카네기는 스콧의 권유로 저축했던 돈을 찾아서 애덤스 운수 회사의 주식을 사고, 앞으로의 철도 여행에 침대차가 많이 이용될 것을 예상하여 침대차를 만들기도 했다. 이 투자는 그 후 그에게 엄청난 이익금을 안겨 주었다.

그는 산업의 발전에 따라 철강재의 수요가 계속 증가할 것으로 예상하고, 그의 모든 재산을 철강업에 쏟아넣었다.

그의 예상은 들어맞았다.

그는 스콧을 비롯한 다른 철도 회사 동료들과 함께, 오하이오 강에 처음으로 철교를 가설한 키스톤 교량 제작소를 설립하여 막대한 재산을 모으게 되었다.

1872년, 런던 여행을 하던 카네기는 베서머 전로를 보고 강철에 사로잡혔다. 그 후 곳곳에 강철 공장을 세운 그는, 수송선, 철도 등도 장악하여 미국 최대 재벌의 한 사람으로 군림했다.

그 후 세계 최대 규모의 카네기 철강 주식 회사를 피츠버그에 세워 미국 강철 생산량의 4분의 1을 지배하는 '강철왕'이 되었다.

그러나, 1892년에 공장에서 큰 파업이 일어나자, 주식을 다른 회사에 넘기고 은퇴했다.

카네기는 사회로부터 벌어들인 재산은 다시 사회에 돌려 주는 것이 부자의 의무라고 믿었다.

그리하여 그는 그의 재산이 사회에 널리 분배되도록 2천 5백만 달러를 기금으로 하여 워싱턴에 카네기 협회를 설립했다.

그는 전재산을 교육, 과학, 문화의 발전과 인류 평화를 위한 공익 사업의 기금으로 내놓고 저술로 만년을 보내다가, 1919년에 매사추세츠 주에서 생애를 마쳤다.

# 카롤루스 대제
## (742~814)

## ─유럽의 토대를 닦은 황제─

4세기경부터 지금의 독일의 라인 강 오른쪽 연안 일대에 게르만 인이 살기 시작했는데, 로마 인은 이 게르만 인을 야만인으로 보고 있었다.

그러나 게르만 인들은 숲과 들을 개척하여 도시를 이룬 다음 왕국을 세웠고, 4세기 후반경부터는 이동하기 시작하여 로마 제국을 멸망시키고, 유럽의 각지에 정착해서 살게 되었다.

그리고 오늘날의 독일, 프랑스, 이탈리아를 포함한 대제국인 프랑크 왕국으로 통일하게 되었다.

카롤루스 대제는 이 프랑크 왕국의 왕이었다. 768년에 부왕인 피핀이 세상을 떠나자 카롤루스는 형과 함께 왕위에 올라 공동으로 통치했으나, 771년에 형이 죽고 전 프랑크 왕국의 왕이 되었다.

그 후, 카롤루스 대제는 북쪽에 이웃한 작센 족을 정복하고, 북이탈리아의 롬바르디아 왕국을 멸망시키는 등 마흔두 차례나 싸움터에 나가 영토를 넓혔다.

778년에는 이베리아 반도에 있는 이슬람 인들을 물리치기 위해서, 에스파냐와 프랑스의 경계를 이루는 피레네 산맥을 넘어 북에스파냐에 쳐들어갔다.

그리하여 대부분의 게르만 계 부족들을 통합하여 서유럽의 통일을 달성했다.

그는 이 광대한 영토를 지배하기 위해서 각 부족의 부족 법전을 정리하고, 중앙에서 관리를 파견하여 중앙 집권적 지배를 실현했으며, 봉건 제도를 이용하여 중세의 여러 봉건 국가가 발전하는 데 획기적인 출발점이 되기도 하였다.

게르만 인 사이에는 로마에 본거지를 둔 크리스트 교가 널리 퍼져 있었는데, 카롤루스 대제도 크리스트 교를 믿게 되었다.

로마에는 로마 교황이 크리스트 교의 최고 권위자로 군림하고 있었다. 카롤루스 대제는 교황을 배반하는 자를 벌하고 땅과 돈을 교황에게 바쳤기 때문에 '교회의 보호자'라는 말을 듣게 되었다.

800년 크리스마스날에 카롤루스 대제는 일부러 먼 길을 나서 로마의 산 피에트로 성당까지 가서 미사에 참석했다. 그 때, 교황 레오 3세는 카롤루스 대제에게 서로마 황제의 관을 씌워 주었다.

그리하여 서로마 황제라 불리게 되었는데, 1400년 전에 번영했던 로마 제국을 계승했다는 뜻에서 붙여진 이름이다.

그 후 카롤루스 대제는 많은 교회를 세우고, 교육과 산업을 부흥시키는 데도 힘썼다.

또한 전국에 명령을 내려, 수도원과 성당에 학교를 설치하도록 하고, 궁정에도 특별히 학교와 도서관을 설치했다.

이리하여 유럽이 발달된 문명 사회로 나아갈 토대가 이 때 닦여지게 되었다.

# 카 루 소
### (1873~1921)

## ―이탈리아의 테너 가수―

엔리코 카루소는 이탈리아의 항구 도시 나폴리에서 태어난 세계적인 테너 가수이다.

그는 가수가 되기 전에는 기계공으로 일했는데, 일하는 틈틈이 흥얼흥얼 노래하는 것을 들은 동료들이 적극 추천하여, 나폴리에서 음악 교사로 있던 굴리엘모 베르지네라는 사람을 만나게 되었다.

그리하여 기계 만지는 일을 집어

치우고 본격적으로 음악 공부를 하게 된 카루소는, 그의 나이 21세 되던 해에 나폴리의 한 극장에서 처음으로 노래를 불러 많은 관중들을 감동시켰다.

이 소식은 곧 전국 극장가에 퍼지게 되었고, 카루소는 이들과 계약을 맺어 전국 순회 공연에 들어가게 되었다. 그 후 1898년에는 밀라노로 진출하여, 조르다노가 작곡한 <페도라>에서 주연으로 열연하여 대성공을 거두었다.

이것이 계기가 되어, 카루소는 이탈리아를 벗어나 러시아와 아르헨티나 등지를 돌며 풍부한 목소리를 마음껏 들려 주었다.

또한, 밀라노의 오페라 대극장인 스칼라 극장에 초빙되어, 토스카니니의 지휘로 노래하게 된 것도 이 무렵이다.

1902년, 그는 몬테카를로에서 푸치니의 〈라 보엠〉을 노래하고, 런던으로 건너가 베르디의 〈리골레토〉를 불러 대환호를 받았다.

런던에서의 공연을 마친 후, 미국으로 건너간 카루소는 메트로폴리탄 오페라 하우스에서 다시 〈리골레토〉를 불러 전에 없던 대성황을 이룸으로써 일약 세계적인 테너 가수로 군림하게 되었다.

베를린과 빈에서는 '카루소의 밤'이라는 이름으로 파티를 열어 주었고, 멕시코에서는 하룻밤 출연료로 무려 1만 5천 달러라는 엄청난 금액을 받았다.

카루소는 1902년부터 250회나 음반을 만들었으며, 뉴욕에서는 무려 607회나 공연을 가졌다.

오직 오페라만을 위해서 태어났다고 해도 과언이 아닐 만큼, 그는 풍부한 성량에 폭넓은 음넓이, 그리고 힘차고 다채로운 표현력을 소유하고 있었으며, 스스로 노력하는 근면한 사람이었다.

그러나 체력에는 한계가 있었다. 세계적인 테너 가수가 되면서부터 쌓이기 시작한 피로 때문에 어느 날 그는 공연 도중 각혈을 하였다. 그는 서둘러 귀국하여 나폴리에서 휴양하였으나, 48세라는 아까운 나이로 1921년 8월 2일에 숨을 거두고 말았다.

# 카 뮈
## (1913~1960)

### ―《이방인》을 쓴 프랑스의 작가―

알베르 카뮈는 알제리에서 태어난 프랑스 사람으로서, 소설가이자 극작가이며, 평론가인 동시에 철학자이다.

그의 아버지는 포도주 지하 저장 창고에서 일하는 노동자였는데, 1914년에 전쟁에 참가했다가 전사하였다. 그래서 그는 벙어리에 가까운 어머니와 늙은 할머니와 함께 작은 아파트에 살면서 가난한 생활을 해야 했다.

학비도 스스로 벌어야만 했는데, 알제리 대학 시절에는 성적이 좋아서 장학생으로 다녔다.

대학 시절, 그는 스승 그르니에로부터 영향을 받아 문학과 철학을 전공했는데, 학교에 다니는 한편, 자동차 부속품 판매원과 선박 중개인 등의 일을 하면서 문학과 연극에 전념하였다.

그 때 〈플로티노스와 성 아우구스티누스를 통해서의 헬레니즘과 크리스트교〉라는 논문도 제출했다.

졸업 후에는 교수가 되려고 하였으나, 17세 때 걸린 폐결핵 때문에 포기하였다.

그 후, 카뮈는 생활비를 벌기 위하여 닥치는 대로 아무 일이나 하면서도, 연극에 전념하여 아마추어 극단인 〈노동 극단〉 〈동지 극단〉 등에서 중심이 되어 일하였다.

1938년, 알제리에서 신문 기자로 일하게 되면서부터 그는 이탈리아, 오스트리아 등지를 여행할 수 있는 행운을 얻어 많은 경험을 쌓았다. 1939년, 제2차 세계 대전이 일어났을 때는 건강이 나빠져 참전하지 않았다. 이듬해에는 파리로 가서 그의 최초의 소설 《이방인》을 집필하였다.

그러나 1941년에 파리가 독일군에 점령당하자, 그 곳에 머물 수 없어 알제리로 돌아가 다시 신문 기자 생활을 하며《시지프스의 신화》라는 평론을 집필했다.

1942년에는 독일군에 대한 저항 운동을 하기 위해 파리로 잠입하여 활약하는 한편, 《이방인》과 《시지프스의 신화》를 발간하여 사르트르로부터 격찬을 받기도 했다.

《이방인》은 부조리의 철학에 기초를 두고 있는 뛰어난 작품이다.

파리에서 카뮈는 독일군의 점령 중에도 〈오해〉라는 희곡을 상연하여 성공을 거두었으며, 비밀 저항 조직의 기관지인 《콩바》에서 날카로운 글솜씨를 발휘했다.

1947년에는 페스트에 걸린 인간들의 절망과 반항, 희망과 불안을 묘사한 소설《페스트》를 발표하여 젊은 독자들로부터 존경의 대상이 되었다.

그 후, 1951년에는 반항을 철학적으로 해석한《반항적인 인간》을 발표하였고, 1956년에는 《전락》을, 그리고 1957년에는《추방》을 발표하였으며, 이 해에 노벨 문학상을 받았다. 그는 새로운 장편 소설을 구상 중이던 1960년 1월 4일, 자동차 사고로 숨을 거두었다.

카뮈는 자기의 철학을 '부조리의 철학'이라고 하였는데, 부조리라는 사상에서 그가 도달한 결론은 '반항, 자유, 정열'이다. 모든 것을 거부하는 세상에서 꾸준히 자기의 의미를 찾는 반항적 행위야말로, 인간의 가치를 전적으로 긍정하는 인도주의라는 것이다.

《페스트》의 무대가 된 알제리의 마을

# 카 살 스
## (1876~1973)

### －20세기 최고의 첼리스트－

파블로 카살스는 1876년 12월 29일, 에스파냐 동부 카탈루냐 지방에서 태어났다. 그는 교회에서 오르간 연주자로 있는 아버지의 영향으로 어려서부터 음악 교육을 받을 수 있었다.

12세 때, 바르셀로나에서 온 첼리스트 호세 가르시아의 연주를 듣게 되었는데, 좋아하는 그를 보고 아버지가 첼로를 사 준 것이 인연이 되어 본격적으로 첼로를 배우기 시작하였다.

이듬해 카살스는 바르셀로나의 시립 음악 학교에 들어갔는데, 그 곳에서 우연히 자신을 매혹시켰던 가르시아를 만나 그의 가르침을 받게 되었다.

이 무렵부터 바르셀로나 교외의 카페에서 작은 연주 그룹의 단원으로 첼로를 연주하였다.

어느 날, 카살스는 바르셀로나의 한 악기점에서 먼지에 잔뜩 쌓여 있는 바흐의 〈무반주 첼로 모음곡〉 6편을 발견하였다.

카살스는 어렵기로 소문난 이 명곡을 연주하면서, 더욱 깊이 첼로에 빠져들었다.

1894년 18세 때, 카살스는 마드리드에서 알게 된 모르피 백작에 의해 왕실에 적극 추천되어, 왕비로부터 학자금을 받고 파리로 유학을 떠나게 되었다.

그 후, 다시 바르셀로나로 돌아와 시립 음악 학교 교수로 있었으며, 리세오 가극장 전속 관현악단의 수석 첼리스트가 되었다.

1899년 가을, 다시 파리로 진출한 카살스는 명지휘자 샤를 라므뢰를 만나 파리 오페라 극장의 첼로 독주자로 많은 활동을 하였으며,

런던 공연을 시작으로 하여 전 유럽 순회 연주를 성공리에 마쳐 세계적인 명성을 얻기 시작했다.

1905년, 카살스는 피아니스트 코르토, 바이올리니스트 티보와 함께 3중주단을 만들어 더욱 유명해졌으며, 1919년에는 소년 시절부터 꿈꾸어 온 지휘자가 되기 위해 '파블로 카살스 관현악단'을 창립했다. 또한, 1926년에는 '근로자 음악 협회'라는 이름의 음악 단체를 만들어 국민 음악 보급에 심혈을 기울였다.

1931년, 카탈로니아 음악 평의회의 총재가 된 그는 다시 마드리드 시의 명예 시장으로 선출되었고, 1934년에는 시민들의 열망에 따라 '파블로 카살스 거리'가 만들어졌다.

1936년에 에스파냐 내란이 일어나자 카살스는 남프랑스의 작은 마을 프라드로 이주하여 외로운 나날을 보내게 되었다. 그러자 카살스의 예술과 인간성을 흠모하는 많은 사람들이 프라드까지 그를 찾아와 '프라드 음악제'를 개최하도록 주선해 주었다.

카살스는 1957년, 60세 연하의

처녀와 결혼식을 올렸는데, 그 때 그의 나이가 81세였다.

1958년, 그는 핵무기 폐기 성명을 발표했다. 같은 해에 세계 인권 선언 10주년 기념일을 맞아 국제 연합 사무 총장의 초청으로 짧은 연설을 한 뒤, 바흐의 소나타와 에스파냐의 크리스마스 민요를 연주하여 큰 감명을 주었다.

가장 훌륭한 첼리스트로 손꼽히고 있는 카살스는 1973년 10월 22일, 97세로 찬란한 생애의 막을 내렸다.

# 카이사르
(기원전 100~기원전 44)

## ㅡ고대 로마의 영웅ㅡ

로마는 처음에는 왕이 지배하고 있었으나, 기원전 6세기 말에 왕정이 무너지고 실제적인 권력은 귀족 출신의 종신 의원으로 구성된 원로원에 있었다.

그러자 평민들은 자신들을 지키기 위해 2명의 호민관을 두는 제도를 만들어 냈다.

귀족 집안에서 태어난 가이우스 율리우스 카이사르는, 이모가 평민파의 두목인 마리우스의 아내였으므로 평민파에 들어갔다.

마리우스는 귀족파인 술라와 심하게 다투고 있었다. 카이사르도 한때 술라에게 살해될 뻔한 일이 있었다. 그 때문에 얼마 동안 외딴 섬으로 건너가서 학문을 닦고 웅변술을 공부하였다.

그리고 술라와 마리우스가 죽고 나서야 로마로 돌아왔다.

그 무렵, 로마에서 가장 세력이 있었던 사람은 술라의 부하였던 폼페이우스였다.

카이사르는 평민파인 마리우스파의 세력을 회복하는 데에 힘을 기울여, 차츰 로마 시민들로부터 지지를 얻게 되고 세력도 넓히게 되었다.

폼페이우스는 여기저기서 일어난 반란을 진압하고 로마로 돌아왔다. 그러나 원로원은 그러한 그의 공로에 대해서 상을 주지 않았을 뿐만 아니라, 그의 의견도 받아들이지 않았다.

그래서 폼페이우스는 평민파에 들어가서 카이사르와 손을 잡고, 또 부호인 크라수스를 설득해서 세 사람이 동맹을 맺게 되었다(제1차 삼두 정치).

이 때 카이사르는 갈리아 지방의

총독이 되었으며, 크라수스는 동쪽의 파르티아를 원정하게 되었다. 그러나 크라수스는 얼마 후에 전사했다.

카이사르는 위험한 고비를 수없이 넘기면서 로마 사람들이 두려워하고 있던 갈리아 사람들을 차례로 쳐서 평정해 나갔다. 카이사르는 그 상황을 《갈리아 전기》에 자세히 기록해 놓았다. 이 책은 그 당시의 서부 유럽 상황을 아는 데 중요한 역사 자료가 되었으며, 간결한 문장으로 라틴 문학의 영원한 걸작으로 꼽힌다.

로마의 세력은 라인 강의 동쪽을 경계로 해서 지금의 프랑스, 벨기에에 이르는 지역으로부터 더 발전하여 브리타니아(지금의 영국)에까지 미치게 되었다.

카이사르는 8년 동안 갈리아 지방을 누비며 로마의 정치계에 막강한 세력으로 군림하였다. 그러자 로마에 있던 폼페이우스는 이를 시기하여, 원로원과 손을 잡고 카이사르를 밀어 내려고 했다.

어느 날, 갈리아에 있는 그에게 '갈리아 총독의 지위에서 면직시킨다. 군대를 해산하고 정한 날짜까지 돌아오라.' 는 명령서가 원로원에서 왔다.

카이사르는 귀족의 공화 정치로는 다툼이 그치지 않으며, 이대로 가다가는 로마가 망하게 될 것이므로, 힘이 있는 통치자가 필요하다고 생각하고 있었다.

그래서 즉시 대군을 거느리고 로마와 갈리아 사이에 있는 루비콘 강에 도달했다. 로마의 국법으로는, 군대를 해산하지 않고 이 강을 건너면 반역자가 되었다.

그러나 카이사르는

"주사위는 이미 던져졌다!"

하고 외치고는 강을 건너 로마로 진격했다.

카이사르 시대의 로마의 군기

무방비 상태였던 폼페이우스는 재빨리 로마를 빠져 나와 그리스로 도망쳤다. 카이사르는 일단 에스파냐로 건너가서 폼페이우스의 근거지를 뒤집어 엎은 후, 로마로 돌아왔다. 그리고 그리스에 건너가서 파르살루스의 전투에서 폼페이우스의 군대를 격파했다(기원전 48년). 폼페이우스는 이집트로 달아났으나, 결국 그 곳에서 이집트인에게 살해되고 말았다.

며칠 후에 이집트에 나타난 카이사르는 폼페이우스를 정중하게 장사지냈다. 그는 이집트에 머무르면서 클레오파트라를 이집트의 여왕으로 삼았다.

이 무렵에 와서 소아시아의 폰토스의 왕이 로마를 배반해 버렸다. 카이사르는 곧 진격하여 당장 그를 무찔렀다.

카이사르는 다시금 폼페이우스의 아들과 일당을 평정하고 로마의 주변 국가들을 완전히 진압한 후, 기원전 45년에 로마로 돌아왔다.

로마의 공화 정치는 종말을 고했다. 카이사르는 집정관으로 임명되었고, 다시금 대장군의 칭호를 받게 됨으로써 정치, 군사의 모든 실권을 장악하게 되었다. 이것은 사실 국왕(군주)이나 다름없는 것이었다. 그 당시 원로원에서 발행한 화폐에는 카이사르의 초상과 이름이 새겨졌다.

그러나 카이사르는 로마 인이 군주 정치를 좋아하지 않는다는 것을 잘 알고 있었다. 그래서 지금까지의 공화 정치하에 설치된 여러 기관은 그대로 두고 열심히 정치 제도를 고치려고 노력했다.

즉, 로마에 속한 국가의 백성에게도 로마 시민권을 주고 원로원의 정원을 늘림으로써, 그들 가운데에서도 원로원 의원이 나오게 되었다. 또, 빈민 구제를 위해 빈민을 각지로 이주시키고, 토목 사업을 벌여 일자리를 마련해 주었다.

그리고 지금까지 써 오던 태음력을 폐지하고 이집트의 태양력을 바탕으로 하여 새로운 달력을 만들어 냈다.

이것은 카이사르의 이름을 따서 율리우스 력이라고 했으며, 그 후 오랫동안 사용되었다. 그 밖에도 도시법의 제정, 징세 청부의 폐지, 대도서관의 건립 등 대사업을 이룩했다.

카이사르의 얼굴을 새긴 화폐

그러나 카이사르의 정치에 반대하는 자들이 공화 정치를 회복하려고 비밀리에 그를 쓰러뜨릴 계획을 꾸미기 시작했다.

기원전 44년 3월 15일, 원로원 회의가 열린 틈을 타서 40여 명의 사람들이 단검을 빼들고 카이사르에게 덤벼들었다.

카이사르는 펜대 하나로 이들을 막으며 싸우고 있는데, 두목인 브루투스가 뒤에서 어깨를 찔렀다. 카이사르는 뒤를 돌아다보고는

"브루투스, 너마저 나를 배반하느냐!"

라고 말하고는 입고 있던 망토로 얼굴을 가린 채 마지막 숨을 거두었다.

481

# 칸  트
## (1724~1804)

## ―관념 철학의 창시자―

이마누엘 칸트는 1724년 4월 22
일, 동부 프로이센에서 태어났다.

16세 때 쾨니히스베르크 대학에
입학하여 철학, 수학, 신학, 자연
과학 등을 공부하였다. 대학을 졸
업한 21세 때 아버지가 돌아가시
자, 칸트는 공부를 계속하기 위해

9년 동안 가정 교사로 일했다. 그
동안에 그는 몇 편의 논문을 썼는
데, 뉴턴의 학설을 발전시켜 태양
계의 기원에 대해서 쓴 《성운설》은
오늘날에도 높이 평가되고 있다.

1755년에 모교인 쾨니히스베르
크 대학의 강사로 들어갔다가, 마
침내 1770년에 논리학과 철학 교
수가 되었다.

칸트가 공부에 뜻을 두기 시작할
무렵의 세계 사상은 르네상스의 영
향으로 인간의 자유를 존중하는 사
상이 지배적이었다.

더욱이 그가 태어난 18세기의
유럽에서는 계몽 사상이라고 하
여, 새로운 지식을 넓혀 미신이나
무지에서 깨어나게 하는 운동이 일
어나고 있었다.

거기에는 두 가지 사상의 흐름이
있었다. 하나는 유럽 대륙에 퍼진

합리주의(사물의 본질은 사람의 이성에 의해서 안다는 주장)로서 데카르트, 스피노자, 라이프니츠, 볼프 등에 의해서 주장되고, 다른 하나는 영국의 경험론(사물의 본질은 경험에 의해서 안다는 주장)으로서 베이컨, 흄, 로크 등에 의해서 주장되고 있었다.

칸트는 이들 사상을 깊이 연구하여 제각기 지니고 있는 장점과 단점을 가려 내어 새로운 사상을 찾아 냈다.

칸트의 이 생각은 과학이라는 학문을 분명히 하는 데는 많은 도움이 됐으나, 마음 속의 문제와 이성의 한계라는 것에 대해서는 아직도 부족한 점이 있었다. 이러한 모든 내용이 《순수 이성 비판》이라는 저서에 기록되어 있다.

다음으로, 칸트는 이 부족한 점을 분명히 밝히기 위해서 도덕의 세계에 대해서 깊이 연구했다.

그리고 《실천 이성 비판》을 써서, 사람은 이성에 따라서 행위를 하는 것이며, 밖으로부터의 명령을 받아서 행하는 것은 아니라는 것을 분명히 하여 인간의 존귀함을 주장했다.

친구들과 담화 중인 칸트

나아가서, 과학과 도덕의 세계를 연결하는 《판단력 비판》을 썼다. 이 두 세계를 연결하는 것은 '판단'이라고 생각했던 것이다.

한 마디로 말해서, 칸트의 철학은 르네상스 시대부터의 '봉건적인 것이나 교회의 속박으로부터 인간을 해방시키자.'라는 생각을 하나의 사상으로서 학문적으로 정리한 것이다. 이렇게 하여 칸트는 프랑스 혁명의 정신적 지주가 되었다.

이렇게 칸트가 확립한 철학은 피히테, 셸링, 헤겔 등 대철학자들에게 차례로 이어져서, 독일 관념 철학이라 불리는 훌륭한 학문의 체계를 쌓아올리게 되었다.

483

# 케 네 디
## (1917~1963)

### ─뉴 프런티어의 기수─

존 피츠제럴드 케네디는 1917년 5월 29일, 미국 매사추세츠 주 브루클라인에서 태어났다. 존은 초등 학교를 졸업하자 초트 고등 학교에 진학했는데, 그 때부터 그는 스포츠를 매우 좋아하여 럭비, 야구, 수영 등 못 하는 운동이 없었다. 고등 학교를 졸업한 그는 하버드 대학 정치학과에 들어갔다.

1940년, 대학을 졸업한 케네디는 제2차 세계 대전에 참전하기 위해 해군에 입대했다. 그 해 12월, 일본 해군 항공기의 진주만 폭격에 의해 마침내 태평양 지역에서도 전쟁이 벌어졌다. 케네디는 어뢰정 훈련을 받고, 남태평양에 파병되었다.

1943년 8월 2일 밤, 케네디가 타고 있던 어뢰정 109호가 일본 구축함의 공격을 받고 침몰했다.

이 때, 그는 자신을 돌보지 않고 바다에 표류하는 부하들을 구조하여 전쟁의 영웅이 되었다.

그러나 15시간 동안이나 물 위에 떠 있었던 관계로 병을 얻게 되어 본국으로 후송되었고, 얼마 안 있어 전쟁도 끝났다.

그 후 하원 의원 선거에 입후보할 준비를 서둘러 1946년에 케네디는 매사추세츠 주에서 민주당의 하원 의원에 당선되었다. 그 때부터 정치가로서의 바쁜 생활이 시작되었다.

하원 의원으로서 6년을 마친 그는 1952년에 실시된 상원 의원 선거에서도 무난히 당선되었다. 케네디는 신병으로 입원해 있을 때 《용감한 사람들》이란 책을 써서 퓰리처 상을 받았는데, 이로 인해 그의 이름이 많은 사람들에게 알려지게 되었다.

그는 또한 민주당 내에서도 눈부신 활약을 보여, 1960년 전당 대회에서 대통령 후보로 지명되었다. 격렬한 선거전에서 그는 공화당 후보를 물리치고 1961년에 미국의 제35대 대통령으로 취임하였다. 그는 미국의 독립 이래 가장 젊은

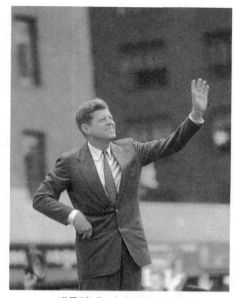
대통령에 당선된 케네디

대통령이요, 최초의 카톨릭 신자 대통령이었다.

대통령이 된 케네디는 국내적으로 뉴 프런티어 정책을 내걸고 개혁을 이끌었고, 대외적으로는 쿠바 문제 등 힘의 외교를 통해서 미·소 협조 정책을 추진하였다. 남아메리카의 여러 나라와 '진보를 위한 동맹'을 체결하였고, 평화 봉사단을 창설하여 세계 친선과 후진국 개발에 이바지하였다.

그러나 1963년 11월 22일, 재클린 부인과 함께 댈러스를 방문했다가 암살자의 흉탄에 맞아 46세로 세상을 떠났다.

# 케말 파샤
## (1881~1938)

### ─터키 근대화의 지도자─

무스타파 케말 아타튀르크(통칭 케말 파샤)는 오스만 제국의 항구 도시 살로니카(지금은 그리스 영토)에서 태어났다.

육군 유년 학교에 들어간 그는 18세 때는 육군 사관 학교에 진학하였다.

오스만 제국은 강대한 나라였으나, 그 무렵에는 완전히 쇠망하여 잇달아 영토를 잃었다.

나라의 형세가 이 지경에 이르자, 뜻있는 사람들이 '청년 터키당'을 조직하여 정치의 개혁 운동을 전개했는데, 케말도 이러한 새로운 사상에 차츰 눈을 떴다.

사관 학교를 졸업한 그는 다시 콘스탄티노플(지금의 이스탄불)에 있는 육군 대학에 진학했다.

1914년, 제1차 세계 대전이 일어나자 오스만 제국은 독일과 함께 연합국을 상대로 싸웠다.

이 때, 그는 군사령관으로서 다르다넬스 해협에서 큰 공을 세우기도 했지만, 콘스탄티노플을 비롯하여 여러 지역이 연합군의 점령하에 들어갔다.

케말은 조국의 독립을 외치며 1919년 7월, '국민의 모든 권리를 지키는 동방 각주 대표자 회의'를 개최하고, 이어 민족 항전의 협의를 거듭했다. 이듬해 1월, 그는 앞으로의 대외 정책 기본 강령인 '국민 맹약'을 선언하고, 4월에는 앙카라에 대국민 의회를 개최하여 그 의장에 임명되었다.

1920년 8월, 오스만 제국은 연합국측의 강압에 못 이겨 할 수 없이 세브르 조약에 조인했다. 이 조약으로 인하여 오스만 제국은 수도 콘스탄티노플과 소아시아만 남겨 놓고 국토의 대부분을 연합국에 빼앗겼다. 국가의 재정과 정치도 연합국의 관리를 받게 되어, 오스만 제국의 독립은 이름뿐이었다.

그러자 세브르 조약을 인정하지 않는다는 목표 아래, 독립 운동이 전국 각지에서 일어났다.

케말은 이 운동에 앞장 서서 조국의 독립을 위해 싸웠다. 그는 국민군을 지휘하는 사령관으로서 그리스 군을 격퇴했다.

1923년에는 연합국과 로잔 조약을 체결하여, 세브르 조약에 의해 잃었던 영토를 다시 회복했다.

또, 유럽 제국에 부여되었던 모든 특권이 파기되었다.

이어 실시된 총선에서 압승한 그는 공화국을 선포하고 초대 대통령이 되었고, 이듬해에는 칼리프 제도를 폐지했다.

이리하여 케말은 뒤떨어져 있던 터키의 근대화를 추진하여, 아라비아 글자를 없애고 로마 글자식의 터키 글자를 사용하게 하였다. 또한 새로이 태양력을 쓰도록 했으며, 노예나 다름없던 여자의 지위를 향상시켰다.

수도를 앙카라로 정하고 국민 공화당을 창립하여 터키의 정당 정치의 기반을 확립한 그는, 대통령 재임 중인 1938년 11월 10일, 이스탄불에서 갑자기 사망했다.

케말 파샤가 사망한 도시 이스탄불

# 케 인 스
## (1883~1946)

### ─영국의 경제학자─

존 메이나드 케인스는 영국이 낳은 세계적인 경제학자이다.

그는 1883년 6월 5일, 케임브리지에서 태어나서 명문 학교인 이튼을 거쳐, 케임브리지 대학의 킹스 칼리지에 입학하여 경제학을 전공했다.

1905년에 킹스 칼리지를 졸업한 후 한때 인도성에 근무했으나, 마셜의 초청으로 케임브리지 대학으로 되돌아가서 경제학 연구에 전념하게 되었다.

제1차 세계 대전 중에는 재무성에 근무했으며, 전쟁이 끝난 후 파리에서 열린 강화 조약, 특히 배상안에 반대하여 사직하였다. 그 때 《평화의 경제적 귀결》(1919년)이란 저서를 출판하여 자신의 주장을 세상에 발표했다.

이 책은 전세계의 커다란 관심을 불러일으켰는데, 이 책에 담긴 '자유 방임의 자본주의는 1914년 8월에 끝났다.'라는 사상이 케인스 이론의 밑바탕이었다.

이 저서를 출발점으로 하여 그의 이론은 《화폐 개혁론》(1923년), 《화폐론》(1930년), 그리고 획기적인 《고용, 이자 및 화폐의 일반 이론》(《일반 이론》이라고 생략해서 부른다. 1936년)으로 발전했다.

그는 이단적인 경제학자로서 주목을 받고 있었다. 예를 들면, 그는 《화폐 개혁론》에서 금본위제를 폐지하고 관리 통화제를 채택해야 한다고 주장했으나, 영국은 이 주장을 무시하고 1925년에 금본위제로 복귀하였다. 케인스가 지적한 대로 영국은 혹심한 어려움을 겪었으며, 1931년에서야 금본위제에서 벗어날 수 있었다.

1929년 가을에 월 가의 공황을 계기로 일어난 세계 공황, 코민테른의 이른바 '자본주의의 전반적 위기'로 사정이 아주 달라졌다.

그리하여 케인스의 저서 《번영에의 길》(1933년)이 루스벨트 대통령의 뉴딜 정책을 낳았고, 《일반 이론》은 그 이론적 지침이 되었다. 《일반 이론》의 이론을 정책으로 받아들인 결과, 놀라운 성공을 거뒀던 것이다.

그리하여 수많은 경제학자가 그의 학설을 수긍하게 되었고, 여러 자본주의 국가가 그의 이론을 정책에 반영하여 현재에 이르고 있다.

이와 같이, 그는 세계 공황을 극복하는 길을 제시할 수 있었던 유일한 경제학자였다. 케인스는 자본주의가 불완전하여 불안정한 요소가 많고, 붕괴할 위험성도 있으나, 잘 관리하면 가장 능률적인 제도라고 보았던 것이다.

그의 이론의 핵심은 완전 고용을 했을 때 사회의 총저축이 현실의 총투자보다 많으면 완전 고용은 성립되지 않는다는 것이다.

따라서 완전 고용을 성립시키기 위해서는 첫째, 완전 고용을 했을

때의 총저축을 줄이기 위해 분배를 평등화하고, 둘째는 민간 투자를 줄이기 위해 공공 투자를 한다는 정책이 필요하다는 것이다. 이들 정책은 후에 자본주의 국가에 의해 실시되어 큰 성과를 거두었다.

제2차 세계 대전 후에는 국제 금융과 세계 무역 기구를 만들어 낸 브레턴우즈 협정(1944년)의 중심 인물이 되어, 부흥 개발 은행 위원회의 의장직을 맡아 세계의 무역과 경제 부흥에 힘쓰다가 병에 걸려 세상을 떠났다.

# 케 플 러
(1571~1630)

## ─독일의 천문학자─

요하네스 케플러는 1571년 12월 27일, 독일의 뷔르템베르크에서 군인의 맏아들로 태어났다. 그는 4세 때 천연두를 앓았기 때문에 몸이 허약하였다.

18세에 튀빙겐 대학의 장학생으로 입학하여 성직에 뜻을 두고 신학을 공부하였다.

그는 대학을 졸업하자, 1593년에 그라츠 고등 학교에서 수학 및 수사학을 가르쳤다. 점성학책을 부탁받아 쓰면서, 그 해 겨울의 추운 날씨와 곧 전쟁이 일어난다는 두 가지의 예언을 했는데, 그것이 들어맞아서 이름이 알려지기 시작했다.

1596년에는 천체의 놀라운 균형에 관한 우주의 신비를 주제로 하는 《우주 구조의 신비》내놓아, 행성의 배열 간격 및 그 수와 크기와의 관계에 대해서 설명했다.

이 책을 쓰면서 브라헤와 갈릴레이를 알게 되었다.

케플러는 이듬해에 결혼하고, 1599년 신교도에 대한 추방령이 발표되자 떠날 것을 결심했다. 그리하여 1600년, 때마침 프라하에서 망명 중에 있던 브라헤의 제자로 들어가게 되었다.

이듬해에 브라헤가 사망하자, 16년 동안에 걸친 화성의 운행에 대해 연구한 자료를 이어받아 자료 정리에 착수하였고, 궁정의 전속 수학관이 되었다.

1604년 10월에는 화성을 관측하다가 새로운 별을 발견하였다.

1609년에 케플러는 이제까지의 브라헤와 자신의 화성 연구를 바탕으로 하여 《새로운 천문학》이라는 저서를 간행하였다.

이 저서 속에서 제1법칙(타원 궤도의 법칙) 및 제2법칙(면적 속도 일정의 법칙)을 발표하고, 코페르니쿠스의 지동설을 수정하여 더욱 발전시켰다.

케플러는 브라헤의 제자였으나, 지동설의 입장에서 지구 궤도를 원으로 가정하여 화성의 궤도가 태양에 초점이 있는 타원이라는 것을 알게 된 것이다.

그런데 케플러 이전에는 지동설에서도 행성의 궤도는 원이라고 믿고 있었다.

케플러의 법칙은 뉴턴이 만유 인력의 법칙을 발견하는 데 도움이 되었는데, 만유 인력의 법칙은 케플러의 법칙에 맞도록 만들어졌다고 해도 좋을 것이다.

1611년에 케플러는《굴절 광학》을 저술하고, 케플러 식 망원경의 원리를 설명했다.

1619년에는 대작인《세계의 조화》를 내놓았는데, 이 책에서 행성의 궤도 반지름과 공전 주기에 관한 제3법칙을 발표하였다.

1628년, 케플러는 발렌슈타인 후작의 전속 점성술사가 되어 실레지아로 옮겨 갔다.

1630년 11월 15일, 레겐스부르크로 가는 도중에 사망했다.

케플러의 서재
케플러가 만든
망원경과 그의
저서가 보관되
어 있다.

491

# 코페르니쿠스

(1473~1543)

## －지동설을 주장한 천문학자－

지동설을 처음으로 주장한 코페르니쿠스는, 하늘과 땅의 관계에 있어서 지구 중심적인 천문학설인 프톨레마이오스 이래의 천동설을 근본적으로 뒤엎었다.

지구는 태양의 둘레를 돈다는 태양 중심적인 우주관을 제시하여 많은 비웃음을 샀을 뿐만 아니라, 급기야는 위험한 설이라 하여 공격을 받았다.

태양 중심의 우주 체계

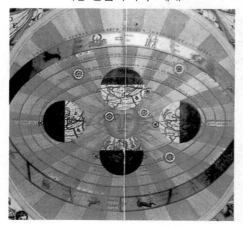

폴란드의 토루니 태생인 코페르니쿠스는 부유한 상인의 아들로 태어났다.

그는 모국의 크라코프 대학에서 신학, 수학, 천문학을 배운 뒤 24세 때인 1497년에는 르네상스가 꽃핀 이탈리아에 유학가서 볼로냐에서 법률을, 로마에서 다시 수학과 천문학을, 파도바에서 의학을 배웠다.

1503년, 교회법 박사가 되어 귀국한 코페르니쿠스는 프라우엔부르크 사원의 회원이 되고, 의료 사업에 전력했다. 틈틈이 그림, 번역, 천체 관측 등의 일도 하면서, 사원 근처의 탑을 천문대로 삼아 해시계, 삼각의, 관측의 등을 사용하여 천체 관측에 몰두했다.

그 당시에는 프톨레마이오스에 의하여 집대성된 천동설이 강력한

《천체의 회전에 관하여》의 첫 장 코페르니쿠스는 이 책에서 혹성의 위치에 관해 상세히 설명하고 있다.

영향력을 가지고 있었기 때문에, 그의 학설은 완전히 무시당했다.

코페르니쿠스는 자기의 설을 재검토하여, 오랜 연구 끝에 지동설의 체계를 세웠으나, 성직에 있었으므로 성경과 교단에서 믿는 천동설을 반박하지 못하고 단편적인 기록만 발표했다.

그의 이러한 발표가 독일의 수학자인 게오르크 레티쿠스에 의해 그 일부가 간행되어 좋은 반응을 얻자, 드디어 코페르니쿠스가 죽기 바로 전인 1543년 5월에 레티쿠스에 의해 《천체의 회전에 관하여》로 발간되었다.

이 저서는 뒤에 금서 목록에 오르고, 수많은 천문학자들은 물론 종교 개혁자인 루터 등 종교가들의 맹렬한 비난을 받았으며, 최초의 공개적 옹호자인 브루노는 1600년에 화형을 당하기까지 하였다.

뒤에 이 학설을 확증한 사람은 갈릴레이와 케플러이다.

갈릴레이는 스스로 창안한 망원경으로 목성에 위성이 있다는 것과, 은하가 항성의 집단임을 발견하는 등 일련의 천체 관측에 의해 코페르니쿠스의 지동설을 입증했다. 그래서 1616년 종교 재판에 회부되어 지동설을 버리도록 강요당하였다.

코페르니쿠스의 이 학설은 갈릴레이, 뉴턴에 의해 다소 수정되면서 완전히 증명되었다.

이로써 우주의 중심에서 살고 있다고 믿었던 인간들의 생각이 잘못되었음이 밝혀졌고, 천문학에 있어서 획기적인 새 기원이 이룩되었다.

# 코 흐
## (1843~1910)

## ─세균학의 토대를 세운 의학자─

로베르트 코흐는 1843년 12월 11일, 독일 하노버 지방에 있는 클라우스탈이라는 마을에서 은광 감독의 아들로 태어났다.

13남매 중 셋째인 그는 어렸을 때부터 거의 날마다 산이나 들판을 돌아다니며 식물이나 곤충 등을 눈에 띄는 대로 채집해 가지고 와서, 그것들을 늘어놓고 현미경으로 들여다보거나 해부하기를 무척 좋아

코흐의 휴대용 현미경

하였다.

생활에 별로 여유가 없는 형편이었지만, 코흐의 부모는 그를 의사로 키우기 위해 괴팅겐 대학에 진학시켰다.

그는 학교에 다닐 때 조그만 일에까지 세심하게 신경을 쓰는 꼼꼼하고 착실한 학생으로서 술도 좋아하지 않았고, 운동도 별로 좋아하지 않았다.

그 무렵, 유럽의 의학계에서는 미생물에 관한 여러 가지 논의가 서로 교환되고 있었다. 그 중에서도 프랑스의 유명한 과학자 루이 파스퇴르가 시작한 물체의 부패성에 대한 연구는 독일에까지도 널리 알려져 있었다.

교수의 강의를 통해 미생물에 대한 파스퇴르의 새로운 연구를 전해 들은 코흐는 미생물에 대해 깊은

흥미를 느끼게 되었다. 이 분야는 파스퇴르 외에는 손대는 사람이 별로 없었기 때문에 미지의 부분이 많았다. 그래서 그는 이 분야야말로 앞으로 자기가 연구의 대상으로 삼아 개척해 나아가야 할 분야라고 굳게 믿었다.

대학을 졸업한 그는 잠시 동안 베를린 대학에 들어가 연구하다가 국가 시험에 합격하여 의사 자격을 얻었다.

그 후 얼마 동안 그는 여러 지방을 전전하며 의사로서 벽지 생활을 했다.

프로이센·프랑스 전쟁이 일어나자 군의관으로 참전했고, 전쟁이 끝나자 동부 국경 부근에 있는 볼스타인에 가서 위생 기사로서 일하게 되었다.

이 지방에는 목축업이 성행했는데, 몇 년 전부터 악성 전염병이 나돌아 가축들이 하룻밤 사이에 피를 토하며 쓰러져 죽어 갔다.

코흐의 이름이 세계에 알려지게 된 것은 이 가축병, 즉 탄저병의 병원체를 발견한 후부터이다.

1876년, 독일의 브레슬라우 대학에서 코흐는 탄저병으로 죽은 가축의 혈액 속에서 바늘처럼 생긴 수많은 물질을 발견해 냈다.

바늘처럼 생긴 이 물질은 살아 있는 세균이었다.

그것을 동물의 몸에 주사하면, 그 세균은 몸 속에서 왕성하게 번식하여 가축으로 하여금 탄저병을 일으켜 죽게 한다는 사실을 알아냈다. 눈에 보이지도 않을 정도로 작은 이 미생물이 무서운 전염병의 병원체였던 것이다.

코흐의 이 탄저균 발견에 대한 소식은 곧 세계에 알려져 커다란 반응을 불러일으켰다. 사실, 세균학은 코흐의 이 발견으로부터 시작되었다고 해도 과언이 아닐 정도로 중요한 업적이었다.

1880년에 베를린의 국립 위생원으로 발탁된 그는 오로지 연구에만 몰두할 수 있게 되었다.

그는 우선 미생물을 순수하게 배양할 방법에 대해서 연구하기 시작했다. 그 무렵에는, 세균을 배양하는 데 모두 액체 배양기를 사용하고 있었다.

그러나 이 배양기는 어떤 세균을 배양할 때, 다른 세균이 섞여 들어가 번식할 염려가 있었다.

그래서 여러 종류와 함께 섞여 있는 세균 중에서 필요한 것만을 골라서 순수하게 배양해 보려고 했던 것이다.

마침내 그는 같은 종류의 세균만을 분리해 내는 데 성공했다.

그는 이 연구가 끝나자 다시 결핵균의 연구에 도전했다. 그 무렵, 많은 학자들의 결핵의 발병 원인과 치료 방법에 대한 연구가 있었지만, 아직 아무런 실마리도 잡지 못하고 있었던 것이다.

코흐는 일반 사회에서뿐 아니라 의학계에서도 유전병으로 여겨지고 있던 결핵을 전염병이라고 생각했다. 그 병원체를 알아 내기 위해 매일 자선 병원을 드나들며, 결핵으로 사망한 환자의 허파와 임파선을 구해 와서 열심히 현미경으로 조사했다.

그러나 병균처럼 보이는 것은 전혀 발견되지 않았다. 그래도 그는 중도에서 포기하지 않고 끈기 있게 연구를 계속했다.

어느 날, 현미경으로 허파를 조사하던 코흐는, 아지랑이처럼 희부연 허파의 세포에 섞여서 푸른색으로 곱게 물들어 있는 바늘 모양의 물질을 발견했다.

이것이 결핵균일지도 모른다고 생각한 그는, 몇 주일 동안 줄곧 이 균을 열심히 조사해 보았다.

그리하여 1882년 3월 24일, 마침내 그는 결핵이 이 세균에 의해 발생되는 전염병이라는 것과, 이 세균은 공기 중에 섞여 다른 사람에게로 전염된다는 사실을 증명해 내었다.

다음 해, 그는 이집트의 알렉산드리아와 인도로 답사 여행을 하면서 콜레라 균을 발견하여 그 병원체를 밝혀 내게 되었다.

이처럼 전염병의 발병 원인이 되는 세균을 잇달아 발견하여 세계적인 명성을 얻게 된 그는 1885년에 베를린 대학 교수가 되었다.

1890년에는 베를린에 새로 국립 전염병 연구소가 세워져서 코흐는 그 연구소의 소장에 임명되었고, 1905년에 노벨 의학상(생리학 부문)을 수상했다.

세균학계에 여러 가지로 괄목할 만한 뛰어난 업적을 남긴 코흐는 그 밖에도 제자들을 잘 지도하여 훌륭한 과학자를 길러 낸 사람으로도 유명하다.

인간을 괴롭히는 병원균을 발견하는 데 일생을 바친 코흐는 1910년 5월 27일, 독일의 바덴바덴에서 67세의 나이로 생애를 마쳤다.

남아프리카에서 열대병을 연구하는 코흐(1897년)

# 콜럼버스
(1451~1506)

## －아메리카 대륙을 발견한 사람－

크리스토퍼 콜럼버스는 아메리카 대륙을 발견한 사람이다. 그는 1451년, 이탈리아의 제노바에서 태어났다.

1482년경, 포르투갈의 리스본에서 포르토산토스 섬의 총독 딸과 결혼한 후, 그 섬에서 지냈다.

그 무렵, 그는 장모로부터 장인이 모아 둔 해도(항해할 때 필요한 여러 가지 사항을 그린 지도)를 얻

바로셀로나 항의 산타마리아 호 복원선

었다. 콜럼버스는 서쪽으로 곧장 항해하면 인도에 도달할 수 있을지도 모른다는 생각을 하게 되었다.

1484년에 포르투갈 왕 주앙 2세에게 대서양 항해 탐험에 대한 원조를 청했으나 거절당하고, 에스파냐에 건너가서 이사벨라 여왕을 설득하여 원조를 얻게 되었다.

그리하여 1492년 8월 3일에 콜럼버스는 에스파냐 남부의 팔로스 항에서 첫째 번 탐험을 떠났다. 산타마리아 호 외에 2척의 배와 120명의 승무원이 함께 떠났다.

그런데 서쪽으로 아무리 항해를 해도 섬 하나 나타나지 않자 불안해진 부하들이 반란을 일으키려 했다. 그는 이를 진압하고 항해를 계속하여 10월 12일에 산살바도르 섬에 도착했고, 쿠바와 아이티 등의 섬들을 발견했다.

그리고 7개월 만인 1493년 3월 15일에 팔로스 항에 돌아옴으로써 크게 환영을 받았다.

1493년 9월 25일, 콜럼버스는 배 17척에 1500명의 승무원을 태우고 카디스 항을 떠나 제2차 항해의 길에 올라 도미니카, 자메이카, 푸에르토리코와 그 밖의 섬들을 발견한 후에 아이티 섬에 도착했다.

제3차 항해(1498~1500년)에서 트리니다드 섬과 오리노코 하구를 발견했으나, 그를 언짢게 여기는 에스파냐 인들의 음모로 아이티에 도착한 콜럼버스는 곧 에스파냐로 소환되었다.

제4차 항해(1502~1504년)에서는 적은 선단으로 탐험을 하여 온두라스와 파나마 지협을 발견하였다. 그리고 고통스러운 항해를 한 후 귀국했다.

이사벨라 여왕이 죽은 후, 콜럼버스의 지위는 점점 떨어져서 1506년에 실의 속에 사망하였다. 콜럼버스는 죽을 때까지, 자기가 발견한 땅이 인도의 일부라고 믿고 있었다.

이것이 인도가 아니라는 것을 밝힌 사람은 이탈리아의 항해가 아메리고 베스푸치인데, 그의 이름을 따서 이 신대륙을 아메리카라고 부르게 되었다.

# 쿠베르탱

(1863~1937)

## ─근대 올림픽의 창시자─

고대 그리스에서는 신에게 바치는 행사로 각지에서 체육 대회가 개최되었다. 그 중에서도 올림피아에서 제우스 신에게 봉헌되는 경기는, 전국 각지에서 대표가 참가하는 가장 큰 국가적 행사였다.

이 올림피아의 경기는 기원전 776년부터 4년마다 개최되어 서기 393년까지 계속되었다.

이처럼 천 년 이상이나 계속되어 오던 올림피아의 경기는 고대 말엽에 중지된 후 오랫동안 개최되지 않다가,·19세기 말에 프랑스의 피에르 쿠베르탱에 의해 전세계 민족의 제전으로 다시 부활되었다.

쿠베르탱의 선조는 원래 로마의 귀족으로서, 프랑스에 이주한 후에도 귀족의 가문을 지켜 왔다.

쿠베르탱은 장차 군인이 되기 위해 육군 유년 학교에 들어갔다.

그러나 독일을 공공연히 적으로 대하는 학교 당국의 교육 방침에 반대하여 16세 때 그만둔 후, 정치가의 길을 걷게 되었다.

그 무렵, 프랑스는 프로이센(현재의 독일)과의 전쟁에 패하여 청년들은 희망을 잃고 있었다.

이것을 본 쿠베르탱은 교육의 중요성을 깨닫고, 외국의 교육 실태를 파악하기 위해 영국과 미국 등지를 여행했다. 그 때, 그는 톰 브라운의 〈럭비 학창 시절〉을 읽고 청소년 교육의 중심이 스포츠에 있다는 점에 깊이 공감했다.

귀국한 쿠베르탱은 교육에 있어서 체육의 중요성을 교육부 장관에게 건의했다.

마침 그 무렵, 독일의 학자들이 올림피아의 유적을 발굴하여 고대 올림픽 경기의 진상을 밝혀 냈다.

쿠베르탱은 이 올림픽 경기를 다시 부흥시켜, 세계 평화에 공헌하리라고 결심했다.

그의 갖은 노력이 결실을 맺게 되어, 1894년에 프랑스, 미국, 영국, 그리스, 러시아 등의 대표에 의해 '올림픽 부흥에 관한 회의'가 파리에서 개최되었다. 이 회의에서 올림픽 경기의 부흥이 만장 일치로 결정되었고, 각국의 임원들로 구성된 국제 올림픽 위원회 (IOC)가 창설되었다.

이리하여 1896년 4월, 아테네에서 제 1 회 올림픽 경기가 개최되어 13국의 대표 선수들이 젊음과 기량을 마음껏 겨루었다.

그 후 4년마다 계속 열려 오고 있으며, 오늘날에 와서는 세계적인 큰 행사가 되었다.

"올림픽 경기의 의의는 이기는 데 있지 않고 참가하는 데 있다. 이 대회의 중요한 정신은 적을 쓰러뜨리는 것이 아니고 끝까지 최선을 다해 싸우는 것이다."

올림픽 경기장에 게양된 이 표어야말로, 스포츠를 통하여 세계 인류의 행복을 추구했던 쿠베르탱의 정신을 잘 나타내 주는 것이다.

제1차 세계 대전 중에 파리에서 스위스의 제네바로 이주한 그는 그 곳에서 명예 시민으로서 여생을 보내다가, 74세로 일생을 마쳤다.

# 쿡
(1728~1779)

## ─태평양 탐험의 왕─

제임스 쿡은 영국 요크셔의 마턴 인클리블랜드에서 출생했다. 18세 때, 항구를 떠나는 석탄 운반선에 몰래 들어가서 견습 화부가 되었고, 그 후 9년 동안 항해 기술을 배워서 기관사가 되었다.

그 무렵, 영국과 프랑스는 7년 전쟁을 하고 있었다.

해군에 지원 입대한 쿡은 공을 세워 4년 후에는 함장이 되었다. 1763년에 전쟁이 끝나자, 1768년까지 뉴펀들랜드와 래브라도 해역을 측량하고, 일식을 관측하기도 했다. 이러한 활동으로 그는 영국 왕립 협회로부터 천문학자로 인정받았다.

1768년 봄에 왕립 협회는 남태평양을 탐사하게 되었다. 우선 태양의 표면을 통과하는 금성을 관측하기 위해 타히티 섬에 사람들을 보내게 되었는데, 쿡은 그 관측선 인데버 호의 선장으로 뽑혔다.

1768년 8월 26일, 쿡 선장은 인데버 호에 선원 94명과 동·식물학자, 사생화가 들을 태우고 플리머스 항을 떠났다.

인데버 호는 대서양을 가로지르고 남아메리카를 돌아 태평양을 건너 타히티 섬에 도착하였다.

쿡은 타히티에서 금성 관측의 임무를 훌륭하게 끝마친 뒤, 그의 두 번째 임무인 미지의 대륙을 찾아 뱃머리를 남쪽으로 돌렸다.

그는 남쪽으로 가다가 소시에테 제도를 발견했다. 또 뉴질랜드 둘레를 조사하며 지도를 만드는 과정에서 뉴질랜드가 남섬과 북섬으로 나뉘어져 있다는 것을 알았다. 그 뒤 두 섬 사이의 해협은 '쿡 해협'으로 불리게 되었다.

1770년 3월 말, 여름이 끝나갈 무렵에 그는 일단 배를 서쪽으로 몰았다.

네덜란드 인들이 뉴홀란드라고 이름 붙인 오스트레일리아로 간 쿡은, 유럽 사람으로서는 처음으로 오스트레일리아 동해안을 자세히 조사하여, 문명인들이 살 수 있는 땅임을 밝혔다.

그는 동해안을 따라 북쪽으로 올라가 요크 곶 근처의 한 섬에 영국 기를 꽂았다. 1770년 8월 21일의 일이었다.

1772년 7월, 쿡은 다시 두 척의 배를 이끌고 두 번째 탐험을 떠났다. 고르지 못한 날씨와 싸우면서 남쪽으로 내려가 남극해에 들어섰고, 다음 해 1월에 역사상 처음으로 남극권을 넘었다.

그리하여 노퍽과 뉴칼레도니아 섬들과 사우스조지아 섬을 발견하고 귀국했다.

그 후 1776년, 북아메리카의 태평양 탐사를 위해 세 번째 탐험을 떠난 쿡은 희망봉을 돌아 남태평양으로 나갔다. 그 해 12월에는 어느 작은 섬에서 크리스마스를 지내고, 그 섬을 크리스마스 섬이라고 이름지었다. 그리고 1778년에 발견한 섬은 샌드위치 제도(지금의 하와이 제도)라고 하였다.

뒤이어 북아메리카의 서해안을 따라 북쪽으로 항해하여 알래스카 반도를 돌아 북서 항로를 찾았다. 그러나, 빙산이 앞을 가로막아 단념하고 하와이로 되돌아왔는데, 1779년 2월에 쿡은 한 원주민의 돌창에 맞아 목숨을 잃었다.

하와이에 세워져 있는 쿡의 기념비

503

# 퀴리 부인
(1867~1934)

## ㅡ라듐을 발견한 과학자ㅡ

프랑스의 저명한 물리학자요 화학자인 퀴리 부인은, 러시아의 지배를 받고 있던 폴란드의 바르샤바에서 태어났다.

11세 때 어머니를 잃은 그녀는 17세 때부터 가정 교사를 해 가면서 독학했다.

1891년에 프랑스 소르본 대학에 들어간 마리는 푸앵카레, 리프만 등 저명한 교수 밑에서 수학과 물리학을 전공했다.

라듐 연구소에 있는 마리의 방

그 후, 장래가 촉망되는 물리학자 피에르 퀴리와 결혼하였다.

그녀는 행복한 가정을 꾸려 나가면서 남편과 함께 연구 생활을 시작했다.

그 무렵, 물리학계에서는 새로운 현상들이 잇달아 발견되고 있었다. 뢴트겐에 의한 엑스 선의 발견과 베크렐에 의한 우라늄 방사능의 발견에 자극을 받아서, 퀴리 부부도 방사능 연구에 몰두했다.

1898년, 그녀는 체코슬로바키아의 요아힘스타르 광산에서 나는 피치블렌드라는 광석을 화학적으로 분석하다가, 새로운 방사성 물질을 발견했다.

퀴리 부인은 이 물질을 조국인 폴란드의 이름을 따서 '폴로늄'이라고 불렀다.

1902년, 폴로늄의 발견에 이어 라듐을 발견하여 스펙트럼 분석에 의해 이 물질의 성질과 구성을 조사하기 시작했다.

라듐은 처음에는 복잡한 화합물의 형태로 발견되었지만, 여러 가지 조사와 실험 끝에, 이 물질은 그 속에 들어 있는 라듐 원소의 작용으로 우라늄보다 1백만 배나 강한 방사선이 나온다는 사실을 알게 되었다.

그리하여 1903년, 이러한 업적으로 그녀는 남편과 함께 노벨 물리학상을 수상했다.

1906년, 남편 피에르가 갑자기 교통 사고로 죽자 그녀는 혼자서 방사성 물질의 연구를 계속하여, 라듐의 원자량을 보다 정밀하게 측정하고, 금속 라듐의 분리에 성공했다.

이 무렵, 그녀는 남편의 뒤를 이어 소르본 대학의 교수가 되었고, 또한 조국 폴란드에 라듐 연구소를 창설하는 데에 크게 공헌했다.

제1차 세계 대전이 발발하자, 그녀는 엑스 선 기계반을 조직하여 부상자 간호에 정성을 다했다.

퀴리 부인은 1911년에 라듐과 폴로늄 발견의 공적으로 또다시 노벨 화학상을 수상하여, 과학자들은 물론 세상 사람들로부터 무한한 존경과 칭송을 받았다.

# 크롬웰
(1599~1658)

## —청교도 혁명을 일으킨 사람—

크롬웰은 동부 잉글랜드의 헌팅
던셔에서 태어나 청교도 집안에서
자랐다.

그는 법률을 공부하고 1628년
29세 때에 동부 잉글랜드 지방에
서 하원 의원에 당선됨으로써 정치
가의 길로 들어섰다.

그 무렵의 영국 의회는, 보수적
인 구교도(카톨릭) 의원에 대항하
는 상공업자와 지주, 자작농 등의
청교도 의원의 힘이 커져서 국왕의
횡포를 누르고, 나아가 국민의 자
유를 주장한 권리 청원이라는 법률
을 통과시켰다.

그러자 찰스 1세는 의회를 해산
시키고, 11년 동안이나 의회를 열
지 못하게 했다.

크롬웰은 의회가 해산당해 있는
동안에 고향에서 지내다가, 1644
년에 마침내 청교도와 자작농들로

기병대를 만들어 국왕군을 무찌르
자 그는 일약 유명해졌다.

뒤이어 크롬웰은 의회군의 부사
령관이 되어 네이즈비 전투에서 국
왕군을 격파했고, 그 후에 국왕을
사로잡음으로써 내란은 일단 가라
앉았다.

그런데 일단 왕당파가 망하자,
이번에는 의회파 내부에서 의원의
수가 많은 장로파와, 군대를 장악
하고 있는 독립파가 대립을 하기
시작했다.

한편, 독립파 내부에서도 크롬
웰과 같은 넉넉한 중산 계급이나
자작농을 포함하는 본래의 독립파
와, 가난한 수공업자나 소작농, 노
동자를 바탕으로 하는 수평파의 두
파가 있었다. 두 파는 서로 의견을
달리하고 있었다.

이런 의회파의 내분을 틈타서,

잡혀 있던 찰스 1세는 탈출하여 스코틀랜드의 장로파와 비밀리에 짜고서 1648년에 국내 각지에서 반란을 일으켰다.

그래서 독립파와 수평파는 급히 화해를 하고 힘을 합해서 왕당군을 격파하고 국왕을 다시 사로잡았다. 크롬웰은 순수한 독립파만으로 의회를 구성하여 1649년에 찰스 1세를 처형하였다.

그 후, 영국의 민주화는 급속히 진전되어 왕제가 폐지되고, 귀족원도 폐지되었으며, 같은 해 5월에는 자유 공화국을 선포했다.

이리하여 일단 민주화가 실현되었다.

그러나 크롬웰이 급진적인 개혁을 실행하지 않자, 수평파의 불평 분자들과 왕당파, 장로파 등 반혁명 세력이 외국과 손을 잡고 독립파를 위협하였다.

결국, 성직자, 법률가 등 의회의 온건 분자들은 의회를 해산한 뒤, 정치와 군사와 모든 권력을 크롬웰에게 위임했다. 이리하여 크롬웰의 독재 정치가 시작되었다.

그러나 너무도 청교도적인 엄격한 정치에 국민의 불평이 차차 높아졌고, 이윽고 그가 59세로 죽자, 청교도 정치는 끝나고 말았다. 그가 원했던 참된 민주주의는 끝내 실현되지 못했던 것이다.

# 클레오파트라

(기원전 69~기원전 30)

## ─전략과 미모의 이집트 여왕─

역사상 가장 아름다운 용모에 가장 고운 목소리, 그리고 가장 뛰어난 슬기를 지녔던 여성으로 알려져 있는 클레오파트라는 기원전 51년부터 기원전 30년까지 이집트를 지배했다.

프톨레마이오스 왕조의 후손으로서, 프톨레마이오스 12세의 둘째 딸로 태어난 그녀는 부왕의 사랑을 독차지하며 자라났다.

기원전 51년에 아버지가 사망하자, 그녀는 남동생인 프톨레마이오스 13세와 함께 이집트를 다스리게 되었는데, 국왕을 지지하던 무리들의 모략으로 국외로 추방되었다.

국외에서 재기를 노리던 클레오파트라는 이집트를 정벌하기 위해 군사를 이끌고 온 로마의 장군 카이사르를 맞이하여, 그의 부대에 합류하였다. 그리고 곧장 프톨레마이오스 13세를 공격하여 승리함으로써 이집트의 여왕이 되었다.

그녀는 기원전 46년에는 카이사르와의 사이에서 아들을 낳았고, 그의 초청을 받아 로마를 방문하기도 하였다.

그러나 카이사르가 공화제를 옹호하는 브루투스와 카시우스에 의해 암살당하자, 클레오파트라는 안토니우스에게 접근하였다.

두 사람은 기원전 41년부터 다음 해까지 알렉산드리아에 가서 함께 지냈다.

기원전 36년, 클레오파트라는 알렉산드리아에서 안토니우스와의 세 번째 아이의 탄생을 기다리고 있었는데, 안토니우스는 파르티아 원정에 실패한데다 옥타비아누스와 대립하게 되었다.

508

그러자 그녀는 안토니우스에게 막대한 자금을 조달해 주고 군대를 재건하도록 하였다.

기원전 34년, 안토니우스는 알바니아의 알타우아스데스를 격파하고 알렉산드리아에서 개선식을 거행하였으며, 다음 날 클레오파트라는 이집트와 키프로스의 공동 통치자라고 선언하였다.

그러나 안토니우스가 로마 제국의 지배권을 두고 벌인 악티온 해전에서 옥타비아누스에게 패하자, 그녀는 안토니우스를 속여 군자금을 가지고 도망쳤다.

클레오파트라는 옥타비아누스에게 자기 자식들을 이집트 왕위의 계승자로 인정해 달라고 요구했다.

그러자 옥타비아누스는 그 대가로 안토니우스의 처형을 요구했고, 클레오파트라는 거부했다.

기원전 30년 8월 1일, 알렉산드리아 교외에서 벌어진 최후의 전투에서 안토니우스는 자신의 군대가 무참히 허물어지고, 클레오파트라마저 죽었다는 잘못된 소식을 듣고 자살하였다.

그 후, 속임수에 걸려 항복한 클레오파트라는 안토니우스의 장례식을 치르고 자기 방으로 들어갔다. 그것이 마지막 모습이었다. 그녀의 왼팔에는 독사에게 물린 상처 같은 것이 두 군데 있었다고 한다. 그러나 그녀의 죽음은 오늘날까지도 의문 속에 남아 있다.

# 키에르케고르

## (1813~1855)

### ㅡ20세기 실존 철학의 선구자ㅡ

쇠렌 아비에 키에르케고르는 덴마크의 코펜하겐에서 7남매의 막내로 태어났다.

그의 아버지는 24세 때 경제적으로 독립하여 40세가 되었을 때에 이미 이자만으로도 여생을 풍족히 지낼 수 있었다.

어머니는 키에르케고르 가의 하녀의 신분으로 키에르케고르를 낳은 여자였다.

도덕적으로 엄격한 인품을 지닌 아버지는 이 과실을 늘 괴로워했는데, 이것이 아들의 일생에도 큰 영향을 미쳤다. 그러나 키에르케고르는 아주 슬기롭고 밝은 소년이어서 온 가족의 귀여움을 독차지하며 자랐다.

집 안에는 오락을 즐길 만한 것이 거의 없었고, 외출하는 일도 드물었으므로 자연히 생각에 잠기는 일이 많았다. 아버지는 엄격하지만 상상력과 이해력이 많아, 아들이 외출할 것을 청하면 그것을 허락하는 대신 스스로 아들의 손을 잡고 방 안을 거닐기 시작했다.

그리하여 아들이 가고 싶은 곳을 묻고, 그 곳을 향해 문앞을 나서는 장면부터 상세히 이야기하기 시작했다. 이런 식으로 반 시간쯤 방 안을 거닐면, 그는 외출하여 돌아다닌 것처럼 지쳐 버렸다.

이와 같은 방 안의 산책은 키에르케고르에게 상상하는 습관을 붙여 주었고, 건전한 상상력을 길러 주었다.

1830년, 코펜하겐 대학에 입학하여, 아버지의 희망에 따라 신학을 공부하게 되었다.

그러나 선천적으로 미적 소질이 많이 있었던 그는 1834년경부터 신학보다는 문학이나 철학으로 관심이 기울었다.

그러자 아버지는 아들의 마음을 돌려서 시험 준비를 하게 하려고 여행을 보냈다.

그는 1835년 7월 말부터 8월에 걸친 여행 중 기델리예에서 깊은 사색에 빠져서 그것을 기록하였다. 오늘날의 실존 사상은 여기에서 탄생했다고 하겠다.

1835년 가을, 키에르케고르는 그의 운명을 결정지을 만한 충격을 체험했다. 즉, 아버지가 범한 죄, 그것을 자신의 것으로 느끼고 절망에 빠진 나머지 죽음을 인식하게 된 것이다.

그러나 스승인 폴 뮐러의 충고로 1838년 5월 19일, 마음을 돌려 말할 수 없는 기쁨을 체험하고 크리스트 교 신자가 되었다.

1837년, 그는 레기네라는 한 여성을 알게 되었는데, 사랑하면서도 헤어져야 하는 쓰라림을 맛보게 되었다.

그녀와의 이별은 무한한 고뇌의 원인이 되었다. 그것은 키에르케고르에게 끊임없는 사색을 낳게 했고, 많은 작품을 쓰게 하였다.

〈이것이냐, 저것이냐〉〈두려움과 떨림〉〈반복〉〈불안의 개념〉〈죽음에 이르는 병〉〈유혹자의 일기〉 등, 그는 뛰어난 작품을 많이 발표하였다.

1855년 10월 2일, 키에르케고르는 길을 가다가 의식을 잃고 쓰러져 병원으로 실려 갔다.

병원에 입원한 키에르케고르는 친구 베센과 몇 명의 친지 외에는 아무도 문병을 허락하지 않고, 조용히 기도하면서 11월 11일 저녁에 숨을 거두었다.

# 키 케 로

(기원전 106~기원전 43)

## ―고대 로마의 정치가―

마르쿠스 툴리우스 키케로는 로마 근처의 알피늄에서 태어났다.

기원전 80년, 처음으로 법정에 등장한 그는 재무관 지위에 올랐으며, 마침내 원로원의 의원 자격을 얻기도 했다.

그 후 기원전 70년, 키케로는 시칠리아에서 악랄한 폭정을 자행한 베르스를 고소하였다. 이 재판에서는 당시 최고로 손꼽히던 변호사인 호르텐시우스가 베르스의 변호를 맡았는데, 재판 결과 키케로가 승리함으로써 그는 사법계의 일인자가 되었다.

이듬해에 안찰관이 된 키케로는 기원전 66년에는 법무관이 되었고, 같은 해 폼페이우스의 지중해에서의 명령권 확대를 지지하는 연설을 했다. 이것은 그가 정치가로서는 처음으로 한 대연설이었다.

기원전 63년, 키케로는 최연소자로 정치상의 최고직인 집정관이 되었다.

집정관의 지위에서 물러난 후로는 잠시 정치적 공백기가 계속되었다. 키케로는 카이사르, 폼페이우스, 크라수스의 3인에 의한 제1차 삼두 정치를 그저 지켜 보고만 있었다. 이 때, 카이사르는 연립 정치에 키케로를 끌어들이려다가 거절당했다.

기원전 59년, 키케로는 집정관이 된 카이사르의 폭력 정치를 비판하여 마케도니아로 추방당했다.

2년 후, 친구들의 도움으로 로마로 돌아왔으나, 정치에는 관여하지 않고 저작에만 몰두했다.

기원전 51년, 키케로는 1년간 킬리키아의 통치 명령을 받고 떠나 양심적인 정치를 하였다.

　로마로 돌아온 그는 철학에 대한 저작에 전념하면서도, 카이사르의 독재 정치에 대한 증오는 날로 쌓여 갔다.

　그리하여 키케로는 카이사르의 암살 음모를 지지하였다.

　키케로는 그 후, 카이사르 암살자들과 안토니우스를 화해시키기 위해 노력하였다. 그러나 안토니우스도 카이사르와 마찬가지로 로마 공화제의 적이라고 판단되자, 옥타비아누스와 손을 잡고 원로원을 움직여 안토니우스를 몰아 내려고 하였다.

　그러나 무력으로 로마를 손에 넣은 옥타비아누스는 안토니우스와 손을 잡고 레피두스와 함께 다시 제2차 삼두 정치를 실시하였다.

　그리하여 최고의 권력을 손에 쥔 세 사람은 각각 경쟁자들을 죽이기 시작했다. 그 때, 맨 먼저 지목된 사람이 키케로였다. 결국 그는 안토니우스가 보낸 자객에 의해 피살되고 말았다.

　연설문을 비롯한 철학, 정치 등에 대한 키케로의 저서는 모두 대화 형식이며, 플라톤과 함께 천재적이란 평을 듣고 있다.

　그의 라틴 어 실력은 대단하여 라틴 문학의 기초를 닦았다고 볼 수 있다. 그의 대표적인 저서로는 《국가론》《법률론》 등이 있다.

# 킹

(1929~1968)

## ―흑인 민권 운동의 지도자―

미국 흑인의 정신적인 지주이며 민권 운동의 지도자인 마틴 루터 킹은 1929년 1월 15일, 조지아 주 애틀랜타에서 침례교 목사인 아버지와 학교 선생인 어머니 사이에서 태어났다.

1948년, 애틀랜타의 모어하우스 대학을 졸업한 그는 펜실베이니아의 체스터 신학 대학에서 신학 박사 학위를 받고, 보스턴 대학에서 철학 박사 학위를 받았다.

그가 아직 박사 과정을 밟고 있던 1954년, 그는 앨라배마 주 몽고메리 덱스터 가의 침례 교회 목사가 되었다. 이듬해 12월, 몽고메리에서 인종 차별에 의한 시내 버스의 좌석 지정제를 반대하는 흑인들의 대규모 항의 데모가 일어났다. 킹은 투옥과 구타 등 온갖 위협을 무릅쓰고 2년 동안 이 민권

운동을 성공리에 지도하여 전국적으로 명성을 날리게 되었다. 그는 이 때 비로소 흑인의 단결된 힘을 믿게 되었다.

킹은 곧 이어 새로 조직된 민권 운동 단체인 '남부 기독교 지도자 회의'의 의장으로 활약하였다.

그의 민권 운동 사상은 간디에게서 영향을 받은 비폭력에 의한 저항과, 그리스도의 가르침에 의한 인간성의 존중을 그 바탕으로 삼고 있다.

그는 부당한 법률이나 정책에 대하여, 폭력을 피하고 평화적인 불복종과 비협력으로써 대항해야 한다고 굳게 믿었다.

1963년, 버밍햄에서 식당과 호텔, 그리고 백화점 등 대중 업체의 인종 차별 철폐를 부르짖으며, 흑인들이 시위를 벌였다.

경찰은 시위 군중을 해산시키기 위해 고무 호스로 물을 뿌리고 경찰견을 풀어 사람들을 물게 했다.

또한, 한 흑인 교회를 폭파하여 마침 주일 학교에 나왔던 네 명의 소녀를 죽게 하는 등 만행을 저질렀다. 시위 운동을 지휘하며 이러한 만행에 항의하던 킹은 동료 지도자들과 함께 투옥되었다.

그 해 8월에는 워싱턴까지 자유의 행진이라는 대규모적인 시위 운동을 주도하여 케네디 대통령으로 하여금 민권 법안을 통과시키게 했다. 이 날 집회에서 킹은

"······나는 하나의 꿈을 가지고 있습니다. 그것은 편견과 차별이라는 죄악이 사라지는 날을 기다리는 꿈입니다."

그의 연설을 들으며 많은 청중들도 함께 눈물을 흘렸다.

1964년, 평화를 추구하는 그의 노력이 인정되어 영광스러운 노벨 평화상이 수여되었다.

1968년 4월, 테네시 주의 멤피스에서, 급료 인상과 노동 조합의 승인을 내걸고 노동자들의 동맹 파업이 일어났다. 그는 대부분이 흑인 노동자들인 이 파업을 지도하기 위해 멤피스로 떠났다가 4월 4일, 한 백인의 저격으로 암살되었다.

1963년, 마틴 루터 킹(맨 앞줄 가운데)의 주도로 이루어진 자유의 행진 시위 행렬

# 타 고 르
## (1861~1941)

## ─인도가 낳은 위대한 시인─

인도의 세계적인 시인이요, 사상가이며 음악가이기도 한 라빈드라나트 타고르의 집안은 벵골 주 캘커타의 이름난 명문이었다.

할아버지는 타고르 상회를 경영하는 실업인으로서 캘커타 실업계의 중진이었고, 아버지 데벤드라나트는 인품과 학식이 높은 사람으로 할아버지의 사업을 이어받아 실업인이 되었지만, 평생을 종교 혁신 운동에 헌신하여 많은 사람들로부터 '대성자'라고 불렸다.

타고르는 15명의 아들 중, 열네째 아들로 캘커타에서 태어났다. 인도에서는 전통적으로 대가족제가 성행하였는데, 타고르의 집도 언제나 떠들썩했다.

그런데 그의 가족 중에는 문학, 미술, 음악 등 예술 분야에 뛰어난 사람들이 많았다.

타고르도 11세 때부터 시를 쓰기 시작하여, 16세 때에는 시집 《들꽃》을 발표, 벵골의 셸리라는 칭찬을 받았다.

그는 17세 때 영국으로 유학을 갔지만, 1년도 채 못 되어 영국의 학문에 실망하여 학교를 그만두고 인도로 돌아와 버렸다.

그 후, 인도의 웅장하고 아름다운 자연과 고대로부터 내려오는 전통에 빠져들게 되었다.

24세 때 아내를 잃은 그는 그 후 잇달아 두 딸과 막내아들까지 잃고 말았다.

이러한 슬픔 속에서 자신의 마음을 달래고, 또 이미 고인이 되어 버린 그들의 넋을 위로하기 위해 쓴 시가 많은 사람들에게 깊은 감동을 주었다.

그는 시 외에도 〈고라〉를 비롯한

수많은 소설과 희곡도 썼다.

그는 이들 작품 속에서, 영혼의 영원한 자유는 사랑에서 찾을 수 있고, 위대한 것은 작은 것에서 발견된다는 자신의 근본 사상을 강조하였다.

30세가 되었을 때, 타고르는 깊이 느낀 바가 있어서 청소년들을 교육하기 위한 학교를 설립하려고 생각했다.

그는 아버지로부터 산티니케탄에 있는 평화의 집을 빌려, 열 명가량의 어린이들을 모아 조그만 학원을 만들었다. 이 곳에서 어린이들과 함께 자신이 쓴 시로 노래 부르고, 연극도 하였다.

또한 그는 어린이들처럼 맨발이 되어 그들과 함께 천진 난만하게 뛰놀기도 하였다.

이러한 생활 속에서 그의 대표작인 명시 〈기탄잘리〉가 탄생했다.

'기탄잘리'란 신에게 바치는 송가라는 뜻으로, 신을 향한 공경하는 마음을 노래한 시로써 뜨거운 신앙을 그린 것이다.

이 시는 원래 벵골 어로 씌어진 것인데, 나중에 자신이 영어로 번역하여 영국에서 발표했다.

이 시집은 발표되자마자 큰 화제를 불러일으켜 1913년, 아시아 인으로서는 최초로 노벨 문학상이 그에게 주어졌다.

인도는 오랫동안 식민지로서 영국의 통치를 받아 왔다. 국민 회의파를 주축으로 한 인도 국민은 영국으로부터의 자치를 요구하는 민족 운동을 전국적으로 일으켰다.

이 때, 타고르도 이 운동에 참가하여, 그 운동을 지도하고 있던 간디와 사귀게 되었다.

1917년, 캘커타에서 국민 회의파의 전체 회의가 개최되었다. 이 때, 타고르는 자신이 쓴 시 <인도의 기원>을 낭독하였는데, 회의장에 모인 수많은 사람들에게 커다란 감명을 주었다.

1919년 4월, 영국 군인들이 인도군을 대량 학살한 사건이 일어났다. 그러자 타고르는 영국에서 파견되어 인도를 통치하던 총독에게 항의의 편지를 써 보냈으며, 영국 왕으로부터 받은 기사의 작위를 돌려 보내 버렸다.

타고르는 간디와는 달리, 인도의 독립을 위하여 직접적으로 행동하기보다 펜으로써 인도의 자유와 행복을 위해 싸웠다.

1918년부터 약 1년 동안, 동양과 서양의 여러 나라를 두루 순방하고 인도에 돌아왔다. 그 후, 그는 평화의 집을 대학으로 발전시켰는데, 지금은 인도의 국립 대학이 되었다.

그 후에도 그는 시, 소설, 희곡, 논설, 기행문 등 조국을 찬양하고 인도 국민의 정신을 윤택하게 한 수많은 작품을 발표했다.

또한 그는 벵골의 민화와 일상 생활을 바탕으로 하여, 신비적이고 범신론적인 정신을 담은 새로운 시형식과 리듬으로 인도 문학의 새 분야를 개척했다.

타고르는 연극과 음악에 있어서도 재질을 발휘하였다.

직접 작곡하고 출연하면서 가무와 연극을 발달시켰다.

희곡에 있어서는, 산문으로 쓴 사회 풍자의 희극과 낭만적인 시극, 그리고 상징극으로 분류되는데, 그 중에서도 특히 〈마하바라타〉에서 소재를 얻은 〈치트란가다〉와 미지의 신을 상징한 〈암실의 왕〉 등이 유명하다.

시집으로는 《신월》《정원사》, 평론으로는 《삶의 실현》《인간의 종교》《내셔널리즘》 등이 있다.

타고르는 자신의 조국과 같은 처지에 놓여 있는 우리 나라에 대해 특별한 관심을 가지고 있었다.

그는 1919년에 일어난 우리 나라의 3·1 운동이 실패로 돌아간 것을 매우 안타깝게 생각하여, 〈패자의 노래〉라는 시를 지어 보내 주었다. 또한, 1929년에 우리 나라의 무궁한 발전과 장래를 예고한 〈아시아의 등불〉을 지어 주었다.

이 시에서 타고르는 나라를 잃고 낙심에 빠진 우리 나라 국민에게 자신과 긍지를 심어 주었다.

1941년 8월 7일에 80세로 일생을 마친 그는 인도의 국민들로부터 구르데부(스승)라는 칭호를 받으며, 간디와 함께 국부로서 추앙되고 있다.

# 테 니 슨
(1809~1892)

## ─빅토리아 시대의 서정 시인─

영국 빅토리아 시대의 대표적 시인인 앨프레드 테니슨은 1809년 8월 6일, 링컨셔의 서머스비에서 태어났다.

그의 아버지는 교양 있는 시골 목사로서, 목사관에 많은 책을 비치해 두고 있었으므로, 그는 아버지의 서재에서 얼마든지 폭넓은 교양을 쌓을 수 있었다.

테니슨은 12세 때, 스콧 풍의 시를 6000행이나 써서 주위 사람들을 놀라게 했다. 소년 시절에는 스콧, 바이런, 셸리 등의 시인들을 좋아했으며, 1824년에 바이런이 죽었을 때는 며칠을 두고 슬퍼했다고 한다.

1827년, 테니슨은 형이 다니는 케임브리지 대학교에 들어갔으며, 2년 후에는 학생부의 문학 클럽에 가입했다.

이 무렵, 영국은 정치적으로나 문화적으로 모두 안정되지 않은 상태였으며, 또 교회와 국가 사이에도 갈등이 심각하였다.

그리하여 문학 클럽에서 활동하던 테니슨은 당시의 그러한 상황들에 대해 자주 토론회를 가졌으며, 문화와 예술에 대해서도 열띤 논쟁을 벌이곤 하였다.

1831년에는 아버지를 여의자 대학을 중퇴하였으며, 이듬해에는 고전을 제재로 한 〈연을 먹는 사람들〉 〈미녀들의 꿈〉, 중세에서 소재를 얻은 〈샬론의 아가씨〉, 그의 예술관을 보여 주는 〈예술의 궁전〉 등의 작품을 썼다. 그러나 이 작품들은 기대한 만큼의 효과는 얻지 못했다.

또한 테니슨은 케임브리지 대학 시절의 가장 절친했던 친구이면서 누이동생의 약혼자이기도 한 아서 핼럼이 병으로 세상을 떠나자, 한동안 마음을 잡지 못하고 방황을 하기도 했다.

그러다가 41세가 되던 1850년 무렵부터 그는 절정기를 맞이하게 되었다.

친구 핼럼의 죽음에 충격을 받고 쓴 장시 〈인 메모리엄〉을 출판했으며, 14년 동안 사랑했던 에밀리와 결혼했고, 11월에는 워즈워스의 뒤를 이어 계관 시인의 영예를 얻음으로써 세상의 존경을 한몸에 받게 되었다.

그 후에도 테니슨은 작품 활동을 활발히 하여 〈이노크 아든〉〈국왕 목가〉 등을 발표하였는데, 그 작품들이 모두 큰 인기를 얻었다.

테니슨이 친구의 죽음을 슬퍼하여 쓴 〈인 메모리엄〉은 서정시로서, 절망에서 벗어나 희망과 마음의 평화를 찾는 시인을 잘 나타내고 있다.

또한 과학 사상의 혼란으로 신앙적으로 고민하는 모습을 나타내고, 거기에 하나의 광명을 던지려는 의미를 지니고 있다.

그 후 1864년에 출판한 〈이노크 아든〉은 영국풍의 영웅주의를 그린 작품이다.

무려 40년의 세월이 걸려 완성한 〈국왕 목가〉는 전 12권으로 구성된 장편 서사시로서, 중세 아서 왕의 전설에서 소재를 얻어, 빅토리아 왕조 시대의 도덕과 사상을 서술한 대작이다.

# 토스카니니
## (1867~1957)

### ─20세기 초의 가장 위대한 지휘자─

20세기 전반기의 가장 위대한 지휘자로 손꼽히는 아르투로 토스카니니는 이탈리아에서 태어났다.

어려서부터 음악에 뛰어난 재능을 보여, 파르마 음악원에 들어가 9년간 음악 공부를 하였다.

1885년, 토스카니니는 파르마 음악원을 졸업할 때, 첼로 주자로서 최우수상을 받았으며, 졸업하자 바로 파르마의 유명한 레치아 오페라 극장 관현악단의 첼로 주자로 계약이 되었다.

그리고 계속해서 그 이듬해에 브라질 순회 이탈리아 오페라 단의 일원으로 선발되었다.

그 때의 어느 공연에서 지휘자가 갑자기 출연할 수 없는 사정이 생겨 토스카니니가 지휘봉을 들었다. 곡목은 베르디의 가극 〈아이다〉였는데, 청중들을 매료시키는 지휘로 성공리에 공연을 마침으로써 토스카니니는 지휘자로서 화려한 데뷔를 하게 되었다.

브라질 순회 공연을 마치고 이탈리아로 돌아온 토스카니니는, 레온카발로의 〈피에로〉와 푸치니의 〈라 보엠〉을 지휘하는 등 오페라 지휘자로 바쁜 나날을 보냈다.

그리하여 그의 나이 30세가 되었을 때는 이탈리아 최고의 오페라 지휘자라는 평을 듣게 되었으며, 밀라노의 스칼라 극장에서 수석 지휘관으로 일하게 되었다.

밀라노의 스칼라 극장에서는 1898년부터 1908년까지 지휘를 했는데, 이미 1906년부터 미국의 메트로폴리탄 오페라 극장에서 지휘자로 일하고 있었기 때문에 1908년에는 스칼라 극장을 떠나 미국으로 이주하였다.

1915년 이탈리아로 다시 돌아온 그는, 무솔리니의 독재 정치에 순응할 수 없어 1928년에 다시 미국으로 건너갔다.

이 때부터 1936년까지 그는 뉴욕 필하모니 교향악단에서 상임 지휘자로 있게 되었는데, 박력 있고 열정에 넘치는 지휘와 엄격한 훈련에 의한 연주로 뉴욕 필하모니는 세계 최고의 교향악단이 되었다.

1937년, 토스카니니는 다시 자리를 옮겨 미국 엔 비 시(NBC) 교향악단의 상임 지휘자로 취임하게 되었다. 그 곳에 있는 동안에도 유럽의 유명한 음악제에서 지휘를 맡게 되어 바쁜 나날을 보냈다.

토스카니니는 악보 없이 지휘하는 최초의 지휘자이기도 했는데, 그것은 그가 심한 근시여서 지휘 중 악보를 볼 수 없으므로 악보를 미리 암기하였기 때문이다.

그러나 그는 시력이 좋지 않은 반면에 청각은 아주 비상하게 발달하여 대규모 교향악단의 전 악기가 일시에 음을 내고 있을 때에도, 어느 한 악기가 조금만 다른 음을 내면 곧 지적해 냈다고 한다.

가극과 교향악의 지휘에 있어 최고의 지휘자라는 평을 듣던 토스카니니는, 1954년에 은퇴하여 주로 미국에서 살다가 1957년 1월 16일, 뉴욕에서 숨을 거두었다.

# 토 인 비
## (1889~1975)

## ― 문명사관을 수립한 역사가 ―

영국의 저명한 역사가이며 문명 비평가인 아널드 조지프 토인비는 《18세기 영국의 산업 혁명사 강의》를 쓴 경제학자 아널드 토인비의 조카로서, 1889년 런던에서 태어났다.

토인비의 아버지는 열렬한 사회 개량주의자였으며, 또한 어머니는 영국에서 여성으로서는 최초로 박사 학위를 받은 역사가였다.

옥스퍼드 대학의 밸리올 칼리지에서 고전 고대사를 전공한 토인비는, 아테네의 영국 고고 학원에서 연구에 몰두한 후, 1912년에 모교의 특별 연구원 겸 지도 교수에 임명되었다.

1915년에 영국 외무성의 정치 정보국에 들어간 그는 제1차 세계 대전 후, 파리에서 개최된 평화 회의에 중동의 문제를 담당한 정부

전문 위원으로 파견되었다.

그 해부터 1924년까지 런던 대학에서 비잔틴과 근대 그리스의 언어, 문학, 역사를 강의했다.

1925년 왕립 국제 문제 연구소 소장을 거쳐 다시 외무성의 조사부장으로 근무한 그는 1947년, 제2차 세계 대전 후의 파리 평화 회의에 정부 대표로 활약했다. 그는 1956년에 런던 대학의 국제사 연구 교수직을 은퇴한 후, 아카데미 회원으로 많은 업적을 쌓았다.

고대 그리스와 로마의 역사를 전공한 토인비는 슈펭글러의 문화 형태학을 이어받아, 그와는 전혀 다른 관점에서 역사를 해석하고 평가했다.

문명의 흥망의 원인을 슈펭글러는 선험적인 방법에 의해 독단적이고 결론적으로 설명하려고 했다.

그러나 토인비는 이러한 오류를 없애기 위해 영국적인 실험주의로써 해명하려고 시도한 것이다.

그의 역사에 대한 연구를 집대성한 《역사의 연구》는 1934년에 시작하여 28년 만에 완성한 생애의 대작이다. 그는 그리스 이후 주장되어 온 역사의 반복성에 초점을 맞추고 많은 문화의 유형을 고찰하여, 고대와 현대를 연결하는 폭넓은 문명사관을 전개했다.

제1차 세계 대전이 일어나면서 이로 인한 현대사와 서유럽 문명의 장래를 걱정하게 된 것이 이 저서의 집필 동기가 되었다.

그는 지구상에 있는 모든 문명을 21개로 분류한 다음, 그 문명들의 발생, 성장, 쇠퇴, 해체 과정에서 공통된 점을 규명하였다. 또한 문명의 추진력을 고차적인 문명의 낮은 문명에 대한 도전과 응전의 상호 작용으로 설명했다.

그러면서 서유럽 문명은 어떻게 될 것인가를 말하였는데, 결론적으로 종교에 의한 통일만이 서유럽을 구제하는 것으로 되어 있다. 그러나 그러기 위해서는 아시아 문명으로부터 많은 것을 받아들여야 한다고 주장하였다.

그 밖의 저서로는 《시련에 선 문명》《역사가가 본 종교》《그리스의 사관》 등이 있다.

# 톨스토이
## (1828~1910)

### ―러시아의 대문호―

러시아가 낳은 세계적인 대문호 레프 니콜라예비치 톨스토이는 야스나야 폴랴나에서 귀족 집안의 4남으로 태어났다.

그는 2세 때 어머니를, 9세 때 아버지를 잃고, 5명의 형제들과

어린 시절을 보낸 야스나야 폴랴나의 집

함께 친척 집에서 자랐다.

16세 때 카잔 대학에 들어갔으나 딱딱한 학문에 불만을 느껴 그만두고 고향에서 지내던 중, 카프카스에 있는 포병 여단에 입대하여 산지 토벌전에 참가했다.

이 때 그 지방의 웅장하고 아름다운 자연에 깊은 감명을 받고《유년 시대》를 써 호평을 받았다.

이어서《소년 시대》를 썼는데, 1857년에 쓴《청년 시대》와 함께 3부작을 이루고 있다.

1853년, 크림 전쟁에 참가하여 그 때의 경험을 바탕으로 해서 쓴《세바스토폴 이야기》는 전쟁터의 참혹한 광경을 생생하게 그린 작품으로 유명하다.

1862년, 소피야 베루스와 결혼한 뒤 창작에 힘써《전쟁과 평화》《안나 카레니나》등 세계 문학사상

톨스토이가 작품을 쓰던 책상과 집필 중인 톨스토이

영원히 남을 작품들을 이 무렵에 썼다. 그 후, 그는 자신의 생활을 차츰 반성하고 교훈으로 가득찬 《참회록》《인생론》등 종교적인 작품을 쓰기 시작했다.

그는 이들 작품에서 신의 참다운 사랑에 바탕을 두지 않은 국가, 교회, 문명 등에 도전하고, 전쟁을 부정했다. 또한 사회의 모순과 불합리를 날카롭게 파헤쳤다.

이 무렵에 《신의 왕국은 그대들 안에 있다》라는 작품을 발표하였는데, 톨스토이의 사상과 비슷한 생각을 가지고 있던 카프카스의 두호보르 교도들이 이 책을 읽고 대대적인 종교 운동을 일으켰다.

이 운동이 삽시간에 전국적으로 확산되자, 당황한 러시아 정부에서는 군인들을 동원하여 두호보르 교도들을 살상하였다.

그러자 격분한 톨스토이는 정부를 맹렬히 공격하였다.

그는 이 무렵 《부활》을 쓰기 시작했다. 《부활》은 날개 돋친 듯 팔려나갔고, 여기서 생긴 수입은 두호보르 교도들을 캐나다로 이주시키는 데 사용했다.

그러나 톨스토이는 만년에 내면적인 갈등과 번민으로 집을 나와 정처 없는 방랑 생활을 하다가, 조그마한 역에서 82세로 쓸쓸하게 숨을 거두었다.

# 투르게네프
## (1818~1883)

## ─농노 해방을 외친 러시아 문호─

유럽의 작가들과 오랫동안 친교를 맺어, 유럽 문화와 러시아 문화를 잇는 다리 역할을 한 이반 세르게예비치 투르게네프는 톨스토이, 도스토예프스키와 함께 러시아의 3대 문호로 불린다.

부유한 귀족 가문에서 태어났으

투르게네프

나, 부모들이 사이가 좋지 못해 쓸쓸한 어린 시절을 보냈다.

1833년에 모스크바 대학에 입학한 투르게네프는 그 당시 유행하던 헤겔 철학을 배우고, 괴테와 루소의 저서를 즐겨 읽었다.

러시아에서 대학을 마친 그는 진보적 청년들의 모임인 서구파에 드나들면서 문학 활동을 시작했으며, 이 때 문학 평론가 벨린스키를 알게 되었다. 벨린스키는 러시아 문학의 서구화에 많은 노력을 기울인 평론가로서, 투르게네프의 공상적인 시를 사실주의 쪽으로 이끌어 주었다.

직장을 그만둔 그는 어려운 생활 속에서도 《파라샤》를 발표하였다.

1850년, 투르게네프는 어머니로부터 5000명의 농노가 있는 대영지를 유산으로 물려받았으나 농노

들을 동정하여 모두 소작인으로 해방시켰다.

1852년, 러시아의 지주와 농노의 비참한 생활상을 묘사한 단편집 《사냥꾼의 수기》를 발표하자, 정부로부터 농노제를 공격하였다고 하여 경고를 받기도 했다.

그러나 이 책은 후에 알렉산드르 2세가 농노 해방을 결심하게 하는 계기가 되었다.

그는 《페테르부르크에서의 편지》나 고골리의 죽음을 슬퍼하는 글을 쓴 것이 문제가 되어 잇달은 연금 생활을 했다.

그러나 계속 글을 써 1856년, 장편 소설 《루딘》을 발표한데 이어,

1858년에 몰락하는 귀족 계급에 대해 쓴 《귀족의 보금자리》, 그 이듬해에 농노 해방 전야를 배경으로 혁명적인 청년들을 묘사한 《그 전날 밤》을 발표하였으며, 1860년에는 《첫사랑》을 발표하였다.

그는 1843년에, 상트 페테르부르크에서 알게 된 프랑스 가수 바르도의 매력에 끌려서 평생 독신으로 지냈다.

그는 계속 프랑스에 머물며 플로베르, 졸라, 모파상, 공쿠르 형제 등 당시 프랑스에서 명성을 떨치던 문인들과 친교를 맺게 되었다.

투르게네프는 1883년에 척추암으로 파리에서 세상을 떠났다.

# 트 루 먼

(1884~1972)

## ─미국의 제33대 대통령─

해리 트루먼은 미국의 제33대 대통령으로서, 제2차 세계 대전을 승리로 이끌었으며, 전쟁 후의 경제 회복에도 노력하였다. 또 공산주의 세력의 확대를 막기 위해 새로운 외교 정책인 '트루먼 독트린'을 선언하기도 했다.

트루먼은 1884년 5월 8일, 미주리 주 라마에서 태어났다.

인디펜던스 고등 학교를 졸업한 트루먼은 집안 형편이 어려워 대학에 진학할 수 없었다. 그래서 육군 사관 학교에 가려고 했으나, 시력이 나빠 포기해야만 했다.

미국이 제1차 세계 대전에 참전하게 되자, 트루먼은 육군 포병대에 입대하여 프랑스 전선에서 싸웠는데, 이 때 부하들을 잘 통솔하여 인정을 받았다.

1919년, 고향으로 돌아온 그는 정치가가 될 결심을 하였다.

1934년, 트루먼은 루스벨트의 정책을 열렬히 지지하여 민주당 소속 상원 의원으로 당선되었다. 이 때 루스벨트의 정책을 헌신적으로 도와, 점차 민주당 안에서 유력한 인물이 되었다.

1944년, 부통령이 되었으나 1945년에 루스벨트 대통령이 갑자기 세상을 떠나게 되자, 대신 대통령의 책임을 맡게 되었다.

트루먼 대통령은 의회에서의 연설을 통해, 기본적으로는 루스벨트 대통령의 정책을 그대로 이어 나가겠다고 밝혔다.

그는 일본에 원자 폭탄을 사용하는 것이 결국 전쟁을 빨리 끝나게 하고 많은 생명을 구할 수 있다고 생각하였다.

트루먼은 마침내 일본에 원자 폭

탄을 떨어뜨려 제2차 세계 대전을 마무리지었다.

전쟁이 끝나자 국내 경제의 회복에 힘을 기울여 루스벨트의 경제 정책인 뉴딜 정책을 계승하고, 페어딜 정책을 추진하여 경제 안정에 노력하였다.

또, 소수 민족에 대한 차별 대우를 금지하고, 소련 세력의 확대를 적극적으로 막으려 했다. 그는 공산주의 세력으로부터 유럽을 구하기 위하여 우방 여러 나라에 군사적, 경제적 원조를 아끼지 않았다.

그의 이런 노력이 결실을 맺은 것이 바로 마셜 플랜, 북대서양 조약 기구 등이다.

그는 우리 나라에 6·25가 일어나자 즉시 미군을 파견했다. 트루먼은 유엔 군이 압록강 이북으로 진격하면 소련이 가만히 있지 않을 것이라 생각했다. 그러나 당시 맥아더 유엔 군 총사령관은 압록강 이북까지 진격할 것을 주장하여 트루먼의 의견과 충돌하게 되었다.

트루먼은 맥아더 장군을 사임시키고 전쟁을 종결시켰다.

트루먼은 임기가 끝나자 고향으로 돌아와 회고록을 출판하였다.

그리고 1972년 12월, 캔자스에서 88세로 눈을 감았다.

# 파가니니
(1782~1840)

## ―초인적 기교의 바이올리니스트―

파가니니는 초인적인 기교를 발휘하여, 바이올린 연주사에 빛나는 업적을 이룩한 이탈리아의 바이올린 연주자이며 작곡가이다.

니콜로 파가니니는 1782년 10월 27일, 이탈리아의 제노바에서 태어났다. 그는 10대 초에 이미 종래의 연주 기법을 완전히 익히고, 15세 때에는 하루 10시간 이상의 고된 연습을 계속하면서 새로운 연주 기법을 배워 나갔다.

17세 때에 북이탈리아 지방으로 연주 여행을 다녔는데, 관객으로부터 열광적인 환영을 받았다. 어린 나이에 명성과 부를 얻은 파가니니는 방탕한 생활을 하다가 건강을 잃고 마침내 바이올린까지 팔아야 하는 지경이 되었다.

그러다가 1804년에 고향인 제노바로 돌아와서, 다시 연주 활동을 시작하였다. 그를 아끼는 많은 관객들은 칭송을 보냈다.

26세 때부터 46세까지 20년간에 걸쳐, 파가니니는 이탈리아 각지로 연주 여행을 다니며 신에 가까운 기교를 보여 주었다.

따라서 그의 이름은 유럽 전역에 걸쳐 알려지게 되었다.

1828년, 파가니니는 처음으로 국외 연주 여행을 하게 되었다. 다음 해에 독일에 가서 연주에 성공을 거둔 파가니니는 폴란드, 프랑스에 이어 영국으로 건너갔는데, 가는 곳마다 열광적인 환영을 받았다. 이 무렵 상가에는 파가니니의 명성을 이용한 파가니니 스타일의 양복, 모자, 장갑, 구두 등이 유행할 정도였다.

1832년, 5년에 걸친 연주 여행을 끝내고 귀국하였다.

그 후에는 프랑스를 왕래하면서 연주 활동을 하였다.

그의 생전에 출판된 작품은 극히 드문데, 인세를 많이 요구한 것 외에 자기의 연주 기법이 공개되는 것을 좋아하지 않았기 때문이다.

1834년 1월, 파리에서 베를리오즈를 만나자 자기가 착상한 비올라 협주곡의 작곡을 의뢰했다. 그러나 파가니니가 완성된 작품을 마음에 들어 하지 않자 베를리오즈는 이 작품을 《이탈리아의 해럴드》라 하여 발표했다. 이 작품은 베를리오즈를 대표하는 곡이 되었다.

이 무렵부터 파가니니의 건강이 나빠져 1840년 5월 27일, 인후 결핵으로 남프랑스 니스에서 58세로 생을 마쳤다.

작곡가로서의 파가니니는 오늘날에 그다지 높이 평가되지 않고 있다. 그러나 작품에서 그가 항상 사용한 중음 주법, 스타카토와 레가토의 극단적인 대비, 왼손으로 연주하는 피치카토 등은 바이올린의 표현력을 더 한층 빛나는 것으로 높여 주었다.

이런 파가니니의 표현 기교는 19세기의 작곡가들, 예컨대 리스트, 브람스, 라흐마니노프 등에게 많은 영향을 주었다.

# 파 브 르
(1823~1915)

## ─《곤충기》를 쓴 곤충학자─

풀숲이나 땅 속에서 사는 곤충의 생태를 글로 재미있게 엮은 파브르의 《곤충기》는 귀한 과학책일 뿐 아니라, 훌륭한 시집으로서 영원히 그 이름을 남길 것이다.

장 앙리 파브르는 프랑스 남부의 생레옹이라는 마을에서 태어났다. 이 마을은 아름다운 자연으로 둘러싸여서 파브르가 나중에 곤충이나 버섯을 연구하게 된 밑거름이 되었

파브르가 즐겨 관찰하던 나나니벌

다. 집 근처에서는 개구리가 노래 부르고, 시냇가의 오리나무 뿌리에는 그가 좋아하는 가재도 많았다. 또 물푸레나무에는 산새들의 둥우리도 있었고, 나무 줄기에는 갖가지 벌레나 곤충들이 헤아릴 수 없이 많았다.

파브르는 간혹 할아버지가 살고 있는 목장에 놀러갈 때가 있었다.

그 목장에서 파브르는 소나 양들과 친해졌고, 목장을 습격해 오는 이리 떼와 그것을 쫓는 사냥꾼들의 이야기에 온통 마음이 사로잡히기도 했다.

자연 속에서 작은 벌레나 나비를 관찰하는 세심한 마음은 이 때부터 이미 어린 파브르의 가슴에 싹트기 시작했다.

1839년, 아비뇽 사범 학교에 장학생으로 입학한 그는 졸업 후에

초등 학교 교사가 되었지만, 이것
으로 만족하지 않고 물리, 화학,
수학 등을 혼자 공부하여 중학교
교사 자격증을 얻었다.

26세 때, 코르시카 섬에 있는 아
작시 중학교의 물리 교사로 부임한
그는, 틈나는 대로 식물과 곤충 채
집에 여념이 없었다.

그 때, 이따금 그 섬을 방문하던
박물학자 탕동 교수가 파브르의 동
식물에 관한 비상한 재능을 발견하
고 생물학을 공부하도록 권했다.

그리하여 어렸을 때부터 취미였
던 곤충 연구에 일생을 바치기로
결심하게 되었다.

이 때부터 곤충의 연구에 열중한
파브르는 비단벌레를 잡아먹는 큰
마디벌의 연구 논문을 발표하여 학
계의 관심을 모으고, 이것으로
1856년에 과학자로서는 더없이 명
예로운 실험 생리학상을 받았다.

그 무렵 《종의 기원》을 발표한
영국의 생물학자 다윈은 파브르를
'역사상 보기 드문 관찰자'라고 하
면서 칭찬을 아끼지 않았다.

파브르는 그 후 30년 동안 곤충
에 대한 연구를 계속하여, 일생의
총결산인 《곤충기》 전10권을 세상
에 내놓고 1915년, 92세로 생애를
마쳤다.

# 파블로프
## (1849~1936)

### ─조건 반사를 증명한 학자─

사람의 마음이란 도대체 무엇인가? 그 수수께끼를 간직하고 있는 큰골의 기능을 과학적으로 설명할 수 있는 실마리를 제공해 준 사람이 유명한 이반 페트로비치 파블로프이다.

그는 중부 러시아의 랴잔에서 태어났다. 아버지가 성직자였기 때문에 랴잔 신학교에 들어가 초등 교육을 받았다.

파블로프는 매일 학교 도서실에 파묻혀 천문학, 동물학, 식물학 등에 관한 책을 닥치는 대로 읽었다.

그 중에서도 루이스가 쓴 《실용 생리학》의 러시아 어 번역본을 읽고 인체의 기능에 깊은 흥미를 느꼈으며, 그 책을 일생 동안 간직하고 있었다 한다.

1870년, 파블로프는 마침내 신학을 포기하고 상트 페테르부르크 대학에 진학하여 물리학과 생리학, 화학 등의 학문을 공부했다.

특히 외과 수술의 권위자로서 심장의 혈압을 조절하는 반사 조직을 발견한 생리학 교수 치온의 강의를 듣고 깊은 감화를 받게 되어, 1874년에 그의 조수로 들어가 외과 기술을 배우는 한편, 이자의 신경 생리를 처음으로 연구했다.

1875년, 대학을 졸업한 그는 의사 자격증과 함께 박사 학위를 획득했다. 그 후, 장학금으로 2년간 독일에 유학하여 브레슬라우와 라이프치히 대학에서 생리학에 대해 더 깊이 연구했다.

1891년, 새로 설립된 실험 의학 연구소의 생리학 부장이 된 파블로프는 이 때부터 소화샘과 조건 반사 연구에 심취했다.

우선 개를 이용하여 음식물의 소

화에 대한 연구 실험을 시작했다.

일반적으로 해부 실험에서는 생물의 몸에서 내장을 들추어 내든가 하는데, 그는 이러한 방법에 회의를 품고 있었다.

그는 '동물을 아프게 함으로써 신경이 날카로워져 있는 상태에서 어떻게 생물의 기능을 정확하게 조사할 수 있겠는가?'라는 생각을 갖고 있었다.

그는 종전과 같은 방법을 쓰지 않고 자기의 독창적인 방법으로 동물의 소화 기능을 실험해 보기로 했다. 즉, 개가 사람을 전혀 두려워하지 않고 잘 따르도록 오랫동안 훈련을 시킨 다음, 주의를 기울여가면서 수술을 시작했다.

그것은 동물이 완쾌되어 정상적으로 된 후에도 복부에 뚫린 조그만 구멍으로부터 위액과 이자액이 저절로 흘러나오게 하는 특별한 수술이었다.

이러한 실험으로 파블로프는 이자액과 위액이 신경의 기능으로 분비된다는 사실을 입증했다.

1904년, 소화샘에 관한 연구 업적으로 노벨 생리 의학상을 받은 그는 수상 기념식에서 《조건 반사에 대하여》라는 연제로 강연했다.

그는 소화샘 연구 중에 조건 반사에 대해 과학적으로 규명해 보려고 연구를 계속해, 큰골의 구조와 법칙을 발견해 냈다.

일생을 과학의 탐구에 바친 파블로프는 1936년 2월, 상트페테르부르크에서 87세로 눈을 감았다.

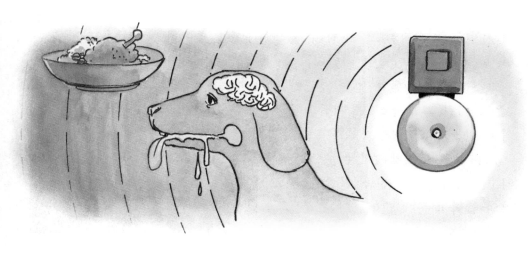

# 파 스 칼
(1623~1662)

―《팡세》를 쓴 철학자―

블레즈 파스칼은 남프랑스의 클레르몽페랑에서 태어났다. 파스칼의 아버지는 수학과 과학에 흥미가 있어서 파리의 학자들이 곧잘 그의 집에 모였다.

파스칼도 그 학자들의 영향을 받아 16세 때에는 이미 《원추 곡선론》을 썼고, 새로운 기하학의 정리인 파스칼의 정리를 발견하였다.

1639년에 파스칼은 세금 계산 업무로 고생하던 아버지를 돕기 위해 연구를 시작했고, 마침내 몇 년 후 계산기를 만들어 내었다.

그것은 덧셈밖에 못 하는 간단한 것이었지만, 오늘날의 계산기의 기본 원리가 되었다.

1648년에 토리첼리의 논문 등을 읽고, 토리첼리의 진공 현상이 공기의 압력 때문에 일어난다는 것을 확신하였다.

그리고 '밀폐된 유체(액체·기체)의 한 부분에 압력을 가하면 그 압력은 모든 방향에 같은 크기로 작용한다.'고 하는 파스칼의 원리를 발견하였다.

이렇듯 20대의 젊은 나이로 그는 벌써 유럽에 널리 이름이 알려진 과학자가 되었는데, 수학에서도 확률에 관한 이론을 발견했다.

이것은 1651년에서 1653년, 파리의 사교계에 드나들면서 우연히 내기를 좋아하는 사람을 만났을 때

파스칼이 만든 계산기

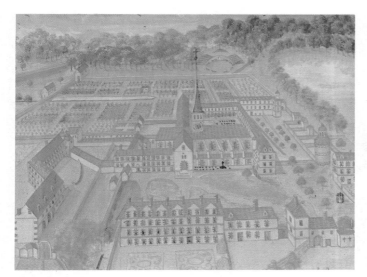
포르루와얄 수도원 파스칼이 객원으로 있었던 이 곳은 17세기 카톨릭 개혁 운동의 중심이 되었다.

생각한 것이다.

다시 말하면, 가망의 정도가 확률이며, 파스칼은 그 계산 방법을 처음으로 생각해 낸 것이다.

한편, 그는 수학이나 자연 과학만으로는 인생의 목적에 대해서 아무것도 모른다는 것을 깨닫기 시작했다.

그가 바라는 것은 절대적 선, 즉 착한 것이었는데, 절대로 착한 것은 하느님 외에는 없다는 사실을 깨닫고 하느님을 믿고 신앙을 가지게 되었다.

1년 후인 1655년 초에, 파스칼은 파리의 포르루와얄 수도원의 객원이 되었다. 그 곳에는 매우 엄격한 신앙을 가진 사람들이 모여 있었다. 당시 유명한 신학자이며 철학자인 아르노도 있었다.

그 후, 파스칼은 수학자로서도 연구를 계속하여, 미적분학의 선구가 되는 원리를 발견했다. 그리고 죽기 몇 해 전부터는 신앙이 없는 사람을 설득해서 크리스트 교로 인도하기 위한 원고도 썼다.

이것은 완성되지 못한 채 메모로만 남았는데, 이것이 유명한 《광세》이다. 모든 인간을 신앙의 세계로 이끌기 위해 씌었던 이 《광세》는 오늘날 프랑스는 물론 전세계에서도 손꼽히는 고전이다.

과학적으로나 종교적으로 많은 업적을 남긴 파스칼은 39세로 세상을 떠났다.

# 파스테르나크

## (1890~1960)

### —《의사 지바고》의 작가—

소설《의사 지바고》로 유명한 보리스 레오니도비치 파스테르나크는 소련의 시인이자 소설가로서, 1890년 2월 10일에 모스크바에서 태어났다.

그는 음악가가 될 결심을 하고 몇 년 동안 음악 공부를 하다가 법률 계통으로 방향을 바꾸었고, 또다시 철학을 공부했다.

모스크바 대학에서 2년간 철학 공부를 한 뒤에, 그는 독일의 마르부르크 대학으로 유학하여 거기에서 신 칸트 학파의 철학자인 헤르만 코헨의 영향을 받았다.

그는 이 무렵부터 본격적인 시인으로서 활동을 시작하여, 1914년에 첫 시집《구름 속의 쌍둥이》를 출판하였다.

그리고 계속하여 1917년에《장벽을 넘어서》, 1922년에《나의 누

《의사 지바고》의 시대적 배경이 된 러시아 혁명

이, 나의 생명》, 1923년에 《주제와 변주》 등의 시집을 출판하였다.

그러나 소련 공산당은 그의 작품이 정치적이 아니며, 사회주의적 사실주의에 충실하지 못하다고 계속 비난을 퍼부었다.

제2차 세계 대전 중인 1943년에 시집 《이른 기차를 타고》를 출판했고, 1945년에는 전쟁에 관한 시를 묶은 《넓고 넓은 땅》을 출판했다.

파스테르나크의 대표적인 소설 《의사 지바고》는 1955년에 완성했는데, 소련 국내에서는 자유롭게 출판할 수 없었다. 그래서 이 소설은 1957년에 이탈리아 어로 번역되어, 미국에서 출판되었다.

1958년에 노벨 문학상 작가로 파스테르나크가 결정되자, 그는 기꺼이 이 상을 받겠다고 발표했지만 소련 국내의 압력에 견디지 못하여 수상을 거부하고 말았다.

《의사 지바고》는 자유 진영에서 최대의 찬사를 받았다. 파스테르나크는 이 소설에서, 정치를 초월한 인간의 보편적 가치를 깊이 있게 다루고 있다.

《의사 지바고》는 시대가 변해도 결코 잊혀지지 않는 불멸의 명작으로 지금도 읽히고 있다.

그는 소련 정부의 감시를 받는 고통스러운 나날을 보내다가, 1960년 5월 30일에 쓸쓸히 눈을 감았다.

# 파스퇴르
## (1822~1895)

### ―미생물학의 창시자―

　루이 파스퇴르는 1822년, 동부 프랑스의 돌에서 태어났다.

　아버지는 가죽을 무두질하는 가난한 무두장이였다. 아버지와 어머니는 교육을 받지 못했으나, 아들 루이만은 공부를 시켜야겠다고 결심했다.

　얼마 후에 그의 집안은 아르부아로 이사를 하였다. 그는 그 곳에서 초등 학교에 다녔는데, 성적은 좋은 편이 아니었다.

　16세 때, 파리 고등 사범 학교의 예비 학교인 생루이 학교에 입학했으나 곧 중퇴하고, 아르부아 근처의 브장송 학교로 전학했다.

　그 후 21세가 되던 1843년, 파리 고등 사범 학교에 들어가 화학 교수인 뒤마의 강의를 듣고 화학에 흥미를 느끼게 되었다.

　그래서 졸업 후에도 모교에 남아 화학 연구실의 조수가 되었다.

　그는 대학 연구실에서 타르타르산 연구를 시작하여, 26세 때 타르타르산이 네 종류라는 것을 발견했다. 이 발견은 학자들을 놀라게 했으며, 파스퇴르의 이름은 학계에 널리 알려졌다.

　1849년, 그는 스트라스부르 대학의 화학 교수가 되고, 학장의 딸 마리 롤랑과 결혼했다. 그녀는 남편의 학자 기질을 잘 이해하는 좋은 반려자였다.

　1854년, 북프랑스의 릴에 새로 건립된 이과 대학의 이학부장으로 취임한 그는 양조업자의 부탁으로 발효에 관한 연구를 시작했다.

　1857년에 효모(미생물)의 작용으로 발효가 일어난다는 사실을 밝혀 내고, 미생물에 관한 연구에 더욱 전념했다.

그리하여 여러 가지 실험을 한 끝에, 오늘날에도 술, 우유, 간장 등의 살균에 널리 이용되고 있는 파스퇴르 식 저온 멸균법을 연구해 냈다.

파스퇴르는 또 그 무렵 유행되고 있던 누엣병을 막기 위해 연구를 시작하여, 1868년에 마침내 누엣병을 예방하는 데 성공했다.

또한 탄저병이라는 가축의 전염병을 연구하여, 1880년에 면역 백신을 발견하기도 했다.

당시 프랑스에는 닭 콜레라가 돌아 많은 닭이 죽었다.

파스퇴르는 그 병의 세균을 묽게 배양하여 닭에 주사해 두면 닭 몸 속에서 그 병원균에 대한 저항력이 생겨 면역이 된다는 것을 알아 냈다. 이 연구 결과를 바탕으로 광견병 예방 접종법 등을 비롯하여 백신 접종에 의한 전염병의 예방법을 과학적으로 일반화시키는 데 성공했던 것이다.

이리하여 파스퇴르는 포도주가 시어지는 것을 막고, 누에와 가축의 병을 예방하게 되었다.

파스퇴르는 1882년에 학자로서 최고의 명예인 프랑스 학사원의 회원이 되었다.

1888년에는, 기부금으로 그의 소원이던 미생물 연구소인 파스퇴르 연구소를 설립하여 연구자들이 보다 좋은 환경에서 많은 연구를 할 수 있도록 하였다.

# 패러데이

## (1791~1867)

## ─전기학의 아버지─

18세기 말경이라고 하면 유럽 사회에서는 경제적, 사회적인 면에서 어지러울 정도로 변천을 거듭하던 시기였다.

특히, 영국에서는 산업 혁명이 진행되고 있던 시기로서 새로운 여러 가지 기계가 발명되고, 이 때부터 증기 기관이 동력으로 쓰이기

왕립 연구소에 있는 패러데이 동상

시작하고 있었다.

전기학의 아버지로 불리는 마이클 패러데이는 이런 시대적 환경 속에서 런던의 남쪽 교외에 있는 뉴잉턴에서 태어났다.

생활이 어려웠으므로 마이클은 뜻대로 공부할 수 없었다. 그래서 근처에 있는 조지 리보라는 사람이 경영하는 문방구를 겸한 제본 공장에서 일을 하게 되었다.

그는 여가만 있으면 자신이 제본한 책을 열심히 읽었다. 《아라비안 나이트》《마음의 개선》《대영 백과 사전》 그리고 머셋 여사의 《화약 이야기》 등을 읽었는데, 이 중에서도 화학에 흥미를 많이 느꼈다.

그는 책의 내용 중에서 감탄한 부분은 외어 두었다가 노트를 해 둔다든지 그림으로 그려 둔다든지 했다.

더욱이 정리하는 것으로 만족하지 않고 책에 씌어 있는 것을 일일이 자기 손으로 실험하여 확인하기 위해서, 받은 급료로 실험 도구나 약품 따위를 사들이는 데에 돈을 아끼지 않았다.

그 무렵, 런던에서는 누구든지 자유롭게 찾아가 듣고 배울 수 있는 과학 강습회가 자주 열리고 있었다.

과학으로 향한 동경심이 점점 높아 가고 있던 그는 여러 번 그 강의에 출석했는데, 들은 것은 모두 노트에 적어 두고, 실험이나 기계 모형도 스케치하여 색인까지 붙여서 네 권의 책을 만들었다. 그리고 그

것을 주인인 리보에게 증정했다.

패러데이가 전기나 기계에 관한 이야기를 들은 것은 그 때가 처음이었다. 그러는 동안에 과학을 좋아하는 친구도 몇 사람 생겨서, 모임을 만들어 서로 책을 빌려 보기도 하고 실험을 하거나 토론을 하면서 자기의 의견을 활발히 교환하기도 했다.

리보의 가게에 찾아오는 사람 중에 댄스라는 학자가 있었다. 어느 날, 리보는 그 학자에게 패러데이가 정리한 노트를 보여 주었다. 그것을 본 댄스는 매우 감탄하여, 패러데이에게 유명한 왕립 연구소에서 개최하는 강의를 들을 수 있는

기회를 제공해 주었다.

강연자는 그 무렵에 영국에서 가장 훌륭한 과학자로 일컬어지던 데이비였는데, 그의 강의는 매우 인기가 있었다.

강의를 듣게 된 패러데이는 기쁨에 넘쳐 몇 번이나 그 모임에 참가했으며, 그 때마다 들은 강의를 정성껏 정리하여 이것 역시 모두 책으로 만들어 냈다.

1812년, 21세가 된 패러데이는 자신의 앞날에 대해 생각하게 되었다. 제본일에 있어서는 숙련된 기술자였으나, 그로서는 어떻게 하든지 자기가 좋아하는 과학을 공부하고 싶었다.

그래서 패러데이는 친구와 리보에게 자신의 생각을 의논한 끝에, 용기를 내어 자세한 편지와 함께 지금까지 정리한 노트를 모아 데이비에게 보냈다.

1813년 3월의 어느 날, 데이비로부터 연구소에 와도 좋다는 편지가 왔다.

연구소에서 할 일이란 조수가 하는 아주 보잘것 없는 일에 불과하였으나 패러데이는 뛸 듯이 좋아했다. 그로부터 그는 평생 동안 이 연구소에서 지냈다.

처음에는 왕립 연구소의 실험 조수의 자리를 얻었는데, 이 곳에서 데이비의 실험을 보조하면서 차차

화학 연구에 들어갔다.

당시의 영국에는 탄광이 많았으므로 가스가 폭발하는 큰 사고가 곧잘 일어났다.

데이비는 그 조사를 의뢰받고 유명한 안전등을 발명했는데, 패러데이는 그 연구를 도와 그의 힘이 되어 주기도 하였다.

그는 산화칼슘의 분석에 관해서 처음으로 자신의 연구를 발표하였고, 그 후에도 염소의 액화(기체나 고체가 액체로 변하는 현상)와 벤젠을 발견하는 등 여러 가지 연구를 발표하였다.

그 무렵(1820년), 패러데이는 전류의 자기 작용에 흥미를 가지고 본격적으로 전기와 자기의 연구를 하기 시작했다.

그리하여 1821년에 전자기 회전의 실험에 성공함으로써 현재의 모터의 기초를 만들어 냈다.

또 1831년에는 코일을 이용하여 전류를 얻는 데 성공하였으며, 1833년에는 전기 분해에 대해서 유명한 패러데이의 법칙을 발견해 내기도 했다.

1833년에는 이 곳의 화학 교수로까지 승진하였으며, 또 만년에는

왕립 연구소에서 《촛불의 과학》을 강연하는 패러데이

이 연구소의 소장으로 추대를 받았으나 사양했다.

그는 그 후에도 전기와 자기에 관해서 손을 대지 않은 것이 없을 만큼 많은 연구를 해서 계속 발표하여, 전기학의 아버지로 불리게 되었다.

자녀가 없는 패러데이는 1826년부터 연구소의 연중 행사로서 아이들을 상대로 크리스마스 강연을 시작했다.

이것은 오늘날에도 계속되고 있는데, 그가 강연을 한 《촛불의 과학》은 아직까지도 세계의 어린이들에게 널리 알려져 있다.

# 펄 벅
## (1892~1973)

### ―중국 농촌을 그린 미국 작가―

《대지》의 작가 펄 벅은 1892년, 미국 웨스트버지니아 주의 힐즈버러에서 태어났다.

펄 벅은 생후 4개월 만에 선교사인 아버지를 따라 중국에 건너가, 그 곳에서 40여 년 간을 살았다.

9세 때, 중국인 학교에 들어가 교육을 받았지만, 어머니는 모국어인 영어를 직접 가르쳐 주는 한편, 영국의 고전들을 어릴 때부터 가까이하게 해 주었다.

그래서 펄 벅은 7세 때 이미 디킨스의 소설을 읽어 낼 정도였다.

1910년, 18세의 펄 벅은 부모와 함께 미국으로 건너가 버지니아 주의 랜돌프메이컨 여자 대학에 입학했다.

펄 벅은 25세 때 난징 대학 교수이며 중국 농업 경제학자인 존 로싱 벅과 결혼하여 화북 지방의 작`

은 도시에서 지냈다.

당시 중국에는 혁명이 불길처럼 번지고 있었는데, 펄 벅은 이러한 사태를 조용히 관찰하면서 중국 각지를 여행하기도 하였다. 이 때의 상황과 정경이 소설 《대지》 속에 잘 묘사되어 있다.

《대지》가 출판되자 대대적인 관심을 불러일으켜 미국 문학사상 최대의 성공을 거두었으며, 30개국에서 번역되었다.

또한 미국에서 예술 작품에 주는 최고의 상이라고 할 수 있는 퓰리처 상을 받기도 했다.

1934년에는 미국으로 돌아가 《어머니》를 출판했고, 이듬해에는 《대지》로 미국 예술원 호웰즈 메달을 수상했다.

1936년에는 어머니 캐리에 대한 회상을 엮은 전기 《어머니의 초상》

을 발표했다.

또한 그 해에 《싸우는 사도》를 출판했는데, 평생을 예수 그리스도만을 위해 산 그녀의 아버지 앤드루에 대한 전기 소설이다.

1938년에는 미국 여류 작가로는 처음으로 노벨 문학상을 받았다.

펄 벅은 저작 활동뿐만 아니라, 혼혈아를 위한 복지 시설을 세우는 등 사회 사업과 평화 운동에도 크게 이바지했다.

그의 사랑하는 딸이 정신 박약아였기 때문에 시작한 이 사업은 차츰 범위가 넓어져 범세계적인 사업으로 규모가 확대되었다.

개인 재산을 털어 미국에다 펄벅 재단을 설립하여 혼혈 고아와 불우 아동을 도운 그 사업은 우리나라에도 지부가 설치되어, 전국에 흩어져 있던 1천 2백여 명의 혼혈 고아를 도와 주었다.

1953년에 펄 벅은 《한국에서 온 두 처녀》를, 1957년에 《베이징에서 온 편지》를 출판하였고, 그 밖에도 《모란》《성난 아내》《지나간 사랑에의 가교》 등의 작품이 있으며, 소년 소녀를 위한 아동물로는 《중국의 친구들》《소년 비행사》《아이들아, 오라》 등이 있다.

펄 벅은 1973년 6월, 버몬트 주의 댄비에서 81세를 일기로 세상을 떠났다.

# 페스탈로치

## (1746~1827)

### ―스위스의 위대한 교육자―

하인리히 페스탈로치는 어린이들의 교육에 일생을 바친 위대한 교육자이다.

그는 1746년에 스위스의 취리히에서 태어났다.

1764년, 취리히 대학에 입학한 그는 나라를 사랑하는 모임에 가입하는 한편, 사회 운동에도 열심히 참가했다. 이 모임에서 같은 회원인 안나를 만나, 1769년에 결혼했다.

페스탈로치 마을

페스탈로치는 어린이들을 인도적이고 종교적인 마음가짐으로 교육시켜야 한다는 생각에서 1771년에 노이호프(새로운 집이란 뜻)라는 학교를 설립하였다. 아내의 헌신적인 도움을 받으며 가난한 어린이들을 교육시키는 데 힘을 쏟았으나 실패로 끝나고 말았다.

그 후부터는 사색과 저술 활동에 몰두하게 되었다. 그는 당시의 사회를 분석하여 각 계층 사이의 불평등을 지적하고, 그것을 고칠 수 있는 방법은 올바른 교육밖에 없다고 주장했다.

즉, 국민들이 올바른 지성을 갖게 할 수만 있으면, 그들은 자신의 힘으로 그 사회적 지위를 향상시킬 수 있을 것이라 생각하고, 이른바 그의 이상인 '인간 학교'를 주장하였다.

또한 올바른 지식을 얻게 하기 위해서는 형태, 숫자, 언어 등의 개념을 직접 경험을 통해서 배우게 해야 함을 강조하였다. 즉, 시청각 교육을 강조한 것이다.

그것이 가능한 것은 자발적인 활동성에 의한다고 해석하여 교육 이념을 구체적으로 설명했다.

페스탈로치는 또한 도덕 교육의 근원은 가정에서 부모와 자녀 사이에 오가는 사랑과 신뢰에 있다고 늘 생각했기 때문에 생활은 곧 교육이라고 주장했다.

페스탈로치는 이와 같은 교육 이념 아래 교육에 관한 저서를 많이 펴냈는데, 그 중의 대표적인 것으로는 교육 소설이라고 일컬어지는 《취한 사람의 아내》와 《게르트루트는 그 자녀를 어떻게 가르치는가》 등이 있다.

1798년에 프랑스 혁명의 여파가 스위스에 미치자, 페스탈로치는 슈탄스에 고아원을 설립하여 전쟁 고아를 돌보는 데 힘썼다.

그 후, 부르크도르프와 이페르텐에 학교를 설립하여 일하며 공부하는 교육을 실시했다.

빈민 학교를 만들고 불우한 어린이를 위해 자신의 모든 것을 바쳤던 고아의 아버지 페스탈로치는 만년에는 노이호프로 돌아가 조용히 살다가 세상을 떠났다.

# 포
## (1809~1849)

## ─추리 소설을 창시한 작가─

에드거 앨런 포는 미국의 시인이며, 비평가, 소설가이다.

그는 환상적이며 괴상하고 기이한 단편 소설을 써서 후세 문학에 커다란 영향을 주었을 뿐만 아니라 추리 소설의 창시자이기도 하다.

포는 1809년 1월 19일, 매사추세츠 주의 보스턴에서 태어났다.

그 후 1811년에 어머니가 죽자, 3세도 못 된 포는 존 앨런이라는 상인에게 맡겨져 자랐다.

1815년부터 1820년까지 스코틀랜드와 영국에서 교육을 받은 후 그는 미국으로 돌아왔다.

1826년에 버지니아 대학에 입학하였으나 그의 대학 생활은 11개월 만에 끝났다. 포가 도박에 빠져 많은 빚을 지자 이에 격분한 존 앨런이 더 이상 학비를 대 주기를 거절했기 때문이었다.

극심한 가난으로, 포는 이름을 바꾸고 군대에 들어갔다. 그러나 복무 기간을 다 마치지 않고 육군 사관 학교에 입학하였다.

사관 학교에 다니면서 1829년에 시집 《알 아라프, 티무르와 작은 시들》을 출판했으나 별로 반응을 얻지 못하였다.

그는 육군 사관 학교에서도 계속 수업을 빠졌기 때문에 끝내 퇴학당하고 말았다. 그래서 뉴욕으로 가서, 1831년에 《포 시집》을 출판하였으나 역시 반응을 얻지 못하자, 시 쓰는 일을 그만두고 소설을 쓰기 시작했다.

1836년, 포는 겨우 13세인 사촌 여동생 버지니아 클렘과 결혼을 하였는데, 아내와 장모에게 바친 여러 시를 볼 때, 아주 자상한 남편이고, 사위였음을 알 수 있다.

1839년, 포는 필라델피아에서 잡지 편집일을 하면서 작품을 발표했는데, 《윌리엄 윌슨》《어셔 가의 몰락》 등과 같은 공포 분위기의 단편 소설들이었다.

1840년에는 그의 유명한 작품 《괴기 단편집》이 출판되었다.

1841년에 《그레이엄즈 매거진》이라는 잡지에 발표한 《모르그 가의 살인》은 세계 최초의 추리 소설로서, 추리와 분석 능력을 활용한 그의 소설은 후세 작가들에게 많은 영향을 미쳤다.

1845년의 《검은 고양이》, 1843년의 《황금 풍뎅이》 등과 같은 작품으로 하여 포의 이름은 상당히 알려지게 되었다.

1848년, 포는 우주에 대한 직관적인 해석을 쓴 《에우레카》를 출판하였다.

이 책은 뛰어난 걸작이라고 높이 평가하는 비평가들이 있는가 하면, 말도 되지 않는다고 비난하는 사람도 적지 않았다.

술을 심하게 마시곤 했던 그는 어느 날, 생일 축하 파티에 초대받아 참석했다가 또 과음을 했다. 이 과음은 심장이 약한 포에게 치명적인 결과를 가져왔다.

그는 의식을 회복하지 못하고 1849년 10월 7일, 길에서 허무하게 죽고 말았다.

# 포 드
(1863~1947)

## ―자동차의 왕―

자동차의 왕으로 불리는 헨리 포드는 1863년, 미국 미시간 주 그린필드의 한 농가에서 태어났다.

어릴 때부터 기계 다루기를 매우 좋아한 그는 약 5년 동안 엔진 공장에서 일하다가, 아버지의 반대로 할 수 없이 고향에 돌아가 농사일을 하기 시작했다.

그러나 그는 엔진에 대한 꿈을 한시도 잊을 수가 없었다. 그래서 시간이 있을 때마다 꾸준히 기계를 실험하며 이리저리 궁리한 끝에 증기 기관으로 움직이는 자동차를 만들어 냈다.

그러나 이보다 앞서 이미 프랑스의 퀴뇨는 1770년경에 증기 기관을 앞머리에 설치한 삼륜차를 발명했으며, 이미 증기 합승 자동차도 나와 있었다.

마침 그 무렵, 독일에서는 다임

포드 자동차 대량 생산에 따라 낮은 가격으로 판매된 최초의 대중차이다.

러가 가솔린 엔진을 발명했고, 벤
츠가 다임러와는 별도로 가솔린 엔
진을 단 삼륜차를 만들어 냈다.

그 후, 포드는 자기의 농장을 남
에게 빌려 주고 또다시 디트로이트
로 나왔다.

이리하여 1893년, 그는 마침내
증기 기관 대신에 가솔린으로 움직
이는 한 대의 가솔린 차를 만들어
냈다.

비록 독일의 벤츠보다 포드의 자
동차가 뒤져 있었지만, 그에게는
하나의 목표가 있었다.

그것은 자동차 공장을 세워서 자
동차를 널리 보급시키겠다는 커다
란 꿈이었다.

1903년, 그는 드디어 포드 자동

차 회사를 설립하였다.

마침내 1913년에 유명한 포드
시스템을 갖춘 3층 건물의 커다란
공장이 세워졌다.

그것은 일명 컨베이어 시스템이
라고 하는 대량 조립 방식이다.

또한, 포드는 회사 설립 14년 만
에 노동자의 최저 임금으로 일급 5
달러, 1일 8시간 노동이라는, 그
당시로서는 생각지도 못할 획기적
인 노동 조건을 내놓아 세상을 놀
라게 했다.

이처럼 포드는 대량 생산에 대성
공을 거두어, 세계 제일의 초대형
자동차 회사를 세운 것이다.

그는 1947년 4월 7일, 디어본에
서 사망했다.

# 포 스 터
## (1826~1864)

### ─미국 민요의 아버지─

스티븐 콜린스 포스터는 1826년 7월 4일, 미국 동부의 펜실베이니아 주에 있는 로렌스빌(지금의 피츠버그)에서 태어났다.

그는 9세 때에 벌써 이웃 아이들을 모아서 극단을 만들어 플루트를 불면서 뽐내는 등, 음악적인 재질을 보였으며, 14세 때에는 처음으로 〈티오거 왈츠〉를 작곡하여 발표하기도 했다.

1844년, 포스터는 《창을 열어 다오, 사랑하는 이여》를 작곡해서 이를 처음으로 출판했다.

그 무렵, 포스터는 친구들과 함께 남성 합창단을 만들어, 자기가 지은 〈네드 할아버지〉〈루이지애나의 미녀〉〈오! 수재너〉 등을 부르게 했다.

〈오! 수재너〉는 당시 캘리포니아 주로 금을 찾기 위해 온 사람들 사이에서 즐겨 불리게 되었으며, 순식간에 온 미국 안에 퍼져 나가서 포스터는 갑자기 작곡가로서 유명해졌다.

포스터는 음악가로서 자신을 얻게 되자, 23세 때에 다시 앨리게니로 돌아가 가곡을 작곡하는 데 열중했다.

흑인의 노래를 받아들여 소박한 민요풍의 새로운 가곡을 지은 그는 1852년에 또다시 남부 지방을 여행하였다.

이 여행을 하는 동안에, 그는 켄터키 주에 있는 친척인 판사의 집에 들른 일이 있는데, 〈켄터키 옛집〉은 이 때의 추억을 소재로 하여 만든 것이다.

같은 해인 1852년에, 포스터는 백인이 검둥이처럼 얼굴을 검게 칠하고 노래하며 춤추는 민스트럴 쇼

단장 에드윈 크리스티나와 친해졌다. 그래서 〈고향 사람들〉〈주인은 차디찬 땅 속에〉〈올드 블랙 조〉〈켄터키 옛집〉〈금발의 제니〉 등의 작품을 민스트럴 쇼에서 부르게 해 널리 유행시켰다.

이리하여 포스터는 전 미국에 알려져 인기 가곡 작곡가가 되었다. 특히, 〈올드 블랙 조〉는 아내의 집에서 오랫동안 일하고 있던 늙은 흑인 하인을 위해서 지은 노래로서, 그의 인간적인 측면을 잘 나타내 주는 곡이다.

1860년, 포스터는 가난을 견디기 어렵게 되자, 아내를 처가로 보내고 자신은 뉴욕으로 갔다.

그러나 남북 전쟁으로 인해 그의 노래가 팔리지 않게 된 데다, 욕심이 없고 술을 좋아하며 낭비벽이 심한 포스터는 38세의 젊은 나이로 병을 얻어, 뉴욕의 벨뷰 병원에서 1864년 숨을 거두었다.

그의 작품에는 풍부한 감정, 소박한 아름다움의 멜로디가 흘러 넘치며, 깊은 애정과 인간성이 나타나 있다. 또 유럽적 감각과 함께 남부 흑인의 생활이나 민요의 감각이 깊이 스며 있다.

그의 작품은 미국뿐만이 아니라 전세계에서 애창되고 있으며, 오늘날 그는 미국 민요의 아버지라고 불리고 있다.

# 포 크 너
## (1897~1962)

## ㅡ20세기 미국의 최대 문학가ㅡ

윌리엄 포크너는 미국 남부의 미시시피 주 뉴올버니에서 태어났다. 그는 지역적인 토착 사상이 몸에 배어 평생 동안 남부 사람만을 묘사한 글을 썼는데, 이 점이 그의 문학의 특징이다.

포크너는 어렸을 때 고집이 세고 장난꾸러기였으며, 학교에서는 늘 말썽을 일으키는 문제아였다. 결국 그는 고등 학교 1학년 때 학교를 중퇴하고 할아버지의 은행일을 돕게 되었다.

1914년경에 포크너는 예일 대학 출신의 문학 청년 필립 스턴과 사귀게 되어, 책도 많이 빌려 보는 등 그의 영향을 많이 받았다.

1920년에 미시시피 대학에 특별 연구생으로 있으면서 시와 평론 등을 발표하기 시작했다.

그러나 뉴욕으로 가서 서점에서 일하다가 다시 옥스퍼드로 되돌아와 대학의 우체국장이 되었다. 하지만 1924년에 파직되었다.

그 해, 포크너는 필립 스턴의 도움을 받아 처녀 시집《대리석의 목신》을 냈다. 그러나 아무런 호응도 얻지 못했다.

이듬해인 1925년, 뉴올리언스에서 6개월 동안 머무르던 포크너는 소설가 셔우드 앤더슨을 알게 되어 소설가가 될 결심을 굳히게 되었다. 그래서 제1차 세계 대전에 참전해서 기억 상실증에 걸린 병사의 귀환을 그린《병사의 보수》를 썼는데, 앤더슨의 소개로 1926년에 이 책을 출판하였다.

포크너는 1925년부터 1926년 사이에 유럽 여행을 하고, 두 번째 작품인《모기》를 1927년에 출판하였다. 그 후, 옥스퍼드에 자리를 잡고, 미국의 남부 사회를 배경으로 작품을 쓰기 시작했다. 포크너가 본격적으로 문필 활동을 시작한 것은 이 때부터이다.

1929년, 그는 대표작인 《음향과 분노》를 비롯하여 《사토리스》 《죽음에 임하여》 등의 작품들을 발표했는데, 모두 남부의 허무한 세계를 묘사했다.

이 작품들은 프랑스의 실존주의 문학에 영향을 끼쳤다.

이어 단편집 《단편》을 비롯하여 1932년에 《8월의 빛》, 1934년에 《닥터 마티노》 등을 발표했고, 1936년에는 그의 최고 걸작인 《압살롬, 압살롬!》을 발표했다.

이 작품은 그가 남부 사회의 몰락을 묘사한 소설, 《음향과 분노》 《8월의 빛》과 함께 그의 3대 걸작의 하나로 꼽힌다.

이어서, 남부의 과거를 돌아본 《정복되지 않는 사람들》을 1938년에 발표했으며, 그 이듬해에 두 가지 유형의 사람을 추구한 《야생의 종려나무》를 발표했다. 또한 그는 1942년에 《모세여, 내려오라》, 1948년에 《묘지의 침입자》 등을 계속 발표했다.

이와 같이, 1930년대의 사회주의 사상의 영향을 받지 않고 끈기 있게 남부의 토지를 제재로 글을 써 온 포크너는 1940년대 후반부터 인정을 받기 시작하여, 드디어 1949년에 노벨 문학상을 받았다.

포크너는 1962년 7월 6일, 심장 마비로 세상을 떠났다.

미시시피 주의 옥스퍼드에 있는 포크너의 저택

# 폴 로
## (1254~1324)

## ─동양과 서양을 이은 사람─

11세기 말부터 13세기에 걸쳐 유럽에서는 이슬람 교도로부터 예루살렘을 되찾기 위한 십자군 원정이 계속 되었다.

그 영향으로 해상 교통이 열리게 되고, 차차 동방에 있는 나라들과 무역을 하게 되었다.

동양에서는 칭기즈 칸이 나타나서 몽고의 여러 부족을 통일한 다음, 유럽과 아시아에 걸치는 광대한 지역을 영토로 삼고 몽고 제국을 세웠는데, 그가 죽은 후에 자손들이 각 지역을 나누어서 다스리고 있었다.

그러던 중 칭기즈 칸의 후손인 쿠빌라이가 1271년에 이들을 정리하고 나라를 세워 국호를 원이라 했다. 게다가 1279년에는 남송을 멸망시키고 중국 본토까지 지배하였다.

1255년경, 이탈리아의 베네치아에서 상업에 종사하고 있던 니콜로 폴로와 마테오 폴로 형제는 장사를 하기 위해서 콘스탄티노플(이스탄불)에 갔다. 그런데 전란 때문에 베네치아로 돌아올 수 없게 되자, 동방으로의 여행을 계속했다.

두 사람은 여러 해 걸린 끝에 원에 가서, 당시 황제로 있던 쿠빌라이를 만났다. 쿠빌라이 황제는 먼 나라에서 일부러 온 두 사람을 환영하고 융숭하게 대접해 주었다. 그리고는 로마 교황에게 편지를 전해 달라고 부탁하고, 크리스트 교에 관해서 지식이 풍부한 학자 100명과 그리스도의 무덤에 있는 성유를 얻어 가지고 오라고 명령했다.

니콜로와 마페오 형제는 그 길로 원나라를 떠나, 15년이나 걸린 긴 여행을 마치고 고향인 베네치아로 돌아왔다.

이 니콜로 폴로의 아들이 마르코 폴로이다. 그는 아버지와 삼촌이 들려 주는 이야기를 듣고, 자신도 그런 나라를 여행하고 싶었다.

1271년, 마침내 마르코의 소원은 이루어져서 원나라를 찾아가는 아버지와 삼촌의 일행에 낄 수 있게 되었다.

세 사람은 지중해를 가로질러 팔레스타인의 항구 도시 아크르에 도착하자, 성지 예루살렘에 가서 그리스도의 무덤을 참배하고 성유를 얻었다. 그리고 다시 로마에 가서, 그레고리 10세를 만나, 100명의 학자를 같이 가게 해 달라고 간청했으나, 교황은 단지 두 사람의 성직자를 뽑아 주었을 뿐이다.

마르코 일행은 두 사람의 성직자를 데리고 우선 아르메니아의 라이아스 항구로 간 후, 그 곳에서 육로를 통하여 원나라를 향하여 떠나려고 했다.

그 무렵, 마르무크 족이 아르메니아에 쳐들어온다는 소문이 들려왔다. 그 소문을 들은 성직자들은 겁에 질려 도망쳐 버렸다.

그래서 남은 세 사람은 성직자한테서 교황의 답장을 받아서 여행을 계속했다.

일행은 흑해와 카스피 해 사이를 남동쪽으로 나아가서 페르시아 만의 입구 호르무즈에 도착했다. 거기서부터는 북동쪽으로 방향을 돌려 동페르시아(이란), 아프가니스탄의 북쪽으로 길을 잡았다.

베네치아를 떠나는 폴로 일행 그 당시는 번영을 누렸던 무역 도시였다.

561

난생 처음으로 여행을 하는 마르코에게는 보는 것, 듣는 것이 모두 신기하고 이상한 것뿐이었다.

한번에 100척 정도의 배에 가득 채울 수 있을 만큼 기름이 펑펑 쏟아지는 바쿠 유전과, 산 속에 비밀성을 쌓아 놓고 사람을 죽이며 산다는 어떤 노인 이야기와, 온통 바위소금으로 덮여 있는 산 등, 낯선 나라의 풍물에 마음을 빼앗기면서 마르코 폴로는 여행을 계속해 나아갔다.

일행은 북아프가니스탄의 발흐를 지나, 루비와 말로 유명한 바다흐샨으로 갔다.

그리고 세계의 지붕이라고 불리는 파미르 고원을 넘어서 카슈가르에 도달했다.

거기서부터는 동쪽으로 길을 잡아, 이윽고 고비 사막에 발을 들여놓았다. 이 부근까지 온 유럽 사람은 그들이 처음이었다.

세 사람은 한 달 동안이나 힘들고 고통스러운 사막을 여행한 끝에 간신히 둔황에 도착했다. 힘들고 고통스러운 세월이 2년 남짓 지나 있었다.

간저우와 닝샤를 지나서 1275년 5월, 마침내 목적지인 상두에 도착했다.

어느덧 마르코는 21세의 청년이 되었다. 고국을 떠난 지 벌써 3년 반이란 세월이 흘렀다.

쿠빌라이 황제는 대단히 기뻐하며 세 사람의 노고를 치하했다. 특히, 쿠빌라이 황제는 용기 있고 훌륭한 젊은이 마르코가 마음에 들어서 신하로 삼으려고 했다.

이렇게 해서 마르코는 원나라에 남아서 쿠빌라이 황제를 섬기게 되었다.

마르코는 황제의 사자로서 중국의 곳곳을 다녔고, 멀리 윈난이나 티베트의 벽지까지 가서 견문을 넓혔다.

1292년에, 페르시아의 몽고 왕조인 일 한국에서 원나라에 사자를 보내 왔다. 원나라에서 왕비를 맞이하기를 원하고 있다는 일 한국의 왕 아르군 칸의 뜻을 전하기 위해서였다.

쿠빌라이 황제는 코카친 황녀를 일 한국의 왕에게 시집 보내기로 결정하고, 황녀를 배에 태워서 페르시아까지 데리고 갈 것을 마르코 일행에게 명령했다.

562

베네치아

카슈가르 란저우 상두
야르칸드 사주 타이위안 베이징
페르시아 청두 항저우 상하이
게르만 다리 푸저우
호르무즈 취안저우

아라비아

봄베이 인도

아프리카

— 마르코 폴로가 지난 간 길

마르코 폴로의 행로

마르코 일행은 수 년 동안의 항해 끝에 호르무즈 항구에 도착했으나, 아르군 칸은 이미 죽고 없었기 때문에 그의 동생인 가이하루 칸에게 황녀를 넘겨 주었다.

마르코 일행은 육로로 흑해까지 나온 다음, 배를 타고 콘스탄티노플을 지나 1295년에 베네치아에 도착하였다. 고향을 떠난 지 24년 만이었다.

마르코는 41세의 중년이 되었기 때문에 베네치아 사람들은 그를 알아보지 못하였다.

마르코는 아시아의 신기한 이야기를 사람들에게 들려 주고, 아름다운 보석과 옷을 보여 주었다.

마르코가 귀국한 지 얼마 후에 베네치아와 제노바 사이에 전쟁이 일어났다. 마르코는 베네치아 군에 참가하여 싸웠다. 그러나 베네치아 군이 크게 패배하여 마르코도 7천 명의 베네치아 사람들과 함께 포로가 되었다.

감옥에 들어간 마르코는 아무도 믿어 주지 않는 신기한 여행 이야기를 책으로 엮고 싶었다. 그래서 같은 감방에 있던 루스티켈로라는 사람에게 이야기를 들려 주고, 그것을 기록하게 했다. 이것이 유명한 《동방 견문록》이다.

이윽고 석방되어 베네치아로 돌아온 마르코는 1324년 1월에 70세로 세상을 떠났으며, 세인트로렌스 대성당에 묻혔다.

# 푸 슈 킨
## (1799~1837)

### ─ 러시아 문학의 아버지 ─

알렉산드르 세르게예비치 푸슈킨은 18세기의 마지막 해인 1799년 6월 6일, 모스크바의 귀족 가문에서 태어났다.

할머니인 마리야는 아이들을 대단히 사랑하여, 어린 푸슈킨에게 러시아 어의 읽기와 쓰기를 가르쳐 주었다. 당시 귀족의 집안에서는 일상 회화에도 보통 프랑스 어를 사용하였다. 푸슈킨도 프랑스 어를 잘 해서 10세경에 이미 프랑스 어로 시를 썼다.

푸슈킨의 어린 시절에 영향을 끼친 또 한 사람은 유모 알리나였다. 알리나는 러시아의 전설이나 민요 등을 많이 알고 있었으므로, 어린 푸슈킨에게 많은 이야기를 들려 주었다. 그는 이 유모의 입을 통해서 러시아 인들의 지혜를 알 수 있었고, 그 덕분에 훌륭한 러시아 어를

구사할 수 있게 되었다.

푸슈킨은 어렸을 때부터 아버지의 서재에 들어가 프랑스 고전을 비롯하여, 그리스·로마의 고전을 프랑스 어 번역판으로 읽었고, 당시의 러시아 작가의 글도 많이 읽었다.

12세 되던 1811년 여름, 상트 페테르부르크 교외의 차르스코예셀로에 창설된 귀족 학교 학습원에 입학했다.

6년 동안의 학교 생활을 마친 푸슈킨은 외무성의 관리로 들어갔다. 한편, 차르스코예셀로 시절부터 시를 썼던 것을 계속하여, 자유 사상을 밑바탕으로 한 격렬한 풍자시 〈자유〉〈마을〉〈차다예프에게〉 등의 시를 발표했다. 이 시들이 비밀 경찰의 손에 들어갔기 때문에 위험 인물로 지목을 받고, 1820년

564

에 남러시아로 추방당하였다.

그 해, 푸슈킨은 설화를 주제로 하면서 구어를 사용한 서사시 〈루슬란과 류드밀라〉를 발표하여 시인으로서의 자리를 굳히게 되었다.

1824년 무렵의 그는 바이런보다도 셰익스피어의 작품 세계에 끌려 있었으며, 최초의 사극 〈보리스 고두노프〉를 썼다.

1828년 겨울, 푸슈킨은 어느 무도회에서 16세의 아름다운 소녀 나탈랴를 알게 되어 1831년에 결혼을 하였다.

그 사이 1830년에 《예브게니 오네긴》을 완성하고, 《벨킨 이야기》《고류히노 마을의 역사》《모차르트와 살리에리》 등 많은 작품을 발표했다.

푸슈킨의 아내 나탈랴는 미인이기는 하였으나 이해심이 없고 경박했으며, 사교계에만 빠져 있는 사치스러운 여인이었다. 궁중 무도회에서 인기를 독차지하고 있던 아내의 사치벽 때문에, 푸슈킨은 돈을 벌기 위해서 글을 써야만 하는 지경에 이르렀다.

그러나 푸슈킨은 이런 모욕적인 생활을 견뎌 내면서 《스페이드의 여왕》《대위의 딸》《청동 기사》와 같은 걸작을 계속해서 써냈다.

그러자 푸슈킨을 시기하고 있던 궁중 귀족들은 그의 부인 나탈랴와 근위 사관인 단테스와의 사이에 대해 과장해서 나쁜 소문을 퍼뜨렸다. 결국 푸슈킨은 자존심이 상하였고, 그는 단테스에게 결투를 신청하였다.

이 결투에서 푸슈킨은 치명상을 입고 이틀 후인 1837년 2월 8일에 숨을 거두었다. 푸슈킨은 이렇게 해서 안타깝게 38세의 짧은 생애를 마쳤다.

# 푸 치 니
## (1858~1924)

### ─현대 오페라의 거장─

베르디 이후, 이탈리아가 낳은 최대의 오페라 작곡가인 자코모 푸치니는 역사적인 도시 루카에서 태어났다.

푸치니의 집안은 이 유서 깊은 옛 도시 루카의 산 마르티노 성당에서 4대에 걸쳐 오르간 연주자를 지낸 음악가 집안이었다.

그러나 푸치니는 소년 시절에 특별한 음악적 재능을 보이지 않았고, 학교 성적도 그다지 좋은 편이 아니었다.

이러한 푸치니에게 결정적으로 오페라에 접근할 기회를 준 사람은 그의 스승 안젤로니였다. 안젤로니는 푸치니에게 베르디의 〈리골레토〉〈라 트라비아타〉〈일 트로바토레〉 등을 들려 주었다.

하지만 푸치니가 오페라에 매혹된 결정적인 계기가 된 것은 베르디의 유명한 오페라 〈아이다〉의 공연을 관람하고 나서이다.

1876년 3월, 피사에서 〈아이다〉 공연이 있다는 말을 듣고, 푸치니는 32킬로미터나 되는 먼 길을 걸어가서 관람하였다.

뒤에 그가 술회하듯이, 루카에서 피사까지 걸어가서 〈아이다〉를 보았을 때, 그에게는 섬광과도 같은 번쩍임이 일어나, 그 후부터 그의 마음은 오로지 오페라의 생각으로 가득 차게 되었다.

오페라 작곡가가 될 것을 결심한 그는 집안의 도움과 장학금을 받아 1880년 22세 때, 밀라노 음악 학원에 들어갔다.

그는 3년 후에 졸업하고 오페라 작곡 활동을 시작했다.

그러나 푸치니가 오페라 작곡가로서의 지위를 결정적으로 확보한 것은 토리노에서 상연된 오페라 〈마농 레스코〉였다.

3년이 걸려 1892년에 완성을 본 〈마농 레스코〉는 이듬해 2월 1일, 토리노 시의 왕립 극장에서 초연되었는데, 극장은 초만원을 이루었고, 비평가들도 이탈리아 각지에서 모여들었다. 관중들은 열광적이었고, 푸치니와 가수들은 30회 이상 무대에 나와서 인사를 했다.

이리하여 푸치니는 오페라 작곡가로서 확고한 위치를 굳혔고, 국제적인 명성을 얻게 되었다.

그의 나이 34세 때였다.

그 후, 푸치니는 그의 명작 시대를 맞게 되는데, 1896년의 〈라 보엠〉이 그것이다.

파리에서 생활하는 가난한 예술가 지망생들을 그린 이 오페라에서 당시의 청중은 푸치니가 서민들에게 품고 있는 따뜻한 마음을 느꼈으며, 더욱이 그의 애수를 띤 매력적인 가락을 인정하여 그의 작품에 큰 기대를 갖게 되었다.

〈라 보엠〉에 이어 푸치니는 1900년에 〈토스카〉를 발표했고, 이어서 1904년에 〈나비 부인〉을 작곡했다. 이 〈나비 부인〉은 1898년에 미

〈나비 부인〉의 포스터

국의 잡지 《세기》에 실려 많은 사람의 흥미를 끌었던 소설이다. 하지만 공연 시간이 3시간이나 되었던 오페라 〈나비 부인〉은 성공을 거두지 못했다.

그 밖에 1918년, 푸치니는 3부작의 오페라 〈외투〉 〈수녀 안젤리카〉 〈잔니 스키치〉 등을 잇달아 발표하여 지칠 줄 모르는 작곡에 대한 정열을 보였다.

그 후, 중국 전설을 소재로 한 〈투란도트〉에 착수했으나, 1924년 11월 29일, 브뤼셀에서 심장 마비로 생애의 막을 내렸다.

# 프랭클린
## (1706~1790)

### ―미국 건국에 이바지한 사람―

벤저민 프랭클린이 태어난 해는 영국이 북아메리카의 버지니아에 처음으로 식민지를 만든 지 꼭 100년째 되는 해이다.

프랭클린의 아버지는 독실한 청교도인으로서 1684년경에 미국으

프랭클린이 실험에 사용한 피뢰침 일부

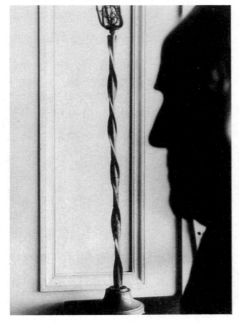

로 건너와 보스턴에 정착하여, 양초와 비누 사업을 시작했다.

프랭클린의 집안은 가난한데다 형제가 17명이나 되었다. 프랭클린은 밑에서부터 셋째였고, 아들로서는 막내였다. 17세 때, 프랭클린은 집안을 돕기 위해 학교를 그만두고 형이 경영하고 있던 인쇄소에 견습공으로 들어갔다.

거기서 착실히 일을 배우는 한편, 문장 연습과 산수, 기하, 철학 등을 혼자서 공부했다. 그 덕분에 형이 발행하던 《뉴잉글랜드 커런트》가 정부를 비판하는 기사를 실어 발행을 정지당했을 때, 형 대신 편집을 하고 익명으로 논문을 써서 상당히 인기를 끌었다.

그는 형의 인쇄소를 그만둔 후 필라델피아에서 인쇄소 직공으로 일하다가 런던으로 가서 18개월

동안 새로운 인쇄 기술을 익힌 다음 고향으로 돌아왔다.

귀국 후, 다시 전에 다니던 인쇄소에서 근무하다가, 1729년 23세 때에 자립했다. 그 다음 해에 《펜실베이니아 거젯》이란 신문을 발행하여, 재치 있는 문장과 온건한 사상으로 차차 대중의 인기를 얻게 되어 당시 최대의 발행 부수를 내는 신문사로 키웠다.

또한 훗날 미국에서 맨 처음에 발간된 잡지라고 일컬어지게 된 《제너럴 매거진》을 발행하기도 하고, 격언을 인쇄해 넣은 《가난한 리처드의 달력》을 내기도 했다.

이렇게 막대한 재산을 모으게 된 프랭클린은 차차 사회적 지위도 얻게 되었다.

1731년, 그가 25세 때 미국에서 처음으로 대출 도서관을 만들었는데, 이것이 나중에 필라델피아 도서관의 기초가 되었다.

또 과학에도 흥미를 가지고 편리한 가정용품, 그 중에서도 효율이 좋은 프랭클린 스토브와 하모니카 등도 발명했다.

그 후 42세 때 사업을 남에게 맡기고 실업계에서 손을 뗀 후, 공공 사업을 하면서 차차 정치가로서 활약하였다.

그는 1751년, 필라델피아의 대표로서 펜실베이니아 식민지 의회의 의원으로 선출되었다. 47세 때에는 전식민지 우체국 차장이 되어 우편 제도를 개혁하기도 했다.

그 외에도 1752년에 연을 날려 번개가 전기라는 것을 증명했고, 피뢰침을 발명하여 과학자로서도 알려지게 되었다. 또한 미국 철학 협회를 설립하기도 하고, 대학(훗날의 펜실베이니아 대학)과 병원을 세우기도 하는 등 공공 사업을 많이 했다.

이 무렵, 프랑스는 영국에 대항

하여 신대륙에 세력을 뻗쳐, 영국 식민지를 넘보기 시작했다. 그러다가 마침내 1754년, 프랑스와 영국 사이에 전쟁이 일어났다.

프랭클린은 올버니에 회의를 소집하여 펜실베이니아 의용군의 연대장이 되어 군대를 지휘했다. 이 전쟁은 영국의 승리로 끝났다.

그는 의회의 대표로서 식민지의 독립 전쟁이 일어나기 바로 전까지 영국에 머물러 있으면서, 식민지와 본국 사이에 일어난 여러 가지 문제를 처리했다.

영국은 전쟁으로 입은 손해를 보상하기 위해 식민지에 인지세를 내도록 강요했다.

이것은 인지 조례라 하여, 1765년에 영국 의회가 북아메리카 13개 식민지에 대하여 증서, 신문, 광고 등의 모든 인쇄물에 인지를 붙여 그 세금을 물도록 명령한 것이다.

이것은 식민지 주민의 권리를 무시하는 것이었다.

프랭클린은 크게 분개하여 영국 의회와 교섭을 하여 식민지를 착취하는 이러한 악법을 폐지하라고 역설하였다.

또 1773년, 규정된 차 조례에 대해서 식민지 주민들이 반발을 하여, 동인도 회사의 차 상자를 바닷속에 집어 넣는 등의 사건이 일어났다. 그러자 이러한 사건을 막기 위한 방법으로서 영국은 여러 가지 불합리한 법을 만들어 식민지 주민에 대해 부당한 태도로 나왔다.

영국을 믿고 있던 프랭클린은 영국의 처사가 이렇게 가혹해짐에 따라 영국으로부터 독립을 해야 한다는 생각을 하였다.

한편 1775년, 보스턴 교외 콩코드에서 식민지 주민들과 영국군이 충돌하였다. 마침내 미국의 독립 전쟁이 시작된 것이다. 그것은 프랭클린이 영국에서 귀국하는 도중에 일어났는데, 귀국하자 곧 펜실베이니아 대표로서 대륙 회의에서 활약했다.

다음 해인 1776년에는 70세의 노령으로 독립 선언문을 작성하는 위원 중의 한 사람으로 선출되었다. 그 밖에 1778년에는 프랑스로 건너가서 프랑스와 동맹을 맺는데, 성공하여 독립 전쟁을 승리로 이끄는 뛰어난 외교적 수완을 발휘하기도 하였다.

프랭클린이 전기 현상 연구에 사용한 정전기를 일으키는 기구

이윽고 1783년에는 독립한 미국 대표로서 파리에서 강화 조약을 맺었고, 귀국한 후 1785년, 펜실베이니아 주의 지사가 되었다. 또 1787년에는 헌법 제정 회의에 참가하여 미국 건국을 위해 많은 노력을 했다.

1788년에 공직 생활에서 은퇴한 그는 1790년 4월 17일, 수많은 사람들이 아쉬워하는 가운데 84세로 필라델피아에서 세상을 떠났다.

# 프로이트
## (1856~1939)

### -정신 분석학의 창시자-

오스트리아의 심리학자이며 정신 의학자인 지크문트 프로이트는 모라비아의 작은 도시 프라이베르크에서 태어났다.

그의 아버지 야코프 프로이트는 모직물 상점을 경영하였는데, 40세 때 아내를 잃고 20년이나 차이나는 젊은 여자와 재혼했다. 프로이트는 이 두 번째 아내와의 사이에서 태어났다.

프로이트가 3세 때, 모직물 상점의 형편이 어려워지자 프로이트 집안은 빈으로 옮겨 갔다.

10세가 되기까지 프로이트는 학교에 가지 않고 집에서 아버지의 가르침을 받았는데, 아버지는 프로이트의 머리가 매우 좋고 이해력이 빠른 데 대해 놀란 적이 한두 번이 아니었다. 그는 어렸을 때 이미 라틴 어, 그리스 어를 익혔을 뿐 아니라 영어, 프랑스 어를 배웠고, 이탈리아 어와 에스파냐 어에도 손을 대기 시작했다.

프로이트는 1873년에 빈 대학에 들어갔으나 자신이 유대 인이라는 것 때문에 많은 고민을 했다.

빈 대학에서 프로이트는 신경 조직에 대한 연구를 했다. 그 곳에서 그는 평생 동안 친밀하게 지낸, 14살이 많은 브로이어를 만나 큰 도움을 받았다.

두 사람은 1882년부터 히스테리(정신적 원인으로 일어나는 병적인 흥분 상태)에 대해 함께 연구를 시작하여, 1895년에는 《히스테리 연구》를 공동으로 발표하였다.

프로이트는 대학에서 외과, 내과, 정신과, 피부과, 이비인후과 외에 신경 병리학은 물론 뇌 해부학도 파고들었다.

1885년에 신경 병리학과 강사가 되었으나 파리 대학으로 유학의 길을 떠났다. 신경과 의사가 된 프로이트는 빈으로 돌아와서 마르타라는 여성과 결혼했다.

프로이트는 히스테리라는 증세는 여성에게만 있는 것이 아니라 남성에게도 있다는 사실을 빈의 의사회에 보고했으나 사람들의 반박을 샀다.

그러나 그는 꾸준히 연구를 거듭하면서 《히스테리 연구》《꿈의 해석》《일상 생활의 정신 병리학》《토템과 터부》《정신 분석학 입문》 등의 많은 책을 저술하였다.

프로이트가 51세가 되면서 그의 학설이 인정받기 시작했다.

그러나 1933년 5월, 베를린에서 프로이트의 저서와 정신 분석학 관계의 책들이 금서로서 불태워지고, 1936년 3월에는 게슈타포(나치스의 비밀 경찰)가 국제 정신 분석 출판소의 전 재산을 압수했다.

1938년, 나치스에 의해 오스트리아가 합병되고 유대 인 추방 운동이 벌어지자, 프로이트는 런던으로 망명했다.

그 곳에서도 그는 연구 활동과 집필을 멈추지 않았다.

그러나 이듬해인 1939년 9월 23일, 그는 암으로 런던 메어리스필드 가든에서 사망했다.

# 프 뢰 벨
## (1782~1852)

## ―유치원을 창설한 교육자―

프리드리히 프뢰벨은 페스탈로 치의 사상을 이어받아, 세계 최초로 유치원을 창설한 사람이다.

프뢰벨은 독일 튀링겐의 작은 마을에서 목사의 여섯째 아들로 태어났다. 그는 토지 측량사가 되었는데, 1805년에 건축가가 될 생각으로 프랑크푸르트로 나왔다.

그 곳에서 우연하게 페스탈로치의 제자인 그루너를 만나, 그의 영향으로 초등 학교 교사가 되었다. 이것이 계기가 되어 그 후 교육 사업에 일생을 바치게 되었다.

어렸을 때에 쓸쓸하게 자란 프뢰벨은, 아이들을 교육하는 데는 많은 사랑을 갖고 대해야 한다는 생각을 갖고 있었다.

그래서 그는 그루너로부터 소개장을 받아 페스탈로치가 경영하고 있던 학교로 찾아갔다. 그리고 그

곳에서 2년 동안 가르침을 받았다. 그 동안에 그는 나름대로 교육에 대한 생각을 갖게 되었다.

1816년, 마침내 자신의 생각을 실행할 수 있는 좋은 기회가 찾아왔다. 형들이 사망하여 그가 조카들의 뒷바라지를 하게 된 것이다.

그래서 그는 다른 아이들도 모아 카일하우 산마으라에 새로운 학원을 열고, 자신이 생각하는 교육을 하기 시작했다.

그는 만물에는 신의 본성이 깃들어 있다고 믿고, 아이들에게서 그것을 발전시키는 것이 교육의 임무라고 생각하였다. 그것은 그의 저서 《인간 교육》에서도 잘 나타나 있다.

그러나 그가 생각하고 있는 진보적인 교육은 다른 교육자와 교회, 정부로부터 위험한 사상이라는 지

목을 받아 많은 박해를 받았다.

그러나 프뢰벨은 용기를 잃지 않고 아이들을 교육시키는 일에 온 정성을 쏟았다.

그리하여 12년 동안이나 이 학원을 이끌어 나갔다.

1837년, 그는 블랑켄부르크에 어린이들의 놀이터이며 작업하는 장소인 유치원을 열어, 아이들과 놀면서 아이들을 바르게 이끌어 가는 교육을 시작했다.

노래나 율동을 통해서 어린이의 성격을 바르게 이끌고 창조력을 기르는 교육을 시작한 것이다.

그리고 아이들을 이끌어 가려면 무엇보다도 어머니의 사랑이 소중하다고 생각했다.

그래서 그는 부모들을 교육하고 그들을 대상으로 강연 여행을 하면서 자신의 생각을 사람들에게 알리고, 독일 각지에 유치원을 개설하는 운동을 일으켰다.

그런데 프로이센 정부 때문에 유치원들이 모두 문을 닫게 되고 말았다.

유치원 개설 운동에 노력해 온 프뢰벨은 이 소식을 듣고 매우 안타까워했다.

1852년, 교육 운동에 일생을 바친 프뢰벨은 70세의 생애를 마쳤다. 그러나 그가 죽은 후, 비로소 유치원 교육의 중요성이 널리 인식되어 세계 여러 나라에 많은 유치원이 세워졌다.

# 플 라 톤
## (기원전 427~기원전 347)

## ―고대 그리스의 철학자―

플라톤은 고대 그리스의 위대한 철학자이다.

그는 아테네의 명문 집안의 아들로 태어나 젊은 시절에는 정치에 뜻을 두었다.

그러나 소크라테스가 처형당하는 것을 보고 어리석고 어두운 당시 아테네의 정계에 절망을 느껴 관계를 끊었다.

그 후 그는 인간의 존재를 찾기

플라톤과 아카데메이아

위해 소크라테스의 철학을 파고 들게 되었다.

그는 여러 곳을 두루 여행하고 돌아온 후, 기원전 387년경에 아테네 교외에 학교와 연구소를 겸한 아카데메이아라는 학원을 설립하였다.

그리고 철학 연구에만 전념하며 80세까지 그 곳에서 보냈다.

아카데메이아는 플라톤이 죽은 후에도 계속되어서 529년, 동로마 황제인 유스티아누스가 금지령을 내릴 때까지 900년 동안 계속 이어졌다.

만년에는 시칠리아에 두 번이나 건너가서 시라쿠사의 참주 디오니시우스 2세를 교육해서 이상적인 정치를 실현하려고 하였다.

그러나 전쟁에 휘말려 그의 뜻은 좌절되고 말았다.

이 시도는 선정의 실현을 주요 목적으로 하는 그의 철학의 방향을 나타내 주고 있다.

플라톤이 살아 있을 때, 발표한 약 30편에 이르는 저작은 그대로 오늘날까지 보존되어 있다.

그 작품들은 한 편을 제외하고는 모두 일종의 희곡이라 할 수 있고, 여러 가지 논제를 둘러싸고 철학적 논의를 한 것이기 때문에 대화편이라고 불린다.

집필 연대에 따라서 (1) 소크라테스를 중심으로 해서 주로 덕이 무엇인가를 논하고, 대개 아포리아(정돈 상태)에 빠져서 끝나는 전기 대화편. (2) 영혼의 불멸에 관한 장려한 미토스(신화)로 꾸며지고, 소크라테스가 이데아 론을 말하는, 문예 작품으로는 가장 무르익은 중기 대화편. (3) 철학의 논리적 방법에 대한 관심이 강하고, 영혼과 이데아에 관한 설이 소크라테스의 모습과 더불어 차차 사라져 가는 것처럼 보이는 후기 대화편으로 나누어진다.

저서로는 《소크라테스의 변명》《향연》《국가》등 약 30편의 대화편이 있다.

아테네 학당  이 곳에서 피치노는 플라톤의 고전을 연구하였다.

# 플 레 밍
(1881~1955)

## ─페니실린을 발견한 세균학자─

페니실린을 발견하여 의학계에 커다란 전환을 가져온 알렉산더 플레밍은 영국의 스코틀랜드 남서부의 록필드에서 태어났다.

그는 런던 대학의 세인트 메리 병원 부속 의학교에 입학하여 의학을 공부했으며, 졸업한 후에는 병원의 연구실에 들어가 유명한 세균학자 A. E. 라이트 밑에서 일했다.

그 후 40년 동안 이 연구실에서 세균 연구를 계속했다.

1928년 그는 화농증의 원인이 되는 포도상 구균을 세균 배양기를 이용해 배양하고 있었다.

한천에 고기즙 같은 양분을 섞은 다음 굳혀서 만든 반투명의 세균 배양기에 포도상 구균을 심어 놓으면, 거기서 노란 깨알을 뿌려 놓은 것처럼 포도상 구균의 집합체가 생겨나게 된다.

어느 날, 한 배양기의 뚜껑을 열어 보니 어찌 된 셈인지 배양기 안에 노란 포도상 구균은 보이지 않고 푸른곰팡이가 가득히 번식해 있었다.

'이것은 푸른곰팡이에서 무엇인가 포도상 구균이 자라는 것을 방해하는 물질이 나오는 것임에 틀림없다. 그래서 포도상 구균이 이 푸른곰팡이 둘레에서 번식

2주간 배양한 푸른곰팡이

하지 않는 것이다. 만약 이 생각이 맞는다면, 푸른곰팡이에서 그런 물질을 뽑아 내어 포도상 구균으로 생기는 병을 치료할 수도 있을지 모른다.'

이렇게 생각한 플레밍은 곧 그 푸른곰팡이의 홀씨를 다른 세균 배양기에 옮겨 심어 놓고, 곰팡이가 자라기 쉬운 섭씨 23도가 되는 방 안에 넣어 두었다. 그 후 8일쯤 지나자, 배양기의 표면은 융단을 깔아 놓은 듯이 푸른곰팡이로 덮여 있었고, 그 밑의 액체는 아름답게 빛나는 황금빛으로 변해 있었다.

이 액체는 8백 배로 묽게 하더라도 세균이 자라는 것을 억누르는 힘을 지니고 있었다. 플레밍은 이 물질을 푸른곰팡이의 학명인 페니

실룸을 따서 페니실린이라고 이름 붙였다. 그리고 페니실린은 독성이 적기 때문에 치료약으로 쓸 수 있을지도 모른다는 논문을 1929년에 학술 잡지에 발표했다.

1940년에 옥스퍼드 대학의 연구원인 어니스트 보리스 체인과 하워드 월터 플로리는 이 연구를 진행시켜, 페니실린이 세균으로 생기는 여러 가지 병에 좋은 효력이 있다는 것을 증명했다.

이리하여 1945년도의 영광스런 노벨 의학 및 생리학상은 페니실린을 발견한 플레밍과 체인, 플로리 등 세 사람에게 수여되었다.

플레밍은 런던 서남부의 자치 구역인 첼시의 자택에서 1955년 3월 11일, 74세로 숨을 거두었다.

# 플로베르
## (1821~1880)

## ─사실주의 문학의 창시자─

귀스타브 플로베르는 《보바리 부인》《성 앙투안의 유혹》 등의 명작을 남긴 프랑스의 소설가이다.

그는 문학사상 본격적인 사실주의 문학을 창시한 작가이다.

플로베르는 세밀하게 자료를 수집하고 현지를 답사한 후, 자기의 개인적인 생각이나 선입관이 작품에 반영되는 것을 피하고, 철저히 객관적인 태도로 작품을 썼다.

플로베르는 1821년 12월 12일, 노르망디의 루앙 시에서 태어났다. 아버지는 루앙 시립 병원의 유명한 외과 의사였다.

플로베르는 중학교에 다닐 때부터 소설을 쓰기 시작하여 《광인의 수기》《11월》 등을 썼다. 파리 대학에 다닐 때에는 법학을 공부하였으나, 간질 비슷한 신경성 지병이 발병하여 문학에 전념하게 되었으며, 《감정 교육》과 《성 앙투안의 유혹》의 초고를 쓴 후부터는 낭만파의 영향을 받아 산만했던 작풍을 극복하게 되었다.

그 후 1857년 대표작 《보바리 부인》을 발표함으로써, 프랑스에서 최고의 소설가로서의 명성을 얻게 되었다.

이 소설을 쓰기 시작하던 무렵부터 사람들은 그를 볼 수가 없었다.

《보바리 부인》의 모델이 된 건물

왜냐 하면, 루앙 시 교외 센 강
변의 크루아세의 별장에서 어머니
와 일찍 죽은 누이동생의 딸인 조
카, 늙은 하녀와 함께 조용히 지냈
기 때문이다.

그러나 기분 전환이나 취재를 하
기 위해 여행을 떠나기도 하고, 파
리에 나가 공쿠르, 도데, 졸라, 투
르게네프 등과 만나 재미있게 얘기
를 하며 보내기도 했다.

《보바리 부인》에서 현대의 풍속
을 묘사한 플로베르는 방향을 바꾸
어 고대 카르타고의 서사시적 문체
로 역사 소설 《살람보》를 1862년
에 발표하기도 했다.

그 후, 다시 자서전적인 요소가
강한 현대 소설 《감정 교육》을
1869년에 썼다.

이어 고대 이집트 시대에 고행하
던 성직자의 환상을 묘사한 대화
형식의 작품인 《성 앙투안의 유혹》
을 1874년에 썼다.

플로베르의 작품들은 수는 적지
만 어느 작품이나 잘 갈고 다듬은
독자적인 문체를 자랑하고 있으
며, 주옥 같은 단편을 모은 《세 가
지 이야기》는 이들 다채로운 문체
의 표본 같은 느낌을 준다.

플로베르는 그의 마지막 작품인
《부바르의 페퀴셰》를 집필하다가
완성하지 못한 채 1880년 5월 8
일, 갑자기 세상을 떠났다.

# 플루타르크
## (46 ? ~120 ?)

## —그리스의 철학자, 작가—

플루타르크는 그리스의 철학자이며 전기 작가로서, 특히 그의 작품 《영웅전》은 오늘날에도 널리 읽히고 있다.

플루타르크는 46년경, 그리스의 카이로네이아에서 태어났다.

그는 아테네에서 수사학(독자에게 감동을 주기 위하여 문장, 사상, 감정을 효과적으로 표현하기 위한 방법을 연구하는 학문) 및 과학, 철학을 공부했는데, 특히 플라톤 철학에 깊은 흥미를 느꼈다.

플루타르크는 그리스, 소아시아, 이집트, 이탈리아 등지를 여행한 후, 로마에서 철학을 가르치며 살았다.

그러다가 카이로네이아로 돌아와 집정관을 지냈다. 플루타르크는 카이로네이아에서 사설 학원을 열고 그리스 철학과 로마 철학을 강의하는 한편, 틈틈이 독서와 저술에 몰두하였다.

그의 철학책들은 별로 깊이가 없고 조잡하다는 약점이 있으나, 일반 대중이 이해하기 쉽고 재미가 있다는 장점도 있다.

그 밖에도 그는 고고학, 교육학, 인종학, 병원학, 음악, 언어학, 정치학, 역사학, 문학, 천문학, 지리학, 수학, 물리학, 심리학, 동물학 등 여러 방면에 걸쳐서 많은 저술을 남겼다.

그러나 플루타르크의 이름을 후세에까지 남게 한 것은 역시 그의 대표작인 《영웅전》이다.

이 《영웅전》은 테세우스와 로물루스, 알렉산더와 카이사르, 데모스테네스와 키케로처럼 서로 닮은 점이 있는 그리스와 로마의 유명했던 정치가, 군인 등 50명의 생애를 대비해 가면서 기록한 전기이다.

처음에 그리스 사람이 나오고 다음에 로마 사람, 그리고 이 두 나라 사람의 비교 연구가 뒤따른다.

위인들의 훌륭한 언행은 물론, 악한 인물들의 행동에서도 독자들에게 윤리적인 면을 가르칠 수 있다고 생각한 저자는 폭넓은 그의 지식을 동원하여 대상 인물의 일생을 서술하였다.

《영웅전》은 그것을 읽는 독자들이 스스로를 반성해 볼 수 있는 하나의 거울이기 때문에, 후세의 많은 사람들에게 깊은 감동을 주면서 지금까지도 널리 읽힌다.

비록 역사에 나타난 사실과 약간 다른 점이 있다 하더라도, 《영웅전》은 플루타르크 자신이 밝히고 있는 바와 같이, 역사의 기록이 아니라 한 인간의 생애의 기록인 것이다. 영국의 대문호 셰익스피어도 《줄리어스 시저》《안토니우스와 클레오파트라》《코리올라누스》 등의 작품을 쓰는 데 《영웅전》의 도움을 많이 받았다고 한다.

《영웅전》 중에서도 테미스토클레스, 페리클레스, 아리스테이데스, 알렉산더, 술라, 카이사르, 키케로, 카토 등의 전기가 뛰어난 걸작으로 평가되고 있다.

# 피 사 로
## (1475 ? ~1541)

### ─잉카 제국을 정복한 탐험가─

15~16세기에 인디오가 세운 잉카 제국은 지금의 페루를 중심으로 하여 북쪽으로는 콜롬비아, 남쪽으로는 칠레에 이르고, 동서로는 태평양에서 아마존 정글에까지 걸친 영토 위에 강력한 세력을 키워 나갔다.

잉카 인들은 그 당시 아메리카 대륙에 살았던 수많은 종족 중에 마야·아즈텍과 더불어 찬란한 문화를 꽃피운 민족이다.

이런 잉카 제국을 정복한 사람이 바로 에스파냐의 피사로이다.

프란시스코 피사로는 1475년경 에스파냐에서 사생아로 태어났다.

그는 배운 것도 없이 일찍이 군인이 되었고, 1510년에 라틴 아메리카 원정대에 참가하여 발보아와

콜롬비아의 작은 동굴에서 나온 황금 뗏목  온통 금으로 만들어진 이 뗏목이 바로 세계의 수많은 탐험가들이 찾아 헤맸던 '엘도라도(황금의 마을)'일지도 모른다.

잉카 제국의 수도였던 쿠스코 부근에 있는 마추픽추의 성곽 도시

함께 태평양을 발견한 27명의 에스파냐 사람 가운데 한 사람이다.

그 후 발보아가 죽자, 그의 후계자가 되어 마침내 잉카 제국의 정복을 꾀하기에 이르렀다.

피사로는 1524년과 1526년 두 차례에 걸쳐 잉카를 탐험하는 동안에 잉카 제국이 왕위 다툼으로 혼란한 것을 알고 에스파냐로 돌아가, 카를로스 국왕에게 잉카를 정복할 것을 제의했다. 국왕은 피사로를 총독으로 세우고, 잉카 제국을 정복할 준비를 갖추도록 하였다.

1531년, 피사로는 세 척의 배에 부하 180명과 말 27필을 싣고 에스파냐의 사절이라는 명목으로 잉카를 방문하였다.

이 때 5천 명의 호위병을 이끌고 나온 잉카 제국의 황제를 기습적으로 체포하여 황제의 목숨을 살려 주는 대신 많은 금은 보화를 받아 내고, 1533년에는 잉카 제국의 황제를 에스파냐 왕에 대한 반역죄를 씌워 처형하였다.

이렇게 해서 찬란한 문명을 꽃피웠던 잉카 제국은 200명도 안 되는 군대에게 무너지고 말았다.

피사로는 1535년에 수도 리마를 건설하여 지배하다가 알마그로와 사이가 나빠져 그를 죽이고 권력을 잡았으나 1541년 6월 26일, 자신도 부하에게 암살당하였다.

# 피 어 리
(1856~1920)

## ─최초로 북극점에 도달한 탐험가─

1909년 4월 6일은 인간이 최초로 지구에서 가장 북쪽 끝인 북극점에 도달한 날이다.

얼음 위에 깃발을 꽂고 가슴 벅차게 바라보고 있는 이 날의 주인공인 로버트 에드윈 피어리는 1856년 5월 6일, 미국의 펜실베이니아 주에 있는 크레슨에서 태어났다.

북극점을 정복하려는 꿈을 키워 왔던 그는 1902년, 북위 84도 17분까지 갔다가 다시 되돌아왔다.

그는 이 때 북극 탐험을 하려면 튼튼한 배를 타고 그린란드까지 가서, 거기서부터는 썰매로 가야한다는 것을 알게 되었다.

1905년 7월, 피어리는 루스벨트 호를 이끌고 뉴욕을 떠나 북극으로 향했으나, 날씨가 나쁜데다 식량과 연료가 부족하여 도중에 돌아올 수밖에 없었다.

그 지점은 북위 87도 6분으로, 북극점을 겨우 300km 앞둔 곳이었다.

1908년 7월 6일, 피어리는 또다시 북극점을 향해 뉴욕을 떠났다.

52세가 된 피어리는 이번이야말로 북극점을 정복하는 마지막 기회

《북극 탐험의 영웅들》 표지

라고 생각하였다.

22명의 탐험대를 실은 루스벨트 호는 그린란드 북서쪽의 요크 곶에 닻을 내리고, 에스키모 22명과 썰매개 250마리를 태웠다.

다시 얼음덩어리들을 헤치고, 빙산을 깨뜨리면서 항해를 계속하며 앞으로 나아갔다.

9월 5일, 탐험대는 셰리단 곶에 닿았다. 이 곳에서 겨울을 보낼 준비를 하면서 부하를 시켜, 그린란드 북쪽 끝에 있는 콜롬비아 곶에 전진 기지를 만들게 하였다.

1909년 2월 말, 탐험대는 콜롬비아 곶에 닿았다.

그 곳에서 북극점까지는 일직선으로 660km가 되었지만, 얼음으로 덮힌 바다에다 눈보라 때문에 앞이 제대로 보이지 않았다.

피어리는 마지막 기회를 놓치지 않으려고 새로운 방법을 시도하기로 했다.

그것은 대원을 여섯 팀으로 나누어, 한 팀이 길을 개척해 나아가면 나머지 다섯 팀이 뒤따르는 방식이었다.

피어리의 이 방법은 성공을 거두어, 1909년 4월 6일에 드디어 북극점에 도달하게 되었다.

강한 의지로 북극점을 정복한 피어리는 1920년 2월 20일, 워싱턴에서 일생을 마쳤으며, 그의 북극점 정복은 역사를 빛낸 기록으로 남아 있다.

# 피카소
## (1881~1973)

### ―20 세기 미술 운동의 선구자―

파블로 피카소는 20세기의 미술을 이끌어 간 화가이다.

그는 에스파냐의 지중해 연안인 말라가에서, 가난한 미술 학교 선생의 아들로 태어났다.

그는 어려서부터 학교에 가기 싫어하여 부모의 속을 썩였으나, 그림만은 매우 잘 그려서, 12세 때 그린 작품을 보고 아무도 소년이 그린 그림으로 생각하지 못할 만큼 그의 솜씨는 뛰어났다.

15세 때에 마드리드 왕립 미술 학교의 입학 시험에 합격했으나, 곧 중퇴해 버리고 말았다.

1904년부터 피카소는 파리의 몽마르트르에 머물면서 자코브를 비롯하여 시인인 아폴리네르와 살몽, 그리고 화가 반동겐 등과 어울리면서 애수에 찬 가난한 사람들의 생활 모습을 어둡고 강렬한 푸른 색조로 그리기 시작했다.

1901년부터 4년까지의 이 시기를 피카소의 '청색 시대'라고 부른다. 〈모자〉〈늙은 기타레로〉〈다림질하는 여인〉〈간소한 식사〉 등이 이 시기의 대표적인 작품들이다.

피카소는 1905년에 네덜란드를 여행했다. 이 무렵부터 그의 작품의 색조가 푸른빛에서 분홍빛으로 바뀌었으며, 작품은 감미로운 경향을 띠어 갔다.

그러나 1907년경부터 갑자기 작풍이 달라지기 시작했다.

즉, 그 때까지의 그림처럼 눈에 비치는 형태를 그대로 표현하는 것이 아니라, 좀더 자유스런 분위기에 접하려고 한 것이다.

〈게르트루드스타인 상〉〈두 사람의 나부〉 등은 이러한 변화의 과정을 잘 나타내고 있으며, 1907년에 완성한 〈아비뇽의 아가씨들〉은 최초의 입체주의 작품이라고 일컬어지고 있다.

이처럼 그는 지금까지 볼 수 없었던 새로운 미의 세계를 창조하여 20세기 미술의 방향을 제시했지만, 그 무렵에는 그의 그림을 부정하는 사람이 많았다.

1924년경부터 그의 화풍은 또다시 바뀌어, 입체주의적인 조형 방법을 가미하면서 괴상하고 기분 나쁜 사람의 얼굴 모습 등을 그리는 등, 초현실주의의 경향이 뚜렷이 나타났다.

1937년, 프랑코 장군을 원조하는 독일군(히틀러 군)의 폭격기가 에스파냐의 게르니카 시를 무차별 폭격하는 것을 보고 피카소는 격분하여, 마침내 그의 불멸의 대작 〈게르니카〉를 그렸다.

〈게르니카〉는 피카소의 대표작으로, 입체주의로부터 초현실주의에 이르기까지 모든 피카소의 수법이 종합적으로 표현되어 피카소의 특유의 예술을 창조하고 있다.

피카소는 도자기 제작에도 심취하다가 1973년, 심장 마비로 일생을 마쳤다.

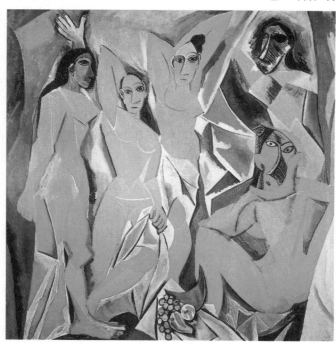

〈아비뇽의 아가씨들〉 피카소는 이 작품을 그릴 때 흑인 조각품과 이베리아 미술을 보고 형태를 인용했다고 전해진다.

589

# 피타고라스

## (기원전 582 ? ~기원전 497 ? )

### -고대 그리스의 수학자-

피타고라스는 에게 해의 사모스 섬에서 태어난 그리스의 철학자이며 수학자이다.

젊었을 때는 이집트, 바빌로니아 등 선진국을 여행하며 수학을 공부하다가, 40세쯤 고향에 돌아와 학교를 세우고 계속해서 수학을 공부했다.

이 때 모여 공부한 사람들을 피타고라스 학파라 하며, 이들은 종교적인 색체가 매우 짙었다.

그는 저서를 하나도 남기지 않았기 때문에, 그의 업적이 자신의 것인지 초기의 제자들의 것인지, 구별을 할 수 없다.

다만 제자인 필로라오스와 그 밖의 학자들의 단편적인 기록에 의해서, 당대의 피타고라스와 그 일파의 업적이 알려져 있을 뿐이다.

피타고라스는 만물의 근원을 수라고 했다. 이 수는 물론 자연수를 말한다.

피타고라스가 수학에 기여한 공적은 매우 크며, 그 영향이 플라톤과 유클리드를 거쳐 근대에까지 미치고 있다.

그는 천문학에도 큰 영향을 끼쳤다. 즉 지구가 둥글다고 믿었으며, 불을 중심으로 해서 지구와 태양과 그 밖의 혹성이 둥근 궤도로 돈다는 일종의 지동설을 주장했다. 그러나 다른 학자들은 이를 인정하지 않았다.

피타고라스에 의해 처음으로 증명된 빗변의 길이의 제곱은 다른 두 변의 길이를 각각 제곱하여 합한 것과 같다는 것이 그 유명한 피타고라스의 정리이다.

이 정리는 다음과 같은 말로 바꾸어 표현할 수 있다.

'직각삼각형의 빗변을 한 변으로 하여서 그린 정사각형의 넓이는, 다른 두 변을 각각 한 변으로 한 두 정사각형의 넓이를 합한 것과 같다.'

이 정리에 있어서 세 변이 3 : 4 : 5의 비율인 삼각형이 직각삼각형이 된다는 것은 예로부터 이집트, 바빌로니아, 인도, 중국 등지에서도 알려져 있었으나, 그것을 수학적으로 증명한 것은 피타고라스가 처음이다.

피타고라스가 죽은 후에도 그의 학파는 연구를 계속했다. 그래서

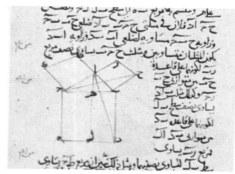

그리스에 소개된 피타고라스 정리

피타고라스와 그의 학파는 수학에서 훌륭한 업적을 많이 남겼다.

그 업적 중에는 피타고라스의 정리 외에도, 삼각형의 내각의 합이 180°라는 사실의 증명, 삼각형의 합동에 관한 연구 등이 있다.

# 하　비
(1578~1657)

## ―근대 의학의 아버지―

인체를 해부하여 그 구조를 처음으로 밝힌 벨기에의 해부학자 베살리우스를 근대 의학의 시조라고 한다면, 혈액 순환을 밝힌 윌리엄 하비는 근대 의학의 아버지라고 할 수 있을 것이다.

하비는 영국의 남해안에 면한 켄트 주의 포크스턴이라는 도시에서 태어났다. 집안은 넉넉했고, 아버지는 그 고장의 유지였다.

초등 교육을 받은 다음, 16세 때 케임브리지 대학에 들어가서 의학을 배웠으며, 졸업 후엔 의학을 더 연구하기 위해 이탈리아의 파도바 대학에 유학했다.

그 무렵의 이탈리아는 세계에서 의학이 가장 발달한 나라였고, 파도바 대학이라고 하면 의학의 본고장으로서 손꼽히는 대학이었다.

유명한 베살리우스가 교수로 근무했던 곳이며, 그 뒤를 이어서 그 당시의 해부학의 제일인자였던 파브리키우스(1537~1619)가 강의를 하고 있었다. 60세가 넘은 이 노교수는 하비가 유학했을 무렵 정맥판에 대해서 연구하고 있었는데, 하비는 이 사람 밑에서 새로운 의학을 열심히 배웠다.

그는 파브리키우스를 도와서 실험을 하다가, 심장에서 나오는 혈액의 순환에 대해서 깊은 관심을 갖게 되었다.

1615년부터 하비는 왕립 의과 대학의 교수로서 해부학과 외과학을 강의하게 되었다. 한편으로 그는 또 다른 연구를 하고 있었다.

그 무렵 그의 머릿속에는 혈액 순환에 관한 생각이 거의 정리되어 있었다. 심장에 있는 혈액은 동맥을 따라서 온몸에 보내졌다가, 이

592

번에는 정맥을 지나서 심장으로 되돌아온다. 다시 말하면, 혈관이 어딘가에 연결되어 있어서 혈액이 온 몸을 빙빙 돌고 있음에 틀림없다.

하나의 심방에서 30분 동안에 밀어 내는 혈액의 양은 어른의 몸 전체의 혈액 양보다 훨씬 많다. 조그마한 심방에 이렇게 많은 혈액이 들어 있을 리가 없다. 그럼에도 불구하고 이렇게 많은 혈액이 몸의 어디에서 나올까?

짧은 시간 동안에 이토록 많은 혈액이 만들어진다고는 생각할 수 없고, 또한 이렇게 많은 혈액이 순식간에 몸 속에서 쓰여져 없어진다고도 생각할 수 없다. 역시 혈액은 몸 속을 순환하고 있는 것이다.

이런 생각은 지금의 우리들에게는 상식이 되어 있지만, 당시에는 대단히 놀라운 학설이었다.

이 새로운 학설은 1628년에 독일의 프랑크푸르트에서 《혈액 순환의 원리》라고 하는 작은 책으로 나와 의학계에 큰 반향을 불러일으켰다. 어떤 학자들은 욕을 퍼부었고, 한때는 하비를 찾아오는 환자의 수도 부쩍 줄었다고 한다.

그러나 이윽고 그의 학설은 학계에서 인정을 받게 되었고, 근대 생리학의 중요한 기본 원리로서 의학 분야의 핵심적인 한 부분을 차지하게 되었다.

# 하 이 네
(1797~1856)

## ―절묘한 음악성의 시인―

독일의 뛰어난 시인인 하인리히 하이네는 1797년 12월 13일, 뒤셀도르프에서 태어났다.

집안이 가난했던 하이네는 부자인 큰아버지의 도움으로 본, 베를린, 괴팅겐 등의 대학에서 법률학을 공부했다.

그러나 문학에 뜻을 두고 있던 하이네는 1822년에 첫 시집을 내고, 1826년에 《노래의 책》을 발표했다. 이 작품들은 소박하면서도 감미로운 율조로 하이네로 하여금 당대 제일의 서정 시인이 되게 하였다. 내용은 거의 연애시인데, 그의 사촌 누이 아말리에에 대한 연정을 절망과 풍자와 자조를 통해 애절하게 노래하고 있다.

한편, 샤를 10세의 전제 정치에 항거하여 국민들이 들고 일어선 7월 혁명은 하이네의 사상과 생애에 일대 전환을 가져다 주었다.

1831년, 급진적 자유주의자로 시민적 자유를 동경한 하이네는 조국의 환영을 받지 못하자 아우크스부르크 일반 신문의 통신원으로 파리로 건너가, 그 곳에 자리를 잡고 살았다.

그는 프랑스에 대해서도 많은 관심을 기울여 1832년에 《프랑스의 현상》을 냈고, 1833년에 새로운 관점에서 독일 문화를 연구한 《낭만파》를, 그리고 1834년부터 1840년까지에 걸쳐 《살롱》이라는 표제로 일련의 평론집을 발표하였다.

그러나 1835년에 그의 모든 저작이 독일 연방 의회에 의하여 발매 금지되었다.

그는 1843년과 1844년 두 차례에 걸쳐 자기의 조국 독일에 다녀왔으며, 그 때 그가 받은 인상을

바탕으로 하여 예리한 풍자를 담은 《아타 트롤》과 《독일, 겨울 이야기》를 발표하였다.

항상 생활이 무절제했던 그는 1845년부터 척추를 앓기 시작했다. 1847년 무렵부터 병이 더욱 악화되기 시작해서 1848년 이후로는 비참한 말년을 보냈으며, 척추병에 시달려 작품도 일종의 종교적 경향을 띠게 되었다.

그의 작품은 연애시나 산문시에 있어서도 쉽고 소박한 민요조를 즐겨 구사하고 있는데, 음악성은 매우 뛰어나다.

〈로렐라이〉로 대표되듯이, 아름다운 여운을 주는 그의 시구는 다른 시에서는 그 예를 찾을 수 없을 정도로 많은 음악가들에 의해 음이 붙여졌으며, 슈만의 가곡집 《시인의 사랑》은 특히 유명하다.

그의 생애는 사상적으로나 종교적으로, 또 생활면에 있어서 모순과 갈등에 차 있었다.

그는 조국을 매우 사랑하면서도 조국을 비판했기 때문에 많은 오해와 비난을 받았다.

그는 표면적으로는 1830년부터 1850년에 걸쳐 전개되었던 문학 운동의 일파인 '청년 독일파'의 우두머리였으나, 그의 풍부한 낭만적 시정은 좁은 뜻의 문학적, 정치적 영역을 뛰어넘고 있었다.

독일의 시인으로서 괴테와 더불어 세계적인 명성을 얻은 하이네는 1856년 2월 17일, 파리에서 세상을 떠났다.

# 하 이 든
(1732~1809)

## ─교향곡의 아버지─

하이든은 18세기 후반부터 50여
년 간에 걸쳐 활동한 오스트리아의
작곡가로서, 100곡 이상의 교향곡
과 70곡에 가까운 현악 4중주곡
등 수많은 곡을 작곡하여, 빈 고전
파의 중심 인물로 꼽히기에 손색이
없는 음악가이다.

오스트리아의 로라우에서 태어
난 하이든은 8세가 되었을 때인
1740년에, 빈에 있는 성 스테파노
성당의 소년 합창단에 들어가 고운
목소리로 노래를 불러, 여제 마리
아 테레지아에게 사랑을 받았다.

1749년, 변성기를 맞은 하이든
은 합창단을 그만두고, 빈에서 불
안정한 생활을 하기 시작했다. 이
때 그는 독학으로 작곡을 공부하는
한편, 이탈리아의 작곡가 니콜로
포르포라에게 작곡을 배우기도 하
였다. 하이든의 초기의 여러 현악

4중주곡은 이 때 작곡된 것으로 생
각된다.

1761년, 하이든은 헝가리의 귀
족인 에스테르하지 후작 집안의 부
악장으로 임명되었다.

1766년, 악장이던 베르너가 죽
은 후, 악장으로 승진한 하이든은

악보를 적는 하이든

596

←↑에스테르하지 궁전(왼쪽)과
그 안에 있는 하이든 홀(오른쪽)

1790년까지 30년 동안 에스테르하지 후작 집안에서 충실히 악장의 직무를 맡아 보았다.

이 동안에 수많은 교향곡, 현악 4중주곡, 오페라 등을 작곡했다.

1790년 9월, 오랫동안 섬겼던 미클로슈 에스테르하지 후작이 세상을 떠나자, 하이든은 명예 악장의 칭호를 얻은 후 악장직을 그만두고 빈에서 살게 되었다.

1791년부터 1년 반 동안 영국에 머무르며 각계로부터 대대적인 환영을 받은 그는, 1794년 2월부터 다음 해인 1795년 8월에 걸쳐, 두 번째로 영국을 방문하여 연주회를 열었다.

만년에 하이든은 빈의 글렌도르프 가에서 살면서, 〈천지 창조〉(1798년)와 〈사계〉(1801년) 등 2편의 대작을 작곡했다. 또 에스테르하지 후작 집안의 새 주인인 니콜라우스 2세 후작의 요청으로 1796년 1월부터 1804년 4월까지 후작 집안의 중요한 음악 행사를 직접 지휘하기도 했다.

많은 명예에 둘러싸여 빈의 자택에서 조용히 여생을 보낸 하이든은 1809년 5월 31일, 나폴레옹 군이 빈을 점령하고 있을 때, 77년의 생애를 마쳤다.

# 한 니 발

(기원전 247~기원전 183)

## ─고대 카르타고의 장군─

역사상 가장 위대한 장군의 한 사람인 카르타고의 영웅 한니발은, 제1차 포에니 전쟁 때(기원전 264~기원전 241) 시칠리아 섬에서 카르타고 군을 지휘했던 명장 하밀카르 바르카의 장남으로 태어났다.

한니발의 아버지 하밀카르는 제1차 포에니 전쟁에서 로마에게 패배한 후, 일족을 거느리고 에스파냐로 건너갔다.

에스파냐로 간 하밀카르는 주변의 여러 나라를 정복하여 강한 신 카르타고를 세우고 나서 로마 원정의 기회를 노렸다.

하지만, 끝내 꿈을 이루지 못한 채 전쟁터에서 전사했다.

기원전 221년, 하밀카르의 뒤를 이어 한니발과 함께 신 카르타고의 건설에 힘썼던 매부 하스드루발이

카르타고의 로마 유적 튀니스 교외에 있는 유적지로 당시에는 아프리카의 로마로 불리울 만큼 번영하였던 곳이다.

암살되었다.

한니발은 26세의 젊은 몸으로 카르타고 군의 총사령관이 되어 로마 원정을 치밀하게 계획했다.

마침내 한니발은 기원전 218년, 보병 9만, 기병 1만 2천, 코끼리 50마리를 거느리고 로마 원정의 길에 올랐다.

사기가 충천한 대군을 거느리고 지중해의 북쪽 해안을 따라 전진하는 한니발을 막기 위해 로마의 군대는 서쪽으로 진군해 왔다. 그러나 한니발은 도중에서 진로를 북쪽으로 돌려 알프스로 향했다.

그는 알프스 산맥을 넘어서 로마로 쳐들어갈 계획을 세우고 있었는데, 역사가 시작된 이래 그 때까지 군대를 거느리고 알프스 산을 넘은 사람은 한 사람도 없었으니, 이 전략이야말로 대담하기 짝이 없는 모험이었다.

눈보라가 휘몰아치는 늦가을 날, 한니발은 대부대를 이끌고 온통 눈과 얼음으로 뒤덮여 있는 높고 험준한 알프스 산을 오르기 시작하였다. 추위와 피로에 맞서 싸우기를 9일, 실로 천신 만고 끝에 한니발은 로마의 땅이 내려다보이는 알프스 산의 정상에 도달했다.

산꼭대기에서 후속 부대가 도착

하기를 기다리며 이틀 동안 휴식을 취한 그들은 다시 산을 내려가기 시작했다. 그러나 산을 내려가는 일도 오를 때 못지않게 힘이 들었다. 이리하여 절대 불가능이라 여겨지던 알프스 산을 마침내 넘었지만, 산기슭에 도착했을 때에는 병력의 반 이상이 이미 희생되어 있었다.

드디어 파루스 강 상류인 치키누스 강가에서 로마 군과 카르타고 군의 첫전투가 벌어졌다. 알프스를 넘어온 막강한 군대라고 싸우기도 전에 겁을 먹은 로마 군은 크게 패하여 도망하였다.

한니발은 도망가는 로마 군을 뒤쫓아 트레비아 강까지 진격했다.

이 강을 사이에 두고 한니발 군과 로마의 후원군은 다시 대진했다. 한니발은 기병대로 하여금 나아가 싸우다가 도망가는 체하게 하여, 로마 군이 먼저 강을 건너오도록 유인했다.

그리하여 12월의 얼음처럼 찬 강물을 건너와 기진 맥진해진 로마 군을 한니발은 코끼리를 앞세우고 돌격하여 여지없이 무찔렀다.

로마는 발칵 뒤집혔다. 시민들은 당장이라도 한니발 군이 로마에 쳐들어오는 것처럼 생각하고 공포에 질려 있었다.

로마 원로원은 새 사령관으로서

파비우스와 플라미니우스를 임명하여 전군의 지휘권을 맡겼다.

겨울이 지나고 봄이 되자, 한니발 부대에는 장마와 함께 전염병이 만연하여 많은 부하들이 쓰러졌다. 한니발도 심한 눈병을 앓다가 마침내 한쪽 눈을 잃고 말았다.

그러나 로마를 정복하겠다는 그의 야망은 꺼질 줄을 몰랐다.

트라시메누스 호 부근에서 플라미니우스가 지휘하는 로마 군과 마주친 한니발은 매복 작전을 써서 로마 군을 크게 무찔렀다.

완전히 공포의 도가니 속에 빠져들은 로마는 파비우스를 독재관으로 선출하여 국가의 운명을 그에게 맡겼다. 그는 이 전쟁을 장기전으로 이끌어, 한니발 군이 저절로 지치게 하려는 지연 작전을 썼다.

아무리 유인 작전을 써도 로마 군이 싸우려 하지 않자 초조해진 한니발은 파비우스의 진지를 피해서 먼 길로 돌아 진군하다가, 지름길로 달려온 파비우스 군에게 좁은 계곡에서 포위당했다. 꼼짝없이 함정에 빠진 한니발은 묘책을 써서 어려움을 모면했다.

로마를 향해 진군한 한니발은 이탈리아의 동해안에 있는 칸네에서 대규모의 결전을 벌여 수적으로 훨씬 우세한 로마 군을 괴멸시키고 이탈리아 반도의 여러 나라를 그의 수중에 넣었다.

그러나 한니발 군은 이 전투를 고비로 명장 마르켈루스와 맞붙은 놀라 전투에서 패배하여 세력이 약화되어 갔다.

이에 용기가 솟은 로마 군은 한니발 군의 보급을 차단시키며 서서히 세력을 만회했다.

이 동안에 로마의 구국 영웅 스키피오는 방비가 허술한 카르타고 본국을 직접 공격했다. 급히 본국으로 돌아온 한니발은 즉시 자마로 달려가 싸웠지만, 이미 기울어진 전세는 돌이킬 수가 없었다.

9세 때 고향을 떠나 로마 정복의 꿈을 키우고, 29세 때 알프스 산을 넘어 16년 동안 싸움터를 누빈 그는 36년 만에 다시 고국 땅을 밟았지만, 초라한 망명객으로 방랑의 길을 떠나야 했다. 그 후 시리아, 비티니아 등을 전전하다가 로마에서 그의 신병 인도를 요구해 오자 음독 자살했다. 이 때가 기원전 183년, 64세 때였다.

# 함무라비

## (기원전 17, 18세기경)

### ―고대 바빌로니아의 왕―

함무라비는 고대 바빌로니아 제 1왕조의 제6대 왕으로서, 바빌론을 수도로 하는 대제국을 건설하였으며, '함무라비 법전'을 제정하여 중앙 집권 정치를 확립하였다.

함무라비가 처음 왕위에 올랐을 때, 메소포타미아와 북부 시리아 지방에는 여러 나라들이 있어서 서로 싸우기도 하고 동맹을 맺기도 하였다. 그는 강한 나라와는 동맹을 맺고 약한 나라는 점령을 하여 점점 세력을 키워 나갔다. 그는 마리 왕국, 에시눈나 왕국과 힘을 합하여 남쪽의 강대국인 라르사를 정복한 후에 다시 마리 왕국과 에시눈나 왕국까지 정복하여 방대한 대제국의 군주가 되었다.

'함무라비 법전'은 함무라비가 국내 여러 도시에 시행하게 한 법을 적은 기록으로, 세계에서 가장

오래 된 성문 법전이다. 가장 완전한 것은 1901년부터 다음 해까지 프랑스 학술 조사단이 이란 남서쪽의 옛 도시 수사에서 발굴한 돌비석에 기록되어 있다.

높이 약 2.2미터의 원주형 현무암 위에는 함무라비 왕이 정의의 신으로부터 법전을 받는 장면이 정교하게 조각되어 있고, 그 아래에 설형 문자로 법전이 기록되어 오늘날까지 전해지고 있다.

이 법전에는 결혼과 상속 관계, 노예, 채무와 이자, 상인과 농민의 영업 범위 등 광범한 사례가 나와 있으며, 각종 손해 배상, 일정한 직업을 가진 사람에 대한 보수, 폭력 행위 및 절도에 대한 벌, 노동자의 임금 등 민법과 상법, 소송법 등이 포함되어 있다.

전부 282조인 이 법전은 성경보다도 1700년 이상이나 앞선 것으로, 그 후의 오리엔트 법전의 모범이 되어 많은 영향을 주었다.

함무라비 왕은 바빌로니아를 통일했을 뿐만 아니라, 정의의 확립을 위해 법전을 만들어, 그가 다스리는 동안은 바빌로니아에 문화의 꽃이 활짝 피었다.

함무라비 법전

# 허 셜

(1738~1822)

## ―천왕성의 발견자―

윌리엄 허셜은 어린 시절부터 아버지를 닮아 음악적인 재능이 뛰어났다. 14세가 되자, 아버지가 일하고 있는 독일 하노버의 왕실 전속 악단에 들어가 오보에와 바이올린 연주자가 되었다.

허셜의 반사 망원경

유럽에서 7년 전쟁이 일어나자 허셜도 참전하였으나, 1757년 연대를 이탈하여 영국으로 향했다.

1766년, 런던의 서쪽 교외에 자리잡은 허셜은 음악을 가르치거나 교회에서 오르간 연주를 하면서 지내고 있었는데, 한편으로는 어려서부터 좋아하던 천문학 공부도 게을리하지 않았다.

그는 별을 관찰하는 망원경은 값이 비싸서 살 수 없었기 때문에 자신이 반사 망원경을 만들기로 결심했다. 그런데 처음에는 자기가 쓸 것으로 만들었으나, 만들어 놓고 보니 너무나도 훌륭했으므로 다른 사람들의 부탁이 자꾸 들어와, 크고 작은 여러 가지 망원경을 만들어 내기 시작해, 일생을 통해 430개가 넘는 망원경을 만들었다.

1781년 3월 13일, 16센티미터

의 망원경으로 별을 관찰하던 그는 지금까지 본 적이 없는 새로운 별을 발견했다. 이 별은 새로운 행성인 천왕성이었다.

그의 발견은 토성이 태양계의 끝이라고 알고 있었던 여태까지의 사실을 깨뜨리고, 태양계의 크기를 천왕성까지 포함시켜 두 배로 확대시키는 결과를 낳았다.

천왕성의 발견으로 그의 이름은 온 세계에 알려졌다. 그리고 이듬해에는 천문학자가 되어 해마다 왕실로부터 연금을 받게 되었다.

허셜은 음악가보다는 천문학자가 될 결심으로 열의를 다해서 천체 관측을 하기 시작했다.

본디 허셜은 정규 교육을 받은 천문학자는 아니다. 완전히 자기 혼자의 힘과 노력으로 학문을 쌓아 올린 사람으로서, 그의 연구는 매우 독창적이었다.

그는 태양계의 천체에 한하지 않고 우주 전체의 구조를 밝혀 내는 데 그의 목표를 두었다.

그는 누이동생과 함께 런던의 교외에 있는 윈저 근처의 슬라우로 이사를 가서, 무려 5년이나 걸려 구경 120센티미터의 반사 대망원경을 만들어, 이것으로 천체를 관측하여 여러 가지 새로운 사실을 발견했다.

많은 노력을 기울인 끝에 허셜은 우주의 구조를 밝혀 냈으며, 당시의 사람들은 생각조차 하지 못했던 위대한 연구를 성공시켰던 것이다.

1816년, 그는 국왕으로부터 공로를 치하하는 나이트 작위를 받았다. 일생을 천문 분야의 연구에 바친 그는 84세를 일기로, 윈저 근처의 슬라우에서 사망했다.

# 헉 슬 리
(1825~1895)

## ─영국의 생물학자─

영국의 생물학자 토머스 헨리 헉슬리는 비교 해부학, 고생물학, 진화론에 관한 연구로 19세기 생물학에 커다란 영향을 미쳤다.

그는 또한 찰스 다윈의 진화론을 지지하여 사람들에게 널리 알린 사람이기도 하다.

헉슬리는 1825년 5월 4일, 영국의 일링에서 태어났다.

1833년에 아버지가 수학을 가르치던 일링 학교에 입학을 했지만, 아버지가 학교를 그만두게 되자 2년 만에 그도 학교를 그만두고 집에서 공부하였다.

그 후 1842년, 채링크로스 병원 부속 의과 대학에 입학하여 1845년에 졸업하였다.

다음 해에 의사 시험에 합격한 헉슬리는 '래틀스네익 호'의 의사가 되어 오스트레일리아 북쪽을 항해하였다.

이 항해 동안에 그는 해양 생물을 철저히 연구하여 많은 논문을 발표하였다.

그 중에서도 해파리의 형태에 관한 논문을 발표하여 그는 일약 유명한 학자가 되었다.

헉슬리는 마침내 1851년에 영국 학사원의 회원으로 뽑혔고, 다음 해에는 평의회 회원이 되었다. 고작 27세의 헉슬리는 영국에서 지도적 과학자가 되었던 것이다.

그러나 그가 직업을 얻을 수 있었던 것은 1854년이 되어서였다. 처음에는 런던 광산 학교에서 강의를 했고, 다음에는 지질학 연구소의 연구원이 되었다.

헉슬리는 찰스 다윈을 1851년에 만났으며, 이 때부터 두 사람은 친밀한 관계를 유지하였다.

다윈의 자연 선택설　경쟁과 자연 선택에 의해 목이 짧은 기린보다 긴 기린이 더 많이 살아 남아, 오늘날 기린의 목이 길어졌다고 주장하는 학설이다.

원래 헉슬리는 종(씨앗)은 변화하지 않는다는 견해를 갖고 있었지만, 다윈의 진화론을 알고부터는 자기의 견해를 바꾸었을 뿐만 아니라 적극적으로 다윈의 진화론을 지지하기에 이르렀다.

1859년에 다윈의 《종의 기원》이 출판되면서부터 헉슬리는 다윈의 가장 중요한 지지자가 되었다.

그래서 헉슬리는 여러 차례 반진화론자들과 논쟁을 벌였다. 그 중에서도 1860년에 옥스퍼드에서 열린 진화론 반대자인 윌버포스와의 논쟁은 유명하다.

1863년에 헉슬리는 그의 유명한 저서 《자연계에 있어서의 인간의 위치》를 출판하였다.

인간과 유인원(유인원과에 딸린 침팬지, 오랑우탄, 고릴라 따위의 동물)이 가깝다고 주장한 이 책은 많은 논쟁을 불러일으켰다.

1870년부터 1872년까지 헉슬리는 런던 대학의 교수로 있으면서 교육계에 많은 영향을 미쳤다. 그는 생물학의 지위를 상당히 높였을 뿐만 아니라, 철학과 신학에 관한 저술도 많이 남겼다. 그는 그 때까지 정통이라고 받아들여진 여러 개념을 공격하기도 했다.

이렇게 다방면에 걸쳐 많은 공헌을 한 헉슬리는 1895년 6월 29일, 이스트본에서 숨을 거두었다.

# 헤    겔

(1770~1831)

## －관념 철학의 완성자－

헤겔은 칸트 철학의 뒤를 이어받아 독일 관념 철학을 완성한 19세기의 대표적인 철학자이다.

게오르크 빌헬름 프리드리히 헤겔은 1770년 8월 27일, 뷔르템베르크 공국의 슈투트가르트에서 태어났다.

아버지는 재무관이었고, 어머니 또한 훌륭한 가문 출신이었지만, 소박하고 경건한 청교도적인 분위기에서 자랐다.

1788년에 튀빙겐 대학 신학부에 들어가, 친구인 횔덜린, 셸링 등과 함께 고전, 특히 그리스의 문화에 심취하였다.

프랑스 혁명이 일어나자, 그는 이 감격적인 대사건을 맞아 기뻐했으나 혁명 후의 공포 정치와 나폴레옹의 독일 침공으로 기쁨은 곧 깨져 버리고 말았다.

헤겔 사상의 기조를 이루는, 자유의 실현과 사회의 근대화를 역사적 필연으로 받아들이는 태도는 이때부터 싹이 터, 결국 마지막 순간까지 흔들리지 않았다.

1801년, 철학의 중심지이며 낭만파의 성지였던 예나 시로 이주하여, 예나 대학의 강사로서 학문적 활동을 하기 시작했다.

당시 예나 대학에는 젊은 나이에 학문적 업적을 인정받아 교수가 된 5년 연하의 셸링이 있었다. 헤겔은 셸링과 함께 그의 사상에 동조하며 피히테를 비판하여 《피히테와 셸링에 있어서 철학 세계의 상위》를 발표하고, 그와 공동으로 《철학 비판 잡지》를 간행하기도 했다.

그러나 셸링과의 사이에서 근본적인 견해의 차이가 나타나게 되자 그와 결별하고 말았다.

이즈음 프로이센이 나폴레옹에게 패하여 예나 대학이 폐쇄되자, 헤겔은 밤베르크에서 신문 편집에 종사하다가 1808년, 뉘른베르크의 한 김나지움의 교장이 되었다.

그 곳에서 8년 남짓 재직했는데, 헤겔의 두 번째 저서인 《논리학》(1812~1816)이 간행된 것도 그 곳이다.

이 저서로 헤겔은 그의 철학적 방법을 확립하여 철학 체계의 구상을 다듬어 갔다.

1816년부터 그가 죽기까지의 15년간에 걸친 베를린 시대는 헤겔의 사상적 황금 시기였다.

헤겔은 슈타인·하르덴베르크의 개혁 정치에 커다란 기대를 걸어, 그가 일찍이 이성적이라고 생각했던 자유의 실현이 이제 현실적으로 이루어진다고 판단하였다. 그래서 당시의 프로이센의 현실을 '이성적'이라고 판단하였다.

헤겔은 베를린 대학에서 미학, 종교 철학, 역사 철학, 철학사 등을 강의하다가 1831년 11월 14일, 콜레라에 걸려 사망하였다.

헤겔 사상의 기조를 이루는 계기가 된 프랑스 혁명

# 헤라클레이토스

(기원전 540 ? ~기원전 480 ? )

## —고대 그리스의 철학자—

헤라클레이토스는 기원전 500년 경에 활동한 고대 그리스의 철학자이다.

그는 우주 만물의 본질은 불이며, 온갖 사물은 항상 변한다고 주장하여 우주의 본질을 대립으로 해석했다. 또한 일반적 모순의 밑바닥에는 조화와 이성적 법칙이 숨어 있다고 하여, 이것을 '로고스'라고 불렀다.

그에 관한 기록이 거의 없어서 그의 생애는 잘 알려져 있지 않지만, 그가 귀족의 가문에서 태어났으며 에페수스에서 살았다는 것은 확실하다.

탈레스 및 그 학파의 주장에 반대하여 세워진 헤라클레이토스의 사상은 그 후 소크라테스, 플라톤, 아리스토텔레스에게 영향을 주었다. 그는 수수께끼 같고 불가사의

한 문장으로 글을 썼기 때문에, 당시 사람들은 그를 '어두운 사람'이라 불렀다고 한다.

헤라클레이토스 철학의 밑바닥에 깔린 것은 현상의 세계이며 감각의 세계이다.

즉 만물은 끊임없이 변화하고 있는데, 그 변화하는 것은 뜨거운 것과 찬 것, 낮과 밤, 부유하고 가난한 것처럼 서로 대립하는 개념이라고 하였다. 이런 대립, 긴장, 모순을 조화시키는 근원적인 통일체를 그는 로고스라고 불렀다.

이 로고스가 눈으로 볼 수 있는 형태로 나타난 것이 바로 불이라는 것이다. 그래서 그는 우주의 가장 중심부에 존재하는 실체가 불이며, 다른 모든 것은 불이 여러 형태로 변한 것에 지나지 않는다고 주장했던 것이다.

또한 그는 모든 사람이 다 로고스를 가지고 있다고 주장하였다.

그러나 개인이 가지고 있는 로고스를 어떻게 보편적인 로고스와 조화시킬 것인가에 대해서는 설명하지 않았다. 그는 아마 설명을 해도 사람들이 이해를 못 할 것으로 생각했던 것 같다.

모든 사람이 로고스를 가지고 있다는 개념은 소크라테스에게 감명을 주었다.

또 금방 변하는 것과 지속적인 것의 대조는 플라톤에게 영향을 주었다. 우주와 개체의 문제는 아리스토텔레스에게 중요한 길잡이가 되었다. 그래서 그의 로고스 개념은 스토아 학파, 신 플라톤 학파, 크리스트 교 등에 의하여 더욱 발전되었다.

그는 지식의 문제를 취급한 최초의 그리스 철학자였던 것이다.

# 헤 르 츠
(1857~1894)

## ―전자기파를 증명한 물리학자―

전자기파를 검증하여 맥스웰의 이론을 증명한 독일의 물리학자 하인리히 루돌프 헤르츠는 1857년 2월 22일, 함부르크에서 태어났다.

베를린 대학에서 공학과 물리학을 공부한 헤르츠는 1880년에 대학을 졸업하자, 은사인 헬름홀츠의 실험 조수로 들어가 재능을 인정받고 이름이 알려지게 되었다.

헤르츠의 실험

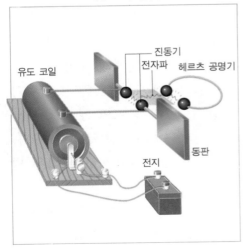

유도 코일

진동기
전자파
헤르츠 공명기

전지

동판

1883년 킬 대학에서 이론 물리학을 강의하고, 1885년 칼스루에 공업 학교의 실험 물리학 교수가 되었으며, 1889년에는 본 대학의 정교수가 되었다. 그러나 1892년 경부터 발병한 만성 패혈증으로 37세의 아까운 나이에 세상을 떠났다.

학생 시절부터 전자기 이론 및 전자기파에 관심을 가졌던 그는 칼스루에 공업 학교의 교수로 부임할 때부터 '크노헨하우엘의 나선'이라는 장치에서 힌트를 얻어, 높은 진동수의 전기 진동을 일으키는 데 성공하고 전자기파의 실험에 착수하였다.

그는 유도 코일에 의해 일어나는 불꽃 방전이, 이것에 연결된 또 하나의 회로 사이에서 방전을 유발시킨다는 것을 확인하고, 이것은 전기의 진동에 의한 전파 속도의 유

한성을 나타내는 것이라는 사실을 규명함과 동시에 그 속도도 측정했다. 그리고 이 회로를 분리하여도 불꽃 방전이 일어난다는 사실과, 회로의 고유 진동수를 변화시켜 공명 효과가 있다는 것을 확인했다.

이것을 전자기파의 검출에 이용하려는 시도가 바로 헤르츠의 공명자이다.

공간을 흐르는 전자기파의 검증에는 정상파가 이용되는데, 넓은 방의 한쪽 벽에서 반사시킨 전자기파에 의해 정상파를 만들어 내고, 공명자에 의해 강도의 교류성을 나타내어 그 파장을 측정했다. 이리하여 전자기파의 존재가 확인되고, 전자기파의 속도는 빛의 속도

와 같다는 사실도 입증했다.

또한 포물면 거울을 이용하여 전자파의 직진성, 편향성, 반사, 굴절 등을 조사하고, 전자파가 빛이나 열복사와 똑같은 성질을 띠고 있다는 사실도 증명했다(1888년).

헤르츠는 이론적인 연구면에서도 많은 업적을 남겼는데, 특히 움직이는 물체의 전기 역학에 관한 연구(1890년)와 역학의 기초 원리에 관한 고찰(1894년)이 유명하다. 후자는 '헤르츠의 역학'이라 하여, 역학으로부터 힘과 에너지 등의 개념을 제거하고, 시공과 질량에 의한 역학의 체계를 세워 보려고 하는 독자적인 시도로서 앞으로도 주목되는 연구 과제이다.

# 헤밍웨이
## (1899~1961)

## ─미국이 낳은 최대의 문학가─

어니스트 헤밍웨이는 포크너, 스타인벡 등과 더불어 현대 미국의 대표적인 작가이다.

헤밍웨이는 미국의 시카고 교외에 있는 오크파크에서 출생했다.

오크파크 고등 학교 시절부터 그는 재질을 발휘하여 단편 소설도 쓰고, 학생 신문에도 관여하였다.

그런데 이 무렵 유럽에서 제1차 세계 대전이 벌어지고 있었다.

영화 〈노인과 바다〉의 한 장면

1917년, 미국도 이 전쟁에 참가하자, 헤밍웨이는 군대에 지원하여 적십자사의 부상병 운반원으로서 이탈리아 전선에 배속되었다.

그가 북이탈리아의 포살타 디 피아베에 진출해 있을 때 다리에 심한 부상을 입게 되었는데, 이 때의 경험과 상황이 《무기여 잘 있거라》에 생생하게 묘사되어 있다.

1919년, 전쟁이 끝나자 고향으로 돌아온 그는 이듬해에 캐나다의 토론토에서 간행되는 《스타 위클리》와 《데일리 스타》지에 기자로서 근무하였다.

1921년 말에는 특파원으로 파리에 가서 제임스 조이스 등 일류 문인들과 사귀었다.

그는 작가 수업에 쓸 돈을 벌려고 이탈리아, 소아시아, 로잔 등지에 특파원으로 가 있기도 했으며,

틈틈이 작품을 써서 시와 단편을 잡지에 발표하기도 했다.

1923년에는 마침내 《3편의 단편과 10편의 시》를 처녀 출판하여, 몇몇 사람에게서 인정을 받았다.

이윽고 토론토의 신문과 관계를 끊고 본격적으로 글을 쓰기 시작하여, 짧지만 뛰어난 문장을 모은 《우리들의 시대에》(1924년)를 발표하여 작가로서 출발했다.

1926년에는 다음 작품 《봄의 분류》와, 《해는 또다시 떠오른다》를 발표했다. 이 작품으로 작가로서 기반을 굳힌 헤밍웨이는 이듬해에는 두 번째 단편집 《여자 없는 남자들만의 세계》를 출판했다.

1929년에는 장편 걸작 《무기여 잘 있거라》를 발표하여 일류 작가가 되었다. 1931년 여름에는 에스파냐로 여행하여 투우의 안내서라고 불리는 《하오의 죽음》(1932년)을 출판하였고, 1934년부터 그 이듬해에 걸쳐서 아프리카 맹수 사냥의 체험 기록인 《아프리카의 푸른 언덕》을 출판하기도 했다.

1936년에 에스파냐 내란이 일어나자 활발한 활동을 벌여, 반 파시즘 투쟁이라는 이름으로 좌익 진영

미국 플로리다 주에 있는 헤밍웨이의 생가

으로부터도 갈채를 받았으며, 이 내란을 주제로 《누구를 위하여 종은 울리나》(1940년)를 썼다.

1950년에는 실패작이라고 하는 《강 건너 숲 속으로》를 발표했고, 1952년에는 《노인과 바다》를 발표하여 퓰리처 상을 받았다.

또 1954년에는 노벨 문학상을 수상하여, 포크너와 더불어 미국 문단의 대표적인 작가가 되었다.

헤밍웨이는 1961년 7월 2일 아침, 사냥할 때 즐겨 쓰던 엽총을 사용하여 스스로 목숨을 끊었다.

# 헤 세

(1877~1962)

## ─내적 탐구에 정진한 작가─

헤세의 아버지 요하네스는 발트해 지방 사람이며, 러시아 계 독일 사람으로 목사였다. 또한 종교가이며 학자였던 외할아버지는 시인이 많이 태어난 슈바벤 출신이었다. 그의 친척 중에는 누구 한 사람도 남쪽의 밝고 화려한 지방 출신이 없었다.

헤세가 말년에 이르러, 슈바벤이나 스위스의 시골에서 한평생 산과 호수, 강을 벗삼아 지냈던 이유는 그런 환경 때문이었을 것이다.

그리고 조용히 자기의 마음 속만을 들여다보는, 은둔에 가까운 생활을 상당히 좋아한 것도 헤세를 에워싼 가정 환경이 큰 영향을 주었기 때문이다.

그러나 생활은 조용하고 검소한 반면에, 헤세는 공상이나 환상을 대단히 즐겼다.

또한 헤세는 어려서부터 부모와 할아버지로부터 끊임없이 동양에 관한 이야기, 특히 인도에 관한 이야기를 들었다.

이것이 헤세로 하여금 인도나 동양에 대해 관심을 갖게 하였으며, 인도의 사상을 받아들이게 하였다. 1922년에 나온 《싯다르타》는 그 좋은 예라고 할 수 있다.

헤세는 목사가 되기를 강요받아 14세 때 마울브론 신학교에 입학했으나, 속박된 기숙사 생활을 견디지 못하고 그 곳을 탈주하였다. 그 후, 학교로 돌아갔으나 적응하지 못하고 결국은 그만두었다. 이런 내용은 1906년에 발표한 《수레바퀴 밑에서》에 잘 나타나 있다.

그 후 1893년에 칸슈타트 고등학교에 들어갔으나, 1년도 안 되어 그만두었다.

마침내 헤세는 학교에 가는 것은 완전히 단념하고, 고향에 있는 공장의 기계 견습공으로 들어갔는데, 이 공장도 1년 3개월 만에 그만두었다.

문학을 공부 하고 싶었던 헤세는 18세 때, 튀빙겐의 한 책방의 점원으로 들어가 시와 산문을 쓰기 시작했다.

1899년, 그는 시집 《낭만의 노래》와 산문집 《자정 후의 한 시간》을 발표하여, 릴케에게 인정을 받기도 했다.

1904년 27세 때, 《향수》가 베를린 피셔 출판사에서 간행되었는데, 헤세는 이 작품으로 명성을 얻었다.

제1차 세계 대전 중에는 베른의 포로 위문 사업국에서 봉사하면서 평화주의를 부르짖었기 때문에, 독일 사람들로부터 비난을 받기도 하였다.

또 1916년에는 아내의 정신병이 악화된데다 자신도 신경 장애로 괴로움을 받게 되자, 정신과 의사로부터 심리 요법을 받았다. 그 의사의 권유로 프로이트 심리학을 연구하기도 했다.

헤세가 태어난 집(독일 슈바벤)

전쟁의 체험과 아내와의 관계, 자신의 심리적 변화 등은 그의 작품 경향을 변모시켰다. 인간 내면의 분열과 고뇌를 그린 자기 탐구는 1919년의 《데미안》 이후 《황야의 늑대》에까지 일관되어 있다.

그 밖에 《싯다르타》 《지성과 사랑》 《내면에의 길》 《유리알 유희》 등을 발표했다.

1946년에 괴테 상 및 노벨 문학상을 받았고, 1954년에 호이스 서독 대통령으로부터 공로상을 받았다. 1955년에는 독일 출판업계로부터 평화상을 받아, 그의 공적을 찬양받았다.

1962년 8월 9일, 몬타뇰라에서 뇌출혈을 일으켜 사망했다.

# 헨 델
## (1685~1759)

### ─위대한 〈메시아〉의 작곡가─

게오르크 프리드리히 헨델은 1685년에 독일의 할레에서 태어났다. 그의 아버지는 그 지방의 영주 밑에서 일하는 외과 의사였으며, 아버지는 헨델이 음악가가 되는 것을 강력하게 반대했다.

1692년, 헨델은 아버지를 따라서 바이젠페르츠 시에 살고 있는 영주 작센 공의 집에 갔다.

이 때, 작센 공은 어린 헨델의 오르간 연주를 듣더니 깜짝 놀라면서, 아버지에게 헨델을 훌륭한 음악가로 만들어 보라고 설득했다. 그러자 고집이 센 아버지도 하는 수 없이 그 후부터 헨델에게 음악 공부를 시켰다.

헨델은 하프시코드와 오르간 연주에 있어서 뛰어난 솜씨를 보였다. 그러나 뛰어난 연주가가 되는 것만으로 만족하지 않고 작곡가가

될 결심을 했다.

그리하여 1703년, 헨델은 그 당시 독일 가극의 중심지였던 함부르크를 거쳐 1705년에 가극의 나라인 이탈리아로 갔다. 헨델은 그 곳에서 작곡을 공부하는 한편, 오르간과 하프시코드 연주가로서도 활약하기 시작했다.

1709년, 독일에 돌아온 헨델은 하노버의 초청을 받아 그의 궁정에서 악장으로 일하게 되었다. 그러나 그의 마음은 영국으로 가야겠다는 생각으로 가득 차 있었다.

한번 마음먹은 일은 기어이 하고 마는 헨델은 결국 1711년에 런던으로 갔다.

헨델은 가끔 템스 강에서 왕이 뱃놀이를 한다는 것을 알게 되었다. 그래서 그는 〈수상의 음악〉이라는 유쾌한 곡을 작곡해서, 왕이

뱃놀이를 하고 있을 때, 배에 탄 50명의 악사들로 하여금 그 곡을 연주하도록 했다.

왕은 이 흥겨운 음악에 취해서 거듭 세 번을 연주하도록 했다. 이리하여 영국 왕의 마음에 들게 된 그는 왕의 후원을 받게 되었다.

헨델은 40여 곡 이상의 가극을 작곡했다. 그가 만든 가극은 모두 이탈리아 식 가극으로서 그리스와 로마의 신화에서 소재를 얻었으며, 이탈리아 말로 불려졌다.

이 가극들은 아름다운 작품이기는 했으나, 영국 사람들에게는 환영을 받지 못했다. 그들은 잘 이해할 수 있는 쉬운 내용의 힘찬 음악을 요구하고 있었다.

그 후 헨델은 오로지 오라토리오 작곡에 힘썼으며, 그가 만든 20여 곡의 오라토리오는 헨델의 걸작품으로 알려져 있다.

오라토리오를 작곡하면서부터 그의 작품은 모든 사람들에게 사랑을 받았다. 그러나 1753년 이후 눈이 어두워져 끝내 보지 못하게 되자 작곡을 그만두었다.

헨델은 가극 외에 기악곡, 합창곡 등 수많은 작품을 남겼다. 걸작으로는 가극으로 〈줄리어스 시저〉 〈이집트의 이스라엘 인〉 등이 있고, 오라토리오로 〈메시아〉 〈사울〉 〈때와 진리와 승리〉 등이 있다.

독일에서 태어나 영국이 자랑하는 음악가가 된 헨델은 1759년에 죽은 후, 영국인의 최고의 영예인 웨스트민스터 사원에 묻혔다.

# 헬렌 켈러
## (1880~1968)

## ―장애자에게 광명을 준 사람―

헬렌 켈러는 미국의 앨라배마 주 터스컴비아에서 태어났다. 헬렌 켈러는 난 지 19개월 만에 열병을 앓아 청각과 시각을 잃었다. 그래서 볼 수도 없고 들을 수도 없으며, 따라서 말을 할 수도 없는 장애자가 되었다.

그녀의 부모는 5년 동안 여러 병원을 찾아다녔으나 효력을 보지 못하고 실의에 빠져 지냈다.

설리번 선생과 헬렌(10세경)

그러던 중 헬렌의 나이 7세 때, 설리번이라는 가정 교사를 맞이하였다. 설리번은 헬렌을 위해서 헌신적으로 노력했다. 그녀는 손바닥에 글자를 써서 헬렌에게 알파벳을 가르쳤다. 이리하여 헬렌은 글자를 쓸 수 있게 되었고, 1890년 10세 때부터는 말도 하였다.

이것은 설리번의 뛰어난 지도 방법의 덕분이기도 하였겠지만, 한 번 가르쳐 주면 결코 잊지 않는 헬렌의 명석한 두뇌와 끈기 있는 노력의 결과이기도 했다.

1894년, 헬렌 켈러는 뉴욕의 라이트 해머슨 농아 학교에 입학하여 2년 동안 공부하고, 1900년에 래드클리프 대학에 진학하여 우등으로 졸업하였다.

맹농아자가 대학에서 공부한 사람은 역사상 헬렌이 처음이었다.

물론, 여기에는 항상 헬렌을 따라 다니면서 통역을 해 준 설리번의 힘이 매우 컸다.

대학을 나온 헬렌은 자기와 마찬가지로 고통을 받고 있는 사람들에게 용기와 힘을 주기 위해서 강연을 했고 책을 써냈다. 사례금으로 들어온 돈은 불행한 사람들을 위해 사용했다.

뿐만 아니라 헬렌은 농아들을 돕기 위한 기금을 마련하기 위해 2백만 달러 자선 모금 운동을 벌이기도 하였으며, 〈구원〉이라는 영화의 주인공으로 출연하기도 하고, 강연 여행을 하기도 하면서 잠시 동안도 쉬지 않았다.

1936년 가을, 헬렌의 인생을 함께 살아 온 것과 다름없었던 설리번이 사망하자, 헬렌의 슬픔은 이루 말할 수 없이 컸다. 그러나 언제까지 슬픔에 빠져 있을 수만은 없었다. 그녀는 폴리 톰슨의 도움을 받아 미국뿐만 아니라 온 세계의 장애자를 위로하고 격려하기 위해서 세계 각국을 돌아다녔고, 그들의 교육과 사회 시설의 개선을 위해서 힘썼다.

그 밖에도 그녀는 《나의 생애》 《신념을 가져라》와 같은 저서를 내어 장애자들에게 다시 한 번 희망과 가능성을 갖게 해 주었다.

80세가 넘어서도 행복을 전하는 파랑새로, 빛의 천사로 장애자를 위해 헌신적인 삶을 산 헬렌은 1968년 6월 1일, 웨스트포트에서 88세로 생애를 마쳤다.

# 헬름홀츠
## (1821~1894)

### ―독일의 과학자―

헤르만 루트비히 페르디난트 폰 헬름홀츠는 독일의 생리학자·물리학자·수학자로서 생리 광학, 생리 음향학 등 독창적인 분야를 개척했다. 또한, 에너지 보존의 법칙을 확립하고 전자기학에서 뛰어난 공헌을 했을 뿐 아니라, 수학에서도 커다란 업적을 남겼다.

헬름홀츠는 1821년 8월 31일, 독일의 포츠담에서 태어났다. 그는 어려서부터 학문에 재능을 보였는데, 특히 수학적 재능은 천재적이었다. 그러나 그의 집안은 가난해서 그가 제대로 공부할 수 있는 형편이 못 되었다.

그래서 그는 정부에서 학비를 주는 의과 대학에서 군의관이 되기 위한 공부를 했다. 당시의 저명한 생리학자 요하네스 뮐러 밑에서 공부를 하게 된 것은 헬름홀츠에게 커다란 행운이었다.

헬름홀츠는 1842년에 신경 생리학에 관한 논문으로 의학 박사 학위를 받았다.

그의 스승 뮐러는 동물의 체온이 생명의 활력이라는 이론을 주장했는데, 헬름홀츠는 꾸준한 실험을 통해, 모든 힘은 결국 물체의 운동에서 비롯된다는 결론을 얻었다.

그는 이 결론을 《힘의 보존에 관하여》라는 제목의 논문으로 1847년에 발표하였다.

헬름홀츠는 이 논문에서 에너지는 그 형태만 변할 뿐, 그것을 합친 것은 언제나 일정하다는 것을 수학적으로 다룸으로써, 에너지 보존의 법칙을 과학적으로 증명한 사람이 되었다.

1843년부터 1848년까지 군의관으로 근무한 후, 본격적으로 연구

622

생활에 들어갔다. 1850년, 그는 사상 최초로 신경이 자극을 전달하는 속도를 측정하는 데 성공하였다. 1856년부터 1866년까지 계속해서 출판된 그의 방대한 저서《생리 광학》은 시각 현상을 생리학적, 물리학적으로 연구한 귀중한 업적이다. 또, 1863년에 출판된《음감론》은 현대 음향학의 기초적인 저서로 남아 있다.

또한 그는 1851년에 시력 장애를 조사하기 위해 수정체나 눈 속을 관찰하는 기구인 검안경을 발명했고, 같은 해에 시력을 검사하는 검안기를 발명했을 뿐만 아니라, 근육 운동을 자동으로 기록하는 기계까지 만들었다.

헬름홀츠는 전기학에서도 눈부신 활약을 하였다.

1871년에 그는 전자기파의 속도가 초속 31만 4000킬로미터라고 발표하였다. 1881년, 헬름홀츠는 '패러데이의 법칙'을 기초로 하여 전류는 작은 입자일 것이라고 추측했는데, 이것으로 전자라는 개념이 탄생되었다.

또한 수학 분야에서의 헬름홀츠의 업적은 19세기 물리학의 진보에

결정적 역할을 했다. 비유클리드 기하학에서의 그의 연구는 아인슈타인이 상대성 원리를 세우는 길을 열어 주었다.

헬름홀츠는 1849년부터 1855년까지 쾨니히스베르크 대학에서 생리학을 가르쳤고, 1855년부터 3년 동안은 본 대학에서 해부학과 생리학을 가르쳤다. 그 후, 1858년에 하이델베르크 대학을 거쳐, 1871년부터 끝까지 베를린 대학에서 물리학 교수를 지냈다.

헬름홀츠는 두 번 결혼하여 네 자녀를 두었고, 1894년 9월 8일에 사망하였다.

# 호라티우스
## (기원전 65~기원전 8)

## ─로마의 시인─

퀸투스 호라티우스 플라쿠스는 로마의 시인, 풍자 작가, 윤리학자, 문예 비평가이다.

그는 아우구스투스 황제 시대의 로마를 대표하는 가장 뛰어난 시인이었으며, 오늘날에도 세계 각국어로 번역되어 널리 읽히고 있는 불멸의 작품을 많이 남겼다.

호라티우스는 기원전 65년 12월 8일, 베누시아(현재의 베노사)에서 태어났다.

노예 신분에서 해방된 자유민이었던 그의 아버지는 호라티우스를 로마로 데리고 가서, 그의 교육에 온 정성을 쏟았다. 호라티우스는 아버지의 이런 보살핌을 평생 잊지 않았다고 한다.

기원전 46년 19세 때, 호라타우스는 철학을 공부하기 위해 그리스의 아테네로 갔다.

기원전 44년 21세 때, 줄리어스 시저가 암살되고 내란이 널리 파급되자, 호라티우스는 브루투스의 군대에 들어가서 필리피 전투에 참가하였다.

그러나 기원전 42년, 승리는 옥타비아누스에게 돌아갔고, 호라티우스는 용서를 받은 후 다시 로마로 돌아왔다.

그는 하급 관리로서 회계 사무를 보았는데, 시간 나는 대로 틈틈이 시를 쓰기 시작했다.

기원전 39년, 그의 친구인 베르길리우스는 호라티우스를 메케나스에게 소개했다. 옥타비아누스의 보좌관인 메케나스는 문학 애호가로서 당대의 세력가였다.

호라티우스는 메케나스의 눈에 들어 두 사람은 곧 친한 친구가 되었다.

메케나스는 호라티우스에게 집과 땅을 주었으므로 아무 걱정 없이 시작에만 몰두할 수 있었다.

그리하여 호라티우스는 기원전 35년에 《풍자시》 1부를, 그리고 5년 후에는 《풍자시》 2부와 《가요》를 출판하게 되었다.

기원전 30년부터 호라티우스는 알케우스, 사포 등 초기 그리스 시인들의 영향을 받은 서정시를 쓰기 시작했다. 3권으로 된 서정 시집이 기원전 23년에 발표됐고, 3년 뒤에는 도덕적인 교훈을 시로 읊은 《서한집》이 출판됐다.

그의 《시론》은 고전적인 문예 비평서로서, 아직까지 그 가치를 인정받고 있는 훌륭한 작품이다. 호라티우스는 기원전 8년 11월 27일에 사망하였다.

그의 시는 베르길리우스의 시와 함께 로마에서 널리 읽혔으며, 중세기에도 그의 명성은 여전해서 단테는 그의 《신곡》에서 호라티우스를 높이 평가했다. 르네상스의 대표적 시인 페트라르카도 키케로와 함께 호라티우스를 존경했다. 또한 몽테뉴도 호라티우스의 문체에서 많은 영향을 받았다.

호라티우스에게 영향을 준 사포

영국에서는 벤 존슨, 앤드루 마벨, 로버트 헤릭 등이 그의 서정시에서 많은 것을 배웠다.

《시론》은 이탈리아의 마르코 지롤라모 비다, 프랑스의 니콜라 부알로 데프레오, 영국의 알렉산더 포프 등 많은 비평가들에게 커다란 교훈을 주었다.

그 밖에도 새뮤얼 존슨이나 헨리 필딩, 존 게이, 체스터필드, 호레이스 월폴 등이 호라티우스의 영향을 많이 받았다.

이처럼 호라티우스는 시대를 초월한 걸작을 통해, 아직도 많은 사람의 가슴에 살아 있다.

# 호메로스

(기원전 900 ? ~기원전 800 ? )

## ─고대 그리스의 대시인─

그리스 최대의 시인인 호메로스 (영어로는 호머)에 관해서는 유명한 대서사시 〈일리아드〉와 〈오디세이〉의 작자라고만 알려져 있을 뿐이며, 그의 출생지나 생존 연대, 활동 등에 대해서는 의견이 여러 가지이다.

뿐만 아니라 어떤 설에 의하면 호메로스가 실존하지 않았던 전설적인 인물이라는 말도 있고, 시인의 무리의 이름, 또는 장님인 거지 시인이라는 말도 있다.

그러나 크세노파네스, 헤로도토스 등의 학자가 갖고 있는 확실한 증거 및 근대 역사 학문의 고고학적인 발견, 그리고 언어학의 어원 연구에서 보면, 그는 실제 인물로서 소아시아 이오니아 해변의 스미르나(지금의 이즈미르) 태생이며, 기원전 900년에서 800년경에 살았

던 사람이라고 한다.

또한 유럽 문학의 최고 서사시 〈일리아드〉와 〈오디세이〉가 같은 사람의 작품인지 아닌지에 대해서도 일찍부터 많은 논쟁이 있었다. 특히, 18세기 후반에 나온 볼프의 〈호메로스 서설〉(1795) 이후, 그의 존재 자체와 작품의 성립 과정에 대한 의문, 즉 그가 실제로 이 두 서사시의 작가인가, 아니면 어떤 다른 방법과 과정을 거쳐 성립된 것인가 하는 것이었다.

예를 들면 몇 개의 단편 서사시를 모아서 편찬한 것이 아닌가, 중심적인 보다 간단하고 종합적인 이야기에 후세 사람들이 많은 수정을 가해서 성립된 것이 아닌가 하는 등 여러 가지 설이 있다.

그러나 이 양대 서사시 〈일리아드〉와 〈오디세이〉는 거의 오늘날

호메로스의 석상

〈일리아드〉

전해지는 형태 그대로 한 사람의 손에 의해 씌어졌다는 생각이 주류를 이룬다.

내용을 보면 〈일리아드〉는 1만 5693행이고 〈오디세이〉는 1만 2110행으로 구성되었다. 각각 24권이며 그리스 알파벳 순서로 되어 있다.

'아킬레우스의 저주하는 분노'를 주제로 하여 씌어진 〈일리아드〉는, 그리스에서 가장 용감한 아킬레스가 포로로 잡힌 한 아가씨 때문에 총대장인 아가멤논과 다투는 것이 주내용으로, 트로이 전쟁 중 마지막 해의 51일간의 사건을 그린 전쟁 이야기이다.

처음에 아킬레우스는 전리품의 분배가 불공평하다고 하여 아가멤논과 다툰다. 그리스의 영웅 아킬레우스가 전쟁에서 손을 떼게 되면서 여러 사건들이 일어난다.

한편, 호메로스의 또 다른 장편 대서사시 〈오디세이〉는 오디세우스가 트로이 원정 후 귀국하면서 겪은 해상 표류의 모험담과 귀국한 후 아내 페넬로페에게 구애한 자들에 대한 복수의 이야기도 들어 있어서, 〈일리아드〉의 전쟁터와는 달리 일상 생활을 무대로 하고 있다.

그리스의 국민적 서사시라고 할 만한 〈일리아드〉와 〈오디세이〉는 그 후의 문학, 교육, 사상에 커다란 영향을 주었다. 또한 로마의 후대 서사시의 모범이 되었으며, 호메로스의 이름은 시인의 대명사처럼 되었다.

# 훅

(1635~1703)

## ―영국의 과학자―

로버트 훅은 영국의 과학자로서, 자신이 만든 현미경으로 세포를 발견하였고, 역학, 현미경 사용, 광학, 음향학, 천문학 등에서 탁월한 업적을 남겼다. 특히 물체가 탄력을 나타내는 성질인 탄성에 관한 '훅의 법칙'은 유명하다.

훅은 1635년 7월 18일, 와이트 섬 프레시워터에서 목사의 아들로 태어났다. 어렸을 때는 몸이 몹시

훅이 만든 현미경

약하여 학교 교육을 제대로 받지 못했고, 1653년에 옥스퍼드 대학에 입학하여 공부했다.

1655년, 훅은 옥스퍼드 대학에서 로버트 보일을 만나게 되었는데, 훅의 재능을 발견한 보일은 훅을 자기의 조수로 삼았다. 두 사람은 훅이 제작한 공기 펌프를 사용하여, 기체의 성질에 관한 수많은 실험을 하였다.

1662년, 훅은 새로 창설된 영국 학사원에 실험 분야의 관리자로 임명되었다. 다음 해에는 정식 회원으로 선출되었는데, 그는 여기에서 새로운 실험 기구를 발명하여 여러 가지 과학적 성과를 올렸다.

그는 조명 장치를 새로 고안하여 개량한 현미경으로 동식물과 코르크 조각을 관찰하여 식물의 세포 구조를 처음으로 발견했다.

여러 방면으로 재주가 뛰어났던 그는 화석에 대해 처음으로 자연 과학적으로 연구하여, 그것이 동식물에서 유래하는 것이라는 생성 과정을 주장하여 지구의 역사와 관련 있다고 추측했다.

연소와 호흡에 관해서도 연소설을 주장하고, 열의 플로지스톤 설을 반대하여 과학의 오류를 바로잡기도 했다.

옛날 사람들은 타는 물질 속에는 반드시 플로지스톤이 들어 있어 물질을 태우면 그 물질에서 플로지스톤이 빠져 나가고, 뒤에 재가 남는다고 생각했다.

그러나 훅은 이 가설을 부정하고 물질이 타는 것은 플로지스톤이 빠져 나가는 게 아니라, 대기 중의 어떤 것과 결합하는 것이라는 연소설을 주장했다. 1777년에 프랑스의 라부아지에에 의해 어떤 것이 바로 '산소'임이 밝혀졌다.

한편 훅은 추를 사용하여 지구 중력을 측정한 최초의 과학자였다. 그러나 이 개념을 공식으로 정리하는 능력이 뉴턴보다 못했기 때문에, '만유 인력의 법칙'의 발견자라는 영예를 얻지 못했다.

1676년에 그는 '훅의 법칙'을 발표하였다.

이 법칙은 용수철 같은 탄성체에 힘을 가해서 모양을 변형시킬 경우, 그 달라진 모양은 그 탄성체에 가해지는 힘의 크기에 비례한다는 법칙이다.

뿐만 아니라 그는 천체의 운행과 그 광학적 현상을 연구하여 빛의 파동설의 선구자가 되었으며 많은 실험 기구를 발명하였다.

1666년의 런던 대화재 후, 새로 런던을 건설하는 데 적극 참여하기도 했다. 그는 1703년 3월 3일, 많은 업적을 남기고 런던에서 세상을 떠났다.

# 휘 트 먼
## (1819~1892)

## ―민중의 생활을 노래한 시인―

시집 《풀잎》의 작자인 월트 휘트먼은 뉴욕 주 롱아일랜드의 가난한 농가에서 태어났다.

아버지는 농사를 지으면서 목수 일도 겸하고 있었다. 1823년, 휘트먼의 나이 4세 때, 브루클린으로 이사했다.

집안 사정으로 1830년에 국민 학교를 중퇴한 휘트먼은 이듬해에 인쇄소의 견습공으로 들어가 일하며, 독학으로 지식을 쌓았다. 그리고는 1835년에 초등 학교 교사 생활을 하면서 언론 계통에서 일했다.

약 10년 동안 신문 기자 생활을 하면서 노예 제도 폐지론을 주장하기도 했다.

그는 신문 기자 생활을 하는 동안 합승 마차의 마부, 선원, 노동자 등과 사귀며 민주, 평등과 인간을 사랑하는 정신을 익혔다.

1855년 7월, 그는 열두 편의 시를 수록한 95쪽 정도의 작은 시집을 출판하였다.

이것이 미국은 물론 세계 문학사에 빛을 던진 《풀잎》의 초판이었다. 처음에는 거의 주목을 끌지 못했으나, 에머슨으로부터 격려의 편지를 받은 휘트먼은 용기를 내어 이듬해에 《풀잎》 제2판을 냈다.

이 《풀잎》은 그 후에도 몇 번이나 고쳐서 출판했는데, 그 때마다 시의 수도 늘어났다.

제3판에 이르자, 새로 수록된 〈카라마스〉 등의 시를 통해서 사랑과 연대라는 그의 주장이 드러나기 시작하여, 이른바 그는 예언자 시인으로 변모하기 시작했다. 1892년, 마지막으로 낸 제9판에는 수백 편의 시가 실려 있다.

시집 《풀잎》에는 민중의 생활이

나 감정이 너무나 적나라하게 표현되어 있었기 때문에 제7판이 나왔을 때는 매사추세츠 주 보스턴 검찰청으로부터 판매 중지 처분을 당하기도 했다.

휘트먼의 시집 《풀잎》은 그를 대표하는 작품임은 물론, 당시까지의 전통을 무시한 자유시라는 점 등으로 획기적이고 새로운 세계를 개척하고 있다.

《풀잎》의 첫번째의 시에서 노래하고 있는 자기 찬가는 곧 민중의 노래요, 미국의 노래요, 나아가서는 전세계의 노래이다. 즉 철저한 민주주의를 노래하고 있으며, 그때까지 늘 삼가던 성이라는 것을 자유롭게 노래하고 있어, 사회에

큰 물의를 빚기도 했다.

그 후 1861년에 남북 전쟁이 일어났을 때, 휘트먼은 직접 참전하지는 않았으나, 노예 해방을 주장하는 북군에 가담하여 부상병들을 간호하고 전방 위문도 했다.

1865년, 남북 전쟁이 끝나자 휘트먼은 친구의 소개로 워싱턴에서 공무원이 되어 일했으나, 1873년에 사퇴하였다.

그 무렵, 자신의 병과 어머니의 사망으로 실의에 빠진 휘트먼은, 뉴저지 주 캠던에서 쓸쓸하게 지내다 73세의 나이로 세상을 떠났다.

작품으로는 시집 《풀잎》과 링컨 대통령을 추도한 시 〈앞뜰에 라일락이 피었을 때〉 등이 있다.

# 흄
## (1711~1776)

## ─영국의 철학자─

데이비드 흄은 영국의 철학자, 역사가, 정치 이론가, 경제학자로서, 모든 관념은 직접적인 체험인 인상으로부터 일어난다는 철저한 경험론적 사상을 주장하였다.

흄은 1711년 4월 26일, 스코틀랜드의 에든버러에서 태어났다.

12세 때, 흄은 에든버러 대학에 입학해서 공부했으나 졸업은 하지 못했다. 에든버러 대학에서 뉴턴의 사상을 접한 흄은, 철학, 경제학, 정치학, 역사, 문예 비평 등에서 뉴턴이 물리학에서 이루어 놓은 업적과 비교될 만한 업적을 이루겠다고 결심하였다.

흄은 그 당시 회의론이 유행하던 프랑스 철학에 매혹되어, 1734년에 프랑스로 건너갔다. 그는 데카르트가 가르치고 있는 라플레쉬에 3년 동안 있다가 돌아왔다.

런던으로 돌아온 흄은 《인성론》의 집필에 착수하여, 1739년에 처음으로 《오성론》《감성론》을 출판했고, 다음 해에 세 번째 책 《도덕론》을 출판하였다.

그는 독자들의 반응이 자신의 기대에 미치지 못하자, 1740년에 이름을 감추고 《인성론 적요》라는 서평을 출판하였으나, 이 역시 실패하고 말았다.

1741년과 1742년에 흄은 2권으로 된 《도덕 및 정치론》을 출판하였다. 조지프 애디슨을 모방하여 씌어진 이 책은 사람들로부터 꽤 좋은 반응을 얻었다.

그는 에든버러 대학의 철학 교수가 되기를 희망했으나, 종교적으로 정통파가 아니라는 이유로 학교로부터 거절당했다.

흄은 하는 수 없이 귀족 집안의

가정 교사를 하였으며, 또 제임스 장군의 비서로 프랑스, 빈, 토리노 등지를 따라다녔다. 여기서 생긴 수입으로 어느 정도 생활이 나아지자 그는 집필에만 몰두했다.

1748년, 그는 《인간 오성에 관한 철학적 고찰》을 출판하였다. 1758년에 《인간 오성론》으로 제목이 바뀐 이 책은 가장 널리 알려진 그의 저서이다.

1751년에는 《도덕론》을 개정한 《도덕 제원칙론》을 출판했는데, 흄 자신은 이 책이 그의 가장 걸작이라고 생각했지만 반응은 그다지 좋지 않았다.

1752년에 출판된 《정치론》은 영국뿐 아니라 유럽에서도 그의 명성을 떨치게 했다. 그는 그 동안 쓴 여러 논문을 모아 《여러 가지 주제에 관한 고찰》이라는 제목의 책으로 출판했다.

1752년부터 1757년까지 흄은 에든버러에 있는 도서관의 사서로 일하며 오랫동안 구상한 《영국사》를 집필하였다.

이 책이 나오자, 내용이 무신론적이라고 비난하는 사람들도 많았으나 굉장한 성공을 거두었다.

1757년에는 《네 개의 논문》을 출판했다.

1763년, 흄은 프랑스 대사로 임명된 콘웨이 백작의 초청으로 파리로 갔다. 파리에서 그는 열광적인 환영을 받았고, 1766년에 프랑스의 철학자 장 자크 루소와 함께 런던으로 돌아왔다. 흄은 루소를 여러 가지로 도와 주었지만, 그들의 우정은 오래 가지 못했다.

흄은 1767년부터 1768년까지 런던에서 잠시 관리를 지내기도 했다. 에든버러로 돌아온 그는 1776년 8월 25일에 세상을 떠났다.

# 히포크라테스

(기 원 전 460 ? ~ 기 원 전 377 ?)

## ─ 고대 그리스의 의학자 ─

히포크라테스는 '의학의 아버지'로서 오늘날에도 존경을 받고 있는 고대 그리스의 의사이다.

기원전 460년경, 에게 해에 있는 코스 섬에서 태어난 그는 아버

지요 스승인 헤라클리데스에게서 의학의 기초를 배웠다. 그의 집안은 몇 대에 걸친 의사 집안으로 어머니는 산파이고, 할아버지는 의사였다.

그는 그리스와 마케도니아의 여러 지방을 여행하며 지식과 견문을 넓히고 많은 경험을 쌓아, 의학의 각 분야에 걸쳐 탁월한 솜씨를 보였다. 또한 그는 의학자로서 숭고한 정신과 고매한 인격을 갖추어 사람들에게 존경을 받았다.

히포크라테스는 여러 곳을 여행한 후, 고향에 돌아가서 진료를 하는 한편 저술에 몰두했다.

그래서 그는 많은 저서를 남겼다. 그 대부분은 의학에 관한 것으로서, 훗날에 알렉산드리아의 의사들 손에 의해서 수집된 히포크라테스 전집 87권이 바로 그것이다.

그는 많은 철학자와 교우 관계를 맺고 있었으며, 그들의 영향으로 철학에도 남다른 지식을 가지고 있었다. 그래서 철학자로서도 그 이름이 널리 알려져 있다.

히포크라테스가 쓴 것으로 여겨지는 몇 권의 책이 있다. 이론과 경험을 바탕으로 한 의료술이라고 일컬어지는 《옛 의사에 관하여》, 신의 조화로 일어난다고 하던 간질이 실은 자연적인 원인에 의해서 발생하는 것이라고 하여 그 병리를 설명한 《신성병에 대하여》, 지중해를 비롯하여 세계의 여러 곳에서 상업, 수공업 등 경제 활동이 활발해짐에 따라, 식민지가 건설되어 가는 가운데 자연히 조성되는 환경과 인체와의 관계를 설명한 《공기, 물, 흙에 관하여》, 그리고 에게 해북부에 있는 타소스 섬에서 여러 해 동안 치료에 종사하면서 만들어낸 자세한 임상 관찰 기록인 《돌림병》 등이 그것이다.

당시에 유행한 미신이나 마법에 반대하여, 관찰과 경험을 중시하는 과학적 의학법을 수립한 히포크라테스의 의술은 2세기의 그리스 의학자 갈레노스에 이어졌다.

그는 기원전 377년쯤에 테살리아 지방의 라리사에서 죽었다고 전해진다.

의학의 아버지 히포크라테스는 근대 의학의 기초를 다져 놓고 죽은 것이다.

# 세계 인명 찾아보기

637

638

기획 · 글 | 금성출판사 역사연구개발팀

그림 | 금성출판사 미술디자인팀

발행인 김인호 발행처 (주)금성출판사 등록일 1965년 10월 19일 제10-6호

한 권으로 끝내는
**세계사 인물사전**

**초판 인쇄** 2016년 1월 10일 **초판 발행** 2016년 1월 15일
**발행인** 김인호 **발행처** (주)금성출판사 **등록일** 1965년 10월 19일 제10-6호
**고객상담실** 080-969-1000 **주소** 서울특별시 마포구 만리재옛길 23(공덕동)
인터넷 홈페이지 www.kumsung.co.kr ⓒKumsung Publishing Co., Ltd.
ISBN 978-89-07-05247-6